新闻传播专业"十三五"规划教材

舆论学

韩运荣 喻国明 ◎ 著

原理、方法与应用

第三版

中国传媒大学出版社

·北京·

第三版修订说明

  《舆论学原理、方法与应用》2005 年出版,2013 年修订,至今已经历十余年的时间检验,成为近百所院校新闻传播专业相关课程的教材。笔者收到了很多热心读者的鼓励和建议,"百尺竿头不动人,虽然得入未为真",在欣慰和感激之余,笔者更加坚定了与时俱进、努力建设专业教材的决心!

  2013 年本教材进行第 2 版修订时,侧重在舆论思想和原理方面进行理论拓展。短短几年,伴随着新媒体技术的高歌猛进,网络舆情在社会管理决策中发挥的作用日益显著,越来越多的学者投入舆论学的学术领地。在舆情研究日益高涨的前提下,对舆情研究的基本方法和操作程序的研究也成为迫切需求。由此,第三次修订主要侧重方法和应用部分,新增第十二章网络舆情采集、分析与研判。另外,原教材第七章关于舆论测量、第八章现代舆论测量的特点与功能合并为一章,同时,对其他章节进行了相关数据、案例的更新,并酌情进行了局部的删减和增补。

韩运荣 喻国明

2019 年 11 月

第二版修订说明

　　事实上,本部教材自 2005 年出版之日起就酝酿着修订,原因有三:其一,由于新媒体技术的日新月异,社会民主化程度日益提高,网络舆论在社会管理决策中发挥着越来越大的作用,有关舆论的新领域、新现象需要舆论学教材给予更前沿的理论解读。其二,近几年,笔者在舆论学本科、研究生的教学工作和科研工作中,在与同学们的研习互动中,有关舆论学的理论视域不断拓宽,思考不断深入,新的研究成果需要进一步充实到教材中来。其三,本教材作为国内部分院校新闻传播学专业和社会学专业的舆论学教材,经受了老师和同学们的检验,诸多宝贵的反馈意见也时时促动我们去尽快完善它。

　　本次修订,新增两章:

　　第一章舆论的源与流,即舆论传播的源头,先秦古典舆论思想的二元对立分析,以及舆论的流变——舆论秩序的演化。

　　第六章网络舆论,包括网络舆论的基本概念与特征,网络舆论的形成机制,网络环境下的舆论引导与调控。

　　增补章节,包括:

　　第二章舆论在现代公共管理中的角色扮演与功用,新增第一节现代舆论的应用基础。

　　第三章舆论的三要素,新增第一节"舆论"之词解与相关定义。

　　第四章舆论的形成与状态标示,新增第一节舆论的形成模式。

　　第五章舆论的引导与调控,新增第一节舆论调控的理论前提与历史经验。

　　同时,对其他章节的内容做了不同程度的局部修订。

　　总之,在舆论学领域的步步耕耘,使我们常有让舆论学教材更系统、更完备的冲动,但教材的真正完善是在使用中逐步实现的,这一过程似无止境,但我们仍期待,此次修订的努力正在向理想的目标靠近。

韩运荣　喻国明

2013 年 7 月

目 录

序　言

喻国明

　　很小的时候,伏尔泰的一句充满战斗豪情的名言就深深地印在我的脑子里:"我用一句格言就能戳穿一个大人物,就像一支大头针钉在蝴蝶上一样。"记得那时我真的很羡慕那些掌握着具有如此魅力的格言的仁人志士。20 年前,当我和我的同事们第一次采用现代舆论调查的方法将散漫的、看似无序的甚至十分孱弱的民众的意见和呼声以一种客观、系统、科学的方式加以聚焦化呈现,并产生巨大社会效应的时候,我忽然有了一种顿悟:舆论调查方法不正是我在苦苦寻觅的一种现代"格言"吗? 近代以来,没有人不在表面上遵从民意——即使是一个独裁者。但在现代舆论调查方法没有产生之前,民意却常常像一个可以任意打扮的小姑娘,在居心叵测的政客的言辞里变幻着自己的面貌。所幸的是,现代舆论调查方法为我们戳穿那些假借民意的"蝴蝶"提供了一个有力的"大头针"。

　　对于现阶段的社会发展——大至整个国家的宏观发展和决策,小至一个地区、一个行业的多样化的发展和决策——来说,也许没有什么比保持认识上和行动上的方位感更重要了。而这种方位感的正确获得和保持,离不开对社情民意的科学了解和把握。民意是指示各种社会因素所处状态的晴雨表,是衡量一切社会决策效果的试金石。恩格斯曾经指出,人民群众几乎能从本能上感觉到一种生产关系是否适合于生产力,从而表示出欢迎还是反抗的情绪来。因此,在巨大的社会转轨和社会变革中,时刻把握"老百姓在想些什么、盼些什么、烦些什么"便成为一项特别重要的社会要求。

　　综观西方各国 20 世纪 50—70 年代的历史,人们不难发现,经济飞速发展阶段的初期,也正是国内矛盾冲突最为猛烈的时期,一方面,经济的发展带动了人们更高层次的诉求,各种社会思潮风起云涌,进而引发了一系列社会问题;另一方面,经济发展带来的总体好处并不足以让人民群众心满意足,相反,由于某种几乎是发展所必然带来的利益分配不平衡、社会机制衔接的缺失以及社会决策的某种倾斜,人们的相对剥夺感反而可能加剧他们对社会的不满。事实已经证明,如果对社会舆情指标不敏感、不反应、不去积极地做因势利导的化解工作及采取相应的社会对策，"社会之舟"很可能在经济形势略有波动甚至经济形势大好的情况下"翻船"。

西方学者自20世纪60年代末就社会舆情的调查与监测进行了一系列研究，并取得了较为明显的社会效益。我国在这方面的研究虽然从80年代中期开始有局部的、片断的和暂时性的调查研究，但总体上看，还不够全面、系统和连贯。因此，在借鉴西方有关研究成果的基础上，以严格、科学、务实的态度，进行全面、系统和连贯的社情民意的调查与监测，不仅具有很高的理论价值，而且对于我们可靠把握社会运转的基本状况更是具有特别重要的意义。

事实上，舆论学的理论大厦既需要"钢筋结构"——理论建构，也同样需要"水泥材料"——科学事实。因此，舆论学的真正发展，需要两种研究途径的并轨。尤其，随着传媒技术更新和社会转型，社会信息供给日益开放，公民对信息需求的选择也呈现出多元化趋势，我国社会的舆论环境日趋复杂，舆论学的重要性日益凸显，面对层出不穷的新的舆论问题，不仅需要理论界密切监测、实证研究，而且也需要在理论上适时地加以总结和升华，只有如此，才能更有效地关注舆论、解读舆论，进而应和或引导舆论。

无疑，将舆论原理谙熟于心，同时，还要掌握实证研究的方法、手段与应用，这是理论与实践向任何一位投身于该领域的学子提出的素质要求，唯如此，舆论研究才更有效能，理论解释实践才更有说服力。

我从1979年留校任教的第一个学期开始便在国内高校中首开"舆论调查原理与方法"，20世纪90年代中期以后，又在研究生课程中开设了"舆论学原理"。我讲授该门课程十多年，授课内容也很受学生们的欢迎，其间有出版社的编辑多次联系催促我将讲课内容梳理成书，我虽也曾应允，但终因种种原因而未能践约。其实，工作科研繁忙仅仅是其中非常次要的原因，最重要的原因或许是在我内心深处对于一本方法型教科书的完美具有一种近于苛刻的要求。我的博士研究生韩运荣是一位有心人，她不厌其烦地将我的讲课录音整理出来，并在此基础上做了不少润色、完善和增补的工作，使其看起来更加完整和流畅，终于可以以今天这样的面目就教于各位方家。

《舆论学原理、方法与应用》共分三个部分，内容如下：

"原理"部分，着重阐述舆论学的基本原理知识。

舆论的三要素，即舆论的客体——问题的规定性，舆论的主体——公众的规定性，舆论的存在形式——意见的规定性。

舆论在社会生活中的角色与功用：一方面是建立社会发展的目标和社会决策的目标取向；另一方面，对于社会管理、社会决策的操作后果提供相应的效果评估和反馈。

舆论形成的过程，即问题的发生、舆论领袖的发现、意见的发生、事实与意见信息的传播、意见的互动与整合以及舆论形成的六个阶段;舆论状态的几种典型标示以及相应的决策意义。

对舆论的引导与控制等原理的解析,则包括传播的控制,对象和问题的控制以及网络环境下的舆论的引导与控制。

"方法"部分,对民意测验方法进行了比较详尽、系统的梳理。

其中涉及舆论测量方法、功能和特点,舆论测量在"调查谁,如何调查"上的两个基本问题。关于"调查谁"所经历的两个历史发展阶段,即趣味化阶段和科学化阶段,以及相应的调查方法的演化;关于"如何调查",则涉及对不同思路下的不同方法的诠释。

"应用"部分,具体到运用舆论学原理和方法进行课题操作的具体程序和步骤。

此部分包括舆论调查课题的确定原理与概念的操作化;问卷设计的组成与步骤;舆论调查的程序以及调查报告的写作规范等。

《舆论学原理、方法与应用》在注重理论与应用相结合的基础上,更强调实用性和可操作性,在不同的部分又有各自的特点:

"原理"部分,在揭示舆论领域的知识范畴、基本概念及其相互联系时,注重理论的简洁性,突出理论的现实性,在解析具体的舆论原理时,往往结合现实生活中的舆论问题进行深入浅出的析理。

"方法"部分,在对民意测验方法进行系统梳理时,注重历史与现实的分别考察,针对不同方法的特点予以案例佐证。

"应用"部分,展示民意测验调查课题的整个程序,包括课题确定的原理、问卷设计、调查实施和调查报告的撰写。同时对各个环节的不同问题进行了有针对性的分析。既强调宏观视野,又注重微观操作。

《舆论学原理、方法与应用》以新闻类本科高年级、研究生及新闻从业人员为受众,希望能够对他们了解和把握舆论学的原理、方法和应用提供一个较为简明扼要的版本。

2005 年 6 月 11 日于大钟寺太阳园寓所

(喻国明:北京师范大学新闻传播学院执行院长。曾任中国人民大学新闻学院副院长、中国人民大学舆论研究所所长。)

第一部分

原　理

第一章 舆论传播的源与流

■ 要点提示

- 由于原始舆论赖以产生的条件呈现出初级、不完善的特征,所以,原始舆论尚处于萌芽状态。
- 春秋战国社会变革期,诸子百家的政治思想出现了舆论思想的"民本"与"轻言"的分野,因前者的理想主义、后者的现实主义,二者呈现出二元对立的色彩。
- 民本主义与轻言主义舆论观均孕育于封建制度向中央集权专制制度过渡的时期,并终因在政治实践中发展调和而成为封建正统,所以二者都不可避免为集权制度做注脚的命运。
- 在神佑王权的理念支配下,我国先秦舆论秩序呈现出某种神谕的特征,随着封建集权国家的建立,逐渐形成了一套官僚体制之内的舆论秩序。与此同时,体制之外的舆论却以一种潜流的方式存在着。
- 古希腊时期,在反对贵族专制和神秘的来世祭祀中,富有积极进取精神的城邦市民,造成了一种个人主义气氛,并导致意见和观念的自由辩争,使雅典成为一个巨大的思想市场。
- 文艺复兴的时代背景是市民社会的兴起。公民拥有的权利越来越广泛,经历了资产阶级公共领域的孕育和市民化公共领域的崛起。

舆论不仅在社会历史中尽显"不可捉摸"的威力,在现代社会公共生活中,舆论作为"公众意见"其重要作用尤甚。可见,舆论经历了特定的演化过程。

第一节 舆论传播的源头

舆论的源头是否可以追溯到原始社会,是一个颇具争议的问题。

一、争议性观点

国内一般倾向于肯定观点。如"人类社会一出现,舆论也就成为社会生活的一部分";"原始舆论是原始社会生活的产物。当先民结成一定社会关系,原始舆论才能出现,人的社会化是原始舆论产生的前提"①;也就是说,舆论的源头可以追溯到原始社会,"原始舆论只能是氏族生活的产物,并在家庭与氏族内部发生约束力"②。

国外的文献一般倾向于否定观点,如 W. 艾尔贝格(William Albig)认为:"舆论是有争议的意见过程。而在原始社会,根本不会产生争议和议论。人们的行为受习俗、信念、礼仪的制约,个人的意见表达和对所有事务的决定都基于传统的习俗准则,人们遵循着一种静态的、受传统束缚的文化,没有个人意见或团体意见的激烈表达、相互讨论、相互冲突的情况发生,因而也就不存在动态的意见过程。"③

国内学者承认原始舆论,是强调原始舆论作为一种社会制约力量的存在,如"习俗与舆论的结合,是原始社会最基本的社会调节工具"④,甚至从马克思的典籍中,也可见类似的见解——"在小的地区和小的天然集团里运用时,它所依赖的惩罚性制裁部分是舆论,部分是迷信";而国外学者普遍持否定观点,则是强调舆论的功能性、争议性、动态性以及个体表达的主体性。

二、舆论的溯源

在原始社会,随着语言的产生,共同劳动总是需要共同意见来协调。氏族和部落产生以后,人类在共同劳动中建立起稳定的社会组织,同时有了维持氏族生活秩序的规范性社会意识,即习俗、道德和原始宗教。人们依据习俗和禁忌来调节社会生活,在此基础上的所议所论,构成了原始的社会舆论。

从这个意义来讲,人们既可以从考古发现证明原始氏族社会里氏族管理、氏族选举过程中的舆论存在,也可以从史书的记载中窥见端倪。

1.考古发现证明原始氏族社会中存在舆论

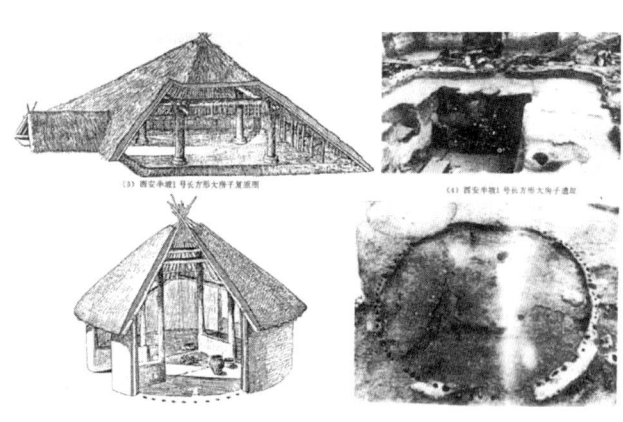

西安半坡氏族公社聚落遗址发掘出"大房子",显示了适于进行舆论活动的固定场所。半坡遗址是一个氏族部落的聚落所在。居住区是以氏族集结的小区为基础、"大房子"为中心来组织的。这座大房子是氏族部落的公共建筑,氏族部落首领及一些老幼都住在这儿,部落的会议、宗教活动等也在此举行。"大房子"与所处的广

图 1-1　西安半坡氏族公社聚落遗址

① 刘建明. 舆论传播[M].北京:清华大学出版社,2001:1-7.
② 刘建明. 舆论传播[M].北京:清华大学出版社,2001:7.
③ 徐向红. 现代舆论学[M].北京:中国国际广播出版社,1991:31.
④ 徐向红. 现代舆论学. 中国国际广播出版社,1991:32.

场,便成了整个居住区规划结构的核心。

再结合对墓葬区、陶窑区布局的分析,可以看出半坡氏族聚落无论是总体,还是分区,其布局都是有一定章法的,这种章法正是原始社会人们按照当时社会生产与社会意识的要求经营聚落生活的反映。

2. 史书的记载也可以窥见端倪

《尚书》是我国最早的历史文献汇编。上自原始社会末期,下至封建社会初期,横跨整个奴隶社会,记载了这一时期重要的历史人物、历史传说和历史事件。

其中的《尧典》叙写了尧选贤任能的情况,是原始社会政治生活的真实记录。

尧帝说:"唉! 谁能顺应四时的变化来任事呢?"放齐说:"你的儿子丹朱很开明。"尧帝说:"唉! 这个人巧言好辩,怎么可以?"尧帝说:"唉! 谁能按我的意思来处理政务呢?"欢兜说:"啊! 共工防救水灾已取得了一定的功效。"尧帝说:"唉! 这人花言巧语,阳奉阴违,貌似恭谨,实际上很轻慢。"尧帝说:"唉! 四方诸侯之长,现在洪水危害很大,已经包围了大山,冲上了山冈,漫天都是大水,在下的臣民都在叹息,有谁能够使洪水得到治理吗?"大家都说:"那么,鲧吧。"尧帝说:"唉! 不行啊,他常违背教命,危害邦族。"四方诸侯之长说:"起用他吧,试试可以的话就用他。"尧帝说:"去吧! 你可要谨慎啊。"过了九年,鲧毫无功绩。[①]

这是在原始社会的一次部落联盟议事会上,选拔治理立法、治理政事和治理洪水的人的记录。寥寥几句人物对话,勾勒出原始社会政治生活的基本轮廓。议事会参与者,关系融洽、平等,会议充满了民主气氛。

《洪范》是《尚书》中另一篇非常重要的历史文献。"洪范"即"大法",奠定了我国古代社会各王朝的统治准则和行政准则,被历代王朝奉为"统治大法"和"行政大法"。传说,上天赐予禹九种治国大法,《尚书·洪范》的第七条大法是"明用稽疑",指明重大政事要根据卜筮来决定吉凶从违,但同时也顾及了民心相背。其中有"汝者有大疑,谋及乃心,谋及卿士,谋及庶人,谋及卜筮。汝则从,龟从,筮从,卿士从,庶民从,是谓大同……庶民从,龟从,筮从,汝者逆,卿士逆,吉。……龟筮共违于人,用静吉,用作凶"[②]。意思是说,古时部落首领决定一件事,既要征求卿士、筮士的意见,也要广泛征求庶民的意见,庶民赞成被看作大吉大利的征兆。如果龟卜和筮占的结果都与人的意愿相违背,安静守常就吉利,有所作为就凶险。这似乎颇能说明部落多数成员的意见对于当时的氏族社会管理的影响力。

事实上,不仅考古发现以及古代典籍有诸多材料证明原始舆论存在的可能性,而且民族志的大量材料也能提供类似的依据。有些民族至今仍保存着原始议事的风貌,比如易洛魁人有酋长议事会;我国的黎族、独龙族、苗族等少数民族,一直到新中国成立前夕还保存这样的民众大会。

---

① 钱宗武,杜纯梓. 尚书信笺与上古文明[M]. 北京:北京大学出版社,2004:44-45.
② 尚书[M]. 徐奇堂,译注. 广州:广州出版社,2004:82.

三、关于原始舆论的评价

从上文来看,无论是人际交往中,"相依为命"的群体中个体间必需的信息交流,还是氏族社会管理中,在没有法律和国家机器的情况下,听取"庶民"的意见,对氏族首领权力的制约、监督,对部落事务进行决策,都体现了原始舆论作为一种社会制约力量存在,同时在一定程度上体现了社会群体的价值关系。可以说,舆论的表达似乎并不乏主体,但由于原始舆论赖以产生的条件呈现出初级的、不完善的特征,所以,原始舆论尚处于萌芽状态。

1. 原始社会中,作为人的个体意识尚未从集体意识中分化出来

一是,从物质生存条件来说,最初的原始社会环境是很艰险的,面对强大的自然力,个体是无法独立生存的。原始社会的人们"既没有锐利的爪牙,又没有武器,仅依赖生活于血族团体之中,才能与毒蛇猛兽或异族为群体的生存竞争",由此,以血缘关系为纽带构成"自然形成的共同体"——氏族组织。即使如此,"一个血族团体的人,都靠获取自然物品去维持共同的生活。无论强者怎样强,弱者怎样弱,都不能不努力维持共同生活,因为除了共同生活之外,个体决不能单独存在"。正因为如此,如果一个原始人被"逐出血族团体即等于今日之宣布死刑"。即使后来文明的进化,"流放"也是一种极可怕的刑罚,更遑论习惯于群居的原始人。①

二是,从经济形态上来看,氏族组织的基础上形成了人类社会最初的经济形态,即原始的采集——狩猎经济。在原始进化环境中,因为群居,人们才能满足各种需要,所以原始人尚无个人财产观念。个人既不是某些财产的主人,也不是某个家庭的主人。氏族是全体的,共有的财产也是氏族的,甚或每代的儿女也是属于氏族的。可以说,除了氏族,原始人尚未认识到个人的存在,而是将个体与群体看作相互关联而不能分立的存在物。

可见,在氏族部落里,集体意识是统一的、至高无上的,原始氏族的生产活动、人与人之间的交往,原始的社会管理是依据集体意识调节彼此的社会行为;对个体而言,集体意识是先验地存在着的,而作为人的个体意识尚未从集体意识中分化出来。

2. 主体意识的替代物——巫术,实质指向人的主体自我意识

远古时期,虽然不乏社会共同体,但共同意见的形成是建立在集体意识之上的,而非个体意识之上,也就是说,关于公共事务的决策并未留下多少共同讨论的空间,那么,一致性的意见又是如何形成的呢?

《尚书·舜典》有记载,"肆类于上帝,禋于六宗,望于山川,遍于群神",意思是在正月的一个吉日,舜在尧的祖庙接受禅让,"祭告上天,又祭祀了天地四时,祭祀山川和群神"。对于原始先民来说,万事万物,皆有神灵为之主宰,因此在原始社会的重大决策过程中,往往会寄托于神明的启示,通过原始的宗教仪式、巫术或占卜,来乞求神灵的护佑,来指示播种及收获的吉祥日期,来表征狩猎、出征的吉凶,并且,这一仪式由巫师专司。巫师在原始宗教中占着

---

① 蔡和森. 社会进化史[M]. 北京:东方出版社,1996:54-56.

重要的位置,因为他们比普通人"智圣明聪",可以感召神明。[①] 尤其,当人们遇到超出人的(技术)能力的不测风云,巫师通过一种舞蹈或仪式的操演向主宰神祈求,并伴以应验的一套符号性的表征,给人们输入信心和勇气,从而振作精神,克服困境。

原始社会,由于民智的幼稚,对于自然界所发生的现象,原始先民不能了解其中的原委,只能寄托于外物,巫术得以产生,巫术不仅将对自然因果的科学解释与价值意义的信仰贯通为一体,相互支持,而且巫术对人的身心强有力的震慑与控制,使其实质指向人的主体自我意识,不自觉地成为原始先民主体意识的替代物,并包含了人性主体性的萌芽。[②]

3. 原始社会末期提供了前提

原始社会末期,由于生产力的进步和经济形态的进化,也推进了原始氏族社会的解体,人本身的进化,也使人的主体意识得到了发展,为舆论的主体发挥作用提供了一些基本的前提条件。

一是,个体意识的发展。生产工具的进步,尤其是铁器的出现和使用,使曾经必然依附于共同劳动方能发挥作用的个体劳动逐渐解放出来,正是这种独立的劳动成为可能,使每一个个体的劳动者意识到一己的力量。

二是,集产社会的崩溃。私有的观念不是从来就有的,但随着人口的增加和生产上的需要,每个特殊的家庭便发生分居的需要,而新房屋的建立则依赖于氏族共有土地的分配,可以说,"宅地的分配,遂成为家庭财产之起点"。[③] 随着耕种方法的进步,耕种者为了从年年分配的土地上使自己的投入获得更大程度的产出,也迫切需要延长分配土地的使用年限,最初也许是几年,复次十年,而后几十年,"由长久的期限,卒至可以成为各家庭久假不归的财产了"。[④] 原始先民生产、生活的需要使土地分配不可避免,私有的观念也就逐渐渗透。

三是,利益分化。随着公有财产的分裂,集产社会也走到了尽头。有的家庭日见其穷,而有的家庭日见其富,横富者会在更大程度上攫取公有土地或势微者的财富。于是,财富的分化遂导致平等关系的破坏。

总之,原始先民主要面对大自然的不测风云所提出的种种生存问题,原始舆论依靠语言的表意机能,不仅大大提高了智能水平,而且使所属部落成员行动规范一致,形成社会行为模式,创造了社会意识形态,但它还仅仅是一种模糊的社会意识。一方面,由于原始社会中作为人的个体意识尚未从集体意识中分化出来;另一方面,原始社会,主体意识的替代物——巫术,实质指向人的主体自我意识。现代舆论作为一种社会评价活动体现着社会群体的价值关系,但它一定是以个体的"为我"关系为基础,也就是说,是与个人的需要、利益和意志相关的,而在原始社会,既然人的个体意识尚未从集体意识中分化出来,那么,建基于个体的需要、利益和意志的意见也是不复存在的,即使有共同意见,那也

① 王治心. 中国宗教思想史大纲[M]. 北京:东方出版社,1996:33.
② 尤西林. 人文科学导论[M]. 北京:高等教育出版社,2002:166.
③ 蔡和森. 社会进化史[M]. 北京:东方出版社,1996:69.
④ 蔡和森. 社会进化史[M]. 北京:东方出版社,1996:89.

是附着于原始集体意识的共同意见,是不可与现代舆论同日而语的。因此,由于舆论主体规定性的缺乏,所谓的原始舆论并不具备现代舆论的真正内涵。

原始社会末期,由于氏族社会的解体、人的个体意识的发展以及社会利益的分化,为舆论发挥作用提供了某种可能性。随着私有制和阶级的出现,阶级意识和个体意识产生了,舆论的形态发生了重大的变化,舆论具有了鲜明的阶级性和政治对抗色彩。

第二节　先秦古典舆论思想的二元对立分析

从本质上讲,舆论思想是政治思想的一部分,对舆论思想的探究往往需要对政治思想进行必要的追根溯源。诚如学者所言:"政治哲学一定要发生在政治生活纷扰不堪的时候……政治思想的发生,必定是在政治生活已经陷入困难的时候"。[①] 公元前 7 世纪至公元前 3 世纪的先秦,封土建国的周朝开始解体,封建制度岌岌可危,可以说,随着一个社会、政治大转变时期的到来,政治哲学思想呈现出"百家争鸣"之势,丰富的古典舆论思想也孕育其中。

一、先秦古典舆论观之分野

既然政治思想是对一种社会政治制度的理论说明,这也意味着当社会处于稳定期时,必有一种政治思想居于主导的意识形态位置;而当社会处于动荡期时,就会出现保守与激进思想的二元尖锐对立。保守思想会竭力维护曾经主导的社会政治制度,而激进思想往往成为推动变革社会制度的重要因素。那么,时值春秋战国社会变革期,诸子百家的政治思想中出现舆论思想的"民本"与"轻言"的二元分野也就不难理解了。[②]

1. 民本主义舆论观

民本主义舆论传统源于西周,代表人物为西周的政治思想家周公旦。周公旦为周武王之弟,周武王领导牧野之战一举灭掉商朝后不久去世,太子成王年幼,周公旦辅政,周公成为周朝各项制度的实际制定者。[③] 周公总结了夏、商灭亡的经验教训,明确提出了"敬天保民""以德配天"的思想。他认为,民由天所生,君由天所命,人民虽然由君主来管理,但君主是上天关怀下民而为民所求得的主人,人民行使着代替上天监督君主的功能,即所谓"民监论"。[④] 民为什么能替天监君呢?人民是上天的耳目感官,"天视自我民视,天听自我民听"(《孟子·万章上》);人民的喜怒哀乐表达上天的情感意向,"民之所欲,天必从之"(《周书·泰誓上》)。天命所在,悉听民愿,否则的话,"天命无常",很难保证不重蹈夏商覆辙。

① 高一涵.欧洲政治思想史[M].北京:东方出版社,2007:3.
② 徐向红.现代舆论学[M].北京:中国国际广播出版社,1991:74.
③ 刘泽华,葛荃.中国古代政治思想史[M].天津:南开大学出版社,2001:5.
④ 徐向红.现代舆论学[M].北京:中国国际广播出版社,1991:74.

民本主义在春秋时期得到一定程度的实践和发展。齐相管仲首次提出了"民心"的重要,"政之所兴,在顺民心;政之所废,在逆民心"(《管子·牧民》)。对于人民来说,"刑罚不足以畏其意,杀戮不足以服其心"(《管子·君臣篇上》),只有顺应民心、民意,满足人民的生存愿望,才能治国安邦,由此管仲辅佐齐桓公成为五霸之一。

民本主义舆论观作为一种系统的政治思想则是由儒家学派来完成的。首先,孔子不仅有重民爱民的思想,还首先提出了"泛爱众"思想,从仁政的政治理想出发,把人放在第一位,据记载,马厩烧了,所问"伤人乎"(《论语·乡党》)。之后,孟子明确提出了"民贵君轻"的思想,如"民为贵,社稷次之,君为轻"(《孟子·尽心下》),"得人心者得天下,失人心者失天下"(《孟子·梁惠王下》)。再有,荀子将民与君的关系,十分贴切地比喻为水与舟的关系,提出了"载舟覆舟"的理论(《荀子·王制》)。

2. 轻言主义舆论观

轻言主义的主要代表是法家学派,而法家学派又以战国时期的商鞅和韩非为最。

商鞅是法家思想体系的奠基者之一,在秦孝公的支持下,两度力主变法,为保证变法的实施,提出"民不可与谋"论。他认为,秦国变法,应"无顾天下之议"。他把人分为智者和愚者,认为智者富有洞见,愚者不明事理。智者的德行和独到见解,必然会受到世俗非议和愚人毁谤。人民成事不足,败事有余,只知墨守成规,不知变制更礼;对他们"不足与言事","不足与论变"(《商君书·更法》)。商鞅变法奠定了秦国富强的基础,使秦国后来居上,一跃而成为"兵革大强,诸侯畏惧"的强国,为秦统一天下打下了基础。①

如果说作为法家学派奠基人之一的商鞅还只是认为舆论是"愚议",韩非则进一步断言舆论是"奸术",奸臣引诱君主的奸邪之术(《韩非子·八奸》)。"听一人之辞不行,但有时候听多人之辞也不行,因为有时候臣子会结成帮派、众口一词来欺骗君主,有时候臣民会慑于君主或权臣的淫威而随声附和"②。

韩非认为,君臣、君民之间既相互利用,又根本对立,绝无仁义可言。民不会心悦诚服地服从统治,人臣也不会心甘情愿地服侍君王。"臣之所以不杀其君,党与不具也。"一旦条件成熟,人臣和百姓就会杀其君而夺其位。因此,为君之道务在"弃仁义"而"绝怜悯",必须把全国人的思想统一到法令上来,"明主言法,则境内卑贱莫不闻知也"(《韩非子·难三》),不仅要颁布法令,还要宣传法令,使妇孺皆知。"境内之民,其言谈者必轨于法"(《韩非子·五蠹》),"言行而不轨于法令者必禁",老百姓的言行必须"以法为本"。

二、先秦古典舆论观的理论溯源

无论是民本主义还是轻言主义,作为有着政治实践功用的舆论思想,一经产生,就有着付诸政治实践的冲动,但此前关键要为自身的理论学说找到一个合法性基础,或者说一个明确的理论渊源。民本主义没有摆脱宗教神学,与之相反的是,轻言主义则把目光投向了现实领域。

---

① 武树臣,李力. 法家思想与法家精神[M]. 北京:中国广播电视出版社,2007:20.
② 张觉. 韩非子选评[M]. 上海:上海古籍出版社,2004:139.

1.民本主义理论基础

倡导民本主义舆论观的儒家政治哲学认为,只有圣人可以成为真正的"王",真正的理性社会已经过去,周王朝所建立的社会政治制度即是顶峰。所以,儒家在试图恢复周礼的同时,也借鉴周公"以德论天"的学说,只不过在此基础上有所发挥,有所超越。

(1)周公的"以德论天"

周灭商后,周统治者面临的最大问题是,"如何证明这种政治变化的合法性,向人们说明小邦周何以能够克掉大国殷"。周公提出"天命无常,唯德是辅"的观念,以"有德"证明其政权合法性,为道德寻找到形而上的基础——"天"实际上是一个有意志的人格神。也就是说,正因为商王无德,皇天收回成命;正因为周代的祖先有德,所以皇天赋予周的后人治理天下的权力,这种将政治统治的合法性以"德"与"天"联系起来的理念也叫作"以德论天",西周遂发展了一套以天、民、君三者关系为基本构架的宗教政治伦理体系。[①]

但随着西周政治的瓦解,人们发现君主的道德根本无法得到保证,因为"德"的色彩在周的后人身上似乎日渐衰微,由此,人们对周人祖先所标举的"以道德为中心"的"天"也产生了怀疑。

(2)儒家的"借天为说"

儒家强调施"仁"政,同样需要找到一个形而上的根源,有理论自觉意识的孟子,明确将"天"作为道德的形而上的终极根源,但孟子所谓的此"天"已非西周时期的彼"天",即不是一个有意志的人格神,而是具有某种超越性的"天"。孟子有言"天视自我民视,天听自我民听",在那个具有超越性质的"天"的背后真正发挥作用的是"民",也就是说,孟子将民抬高到天的高度,事实上正是"借天为说",以说明"民"的重要性。

民意代表天意的原则经孟子的发挥,成为中国古代民间言论自由的道德依据,更是体制外人士向体制内人士(包括皇帝)建言的自然的道德基础。当"民意—天意"原则不起作用时,暴烈的革命也就有了它的伦理基础。这也是中国最容易发生底层革命的道德基础,同时也是为什么每一次底层革命在形成张大之势时都受到在野的儒家高级知识分子支持的奥秘之所在。[②]

总之,西周发展的一套以天、民、君三者关系为基本构架的宗教政治伦理体系,虽然民还没有离开神学体系,但毕竟将"民"纳入其基本框架,"民"开始逐渐成为一种独立的认识对象。但儒家的"借天为说"与周朝的"以德论天"既有承续的连接关系,又有某种本质的区别,在分析诸侯战乱、政治成败的原因时,一方面从天命神祇那里寻求根由,但一些具有现实意识的政治思想家们却得出了共同的结论:民之向背决定成败。

2.轻言主义的理论基础

轻言主义舆论观的理论基础来源于法家学派,该学派的代表人物韩非的哲学思想和政治思想的核心原则是"因道全法"——"以道为常,以法为本",就是让人们按一切国家的法律制度来办事。

---

① 杨泽波.从以天论德看儒家道德的宗教作用[J].中国社会科学,2006:3.
② 綦彦臣.中国古代言论史[M].北京:航空工业出版社,2005:21.

法家精神的要点是"尊君"与"尚法"。在法家看来,"尊君是法家的最高政治目标,而尚法则是达到这一目标的唯一有效的手段"。并且,尊君与尚法二者不可分离,"君尊则令行",要使君主的法令能够顺利推行,就必须尊君;而要君尊令行,就必须由君主掌握权力并集权于一身。韩非使法家的思想集大成,使法家的尊君、尚法精神达到巅峰。韩非主张君权绝对化,尊君在此变成了忠君,"法"成为君主的命令,法自君出,只有君主才能立法,"正是在韩非之后,'法'成了君主命令的代名词"。①

韩非的政治学巨著《韩非子》主要论及君主如何在当时的社会条件下运用各种手段达到巩固统治、富国强兵、统一天下的目的。韩非子的初衷是献计于韩国,希冀横遭强邻侵凌的韩国能励精图治,但韩王偏偏听信虚言,不予理会,倒是秦王嬴政颇为赏识,最终为秦统一、建立君主集权制国家提供了有效的政治策略。

三、先秦二元对立舆论思想的政治实践与功用

先秦二元对立舆论思想之所以萌发,是因为恰逢社会、政治大转变。政治的激烈交锋给予了思想孕育的沃土,但天下大势总是处于"分久必合,合久必分"的动态平衡中,这也意味着,先秦的社会政治激荡之后必将迎来一个相对统合的社会;而一个集权的社会,必然需要一家学说作为其统御的支撑,而二元对立舆论思想的某种不可调和性,事实上也决定了二者在崭新的政治空间里不同的政治功用。

1.民本主义的旁落

民本思想更大程度上是停留在思想观念上,具有理想化的色彩,并没有在社会实践中广泛推行。

一方面,虽然"民"作为一种独立的认识对象进入了人们的视野,但在这一套以天、民、君三者关系为基本构架的宗教政治伦理体系认识中,民没有独立的价值和意义,民生来就是神和君的从属物,即使需要民发挥作用,也需要"借天为说"。

另一方面,与当时的社会背景和历史进程密不可分。西周时期,以周王为首的奴隶主贵族集团在政治上分封同姓、异姓诸侯,建立了以血缘为纽带的宗法等级制度。与此相应,用周礼来巩固、加强统治,其基本特征是"礼不下庶人""刑不上大夫"。时至春秋末期,王室衰微,王权旁落,各诸侯国争夺霸权,周天子失去了昔日驾驭诸侯的权势,出现了所谓的"礼崩乐坏"的局面。② 新兴地主阶级迫切希望打破贵族对土地、政权和文化的垄断,与此同时,经济的发展为封建诸侯主提供了所必需的财政资源,应该说,由封建分封制转变为中央集权的政治变革方向不可避免。

孔子等人所提倡的是,统治者应在正确的道德原则基础上实行"仁政",即使"借天为说"也摆脱不了"理想国"的色彩。而此时的社会变革确定了政治需要一套有助于集中"君权"的学说,而非尊重"民意"。这也说明为什么后来提倡"尊君"与"尚法"的法家学派为秦王所倚重,关键在于,法家思想与中央集权的社会目标相契合。

---

① 武树臣,李力.法家思想与法家精神[M].北京:中国广播电视出版社,2007:123-125.
② 武树臣,李力.法家思想与法家精神[M].北京:中国广播电视出版社,2007:7.

2.轻言主义的得势

公元前 221 年,秦统一六国。秦帝国一方面面临着六国复辟势力的威胁,另一方面又缺乏统治经验。就当时的政治统治者来说,虽然儒家的"仁政"冠冕堂皇,但面对一个史无前例的封建帝国大厦,该学说缺乏使之矗立的社会统治力,只有韩非的"法治"学说为帝国大厦注入了正常运转的能量。

而韩非学说的贯彻以秦相李斯的"禁言纲领"最为彻底。六国尽灭,天下归一,秦始皇置酒咸阳宫。席间,儒生发生争执,秦始皇交由群臣讨论。丞相李斯的一份奏言深合始皇心愿,即令千古震悸的"禁言纲领",斥责诸生"不师今而学古,以非当世,惑乱黔首"(《史记·秦始皇本纪》)。其措施是,"非秦纪皆烧之",禁办私学,等等。从此,百家争鸣、群学蜂起的局面一去不复返了,通过法律和制度禁绝舆论的历史开始了。李斯把法家轻视舆论的思想无以复加地推向极致,第一次正式给舆论加上"惑乱黔首""非今谤上"的法律罪名。[①]

随着秦统一,以君主为中心的封建中央集权的政治历史进程,不仅排除了民本思想贯彻于政治的可能性,而且基本上排除了民本思想进一步孕育的空间。因此,禁言主义大行其道。

但历史的进程从来都不是始终如一的,对法家思想的一味秉承和对民本思想的简单否定本身就蕴藏着未来"否定之否定"的玄机。果不其然,一个贯彻了法家政治思想的泱泱大国仅存二世即在农民起义的烽火中倾覆了。

3.民本主义与轻言主义的调和

秦帝国的倾覆,自然暴露了一味贯彻法家思想的局限性,由此给后来者汉王朝再次提出了一个关于立国思想的问题,要想维持大一统的局面,该专尚哪家学说呢?

汉王朝既然继承了秦的中央集权的君主专制体制,就不可能不继承深受法家影响的秦的官僚体制和法律,而对秦倾覆的反思与对法家思想的批判,又使法家思想不可能再独领风骚。考量再三,汉朝统治者最终采用了折中但有策略的方式:一方面,"汉承秦制""汉承秦法";另一方面,儒家被推上了官方的学术宝座。自此,封建王朝一面标榜孔孟儒学,一面推行法家的治国之术,即所谓的"明倡儒经,暗行法术"。

但问题是,百家之言,为何独选孔子学说?是信手拈来,还是汉朝统治者吸取秦亡的教训,决意重民意,施仁政?事实上,汉朝君臣颇费了一番心机,并且根本原因还是他们考虑到在百家之言中,孔学更有与法家共同承继中央集权的可能性。"封建社会重阶级名分,君权国家重一尊威权:老子主无名无为,不利于干涉;墨家创兼爱,重平等,尚贤任能,尤不便于专制。唯独孔学,严等差,贵秩序,与人民言服从,与君主言仁政,以宗法为维系社会之手段,而达巩固君权之目的,此对当时现实社会,最为合拍;帝王驭民之策,殆莫善于此,狡猾者遂窃取而利用之,以宰制天下。"[②]

可以说,孔子终其一生未能实现的具有理想主义色彩的"民本"政治理想,被汉武帝

---

① 徐向红.现代舆论学[M].北京:中国国际广播出版社,1991:84.

② 王亚南.中国官僚政治研究[M].北京:中国社会科学出版社,1981:69.

提取了专制统治所需的思想内容,诸如天道观念、大一统观念和纲常教义,遂成为正统。

四、我国古典舆论观之实质解析

纵使民本主义与轻言主义舆论观在整个封建专制社会大放异彩,但事实上只有认清其历史局限性,才可能真正把握二者的实质。

1.民本主义舆论观的实质

在统治秩序正常维持的年代,人们更多地看到帝王凌驾于万事万物的统治权威,往往忽略无名之辈的存在,然而朝代更迭却是这些无名之辈揭竿而起,掀翻了至高无上的王权,显示了巨变的力量。"防范来自政权体系内部的政变和消除来自政权体系外部的民众暴动,历来是传统政治思想极为关注的两大课题",这种具有毁灭性的民众力量迫使统治者不得不高度重视,积极寻求对策。民本思想缘此而生。①

民本思想的发展演化主要是通过统治阶级的政治家和思想家的自我批判和自我认识完成的,其思想内涵有两重性。一方面,批判暴政,认为圣明的君主应当倡行仁政,提出了君主必须遵循的行为规范,诸如"亲民""安民""惠民""以德和民"等政治主张。另一方面,鼓吹君为政本,要民众充当君主的教化对象,把关注点放在调节君民关系上。虽然"民本"思想不乏对民众的同情,但其出发点和归结点始终在君主这一边,民是被动的,只能置于被怜悯、被恩赐的地位。

究其实质,民本思想并不在于为庶民参与政治提供理论支持,"从总体上看,它属于统治阶级的得民之道、保民之道、治民之道,充其量不过是描绘了一种君主制度的理想模式"②。比如孔子"民可使由之,不可使知之"的立场,事实上也正反映了孔子民本思想是以统治阶级为根本出发点的,而统治者真正需要的是"使所有老百姓都停止思想,像一群不会说话、没有头脑、唯命是从的动物,可以任由驱使,不管前方是牧场还是屠宰场"③。

因此,民本主义思想无论是从理论上还是政治实践上均未超越君主专制的政治思想范畴。

2. 轻言主义舆论观的实质

正由于崇尚"法、术、势"的法家被举荐上秦统治的圣坛,轻言主义舆论观也就为秦所倚重,它的进步性在于,现实地顺应了社会大一统的集权统治;但其历史局限性也不可避免。

一是,韩非所鼓吹的"法"是与贵族阶级相对立的新兴地主阶级意志,所谓的"法治"也正是以中央集权的君主专制政体为形式的新兴地主阶级的统治。

二是,法家主张绝对的社会控制,由于在政治实践中实施了高压政策,最终也使"轻言"演化为"禁言"而流于极权主义路线。从其法制治国、术制御臣、权势称雄等政治方略来看,尊君抑民可谓登峰造极,而恰恰这一套学说所宣扬的政治策略成了历代君主统治

---

① 刘泽华. 王权思想论[M]. 天津:天津人民出版社,2006:114.
② 刘泽华. 王权思想论[M]. 天津:天津人民出版社,2006:115.
③ 林语堂. 中国新闻舆论史[M]. 上海:世纪出版集团,上海人民出版社,2008:3.

的有效的理论工具,支配了两千余年的中国政治,影响了君主专制国家的意识形态。

三是,虽然法家学派的轻言主义路线符合当时的政治现实,但"韩非最真实地揭开了君臣、君民之间的帷幕","禁言"使百姓处于人人自危之中,无形中将君主公开置于百姓对立的位置,甚或使君主陷于孤立,事实上给维护君主统治带来了不可避免的副作用。

总之,民本主义舆论观的理想性与轻言主义舆论观的现实性,使二者呈现出二元对立的色彩,但无论如何相互指责,二者对中国社会历史的影响深远,都有毋庸置疑的进步意义。比如儒家的民本思想超越了周礼的"礼不下庶人""刑不上大夫"(《礼记·曲礼上》),提出礼制不仅治贵族以礼,而且治平民以礼而不以刑,"这实际上是以更高的行为标准用之于平民,在这个意义上讲,儒家是革命的"①。而提倡轻言主义的法家,相较于保守的并试图回归周礼的儒家政治思想,其进步意义在于,充分认识到了时代变化的现实性,并且主张面对新情况、新问题,要用全新的方案加以解决,韩非用"守株待兔"的故事来比喻不面对现实者,用变化的观点来看待历史过程的学说,在当时无疑具有适应时代的革命性的意义。

无论是民本主义舆论观还是轻言主义舆论观,之所以称其为"古典",是因为二者虽有表面上的二元对立,但因二者均孕育于封建制度向中央集权专制制度过渡期,并终因在政治实践中发展调和为封建正统,所以二者都不可避免为集权制度做注脚的命运,进而贯穿于中国几千年的封建专制社会。而事实上,只有到了近现代民主社会实现了事实上的"民治",真正意义上的民本主义舆论思想才可能登堂入室,在社会公共管理决策中发挥不可替代的作用。

第三节　舆论的流变——舆论秩序的演化

在神佑王权的理念支配下,我国先秦舆论秩序呈现出某种神谕的特征,随着封建集权国家的建立,逐渐形成了一套官僚体制之内的舆论秩序,与此同时,体制之外的舆论却以一种潜流的方式存在着。

一、先秦社会的舆论秩序

夏商和西周时,原始氏族社会的血缘关系纽带仍未被打破,三代王朝保留了大量原始氏族民主的孑遗,因此君主对来自民间的言论还是十分重视的,但在神佑王权理念的支配下,舆论并没有自由发挥的空间。

1.夏商、西周奴隶君主制下的舆论秩序

夏商时期,舆论控制最主要的手段就是神谕的宗教控制,即利用人们对于强大自然力的崇拜来控制人们的思想。《礼记·表记》上说"殷人尊神,率民以事神"。殷商时代的宗教与原始社会的宗教相比,已经有了本质的改变。从卜辞记载看,在殷商时期人的观

---

① 林语堂.中国新闻舆论史[M].上海:世纪出版集团,上海人民出版社,2008:142.

念中,"帝"是最高的神,它不仅统管一切自然现象,还主宰人间的一切事物。虽然帝的至上性是人赋予的,但凡事问卜吉凶,帝是以保护殷王为终极目的的。①

而西周时期,自商便有的史官文化渐渐发展,他们开始在国家文化事业中担任重要角色。他们管理着国家文化事业,负责记录事实、编纂书籍,同时也掌管着祭祀、占卜等巫教活动。巫觋游离在政治领域边缘,他们只能在国家祭祀中担任配角,做一些基础性或辅助性的工作。这标志着夏商时期巫教控制的式微和礼乐制度的兴起。

西周初年,周武王之弟周公旦"制礼作乐",由国家立法的形式规定了吉礼(祭礼)、凶礼(丧礼)、军礼(行军,出征)、宾礼(朝觐,互聘)、嘉礼(婚宴,加冠)等一系列人民应当遵守的社会规范和社会秩序,言明不同阶层的尊卑贵贱,借此来控制人民的思想和行为。

于是,礼乐也逐渐成为舆论控制的主要手段,即统治者通过订立人们在日常生活中应当遵守的基本的道德规范,来控制人们的思想和行为。

与此同时,夏商和西周时,统治者搜集民意考察民生的最主要途径是采风制度,即设立专门机构采集民歌、民谣以观民风的制度,滥觞于上古时代,流传于夏、商、周。在古代传播形式比较原始的情况下,民歌、民谣是最主要的舆论载体,因此,采集民风,实则采集舆论。《汉书·艺文志》中说:"古有采诗之官,王者所以观风俗,知得失,自考证也。"夏朝的统治者设置了专门的官吏职务——"遒人",专门负责搜集庶民对政务的意见和呼声。与此同时,贵族可以通过谏议,庶民则通过"诽谤"朝政来参政议政,统治阶级对贵族谏议与庶众舆论的尊重是其维持统治秩序的重要手段。

2.春秋战国时期的舆论秩序

春秋战国是一个社会巨变的时期。这种巨变,在政治格局上的一个突出表现就是"贵族共政"的解体,即以血缘远近为基础的分封制解体。而在文化领域最重要的表现就是"礼崩乐坏",即周王朝所推行的一系列的社会规范面临着土崩瓦解的危险。

"礼崩乐坏"使得统治阶级对教育权的控制日趋松弛,私学之门顿开。由于"私学"面对的对象主要是社会的下层,因而表达的观点主要体现下层民众的舆论,因此,"在春秋战国时期,出现了与当时仍然存在的'官学'所不同的'舆论场'",即体现下层民众舆论的"私学"舆论场。

随着生产力的发展、私有土地的出现,在春秋战国时期,新兴的地主阶级也随之出现了,地主阶级中的知识分子即"士阶层"开始崛起,为了与传统贵族阶层争夺政治权力,他们开始四处向各国的统治者游说自己的治国理念,这些"士阶层"也就是当时的"舆论领袖"。

与夏、商、西周三代的舆论控制手段不同,"在经过战国变法运动之后……除了摧毁世袭贵族基本政治制度基础的同时,也为社会秩序和社会舆论树立了强有力的控制工具——以'刑罚'为核心的法律体系"②。但是,虽然春秋战国时代的"礼崩乐坏"乃至战乱

---

① 刘泽华,葛荃.中国古代政治思想史[M].天津:南开大学出版社,2001:2.
② 夏保国.先秦舆论思想初探[J].长春:吉林大学博士论文,2009:111.

频仍,一方面使得社会舆论得以自由释放,并形成了以"士阶层"的舆论激荡为主要表征的"百家争鸣";另一方面又在社会结构的变化中酝酿着"天下一统"的崭新政治秩序和社会秩序,"舆论一律"的政策尝试渐显端倪。

二、封建社会的舆论秩序

秦汉以来的宗法专制社会,官僚政治是作为专制政体的一种配合物而产生的。在这种社会体制下,中国古代言论的特性大体是多言论而少自由。所谓多言论,即体制内建议、争论、著述汗牛充栋;所谓少自由,即来自民间的言论寥若晨星,并且言论者多有隐匿。

1.官僚体制内的纵向传播

在官僚政治体制内,其社会信息的传递主要是纵向进行的,像皇帝的诏令通过中央朝廷一级级向下传达到省、府、州、县,而地方的奏报则逆向逐一向上传递至朝廷,而且,这种纵向传递是主要方式。这种纵向的舆论传播路线又分为两条:上行路线,表现为进谏与纳谏的统一;而下行路线,则表现为教化与顺化的一致。这种纵向的舆论传播以完备的舆论体制形式表现出来。[1]

(1)朝议制度

朝议是指皇帝召集朝廷官员在朝廷议论国是,官员的议论供皇帝参考,皇帝根据议论对议者进行奖罚。朝议最早可追溯到原始社会氏族公社的民众大会,在春秋时期,也有类似的共议国是的形式,但到秦代始有正式的朝议。汉承秦制。到唐朝时,朝廷设进奏院,专门负责转呈官员的奏章、传达帝国的命令,即通过奏疏,上书言事,使下情上达。

历史有名的朝议事件是盐铁之议,又称盐铁会议,是汉昭帝时,霍光组织召开的一次讨论国家现行政策的辩论大会,其本质是对汉武帝时期推行的各项政策进行总的评价和估计。

元狩三年(前120年),汉武帝擢用桑弘羊为财政大臣,实行盐铁官营等经济政策,虽然增加了政府财政收入,但弊端百出,激起民怨。始元六年(前81年)二月,经谏大夫杜延年提议,霍光以昭帝名义,令丞相田千秋、御史大桑弘羊,召集贤良六十余人,就武帝时期的各项政策,特别是盐铁专卖政策,进行全面的总结和辩论。同年七月,会议闭幕,取消酒类专卖和部分地区的铁器专卖。

盐铁会议的召开,对昭宣时期汉王朝的统治政策产生了积极的影响。大权在握的霍光基本上坚持了汉武帝《轮台罪己诏》中所制定的政策,进一步推行"与民休息"的措施;而桑弘羊在政治上则受到一定的挫折,其所实施的官营政策也有所收缩。盐铁之议参与人员之广泛、会议中讨论的自由度之高,都是汉代历史乃至整个中国古代历史上少有的。

(2)谏诤制度

在中国的封建官僚政治体制中,臣属对政府甚至皇帝个人的批评有必要的制度安排,中国历史上与"言路"相关的政治设计,是御史监察制。御史又称言官,其身为天子之耳目,

---

[1] 徐向红. 现代舆论学[M].北京:中国国际广播出版社,1991:37.

职责是采用"建言"(即批评)的方式,批评政治中的弊端,包括皇帝本人的行为、官员的腐败,并提出惩罚建议。即通过进谏、议论得失、张扬民意、制衡君权,发挥舆论监督的功能。

但皇帝对那些令其不悦的言官,随时都有生杀予夺之权。正因为言官是没有个人豁免权的,事实上,言官是经常遭惩罚的,言官进谏的勇敢靠的是道义感。"帝国的言官经常面临两难选择:要么忠于国家,当面向皇帝讲真话,这样做的结果可能会危及自家性命;要么三缄其口,保住乌纱帽,承认自己是窝囊废,自己的工作毫无用处。"①

魏徵,中国古代著名谏官,因直言进谏留名史书。魏徵曾上奏《十渐不克终疏》,全面地、系统地总结了唐太宗李世民执政治国不如贞观之初的事实。疏中列举了李世民从执政初到当前为政态度的十个变化,比如搜求珍玩奇物、纵欲劳人、亲小人、疏君子、崇尚奢靡、频繁游猎、无事兴兵、使百姓疲于徭役等不克终十渐。魏徵大胆批评李世民的骄傲放纵,再次提醒他慎终如始、居安思危。李世民看完奏疏后,欣然接纳,并对他说:"朕今闻过矣,愿改之,以终善道。有违此言,当何施颜面与公相见哉!方以所上疏,列为屏障,庶朝夕见之,兼录付史官,使万世知君臣之义。"

(3)官报

官报尤以邸报为代表。中国官报的兴起,与郡国设立驻京师办事机构的制度密不可分。几乎所有边疆的主要王公贵族和将领都有自己常驻京师的代表。"邸","属国舍也";"报","报告"也。朝廷的命令可以通过这个媒介传达给地方官员;反过来,地方官员的奏章也可由此转达朝廷。邸报早在8世纪唐明皇统治时期便出现,此后一直延续到清朝,主要刊登官员的任免、升迁消息。一般认为,邸报是中国古代新闻事业的发端,但一般只在官员和缙绅阶层中流通,其新闻是面向官方的,而非社会的,因此它远未能成为民众的"耳目喉舌"。

2.官僚政治体制外——士人的舆论表达

由于中国读书人总有议政的倾向,因此在官僚体制之外,士人充当着非官方批评家的角色。"在中国,能读会写的人一直数量有限,普通人对时政并不是很关心;只要政不扰民,民亦不会操心于政。所以议政之事只限于有文化的人。"②这种非官方的批评有时以文章辞赋和政论等形式来表达,有时以传抄宣传册、在街头张贴揭帖等形式出现,有时民众会联合起来向皇帝请愿上书,如东汉时期的"清议"和学生运动,明末清初的士大夫运动等。

(1)理论化表达

理论化表达民间自由言论的代表人物是东晋学者鲍敬言,他将魏末晋初形成的对名教的批判、对自由崇尚的思想理论化,并形成了独树一帜的理论体系,代表作《无君论》。主要思想有:其一,把君主视为一切灾难的根源。如"恃强者凌弱,则弱者服之矣;智者诈愚,则愚者事之矣。服之,故君臣之道起焉;事之,故力寡之民制焉。然则隶属役御,由乎争强弱而较愚智,彼苍天果无事也。故獭多则鱼扰,鹰众则鸟乱,有司设则百姓困,奉上

---

① 林语堂.中国新闻舆论史[M].上海:世纪出版集团,上海人民出版社,2008:7-8.

② 林语堂.中国新闻舆论史[M].上海:世纪出版集团,上海人民出版社,2008:5.

勤则下民贫"①。其二,将无君的社会视为理想的社会模式,崇尚尧帝时代的生活准则。古时候没有君臣,"穿井而饮,耕田而食,日出而作,日入而息,泛然不系,恢而自得,不竞不营,无荣无辱。"②该思想否认君权神授,试图从根本上颠覆名教的理论基础。

(2)清议

清议即乡党评论,是乡里人对某人德行的评价,特指东汉期间维护政治和道德的纯洁性的批评运动。这是氏族公社遗留下来的品评遗风,与名教相结合,遂成为治国治乡、制约个人、控制社会的重要手段,多由乡绅豪强、官僚长老所操纵。乡评对于人的前程影响重大,能举人,也能杀人。孝子、贤孙、贞妇、烈女,得以树碑立传,并举荐入朝,由皇上题额表彰,或赐以官爵。③ 比如汉朝的文官选拔制度直接助长了对道德行为的严格要求。一个人能够得到举荐或被提名为政府官员,非关其学识,而是因为其道德品质和正直、诚实的名声,当时文官选拔制度的名目中可见:茂才异等、贤良、方正、敦厚、质朴、孝廉、能言直谏、隐逸等。④ 不忠、不孝、不节,则任由乡人唾骂,羞辱终生,所以有"一玷清议,终身不齿"的说法。比如,当时有一士人赵宣以孝著名,他严格遵守儒家经典的要求,住在墓地为其父服丧三年,但一位士大夫领袖发现,他的五个孩子都是服丧期间所生。赵宣立刻声名涂地,成为"名教罪人"。

东汉,由于儒家道德复兴,为了实践儒家教义倡导的"礼让"的道德,很多世家大族家庭的长子放弃继承权,让给兄弟,如此,即会博得公众的赞扬,赢得好名声。做能出风头和特立独行之事以沽名,遂成风俗。⑤ 魏晋以后,清议为士族所垄断,流弊日益严重。

(3)党议

东汉末年开党议之先,始于甘陵,盛于太学,衰于两次党锢之后。党议一是攻击宦官,裁量执政;二是各树朋党,自我标榜,相互攻击。

东汉末年,舆论和皇权之间第一次出现了有组织的对抗。在士人与腐败势力的殊死搏斗中,舆论得到了一次极其罕见、令人怜悯而崇敬的运用,引发了一场规模浩大的"太学生运动"。"尽管没有机械化的印刷业相助,但东汉时的舆论表达之有力,是后来的朝代无法超越的"。⑥

客观上,一方面,东汉政治统治者大多短寿,皇室血脉日渐衰微。由于皇帝多年幼孩稚,大权自然会落到皇太后和宦官手里。宦官和外戚的专权导致暴政。另一方面,至东汉,儒学地位提高,作为皇帝复兴儒学计划的一部分,文官选拔制度均已具雏形,学校得到很大的发展。例如顺帝统治时期就有各种官学240所,校舍1850间,学生3万名。在私学里,学生往往达数千人。此时,求学是件受人尊重的事,而文人聚集会自动形成议政团体和时评中心。主观上,是士人对盘踞京城的宦官党羽聚敛财富、鱼肉百姓的义愤,以及根本上对宦官身份的轻蔑。

---

① 綦彦臣.中国古代言论史[M].北京:航空工业出版社,2005:90.
② 綦彦臣.中国古代言论史[M].北京:航空工业出版社,2005:90.
③ 徐向红.现代舆论学[M].北京:中国国际广播出版社,1991:46.
④ 林语堂.中国新闻舆论史[M].上海:世纪出版集团,上海人民出版社,2008:36.
⑤ 林语堂.中国新闻舆论史[M].上海:世纪出版集团,上海人民出版社,2008:36.
⑥ 林语堂.中国新闻舆论史[M].上海:世纪出版集团,上海人民出版社,2008:31.

第一次太学生运动发生在公元 153 年,御史朱穆被任命为冀州刺史,因其耿直办案,得罪了京都宦官,被判服苦役。数千名太学生上书皇帝,为朱穆辩护。舆论的压力迫使皇帝赦免了朱穆。第二次太学生运动,发生在公元 162 年,将军皇甫规免了几名宦官党徒的职,结果遭宦官构陷,也被判服苦役。300 多名太学生联名上书,为皇甫规求情,皇甫规才得以释放。先后两次太学生运动,士人或上书皇帝冒死进谏,或利用手中的权力,尽其所能来对抗宦官残暴无道的统治。

之后,由士大夫所代表的舆论和由宦官所代表的权势集团的斗争逐渐公开化,宦官集团用铁腕手段,如下狱、处死或者流放等对士人进行迫害。先后有两次"党锢"。公元 165 年冬,这场运动的第一道诏书颁布,200 余名领袖遭到逮捕。169 年第二次"党锢",皇帝下诏逮捕"党人"及其同情者,处死了 100 多人,党人五服内亲属被流放,受牵连被捕和死亡的人数达到六七百人。

这场非同寻常的冲突,延续了几十年,影响长达百年之久。由于没有任何制度性保护,后起的这类运动,即舆论的浪潮最终都失败了。魏晋南北朝时期,鉴于党锢之祸的血腥教训,士人开始逃避社会现实,远遁山林,其文学作品以谈论玄学、品议自然为能,其思想风气充满了对儒学的轻蔑、对当时政治超凡脱俗的冷漠。于是,儒学的声誉为老庄的无为放任之学所代替,这在曹魏时期的"竹林七贤"表现得最为突出。这时的清议,已沦为"清谈",失去了舆论的现实品格。这表明,"除非士子与文人获得制度性保护,否则就不可能有常规化的、稳定的舆论力量"。[①]

(4)上书请愿

上书本是汉朝初创,具有礼贤下士的功能,其舆论功能在宋朝时表现得尤为突出。宋朝时期,面临着北方金人、蒙古人的连番侵扰,赵氏王朝处于风雨飘摇之中,在国家陷入与北方入侵者是战还是和的争论中,太学生大声疾呼对敌作战。政府却举棋不定,企图对太学生的呼声避而不闻,轮番使用镇压和利诱两种手段来对付舆论。

这时期士人对朝政的批评与东汉时期有所不同。一是,宋朝的士大夫运动是经常性的,持续了一个半世纪;二是,宋朝的士大夫运动针对的是外来的政治威胁,而东汉的运动矛头所指是宦官滥权;三是,宋朝的士大夫运动相当缓和,主要形式是联名上书或集体到宫门前请愿抗议,没有演变成党派运动。

面对不断丢失的国土,朝廷始终举棋不定。金军渡过黄河,皇帝决定御驾亲征,但权臣李邦彦建议皇帝逃离京城,主战派李纲则说服皇帝固守御敌。最终为使金军不再南下,朝廷决定割让数座城池给敌人,罢免李纲。由此,导致了当朝规模最大的集体示威。1126 年,陈东等太学生和成百上千的百姓聚集在皇宫门口,上书要求皇帝重新起用李纲。后迫于压力,皇帝任命李纲为"京城四壁守御史"。其间,陈东曾五次上书。1127 年,陈东再次上书,但最终被处死。

高宗时期,力主和议的秦桧独揽军政大权于一身,其夺取权力的方式是杀害所有政敌,禁止舆论的表达,由此"和平"统治国家达 19 年之久,其间再也没有集体示威请愿活动,也听不到半点批评的声音。直至秦桧寿终正寝,太学生请愿的传统才继续延续下来。

---

① 林语堂.中国新闻舆论史[M].上海:世纪出版集团,上海人民出版社,2008:32.

可以说,宋朝太学生的请愿上书,发端于爱国的太学生陈东,在抗议卑鄙的投降派、反对把宋朝变成金国的附庸国中成熟。虽然这些舆论有时或囿于党派成见,或失之偏颇,但总体上发挥了公共批评的作用。尤其在南宋时期,太学生曾屡次向皇帝请求处死当朝的实际管理者——宰相,在无实际意义上的制度保护下,这种请愿无异于自找杀身之祸,由此也显现了在国家危难之际,士人的果敢意志和道德勇气。

总之,中国自北宋之后,政治逐渐走向专制,禁绝言论也大行其道。在北宋末年,有"城门闭、言路开,城门开、言路闭"的讥讽;在明初,则有朱元璋出尔反尔,逮捕(并致死)应诏上书人的事件;在清代,则有整个中国历史与世界文明史上绝无仅有的大规模文字狱——这段时间跨越康、雍、乾三代。①

3.官僚政治体制外的横向舆论传播

普通百姓碰到严重不公的事件,如遭遇横征暴敛、被无辜判处死刑,可以采取"宣告罢市""击登闻鼓""拦轿喊冤"等办法。② 但更多社会控制中的"无组织"信息,如政治危机、个人阴谋、群众呼声等,难以正常进入纵向传递网络,只有通过谣谚、谶谣等"舆诵"形式进行横向传播。尤其在"前传媒"时代,没有报纸、杂志、电视等大众传播媒介的情况下,谣谚尤其是谶谣,无疑成了不胫而走的传播媒体,成了"无组织"信息的载体。

(1)传语时论或诗歌谣谚

古代只有口语传播、文字传播两种形式,在贵族阶级垄断文字传播、老百姓识字很少的情况下,一般平民百姓主要借助口语传播伸张舆论。

"谣",是出自民间能流传很广的不讲究音律格式、不求配乐的诗谣俚歌。《诗经·魏风·园有桃》之"毛传"曰:"曲合乐曰'歌',徒歌曰'谣'";"谚",即广为流传的熟语、俗语,许慎《说文解字》云:"'谚',传言也。"③谣具有歌的特性,谚具有话的特性;谣表达内容复杂,因而略长,谚表达内容简明,因而略短。由于二者在形式上或因押韵而朗朗上口,或因对仗而便于传诵,在内容上多反映一种比较深刻的道理,具有一定的思想性,所以谓之"谣谚"。

先秦典籍中,《诗经》就包含了大量讽刺诗。《诗经》的第一部分,叫作"国风",兼具风土之音与讽喻教化之义。著名的《七月》一诗就远不止是一首由妇女演唱的叙述农人四季生活的民歌,而是包含着对统治阶级(地主)劳役制的控诉。《左传》中也多有这样的歌谣,一般通称为《舆人诵》,大都是当时的劳动人民在劳作时吟唱的歌谣,从民歌民谣中即可判定政风的吉凶善恶。

(2)谶谣

谶谣,即预告社会变化、时事动态及个人(主要针对政治家)命运的一种谣谚。④ 南唐李后主时,金陵街头有一群儿童传诵着一首莫名其妙的童谣:索得娘来忘却家,后园桃李不生花。猪儿狗儿都死尽,养得猫儿患赤瘕。

据古代史书《南唐近事》所载,这首童谣所"预言"的事竟"验若合符"。公元975年

---

① 綦彦臣.中国古代言论史[M].北京:航空工业出版社,2005:3.
② 林语堂.中国新闻舆论史[M].上海:世纪出版集团,上海人民出版社,2008:7.
③ 李晓瑞.政治谣谚:中国古代社会一种重要的舆论形态[J].新闻爱好者,2007(2):19.
④ 谢贵安.中国谶谣文化研究[M].海口:海南出版社,1998:1.

北宋攻克金陵,灭南唐,李氏绝统。这种用双关语、生肖法和拆字法等手法来组织韵语,从而使它带有神秘性、朦胧性以预言未来的歌谣,就是谶谣。① "谶"是指能够灵验地预测来事的图记和文字符号,一般认为是上天所表达的灾祥的预言启示;谣谚向来被人称为是"天籁之声",它既不见源头,也不知尽头,来去如风,因此谶与谣谚联姻,把谶的神秘性、预言性与谣的通俗流行性结合起来,很适合营造一种神秘氛围。

"食不果腹者,想法最坚定,一个民族也是如此。"②在宗法专制社会,群众的意见和呼声,只能通过谣谚发表出来,而谶谣则成为表达群众"极端"情绪的传播渠道。它是以通俗形式表达神秘内容并预言未来人事荣辱祸福、政治吉凶成败的一种符号,或假借预言铺陈的政治手段,时而会成为社会变化的信号,时而又为野心家的兴起开辟道路。因此,作为古代一种流传较广的舆论传播方式,谶谣是中国古代社会中的"非正式"的信息传播手段,其性质是一种舆论性的预言,具有一种兼"天意"与"民意"于一体的"舆诵"功能。

总之,在等级森严的宗法制国家里,国家是家族的扩大和血缘关系政治化的产物。"同一个社会实体,既是国,又是家;同一种权力,既是政治权力,又是宗法权力;同一个关系,既是政治关系,又是血缘关系。这就是所谓家国一体、'家天下'的政治结构",皇帝的地位和权力仿佛就是整个国家的大家长。③ 马克思把中国古代东方社会的经济形态,称之为亚细亚生产方式。这些古老民族向文明社会过渡时所形成的阶级社会所有制,在形式上几乎没有对原来的氏族土地公社所有制做任何变动,作为氏族成员的个人始终没有从氏族的脐带上脱离,因而不能得到自主发展。因此,舆论的表达与其作用的发挥既无现实的空间又缺乏主观的可能性。

三、舆论的流变——西方舆论的演化

西方文明发端于古希腊文明。所谓的古希腊世界,不过是散布在希腊半岛和地中海东岸的诸多小城市,各有各的政体。与中国古代国家不同,古希腊在经历了多利亚人的入侵之后,民族大规模迁徙,血缘关系受到冲击,使得古希腊人对原来的共同种族的忠诚,转而成为对他们置身其中的新的共同体即城邦的责任心。同时,希腊半岛地理位置特殊,古希腊人较早地开始了海上贸易与海上殖民,扩大了交流的范围,血缘关系淡薄。所以古希腊的个体家庭基本上具有独立思考的精神,公民们认为自己是自由的,自由就在于不臣服于任何外在的权威,只服从他们自己为自己制定的法律,也就是自治。

1. 前提——古希腊城邦的奴隶民主制

古希腊先后建立起200多个奴隶制城邦。公元前5世纪,雅典在萨拉米海峡附近的一次决定性海战中奇迹般地战胜了强大的波斯帝国入侵,使其一跃成为希腊众城邦的领袖,之后即产生了最具代表性的雅典民主制政体。

---

① 谢贵安. 中国谶谣文化研究[M]. 海口:海南出版社,1998:28.
② 林语堂. 中国新闻舆论史[M]. 上海:世纪出版集团,上海人民出版社,2008:4.
③ 丛日云. 先秦与古希腊思想家政治认知方式的差别[J]. 辽宁师范大学学报(社会科学版),1992(04):73-77.

在这种城邦政治中,"突出的表现是主权在民与直接民主。古典时代希腊的城邦政府是参与型的,城邦与其全体公民是一个概念,公民大会在古希腊的各城邦都是最重要的权力机构,城邦的一切重大问题必须由公民集体决定"。① 由于城邦属于全体公民所有,公民权便意味着参政权。在民主制发达的城邦里,公民作为城邦的主人,在城邦政治制度和政治生活的各个方面都得到体现。公民把城邦的公共事务视为自己的事务,把参加公共生活看作公民生活中最重要、最本质的组成部分。也就是说,在古希腊奴隶民主制时期,公民观念是其政治思想的基本特征。

当然,公民资格是一个十分荣耀的东西,不是谁都能拥有的。奴隶自不必说,外来户、被占领民族都不是公民,城邦内部的原住民也不是全部,而只有一部分符合各方面条件的自由市民才能成为公民,无论是平民议会还是人民法庭的成员都是从公民中选举出来的。

2. 古希腊城邦的舆论状况

雅典不仅在军事和政治上获得了成功,在商业、文化和知识上也取得了辉煌的成就。雅典人的理想,人们最常引用的就是伯里克利在追悼伯罗奔尼撒战争的阵亡将士时发表的演说,"我们之所以被称为民主的城邦,是因为我们的权力掌握在多数人手中,而不是少数人手中。没有人会因为贫穷或出身低贱而不能担任公职",其宣布的关于开放社会的原则成了检验整个世界历史的试金石。②

雅典还是一个巨大的思想市场。"富有积极进取精神的城邦市民特别是雅典人,在反对贵族专制和神秘的来世祭祀中,造成了一种个人主义气氛,并导致了意见和观念的自由辩争"。这种自由的舆论空气弥漫于政治、学术、艺术各个方面。

(1)广场演讲

起初,财产在城邦中属于家庭的范围,财产边界是靠诅咒和誓言来维持的;而在雅典民主城邦政体里,法律代替了毒咒,作为一个城邦公民,要实现自己的政治权力,他必须从家庭中走出来。而要想以自己的能力夺取权势,非长于政治辩论不可,所以舌辩同理论竟成为政治家占据优势的唯一武器。"平民政治自身便是尚辩论的政府。这种政府是'以言论'组成的,万事都交付'以这个敏捷的思想打倒那个'的争论场中去决定。"③

市政广场是公民参与城邦政治生活的重要空间。这里会聚了议事大厅、公民大会会场、公民法庭等重要的政治活动空间,知己朋友和哲学家们也在此相聚,相互探讨对哲学问题、政治问题的看法。"在古希腊民主制鼎盛的时代,公民内部的政治讨论十分热烈。城邦的公共事务是普通公民的经常性话题,政治思想产生于公民大会和陪审法庭的激烈辩论中,产生于街头巷尾和客厅的对话和演说中"。④ 全体城邦公民都可以在市政广场等公共场所表达自己对国家政治生活的观点和看法,通过舆论的碰撞与整合,进而形成代

① 杨凤霞. 古典希腊与希腊化时期文明特色的差异比较[J]. 中国石油大学学报(社会科学版),2010,26(2):67-71.
② 格罗斯. 苏格拉底之道[M]. 徐弢,李思凡,译. 北京:北京大学出版社,2005:4-5.
③ 高一涵. 欧洲政治思想史[M]. 北京:东方出版社,2007:8.
④ 丛日云. 先秦与古希腊思想家政治认知方式的差别[J]. 辽宁师范大学学报(社会科学版),1992(4):73-77.

表某一阶级的舆论观点。

当时的民主政体,所有公民组成紧密的社团,每个公民都有发言权和投票权,用津贴的方式鼓励公民参加民众大会。每个公民可以在广场上自由演讲,发表政治见解,随时回答别人的提问和诘难。在城邦的民众大会上,随时可以展开辩论,依照多数人的意见作出决议。

(2)舆论领袖

在城邦民主最发达的时代还产生了一大批"智者","他们教公民表达自己政治信念、阐述自己政治观点、进行政治辩论的方法和技巧。但是他们并不是灌输自己的观点和价值,而是把这些留给公民自己去独立选择。他们进行政治辩论所要说服的对象是公民集体而不是某个掌权者"。①

苏格拉底,述而不作,尤善于公开演讲,经常出现在各种舆论辩争的场合,周围总是聚集一群敬慕者和门徒。苏格拉底之所以不同于早期的希腊哲学家,就在于他使哲学回到了现实。早期的希腊哲学家所关注的主要是宇宙的本质,重在探讨物质的基本形式和地球在宇宙中的位置,而苏格拉底是第一位对人类社会和日常生活中面临的问题进行认真思考的哲学家。他的名字在希腊家喻户晓,他在上午谈到一些趣事,到了晚上全城便无人不知了。他认为,公认的意见或流行的舆论并不一定是真理,真理的获得必须依靠怀疑、讨论和辩争。

毫无疑问,苏格拉底是雅典城邦最伟大的公民,但苏格拉底最终的结局是,以不信奉雅典的城邦神祇为由被诬陷,饮毒芹而死,从中可见雅典民主制的局限性。②

(3)舆论思想

从公元前5世纪直到希腊灭亡,都是平民政治和贵族政治冲突的时代。国外有波斯年年侵扰,国内又有为保守党占据的斯巴达称霸,对于雅典的平民政治,意见上发生许多冲突,这种紊乱的情形便是产生思想的土壤。

①苏格拉底——主张坚持真理,讨论自由

苏格拉底呼吁每个人都要在自己的个人生活、日常生活和政治生活中说真话。他劝导公民,照顾心灵的工作是神灵的召唤,是一项神圣的使命。他还认为,自由的讨论与批评,有着重要的社会公共价值。在《申辩篇》里,柏拉图记载了苏格拉底在法庭上进行的自我申辩,"我是一只被神灵派来咬叮雅典人的'牛虻'。我们的国家就像一匹大马!它有力量却非常懒惰,令人赞叹却缺乏活力。如果没有一只'牛虻'来不停地刺激它,它就会变得更加愚蠢和丑陋","要想使民主的气氛保持健康,就必须不断地叮咬每个建议、每个计划,甚至生活的基本信念的脚后跟"。这段申辩是西方历史上对思想和言论自由最经典的论述。③

为言论自由、宣传自由、讨论自由申辩的,苏格拉底可以说是第一人,他的思想对于以后的自由主义舆论观有较大的影响。

① 丛日云. 先秦与古希腊思想家政治认知方式的差别[J]. 辽宁师范大学学报(社会科学版),1992(4):73-77.
② 阮炜. 不自由的希腊民主[M]. 上海:上海三联书店,2009:266.
③ 格罗斯. 苏格拉底之道[M]. 徐弢,李思凡译. 北京:北京大学出版社,2005:172.

②柏拉图——考察意见的认识特性

柏拉图确信,"存在着人类理性可以把握的不变的普遍真理"。他通过洞穴理论,揭示了正因为我们绝大多数人都居住在洞穴的黑暗之中,所以我们的思想都是与模糊不清的影子的世界相适应的,唯有教育能引导人们摆脱虚幻的现象世界到达真实的光明世界。① 在《理想国》中,柏拉图的核心主张之一便是"哲学为王",他认为"只有哲学家才能依据代表善的知识进行统治,社会成员才能按照自己不同的禀赋才干在政治生活中各安其位、各尽所能,达到社会和谐"。② 在他看来,"人是生而不平等的,造物主在制造他们时用的是不同的材料"。③ 政治应是第一等级即城邦的统治者操心的事,下层人根本没有能力自己认识到体现着"善"的光辉的知识及艺术,特别是政治艺术。因此他认为普通公民不能理解政治的复杂性,所谓公众舆论,其实是一些变化无常的意见,介乎有知和无知之间,不能和知识相提并论。意见的对象是事物的或然性,是变动不居的表面现象;只有超越意见的表面性和或然性,才能获得真知,达到必然性。因此统治者不必关心公民的要求。他认为"一个统治者如果不致力于自身品质的提升,而去迎合民意,声称以民意为依归,就不是一个合格的领袖,而是蛊惑家"。④ 根据柏拉图的这些观点,我们可以看出他对公众舆论是持消极否定态度的。黑格尔关于舆论特性的思想,就从古希腊的意见特性理性里汲取了营养。

③亚里士多德——强调舆论的整体效能

亚里士多德将一切现存的政体划分为两大类:正常的与变异的。这两种政体区分的关键在于"政治权力的运用是以城邦全体公民的利益为目的还是仅以执政者或执政集团的利益为目的"。⑤ 既然政治权力的运用要以全体公民的利益为目的,政治家们就必须考虑全体公民的需求,倾听民意。亚里士多德对于政体的划分表明,虽然他不是一个真正的民主派,但也没有柏拉图那么强烈的精英意识,他并没有对公众舆论那么不屑一顾。虽然他心目中理想的治国方式应当是法治,但如果不得已而求其次,他也可以接受依照多数人的意见的治理。因为"就多数而论,其中每一个别的人常常是无善足述;但他们合而为一个集体时,却往往可能超过少数贤良的智能"。⑥

作为集体的人民,他们的能力会超出个人的能力,因此公众舆论也会比个人的意见更有价值,群众的智慧会优于任何个人的裁断。那么,把民众合议的权力置于贤良的职司之上,应当是合法和正义的。由此可见,亚里士多德对公众舆论还是基本上持有一种积极肯定的态度。

3. 文艺复兴时期

黑暗的中世纪,舆论控制主要表现在宗教控制上。当时的西欧是基督教的世界,基

① S. E. 斯通普夫,J. 菲泽. 西方哲学史[M]. 匡宏,邓晓芒等译. 北京:世界图书出版社,2009:42.
② 许静. 简述西方舆论观的形式与发展[M]//程曼丽. 北大新闻与传播评论. 北京:北京大学出版社,2004:225.
③ 柏拉图. 理想国[M]. 郭斌和,张竹明,译. 北京:商务印书馆,1994:128.
④ 许静. 简述西方舆论观的形式与发展[M]. 程曼丽. 北大新闻与传播评论. 北京:北京大学出版社,2004:226.
⑤ 许静. 简述西方舆论观的形式与发展[M]. 程曼丽. 北大新闻与传播评论. 北京:北京大学出版社,2004:226.
⑥ 徐向红. 现代舆论学[M]. 北京:中国国际广播出版社,1991:87.

督教神学具有至高无上的地位,哲学、政治、法律等其他意识形态,都合并到神学中,无一例外地成为神学的科目和女仆。教会垄断了文化教育,垄断了精神生活,也垄断了整个社会舆论。凡对教会和封建秩序稍有不满,对正统教义稍有异议者,即被斥为"异端",遭受舆论诋毁和酷刑折磨。①

文艺复兴的时代背景是市民社会的兴起。商业的繁荣加上当时广泛流行的"人文主义"思想,为了取代封建主义,夺取封建统治阶级的政权,资产阶级启蒙家提出了自由、平等、博爱的口号和主权在民的原则,强调国家归属全体公民,主张凡是具有该国国籍的人都是公民,实行法律面前人人平等。公民的范围越来越大,拥有的权利也越来越广泛。公共领域经历了资产阶级公共权力领域的崛起和市民化公共领域的孕育。

(1)公共权力领域的崛起

资产阶级公共领域即公共权力领域。16世纪下半期到17世纪早期,伴随着商业经济确立,"民族"的形成,现代国家也建立了科层制。18世纪末,封建势力、教会、诸侯领地和贵族阶层分化,形成对立的两极,最终分裂成为公私截然对立的因素。诸如,宗教变成私人的事情(第一个私人自律领域);公共财政和封建君王的私人财产分离,出现公共权力机关:官僚制度、军队等,统治阶层最终从等级制度中走出来成为公共权力。

劳动阶层发展为市民阶层,作为政府的对应物,市民社会建立起来;私人作为公共权力的受众成为真正的私人自律领域,那么,随着公共管理和私人自律的紧张关系的建立,国家权力的管理对象才成为真正意义上的"公众"。与此同时,新闻出版物日益显示出的社会冲击力,使得"政治报纸"——日报成为统治工具。

(2)市民化公共领域的孕育

市民化公共领域的崛起表现在,18世纪中后期的市民自主性的增强,音乐和艺术日益摆脱了社交或功利的表现功能,哲学、文学、艺术的批评领域开始自我启蒙,稳定的团体(讨论)形成了潜在的政论团体,私人自律观念的实现,以及国家和社会的分离,等等。

尤其在18世纪后期,随着人口的迅速增长,城市的崛起为人们经常性集聚提供了可能,也为市民社会的形成提供了必要条件。以城市为聚集的市民阶层,告别了鸡犬之声相闻、老死不相往来的乡村封闭状态,具有了强烈的交往欲求;同时,市民阶层要确立自身的社会地位,就要有自己的公共交往空间。酒吧即成为当时人们聚集谈论政治问题的公共场所。事实上,酒吧的产生,历经了面向不同社会主体的宫廷宴会、沙龙、咖啡馆到酒吧,其历史过程恰恰印证了西方公共交往空间的嬗变。②

①宫廷宴会和沙龙——面向贵族

在相当长的一个历史阶段,贵族社会垄断着公共交往空间,其主要形式是宫廷宴会和沙龙。宫廷宴会和沙龙具有严格的等级要求,出入其中必须要有贵族头衔,并在交往中形成了一套特殊的礼仪规范和游戏规则。新兴资产阶级梦想跻身于上层社会,但卑微的出身、商人的气息、非正宗的血统、礼仪教养的缺乏,使他们很难如鱼得水地融入贵族阶层。

①　徐向红. 现代舆论学[M]. 北京:中国国际广播出版社,1991:87-88.
②　酒吧的由来,也可以说是历史[EB/OL]. (2008-3-15)[2009-6-12]. http://bbs. voc. com. cn/topic-1440106-1-1. html.

②咖啡馆——面向中间阶层

与沙龙的贵族式豪华相比,咖啡馆可以满足一般富裕市民的欲求,为城市中产阶级提供交往休闲的场所。17世纪中叶,咖啡已成了市民当中富裕阶层的一般饮品。随着第一家咖啡馆开张,到18世纪初,伦敦已有3000多家咖啡馆。18世纪中叶,一位西方学者把巴黎这座城市称为"欧洲的咖啡馆"。咖啡馆不仅向权威性的圈子自由开放,进入其中主要是广泛的中间阶层,乃至手工业者和小商人。

"咖啡馆的繁华时期是在1680—1780年,——无论何处,它们都首先是文学批评中心,其次是政治批评中心,在批评过程中,一个介于贵族社会和市民阶级知识分子之间的有教养的中间阶层开始形成了。"①

③酒馆、酒吧——面向平民

与咖啡馆繁荣同步,小酒馆也蓬勃发展起来。虽然,有些资产阶级暴发户经常光顾粗俗简陋的小酒馆,但随着资本的积累,资产阶层对奢华的欲求越来越高,他们需要新的社会形象、新的公共交往空间。咖啡馆与小酒馆同步发展,相互影响,咖啡馆的氛围和情调渐渐渗入小酒馆,产生了酒吧。酒吧是一个可以自由出入的平民化空间,它构筑了一个以中产阶级品性为中线的中间地带,既吸收了贵族沙龙的奢侈豪华,又残存了下层酒馆的恣意放纵。正是这样一个崭新的、开放的多元杂糅的公共领域,不仅符合资产阶级市民阶层的社会身份,还使资产阶级摆脱了进入贵族沙龙时所面临的尴尬难受的困境。

公共空间的嬗变过程,体现出公共空间的活动主体从贵族阶层向市民阶层的转换,这一转换的完成并不是建立在截然对立冲突的抵抗性基础上的,资产阶级通过商业的物质力量,在都市建构起属于自己的公共交往空间及娱乐消费空间,不仅瓦解了贵族一统天下的垄断局面,也为市民敞开了更为广阔的公共交往空间。

哈贝马斯曾深刻地揭示了封建社会不存在古典(或现代意义上)的"公共领域"和"私人领域"的对立模式。"私人所有权"和"公共所有权"融为一体,只要王侯和各特权阶层本身就是"国家"(朕即国家),而不只是国家的代表,那么从一定意义上讲,他们代表的是其所有权,而非民众。② 再如由于古代中国的个体与家庭基本不具有独立思考的空间,"政治共同体"和"公共权力"观念从未形成,对公共事务的参与性差。这种社会状况决定了中国古代舆论的基本特征。在社会处于相对稳定的阶段时,民众安于这种依附的社会关系,并不过多地关注政治;而当民族危亡、暴政肆虐,批评会活跃起来,甚或涌现出各种组织有序、主张明确的运动。

而就资产阶级公共舆论而言,从前现代向现代转型的过程中,公共空间是很具决定意义的要素。广泛的密切的交往,产生了许多现代性问题和公共性问题,城市生活的规则被扩展到整个社会领域。人们在这种公共空间的交往过程中互相传递信息、交流意见,长期的互相接触,那些有着共同利益的人们逐渐地形成了相同的信仰,对某些问题的看法能够形成基本一致的意见,人们对未来国家的理想也就建立在人民同意或舆论的基础之上。

① 哈贝马斯.公共领域的结构转型[M].曹卫东,王晓珏,刘北城,等译.上海:学林出版社,1999:37.
② 哈贝马斯.公共领域的结构转型[M].曹卫东,王晓珏,刘北城,等译.上海:学林出版社,1999:7.

思考题

1. 如何认识舆论的源头？试评析原始舆论。

2. 什么是民本主义舆论观？什么是轻言主义舆论观？如何评价这两种舆论观？

3. 我国封建官僚体制之内的舆论秩序的特征是什么？试举例说明。

4. 我国封建官僚体制之外的舆论秩序的特征是什么？试举例说明。

5. 古希腊时期，舆论思想孕育的背景是什么？

6. 古希腊时期，有哪些重要的舆论思想？试举例说明。

7. 文艺复兴时期，公共领域是如何孕育的？

第二章　舆论在现代社会公共管理中的角色扮演与功用

■ 要点提示

- 资本主义私有制及其自由竞争历史地奠定了个体的独立自主性,而公共领域与私人领域的分离才真正为舆论发挥提供了现实的空间与基础。
- 在社会公共管理决策中,舆论既设定社会目标,又反馈社会效果。
- 衡量舆论设定社会目标的两个维度标准:理性与非理性,合理性与非合理性。
- 舆论设定社会目标的选择空间:理性—合理,理性—不合理,非理性—合理,非理性—不合理。
- 面对理性—不合理的社会目标,社会管理决策应当把握专业水平、科学意识,利益平衡、轻重缓急的原则。
- 舆论反馈社会效果的途径为定性与定量评价相结合,并适时动态评价与反馈。

在传统宗法时期,传统舆论具有不可避免的局限性,其作用游离于社会管理决策之外。诚如哈贝马斯所言,"17 世纪后期的英国和 18 世纪的法国才真正有'公众舆论'",[①]那么,此时的"公众舆论","它是在受过教育和知情的公众有能力形成某种意见之后在公众讨论中形成的"。[②] 可以说,舆论是一个历史范畴,其作用的发挥也必然有其社会前提和相应的现实约定。

第一节　现代舆论的应用基础

城市的出现和印刷技术的改进,加速了信息传播的范围和速度,社会识字率的提高,为现代舆论发挥作用提供了必要的前提条件。资本主义私有制及其自由竞争历史地奠定了个体的独立自主性,而公共领域与私人领域的分离才真正为舆论发挥提供了现实的空间与基础。

---

① 哈贝马斯.公共领域的结构转型[M].曹卫东,王晓珏,刘北城,等译.上海:学林出版社,1999:1.
② 哈贝马斯.公共领域的结构转型[M].曹卫东,王晓珏,刘北城,等译.上海:学林出版社,1999:77.

一、私人领域的二元伦理

私人领域是指私人自主从事商品生产和交换的经济活动领域。一方面,商品经济的特征区别于自然经济的自给自足,是"为卖而买",经济行为由满足消费取向转变为价值增值取向,其本质上有趋利动机;另一方面市场经济决定了利益的多元化,追求自身利益(私利)的经济主体决定了独立性和自主性。商品经济的发展在私人领域孕育了二元伦理。

1. 个体的"责任伦理"

商品经济是以物为中介,等价交换的原则成为普遍的社会原则,追求特殊利益的主体只承认竞争的权威,不承认任何其他权威,必然打破传统政治体系强加于人的"先天不平等"。由此奠定了平等的社会关系。传统社会的宗法关系和等级制度在市场经济中土崩瓦解,传统社会那种权力高度集中的政治体制及其对社会生活全面、直接的控制方式,即外在强制的机械整合方式失去了存在的社会基础。这就必然要确定经济主体在经济生活中的自主权利、独立人格和平等地位,确定经济主体之间平等互利的契约关系。在公共领域里,个体要遵守起码的交往规则,即真诚、守信、理性、平等和求同存异等,即所谓的"责任伦理"。

2. 个体的"信念伦理"

事实上,从17世纪开始,商业的发展,贸易的流通,中古城市一开始便充分地发展了其经济性格,对于中世纪城市之"自由"的推动促进意义重大。因为作为行会支配下的经济(职业)共同体之成员的"经济人",其基本义务是纳税,而其最基本的性格是自由。[①]

在私人领域里,每个个体乃至私人一己性的爱好、观念甚至怪癖,只要不触犯法律或违背责任伦理,尽可以在私人领域中存在。也许,每个人关于人生的终极价值观与信仰是与少数同道在一方斗室中谈心时浮现出来,但政府与他人均无权干涉。即使那些在公共制度中循规蹈矩的人,也可以在自己私人的心灵深处"存异"地怀抱信仰情怀,即使这情怀完全不适宜于其他人,即所谓的"信念伦理"(Ethics of Conviction)。作为现代性开端的标志,早在1517年,马丁·路德已将最高终极信仰归于私人:对上帝的信仰是个体与上帝之间的事,他人即使是作为公共信仰机构的教会也无权干涉。

总之,现代市民社会的特征是与政治国家的分离为特征的。市民社会的活动主体是个人与团体,纯粹的个人活动,以个人为细胞,通过自愿和契约而形成的团体、组织,主要追求个人或团体的利益与要求,而不妄言代表国家利益。市民社会的活动的原则是非强制性的;市民社会的目的是实现个人物质利益,满足人的交往需要。

二、公共领域的前提与保证

公共领域就是指政治权力(公共权力领域)之外,作为民主政治基本条件的公民自由

---

① 王小章. 中古城市与近代公民权的起源:韦伯城市社会学的遗产[J]. 社会学研究,2007(3):100.

讨论公共事务、参与政治的活动空间。在这个领域中"像公共意见这样的事物能够生成。公共领域原则上向所有公民开放。公共领域的一部分由各种对话构成,作为私人的人们来到一起,形成公众"。[①] 在现代社会,现代人不是不可以拥有自视为最高真理的信仰,但公共领域并非多元终极真理争辩高低的战场,恰恰相反,作为"求同"之处,公共领域是尊重不同观点并戒防一家之言统一社会的公共论坛。公共领域的实现离不开公民权的真正落实,同时也有赖于公共权力有效、有节制地发挥作用。

1. 公共领域的公民权利保证

商品经济决定民主实现的程度。随着人的主体意识的独立,经济原则升华为政治要求,那么,确认公民在政治体系中的平等地位,赋予每个公民同等程度的权利以及相应的责任和义务成为必需,即在法律上确认政治权力的民意性,使政治体系成为市场体系的社会保证。

在近代政治中,公民权(citizenship)无疑是一个非常核心的概念,同时也是一个多变的概念,但各种理论与实践的共同意涵,都将公民权看作是个人在国家中的成员资格。个体与这一资格相联系,被赋予某些基本的权利和义务。

统治者不再是国家的化身,国家与统治者的关系不再是"朕即国家"式的浑然不分,而是相互分离。无论是对于国家,还是对于统治者,公民都不再是完全隶从的关系,不受干涉的独立自由是法律肯定和保护的一项公民权利。

2. 公共领域的公共权力——国家

从职责及其行使方式来说,国家政府具有"价值中立"的形式化与制度化的特性,犹如竞赛场上的裁判员,它无权赞同或反对不同个体及团体具体的实质内容性的立场,但从终极目的来说,国家政府却有责任维护不同个体及团体表达、交流、讨论各自主张共同必需的公平规则、秩序和制度。

(1)国家为市场经济提供法制保障和调节

首先,市场经济是法制经济,而法制的力量来自国家。市场的利益驱动是没有限度的,容易出现以非市场经济手段实现特殊目的的现象,此时,国家代表一种与市场物欲相对立的理性精神,要求国家运用的强制力量维护市场秩序。其次,国家代表着一种"社会公平"的要求。当市场经济发展导致财富上的不平等现象加剧时,要求国家为贫富的分化提供一种尺度,将其限制在社会承受贫困抗拒的能力范围内,从而降低社会经济发展的成本。最后,国家代表一种理想、一种文化价值的肯定来发展和维系公共事业。

(2)对公共权力的制衡机制——宪政

民主理论的基本观点认为,民主制度的一大威胁是掌权者的权力不受制约。因此,民主国家为了避免掌权者滥用权力,一般都制定宪法来限制政府的权力,保护人民的自由权利,这种制度上的安排就是通常所说的"宪政"。

现代各国宪法一般都赋予公民政治自由和言论自由的权利。政治自由主要指自由的参政权。言论自由的种类很多,但作为民主的基础,言论自由主要表现为提出建议的

---

① 哈贝马斯.公共领域的结构转型[M].曹卫东,王晓珏,刘北城,等译.上海:学林出版社,1999:125.

自由和提出不同意见的自由。

总之,现代社会成为理性化的技术系统,现代意义上的舆论才进入社会管理决策视野。一般来说,民主制度是建立在公共舆论基础之上的,同时,民主制度的确立使舆论在社会公共管理决策中发挥作用,并令舆论走上政治管理决策的前台。

第二节　关于舆论在现代公共管理过程中的角色解析

关于舆论的功用,历史上众说纷纭,那么,对舆论认识的模棱两可是否会导致行动的无所适从? 可以说,不廓清舆论在社会生活中的角色扮演,我们就无法掌握利用舆论的行动依据。

一、两个学派观点的再认识

西方舆论思想存在两种截然不同的观点。以柏拉图、黑格尔、李普曼为代表的"怀疑—否定"学派认为,舆论是一个意见的大杂烩,公众不能理解政府运作,其发表的意见是可疑的,价值是有限的。以马基雅弗利、洛克、卢梭、边沁、杰弗逊到马克思为代表的"肯定"学派主要从政治民主、尊重人权的角度,给予舆论较多的肯定。卢梭认为民意"既不是铭刻在大理石上,也不是铭刻在铜表上,而是铭刻在公众的内心里";"公意永远是公正的,永远以公共利益为依归"。马克思则从人类社会发展的角度,论证社会发展有机化程度越高,社会成员参与社会管理的程度越高。

人们对于舆论的认识存在对立的观点,这两种对立的观点存在认识角度和认识前提的差异。

1. 不同认识角度的合理性

首先,无论是"怀疑—否定"学派还是"肯定"学派,这两个观点都有其合理性。

从"怀疑—否定"学派的理解来看,一方面,就舆论的本体意义来说,关于舆论的存在形式众说纷纭,有各种各样的意见,真理性的颗粒与谬误性的说法难免混杂在一起。此时,舆论对于社会管理者而言意义不大。另一方面,从舆论之于社会管理决策的意义着眼,舆论是建立在公众对社会公共管理决策的具体情况不能完整准确地认知的基础之上。他们认为,社会决策和社会管理是一项非常复杂的事情,如果一位受过专门训练的处理当前社会事务的官员尚且不能理解和把握政府运作的全过程,那么,公众又如何具备这种能力?

"肯定"学派则从公共决策的来源和合法性依据的角度出发来探讨舆论。根据卢梭的《社会契约论》,国家之所以有力量,是由于决策者有权力;而决策者行使权力的合法性基础,是每一位社会成员的授权,比如政治选举。也就是说,作为管理决策者,你是一个受委托的权力执行者,你的权力行使一定要代表民意,如果不能代表老百姓的利益和意志,不能很好地完成这种委托,老百姓随时有权力把这种授权撤回,即社会公共管理决策者有一个目标,就是按照社会成员的共同利益这一方向来操作,这也是舆论的价值之所在。

2. 着眼于社会公共管理决策不同层面的差异性

"肯定"学派将民意的重心落在社会公共管理目标上。"肯定"学派实际上指出了公共管理决策的目标是由民意来决定的,并不是由决策者根据自己的愿望、自己的目标取向来设立的。也就是说,民意对于社会管理的目标起着决定性的"定位"作用,离开了这一目标,任何社会管理和社会操作就会变得毫无价值。

"怀疑—否定"学派将重心落在社会公共管理的决策过程上。具体来说,操作过程是一个异常复杂的专业过程,并不是没有经过专门训练,对相关的事物没有切实把握的人能完成的过程,而是一个由专业人士来完成的管理决策过程。不然,社会的民主进程就会简化为发明一种普及化的表决机器即可实现的事情。既然这是一个由专业人士来完成的过程,一般公众对于这一操作过程本身而言,应该说能力是很有限的。

再高明的社会操作,只有当它符合民意的价值取向所确定的目标时,它才具有正面价值;反过来说,如果将社会管理简化为简单的公众表决,那公众的利益也一定没有有效实现的保障。因此,社会管理和决策是一件极为复杂且需要具有专门知识和经验的人来操作的事情。

总之,从对舆论本体的意义认识,舆论有真假之辩;从舆论之于社会管理决策中的意义着眼,舆论存在着有价值、无价值之辩。由此,我们把强调舆论自身价值和在社会公共管理决策中的作用的观点称为"肯定"学派,而把对舆论的价值持怀疑态度的观点称为"否定"学派。两派的对立更多是在舆论之于社会管理决策意义上的分野。

3. 舆论在社会公共管理决策中的角色

为了进一步理解舆论与社会公共管理决策的关系,我们可以打一个比方。

一个人到餐馆里吃饭。这个需求是谁提出来的呢? 是由顾客提出来的。我到这儿,想吃点儿爽口的,还是想吃点儿清淡的,或者说多少天不沾油腥了,就想吃点油腻的。你提出要求之后,再由厨师作为一个专业人士来为你主理这道菜。如果这个厨师从厨房跑出来说,如果要吃清淡一点儿的话,应该选什么菜? 怎么烹制呢? 那么,客人会有什么反应呢? 那还要你厨师干什么? 作为客人,我就提出这个要求,做菜这件事由专业人士来完成。等端上菜之后,好吃不好吃就不由厨师说了算了,而必须得客人说了算。客人吃得好了,说明厨师的厨艺高;客人说不好吃,说明厨师的厨艺有待提高。这个过程其实包括三个环节:

口味需求——厨师主理——顾客反馈

我们探讨一个社会公共管理决策问题时,其过程也可以分解为三个环节,即:

社会目标——公共管理决策——社会效果
(过程)

首先,就是社会目标。社会公共管理到底要实现什么? 要往哪个方向去? 这是社会目标问题;其次,在社会目标确定之后有一个操作问题,即公共管理决策过程;最后,决策操作之后,这种操作本身是否实现了这一目标? 社会成员本身对这个决策的效果有什么样的看法、评估？这是决策效果、社会效果。

事实上，"怀疑—否定"学派强调这样一个过程：管理和决策的过程是专业化的，一个没有受过专门训练、没有专业的能力的人是不可以简单地发表意见和进行相关工作处理的，因为他们没有相关的能力。"肯定"学派，则指出，这样一个社会公共管理的社会目标是由民意来决定的，而通过管理决策的操作是否实现了社会目标也是由民意来予以评价的。

总之，"怀疑—否定"学派与"肯定"学派都指出了民意与社会管理所构成的整个链条的某一个重要的方面，只有把它们联系在一起，对于这个问题的看法才比较完整，即民意在现代社会公共管理中的功用有两个：一是建立社会发展的目标、社会决策的目标取向；二是对社会管理、社会决策提供反馈意见。

二、社会公共管理决策过程的现代演绎

用来表示与国家公共事务相关的管理活动和政治活动，英语中有两个词，一个是government（统治），另一个是governance（控制、引导、操纵），最初二者经常被交叉使用，但自20世纪90年代以来，西方政治家和经济学家赋予governance以新的含义"治理"，它不再局限于政治学领域，而被广泛作用于社会经济领域。[①] 事实上，这种词语语义的转换恰恰折射出社会公共管理决策理念的变迁。

在社会目标确定之后有一个操作问题，即社会公共管理决策问题，随着社会民主化程度的提高，管理决策的主体发生了变化，管理过程也经历了变迁，即政治统治过程和社会治理过程。

1. 政治统治过程

政治统治过程是以政府为主体承担的政治、行政管理决策的过程。统治的权威必定是政府，统治的主体一定是社会的公共机构。其权力运行方向总是自上而下的，它运用政府的政治权威，通过发号施令、制定政策和实施政策，对社会公共事务实行单一向度的管理（如图2-1所示）。

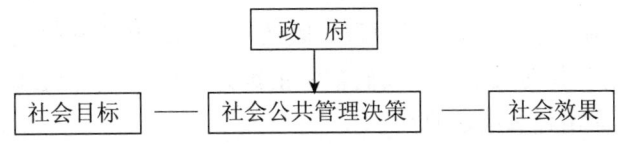

图2-1 政治统治过程

在此过程中，国家与社会合为一体，经济、政治、文化的权力中心集中、重合，社会分化程度低。在整体性、同质性和政治性社会中，人们的全部社会活动，包括满足物质利益，从事物质生产的活动都由国家安排，并受到国家的严格管理与控制。一定程度上说，权力即资源。

---

① 俞可平. 治理与善治[M]. 北京：社会科学文献出版社，2000：1-2.

2. 社会治理过程

社会治理过程是由公众为主体承担公共领域内的社会管理决策的过程。

西方政治学家和管理学家之所以提出治理的概念,主张用治理代替统治,是因为他们在社会资源的配置中既看到了市场的失效,又看到了国家的失效。也就是说,仅用市场的手段无法达到经济学中的帕累托最优,仅仅依靠国家的计划和命令等手段,也无法达到资源配置的最优化。

治理的主体既可以是公共机构,也可以是私人机构,还可以是公共机构和私人机构的合作。治理是一个上下互动的管理过程,它主要通过合作、协商、伙伴关系、确立认同和共同的目标等方式实施对公共事务的管理。

3. 善治

治理可以弥补国家和市场在调控和协调过程中的某些不足,但治理也不可能是万能的。如何克服治理失效的可能性,其中"善治"理论最有影响。

善治就是使公共利益最大化的社会管理过程。善治的本质特征是政府与公众对公共生活的合作管理,是政治国家与社会大众的一种新颖关系,是两者的最佳状态。治理与统治的区别在于,治理虽然需要权威,但该权威并非一定是政府机关;而统治的权威则必定是政府。专制政治在其最佳的状态下可以有善政,但不会有善治。善治只有在民主政治的条件下才能真正实现,没有民主,善治便不可能存在。而善治则不受政府范围的限制,公司需要善治,社区需要善治,地区需要善治,国家需要善治,国际社会也需要善治。

在现代社会,许多领域是政府行为所不能干预的,国家正在把原先由它独自承担的责任转移给公众,即各种公共的和私人的部门以及民间组织。全能政府向有限政府转型,这符合世界潮流,转型期的政府有相当多的权力向社会转移,让社会分担。

第三节　舆论在社会公共管理决策中的作用的发挥

民意是公众影响政府管理决策的手段。既然在社会公共管理的三个环节中,舆论设定社会目标,那么它是如何设定的? 我们常常把舆论比作一种"社会口味",这种"口味"本身有哪些特点? 是由什么决定的?

一、关于社会目标的设定

我们说,峰顶是登山者的目标,此时,目标是自己想要达到而未达到的地方。诺贝尔奖是科学家的目标,那么,目标又成为自己想要探求而未获得的结果。可以说,目标之所在,是与现实存在着距离的地方。但对于一个饥肠辘辘的人,纵使有再辉煌的奖杯摆在面前,或许也无心领略,此时,他的目标无非是旁边一块能果腹的面包;而对于一个极度困乏的人,再丰盛的美味佳肴端上来,恐怕也无力品尝,目标对于他来说是,竟成了美美地睡一觉。也可以说,目标表明了人自身在某方面的需求匮乏状态。

1. 动因

马斯洛的"需求层次理论"将人的诸多种需求纳入一个等级表中,由低到高,依次是"生理需求——安全与保障——爱与归属——自我尊重与他人的尊重,直到最高层的自我实现"。当人的低级需求得到满足时,其他高一级的需求就出现了;而当高一级的需求得到满足时,更高一级的需求就又会出现。

事实上,在一个相同或近似的社会情境中,人不仅同时会有多种需求,而且需求会是不断变化着的。即使某种需求满足了,随着外部环境的变化,可能又对某种需求内涵本身萌生了更多的理解。就"衣食住行"而言,现代人对"衣能遮体、食能果腹、屋能避雨、车能代步"的满足早已时过境迁,更多人的需求已为舒适、健康、营养和时尚所替代。

物质需求的满足,提供了人的生存条件;精神需求的满足,提供了人的发展条件。在现代社会,物质需求的满足是以种种社会福利形式存在的,比如工资、待遇等;而精神需求的满足是以种种机会和权利的形式达成的,比如话语权、社会公平等。

因为人自身的生存与发展现实状态与需求之间总是存在着距离,因此人总是有未满足的需求,这种未满足的需求就会以意愿的形式表达出来。当然,每一个人的需求都是具体的、多元的,因此,需求的意愿是"散乱"的,众人的目标也以"无机"的形式存在。但当对某一具体的物质生存条件,抑或精神发展状态达成某种程度的共识时,某种意见成为一个社会人群具有代表性的显性意见时,可以说,民意或者说舆论就该问题设置了社会目标,也就是,其所代表的社会群体的主体共同希望达到的状态。

2. 社会目标设定的维度

社会需求作为动因导致了舆论对社会目标的设定,但所设定的目标就一定有效吗?如果因需求的不现实致使所设定的社会目标如同水中月、镜中花,想必无论社会公共管理决策本身有多么完美,恐怕也难以达成。即社会目标要想真正进入社会公共管理过程中,尚需必要的衡量标准,以确保其实施的有效性。那么,社会目标的衡量标准是什么?

(1)理性与非理性

既然社会需求决定了舆论的"社会口味",需求本身还有理性与非理性。作为生物的人,饿了,就要吃;渴了,就要喝。喜欢吃什么东西,常常表现为机体内部的需要。除了人生理机能的本能反应,在日常生活中,人的需求是可以用理性与非理性来分辨的。比如人们从健康饮食的角度,注意膳食的荤素搭配、科学进餐,这是人理性的需求。但有时在饭桌前,明明知道酒肉过量无益于身体健康,麻辣口味容易上火,但人们偏偏嗜好大鱼大肉或者又麻又辣,此时,理性的饮食观念早已抛在脑后,非理性显然占据了上风。

作为一个社会的人,在社会生活当中也有类似的本能。对此,列宁就特别强调,劳动阶层有这样一种社会本能,感觉社会政策是好的还是不好的。这或许根据人的文化水平不同,心理反应的水平有所不同。文化水平低的人,心理反应带有朴素的性格,具有更直接、更实用的特征,因而遇事反应更多是条件反射式的本能反应;而文化程度高的人,科学意识渗透到了日常生活,重理性作用,遇事多考虑,且思考比较深入。

因此,从这个角度上来讲,社会"口味"有社会传承的某种文化的恒常性。如果社会目标的设定与表达反映了人们一定时期的利益获得,此时可以说,社会目标的设定具有理性,社会需求与社会目标存在着统一性。但有时,社会需求与社会目标存在着内在矛盾,二者之间是相脱节的,从中我们就可以看到社会目标夹杂着的一些非理性的成分。

记得一位研究英国政治选举的学者曾经说过,实际上,梅杰政府并不是被布莱尔政府选下去的。只因为此前保守党政府在英国的政坛上已经接近 20 年的光景,人们看着这几人已经觉得没有什么新鲜感,很需要一些新的因素,所以就选了一个更加年轻、更加富有朝气和活力的工党候选人布莱尔。那么,在这样一种评价当中,它可能有理性的成分,但也许有一些非理性的成分,仅仅想换换口味而已。

(2)合理性与非合理性

由于社会目标的满足是依靠公众的社会外部条件来实现的,因此,就存在着社会目标与社会实现条件的对应关系,即合理性与非合理性。

如果舆论所设定的社会目标与实现社会目标的外部环境不矛盾,那么,这种社会目标就具有合理性。比如申办 2008 年奥运会,不仅是北京市民的心愿,也是中国人的骄傲,就历届奥运会的成功经验来讲,此举不仅有助于提高中国的国家形象,也会给中国经济带来更多的发展机遇。北京奥运会的成功申办恰恰说明,通过国际奥委会认真、细致的考察,中国北京具备了举办奥运会的条件,即实现这一社会目标的外部环境,因此,有理由说,申办 2008 年奥运会是一合理性的社会目标。

而有时,社会目标与社会实现条件存在着矛盾性,换句话说,在某种情境下,尚不具备实现该社会目标的客观条件。比如,对于北京市民来说,交通拥堵是一件很头痛的事情,可以说,交通通畅是北京市民的社会目标,但北京城市规划的滞后性,以及众人对汽车拥有的期望值,使交通方便、快捷的社会目标与其他社会目标存在着一定的矛盾性,致使该社会目标在短期实现具有非现实性和非合理性的特点。

从理性与非理性的角度来讲,社会目标的设定是从舆论主体——公众自身意愿与行为选择统一与否,即自身的矛盾性出发的;而就合理性与非合理性,则是舆论主体——公众在自身意愿与行为选择一致的基础上,社会目标与所实现的条件之间和谐与否,相对于前者,是外部矛盾。因此,理性与否、合理与否是两个不同维度的考量标准。

(3)社会目标的选择空间

正因为理性与否、合理与否是两个不同维度的考量标准,从逻辑上来讲,社会目标所设定空间更复杂一些。

理性—合理。在此空间,舆论公众设定的社会目标的特点是,无论从公众的物质生存条件还是精神发展条件来看,由该社会群体明确地表示意愿并加以选择符合该社会群体的公众利益,同时,就外部社会环境来看,具有实现的条件。比如,有一生活社区的居民,期望在小区中央开辟中心广场,供居民休闲健身之用。事实上,该小区确实有闲置场地,那么,建立休闲广场作为该社区成员的社会目标,具有理性和合理性。

理性—不合理。其特点是,从公众的利益来讲,是符合公众意愿的,但条件不允许,即现实。拿上例来说,建休闲广场是符合公众利益的,公众也是愿意的,但由于不具备闲置场地,因而是不现实的。

非理性—合理。其特点是,就实现的条件来讲,是允许的,但未必符合公众的利益、心愿,即舆论主体——公众内部存在矛盾。比如建休闲广场的空地是有的,但有人提出,人的娱乐场所多得很,建了广场还是留给宠物散步吧。虽然合理,可以建成,但不符合大多数人的利益,有一种娱乐的成分在里面,因而又是非理性的。

非理性—不合理。其特点是,既不符合公众利益和意愿,也不具备现实条件,纯粹是空想。

社会目标的选择空间仅仅从逻辑上展示了社会目标的多种可能性,但事实上,并不是每一种可能性都是有效的,而只有有效的社会目标才能真正纳入社会管理决策过程中,成为社会管理决策的目标,因此,关键还要从现实的选择空间来看。比如,就中国的制度选择而言,从个人利益上来讲,强者愿意选择自由竞争,弱者愿意选择福利国家,但是人的一生不可能永远是强者,也很少永远是弱者,更有可能无法把握一个复杂环境中自己的强弱。那么,多数人更现实的选择是,能够给弱者提供基本福利的自由制度。

(4)社会目标纳入社会公共管理决策过程的渠道

在传统社会,统治过程决定了社会公共管理决策通过决策者的体察民情而实现,而现代社会,规范化的民意调查,包括政治上的政治选举,经济上预测性调查,为决策者提供了客观的民意结果。但与此同时,也需要舆论主体——公众自主维权,通过合法有效的渠道和途径,理性地表达民意,并有效影响社会公共管理决策。

从本质上讲,现代立法是社会主体间通过协商所共同达成的协议。它不仅要求所有受这个协议约束的当事人的参与,而且要求必须在他们共同同意下达成,即实现民法学上所说的合意。没有利益相关人的一致同意,协议不能成立。就民主立法的本质来讲,利益关系者不仅不能回避,还要各方最大限度地参与。只有在广泛的参与中,让社会各方积极发表意见和建议,从各自的立场出发对利益冲突方的意见展开质疑和辩论,将道理摆在桌面上,公开显现,私欲才无处遁形。

正是通过参与者相互间的充分较量和反复博弈,立法者才能全面掌握信息,充分权衡利弊,从而制定出相对完善与公正的法规。通过"讨价还价"的机制、公共讨论乃至辩论,使公众理性—合理性的社会目标真正凸显出来,进而实现民意参与的真正的宪政民主。

二、社会操作过程的实现

如果面对非理性—合理和非理性—不合理的社会目标,就需要社会管理决策者以专业人士的角度予以鉴别,由于其不符合大多数人的意愿选择或者是属于空想社会目标,就应当视作无效加以剔除;如果面对的是理性—合理的目标,社会管理决策相对比较容易作出,只要按照预先设定的目标,以专业的手段、方法和程序进行操作,即可达成。

事实上,社会管理决策更多的情况是面对理性—不合理的社会目标。理性,说明该目标符合公众利益与意愿;不合理,说明目前条件不现实,但却恰恰是社会管理决策今后努力的方向。由于不是简单决策的社会目标,社会管理决策过程的复杂性也主要体现在面对和处理这些问题上。

1. 专业水平、科学意识

无论是理性—合理的社会目标,还是理性—不合理的社会目标,专业水平和科学意识都是基础和前提。管理决策是否科学,主要是指决策的过程和结果是否合理,是否收益最大而损失最小。决策科学化至少涉及决策的基本程序、决策机制等问题。

(1)决策过程的程序性和阶段性

传统政治决策方法,往往强调经验,以个别决策人物为主,有时加上少数几个幕僚的参与便作出决定,很难保证政策的连续性。

现代决策方法则运用现代分析手段和一切可以得到的数据,进行系统、交叉和综合比较研究。注重决策前的分析,决策过程的相当一部分是由政策分析人员承担的。具体程序包括收集情报、确定有限的目标、设计多种方案、进行方案验证抉择方案、付诸实施等,以避免不当的政策方案带来全局性的损失。

(2)决策机构的规范化

与以往个人决策体制或家长制决策不同的是,现代决策体制已具有系统性和有机性的特点,在机构上形成信息、咨询和决策等方面组成的统一体。各机构要明确其各自的职能,并在各机构之间建立起既相互独立又相互联系的关系,这是确保决策科学化的基本条件。信息系统只对信息的适用性、准确性和时效性负责;咨询系统只对它拟订方案的科学性负责;决策系统则只对决策方案的选择负责。信息系统和咨询系统应独立于决策系统,倘若缺乏独立性,它们的存在就失去了价值;但它们又是为决策系统直接服务的,因此又要与决策系统建立起联系。

比如媒介市场调查。通过民意测验,我们了解到某一个传播市场格局中,老百姓到底有哪些需求,哪些需求得到很好的满足,哪些需求还没有得到很好的满足,哪些需求可能还是一些空白,没有某个媒介去做,这实际上是对社会目标的一种明晰,在此基础上,根据社会公众——受众需求的质和量,相应地进行传媒生产、增加。但它不能告诉你,我需要的报纸应该如何去采编,我喜欢的电视节目如何去生产制作,这是受众力所不能及的。

因为实现该社会目标的操作过程包括两个环节:一个是由传媒专业人士的专业智慧去解读并以数据形式呈现的受众调查结果、民意调查结果;另一个是需要专业的传媒经营人士以良性的运作能力去实现这一市场战略。专业的解读能力和执行能力能把传媒市场调查结果真正地提升为有价值的产品,或者说,传媒社会目标实现的操作过程中渗透着专业水平和科学意识。如果背离这一基本前提,传媒在实现受众目标或社会目标时就会遭遇风险。

2. 利益平衡、轻重缓急

决策的科学化事实上是一个相对的概念,我们可以具体分析某项政策是否科学,但是,有关根本政治利益问题上的决策,很难用是否科学这样学究式的思维来分析。

从理论上看,直线距离最近,但是如果考虑到在直线距离中可能有沼泽、有高山,那么从最省力、最有效的方式来说,曲曲折折的道路也许是最有效和最佳的途径。社会公共管理者承担着这个社会的利益安排与资源分配,那么在社会管理决策过程中,在以社会目标为取向时,要做到:不仅考虑到社会的局部利益,还兼顾整体利益;不仅照顾到眼前目标,还兼顾到长远目标。因此,在社会的管理决策中,注意利益平衡、考虑轻重缓急是必要策略。

(1)在政治领域

在政治领域,就社会目标而言,求发展是人心所向,众望所归;但就管理的途径和手段来说,由于历史与现实利益的盘根错节,社会群体在观念上存在着诸多差异。由此,在政治决策过程当中,既要考虑到复杂的社会心理与承受能力,又不能错失历史性的发展机遇,那么,最有效的办法就是采取迂回的途径,搁置争议,让发展现实和社会效果来印证目标的达成与实现。

比如对市场经济的概念和中国国情的把握,充分体现在了邓小平政治管理决策的政治智慧。1978年刚刚改革开放,人们把市场经济视作资本主义经济的一种基本特征,而把计划体制、计划经济视作社会主义的根本特征来加以认识和维护。在当时,无论是在"资本主义"还是在"社会主义"名下去提市场经济,都是要背上搞"资本主义自由化"的"罪名"。可以说,无论从意识形态的角度,还是从现实生活的角度,在国内搞市场经济都是绝无可能的。所以,当时提出的一个口号就是"计划体制为主,市场经济为辅"。

20世纪80年代中期之后,所谓的为"主"和为"辅"的概念,在小平同志的讲话里,在相应的一些国家决策当中逐渐被淡化,民营经济和外资经济力量逐渐在国民经济的总体中得到提升。

到了20世纪90年代初,其实,市场经济的一些成分和要素在国民经济中的作用已经占据非常重要的地位。那么,此时就可以水到渠成地把姓"社"、姓"资"这种理论上的"谬误"给抛弃掉。

(2)在社会经济领域

为实现构建和谐社会的目标,由于利益的平衡与轻重缓急,在社会经济管理决策过程当中,也难免存在着观念和实践的矛盾。

例如,调节社会收入分配,促进社会和谐,为中国经济的发展创造良好的社会和政治环境,这本应该是财政的首要任务和职责,但我国当前的财政支出,不是以调节收入分配为中心,而是以GDP为中心。当前特别需要的是观念上的转变,只有将财政支出的重点作一个根本性转变,即从以GDP为中心,转移到以关心低收入群体、调节收入分配为中心上来,才符合和谐社会建设的根本要求。[①] 即财政不能以生产性开支为主,而应该以社会转移支付和社会福利支出为主,这个改革方向,也符合发达国家财政发展和转型的共同经验。

但问题的另一面是,如果对以GDP为中心的财政支出结构进行根本性改变,引发的问题是,社会所提供的就业机会将大幅减少,不得不面对日益严峻的就业压力。

因此,在经济领域里,社会目标是和谐社会、共同富裕,经济各领域彼此的千丝万缕的联系,使得任何决策都会牵一发而动全身,因此社会管理决策的过程充满了复杂性。中国古代的哲学智慧还是蛮有道理的,有一句话,叫"大道不直"。也就是说真正的坦途、真正有效的道路并不是取直线的,而是有时像江河行地一样,曲曲弯弯的。

---

① 王一江.财政支出结构需根本改变[N/OL].经济观察报,2007-8-20.

三、舆论作用发挥——反馈社会效果

民意不是简单地就可以直接应用到社会公共管理中去的,它只是提出了社会目标,但是,经过社会管理决策之后,某一社会目标操作实施之后,对于社会"口味"——舆论而言,人们到底感到实现了没有? 也就是说,舆论在为社会公共决策提供设定目标之后,还会提出效果反馈。

1. 舆论反馈社会效果的目的与作用

民意的效果反馈是由公众对社会管理决策的结果与当初所设立的社会目标进行对照,来考量二者是相距不远,还是相距甚远,抑或相吻合的。反馈结果最终还是要提交给社会管理决策者,重新纳入社会管理决策过程中,依此来进一步调整或微调社会管理手段、方法与社会目标之间的距离。

在民主国家转型的过程中,容易出现的问题是公众在反馈社会效果时既要求得到自由,但是又不愿意失去福利,相应地就导致政府的权力被消减得非常厉害,但是责任推不掉,导致公共财政困境等一系列问题。但是,专制转型国家则正好相反,转型过程当中政府的权力很难被限制,但责任特别好推卸。老百姓福利损失很容易,但是自由增加就很难。

我们国家的转型需要努力的方向,应当是既能够对政府问责,又能够对政府限权。我们需要实现的目标归根结底就是权责对应,即从国家有权无责、权大责小过渡到权责对应。如果政府是一个知所限止,不对公民为所欲为的政府,那我们向完善民主就进了一大步;如果又是一个老百姓可以要求它对自己提供服务的政府,那就又进了一大步。一方面,公众不能允许政府没有责任,不断通过舆论对它问责;另一方面,公众不允许它权力太大,不断地对它进行限权。

2. 前提与保证

首先,民意反馈社会效果的首要前提是政治透明。一个民主的政府必须是一个透明的政府。善治的重要内容是政治信息的公开化。政治透明之所以对民主政治至关重要,是因为它是公民的政治知情权和监督权的基础,没有适度的政治信息公开,公民就无从知道政府的政策和行为的背景,更无从监督政府官员的行为。20世纪90年代以来,我国在政务透明方面采取了一系列重大措施:实行人大会议旁听制度、公开审判制度、建立新闻发言人制度、检务公开制度、警务公开制度和政府上网工程等。

其次,民意反馈社会效果的保证是社会监督制度的建立。公民对政府和政府官员的监督是政治民主的基本要求之一。权力必须受到监督,否则便会腐败,这是政治学常识。西方国家,对政府权力的监督主要是通过立法、行政、司法三权独立、相互制衡和新闻自由等制度实现的。中国共产党没有实行三权分立和新闻自由制度,而是发展起一套自己独特的监督制度,即党内监督、人大监督、行政监督和社会监督。社会监督的主体是公众,它与治理的关系最为密切。目前在中国比较有效的社会监督主要有新闻监督、群众监督、行政诉讼和行政复议、任前公示等。新闻监督是舆论监督的主要内容,对制约政府

权力有着极其重要的意义,但中国至今没有一部《新闻法》,这使得新闻监督处于无法可依的困难境地。

最后,民意反馈社会效果的适度性。根据政治系统理论,一个国家的运转首先要有公民的"支持"。另一方面,公民会主动地通过一些渠道参与政治生活,通常的渠道是参加投票、加入政党、利益集团或其他团体。政治参与就是普通公民通过一定的方式去直接或间接地影响政府的决定或与政府活动相关的公共政治生活的政治行为,也是民意反馈社会效果的途径。为了影响政府的决定,政治参与的方式是多样的,既可以以支持的方式,也可以以施加压力的方式,有时甚至以非法的暴力方式出现。比如在利益表达不畅通而公民的权利意识又不强的农村地区,农民常以暴力的方式抗议地方政府强加给他们的不堪重负的"集资""摊派"而出现的群体性事件。

但与此同时,民意反馈社会效果产生的过高期求与政治制度化水平之间存在着矛盾。在20世纪60年代到70年代初期,美国人的政治参与热情空前高涨,一方面造成政治活动的膨胀,另一方面造成政府权威的下降。一般而言,发展中国家的制度化水平较低,尤其在社会转型过程中面对过高的公众期盼时,政府就无力容纳这些要求。剧烈的政治参与不仅容易造成政治不稳定,有时甚至会导致政权的垮台。例如,苏联在改革中,首先追求更多的政治参与以及由此而来的更多的政治形式上的平等,结果是社会经济发展水平差,政治不稳定,最终导致社会崩溃。因此,民意反馈社会效果也要考虑到适度性,以避免制度化水平较低带来的负面性。

3. 反馈社会效果的规范方法

对于一般的社会成员来说,社会目标是否达成,总是将社会管理决策实施的结果与个人的需求、利益联系在一起,如果需求得到满足或基本满足,就会对相应的社会管理决策给予肯定评价,反之则作出否定判断。

(1)定性与定量评价

大体来讲,人们是以一种感性、直觉的方式来评价对一件事是否感到满意,因此由公众进行相关的效果评价主要是从定性的角度提出的。

仅仅根据或肯定或否定的定性评价,社会管理决策者能否客观决策?如果评价是满意的,满意度是多少?如果评价不满意,社会效果与社会目标之间的"缝隙"是多大?由于每个人的需求都是千差万别的,众多的定性评价以一种散乱、"无机"的形式存在着,要想使社会舆论真正发挥其建设性作用,尚需对诸多散乱的定性意见进行整合,即通过专业的舆论调查、民意测验的方式将众多个体"无机"的意见进行系统采集、科学分析,并以客观数据定量地体现出来,从而整合为社会群体、公众的"有机"意见。

定性的效果反馈意见仅仅为社会管理决策者提供了调整和改善管理的方向性意见,而只有定量的社会效果评估才会成为社会管理者科学决策的客观尺度。

(2)动态评价与反馈

当然,人的需求总是变动不居的,对社会效果的反馈评价也会此一时,彼一时。随着社会发展和公众心理的变化,满足了某些需求之后,又会萌生新的意愿;曾经实现了的社会目标,也意味着改写。正由于需求的不断变化,社会效果的反馈在满足—不满足—再满足之间循环往复地发展,社会目标也随之不断地重新设立,管理决策不断地吐故纳新。

　　基于整个社会公共管理链条的动态运行,社会公共管理决策有效与否,社会目标实现与否,很大程度上依赖于对社会效果的动态追踪、适时评价,因此,建立稳定的社情民意评价系统,采用科学的抽样方法,将社会效果以数据的方式客观地呈现出来,对社会公共管理链条有序地良性运行尤为重要。

思考题

　　1.现代舆论发挥功用的前提与基础是什么?

　　2.舆论的"肯定"学派与"否定"学派对舆论的解析有何不同?

　　3.如何正确理解舆论在社会公共管理决策中的作用?

　　4.舆论为社会公共管理决策设定社会目标的动力是什么?

　　5.舆论设定社会目标的维度是什么?有哪些选择空间?试分别举例说明。

　　6.如何把握舆论为社会公共决策提供的效果反馈?

第三章 舆论的三要素

■ 要点提示

- 舆论的构成有三大要素:舆论的主体——公众,舆论的存在形式——意见,以及舆论的客体——问题。
- 作为舆论的客体——问题,其规定性有公共性、冲突性、反常性和现实性。
- 所谓公共性问题,就是指和人们社会利益相关、和人们社会关系相关、和人们社会观念相关的那些问题。
- 作为舆论的主体——公众,其规定性有问题相关性和相应的意见表达的主体性。
- 舆论的存在形式——意见,其规定性有集合性和表层性。

日常生活中,人们对于"舆论"一词耳熟能详,并不意味着对其概念有完整、精准的理解。因此,对舆论的把握,除了对其进行词源性的追根溯源,更重要的是在社会现实基础上,对其定义及内涵进行深刻把握。

第一节 "舆论"之词解与相关定义

历史上,"舆论"一词的出现与使用经历了一定的变迁,而现代"舆论"的含义也有更具时代性的解析。

一、"舆论"之词解

先秦典籍中有"庶人之议"、"国人之议"和"舆人之议"三种提法,虽然指的都是群众言论,但反映的身份、地位、阶层和范围有所不同。"舆人"所指的范围要比国人(城里人)、庶人(乡下人)宽泛得多。

《周礼·考工记·舆人》中有"舆人为车"。"舆"本指车厢,转义为车;"舆人"原指造车匠,后指与车有关的人(如车夫、随车师卒、差役等),因此,"舆人"取得与坐车官吏相对应的一般百姓的广泛含义。"舆者,众也","舆人"就是众人,其社会地位在君主帝王之下,在会说话的工具——奴隶之上。

"舆人"有哪些特质?《左传》曾记载,子产执政郑国,"舆人诵之曰:我有子弟,子产诲之;我有田畴,子产直(繁殖)之"。可见"舆人"首先要有田产;其次,要有人身自由。

关于"舆论"一词的使用，则要追溯到 1700 多年前的《三国志》。曹魏谏臣王朗上书文帝的奏疏，"往者闻权有遣子之言而未至。今六军戒严，臣恐舆人未畅圣旨，当谓国家惧于登之逋留，是以为兴师。设师行而登乃至，则为所动者之大，所致者至细，犹未足以为庆。设其傲狠，殊无入志，惧彼舆论之未畅也，并怀伊邑。臣愚以为宜敕别征诸将，各奉禁令，以慎守所部"①。三百多年以后，《梁书·武帝纪》中有言："行能臧否，或素定怀抱，或得之舆论。"在这里，舆论的含义为"人们的议论"。

西方世界，法文原词为 Opinino Publique，这一词汇于 1588 年在法国哲学家、文学家米歇尔·蒙田（Michelde Montaigne）的著作中首次出现，1762 年，法国启蒙学者让－雅克·卢梭（Jean-Jacques Rousseau），在其《社会契约论》中首次将拉丁文字体系中的"公众"与"意见"联系起来，表达人们对社会性事务或公共事务的意见，即"舆论"。"Public Opinion"出现的时间还要晚几年，是一个与当时欧洲的王权、神权相对应的独立概念，含有"人民主权"的意义。

在我国传统封建社会，由于政体上的君权具有至高无上的地位，乡间的族权具有很高的权威。舆论作为"蚁民"的议论，是不被当政者重视的。在西方，随着民主政体的建立，舆论是一种与世俗的、宗教的权力对应的无形的人民权力的象征，是公众自下而上影响政治决策的手段。

二、舆论的定义

美国学者哈伍德（Harwood C.）对相关的历史文献进行研究，搜集到的关于舆论的定义有 50 多个。我国近年的舆论学著作对舆论的定义也有多种，学者陈力丹将其概括为具有代表性的三种。

强调舆论对于社会的知觉的定义：舆论是显示社会整体知觉和集合意识、具有权威性的多数人的共同意见（刘建明）。

强调舆论是对于某一具体对象而发出的意见的定义：如舆论是社会或社会群体中对近期发生的、为人们普遍关心的某一争议的社会问题的共同意见（喻国明）。舆论是公众对其关心的人物、事件、现象、问题和观念的信念、态度和意见的总和，具有一定的一致性、强烈程度和持续性，并对有关事态的发展产生影响（孟小平）。

事实上，从国际学术界的角度来说，"舆论"迄今还没有一个公认的定义。就其诸多种概念来说，如何达到一种本质的、有效的把握，关键是要有一种工具性的说法。因此，对舆论的分析我们可以从其基本要素开始。

依据概念"舆论是社会或社会群体中对近期发生的、为人们普遍关心的某一争议的社会问题的共同意见"（喻国明），构成舆论有三大要素：一是发出舆论的主体——公众；二是舆论的表达形式——意见，三是舆论的客体，即公众针对特定的客观对象来表达各自的看法、主张。因为从逻辑上来说，公众在发出意见时不是凭空而论，意见不是无源之水、无本之木。

---

① 上海古籍出版社. 二十五史纪传人名索引[M]. 上海：上海古籍出版社，1990：7.

第二节 舆论的客体——问题的规定性

舆论的客体是什么？比如，"舆论的客体，是某个特定的涉及公众切身利益的社会公共事务"①。再有"舆论的客体，是现实社会，以及各种社会现象、问题"②。虽然由于观察舆论的角度不同，其说法也莫衷一是，但落脚到"公共性""现实性"是众多观察者的基本共识。

事实上，只有那些与公共事务相关，同时又能引起人们广泛关注的社会"问题"才是舆论的客体。如果说公共事务好比是从宽阔的河床上淌过的平缓河水，不知不觉地从人们身边流走，未留下多少记忆的痕迹，那么，作为舆论客体的社会问题则是河水中溅起的朵朵浪花，它们奔涌着、跳跃着，惹人注目。

社会"问题"是作为舆论客体被逻辑地推演出来的，作为舆论关注的客体、关注的对象，其规定性抑或特点，除了公共性、现实性之外，还有就是"冲突性和反常性"。

一、关于舆论客体——社会问题的解析

对问题的分类有很多种。从问题所涉及的社会成员的数量性质的角度来分，可以分成三类：私人性问题、专业性问题和公共性问题。

美国著名的社会学家米尔斯（1959年）对私人问题（private troubles）与公共问题（public issues）进行了区分，他认为二者的区别在于"局部环境中的个人困扰"和"社会结构中的公众问题"。由于人类社会行为的后果分为两种，一种是对参与互动者直接的影响，另一种是除了对直接有关者有所影响之外，还会影响到其他众多人。③

私人问题强调的是"个人相关性"，即私人问题只发生在个人与他人直接构成的关系区域里，只关系到个人直接体验的有限的社会生活领域。而公共问题强调的是"社会性"，其问题往往超出了个人的生活区域、生活环境，与人类社会生活、制度或历史相关，和多数人所共同珍视的利益、价值相关。

社会问题不是一个私人问题，而是一个公共问题，之所以如此，关键在于社会问题也具有公共问题所强调的社会性。因此，为舆论所关注，首先一定是公共性的问题，而不是一个私人性的问题或者专业性的问题。专业性的问题，是跟某一职业、某一行业相关，是某个行业所关注的问题。

二、公共性

什么是公共性？从"公共"一词的词源分析，公共性是指超越个人和特定私人组织的

---

① 李良荣. 新闻学导论[M]. 北京：高等教育出版社，1999：46.
② 陈力丹. 舆论学：舆论学导向研究[M]. 北京：中国广播电视出版社，1999：13.
③ 陆建华. 中国社会问题报告[M]. 北京：石油工业出版社，2002：464.

特殊利益而追求社会共同利益。公共性是公共利益的集中表现。[①] "公共性即对于广泛的社会成员而言的利益相关性。"[②]

公共性体现了与广泛的社会成员的相关性和诉求性。所谓公共性问题,就是和社会公共利益相关,和人们社会公共关系相关,和人们社会公共观念相关的那些问题。也就是说,能构成舆论所关注的对象,首先这个问题要具有公共性,它或者涉及人们的社会公共利益,或者涉及人们的社会关系,或者涉及人们的社会观念的更新。

1. 与社会公共利益相关

个体利用公共性的非均衡性,会导致与社会公共利益相关的社会问题的产生。一方面,客观上存在着个体的差异,导致优势个体的存在;另一方面,存在着体制的缺陷或者权力的博弈,导致虚假的"公共性"。这种共同的需要、利益和意志代表的公共性如果是真实的,那么它就是共同体或交往中每个人获得发展的手段;如果是虚假的,那么它就只是其中一些人(往往是少数人假借公共性的名义和资源)获得发展的手段。

2011 年夏,"郭美美事件"持续发酵。事件的主人公郭美美在新浪注册微博,并多次在微博上展示其奢华的生活。2011 年 6 月 20 日,有网友发现她的认证身份是"中国红十字会商业总经理",一时间,"郭美美的身世没查清楚,没心情上班"成了流行语,由此,也将中国红十字会置于舆论的风口浪尖。

红十字会作为接受善款的慈善救援公益组织,应该坚持人道、公正、中立、独立等原则。而"郭美美事件"暴露出公益机构参与了商业项目,这与大家心目中的公益慈善极不相符。公众以郭美美为由头,对中国红十字会展开了一场集体质疑:红十字会到底是体制内的官方机构还是公益组织? 红十字会的组织机构是如何运作的? 红十字会是否参与了商业项目? 红十字会是否公开透明? 如果一个公益慈善机构不顾及公共利益,无法保证公众的爱心不"缩水",那么肯定会陷入信任危机和舆论压力之中。

事实上,人类只要存在公共权力,只要共同体还有公共事务要处理,就没有纯粹真实的公共性。公共性的真实性完全取决于公众对公共问题的关注,通过舆论对于公共权力的制约程度。

2. 与社会关系相关

除了社会公共利益之外还有社会关系。有些问题,可能跟利益无关,但关系到人们的社会角色问题和社会地位。

在特定的社会关系中,每位成员都占据着不同的位置。通过既有的社会规范体系,人们意识到在特定的社会位置上应承担特定的责任、义务以及应享有的权利,从而形成不同的社会角色意识,进而在社会实践中,使个人的行为模式与社会角色要求达到协调一致。也就是说,社会角色不仅由个人的社会位置决定,还由社会公众对于相应社会角色的期许决定。如果在社会角色上产生某种对立、抵触或混乱,这种角色冲突不仅徒增人们社会角色意识的困扰,而且会让人们觉得社会关系缺乏秩序感。

① 张刚.公共管理学引论[M].杭州:浙江大学出版社,2003:16.
② 李良荣.新闻学导论[M].北京:高等教育出版社,1999:46-47.

过去常常讲"工人阶级、劳动群众是国家的主人翁",国家公务员、国家干部是"社会公仆"。按道理说,"公仆"就是谁都可以吆三喝四的人,谁都可以命令其为自己服务,但在现实生活中,人们的感受往往是有出入的。一些官员忍不住诱惑,守不住底线,没有把权力用来为人民谋福利,而在权力的温床上滋生腐败。在社会转型期,官民矛盾曾一度是舆情热点之一。十八大以后,习近平总书记开展反腐工作,很大程度上缓解了官民之间一度紧张的社会关系。

3.与社会观念相关

随着社会的变迁,社会观念也经历着种种变化,社会发展的不同步性也决定了人们在观念变化中的复杂性,不同的观念必然存在着不同程度的交锋。

在我国社会经济转型和多元文化的交融碰撞中,关于性别的社会观念也正在发生着或显性或隐性的变化。北京大学中外妇女问题研究中心曾在新浪网上进行了当代中国性别期待调查,关于"为成功者妻丑惋惜"的观点,大部分被调查者都不赞同,女性中不赞成者占 62.8%,男性中不赞成者占 55.5%,由此说明,传统"郎才女貌"的观念在弱化。

一个由男性认同的和谐世界已经维系了世世代代。如今,妇女已经摘掉了围裙,走出了厨房,对于女性来说究竟和谐的状态是什么?是不是意味着事事能跟男人比肩?有人说,这是不对的,这等于还是男权社会的标准。其实真正的和谐是机会均等、自主选择。也有人说,自主选择、机会均等是好的,但是在现实生活中,教育的机会不是人人都有,怎么可能去平等地自主选择?

在慈善领域,也发生了一些观念的变化。2016 年罗尔事件就是通过微信公众号文章打赏来为女儿筹集善款,"互联网＋慈善"创新了捐款渠道,但是微信公众号文章打赏也是一种盈利方式,和人们通过单位捐款或者通过红十字会进行捐助有所差别。人们通过网络为完全不认识的人进行捐款,是观念的变化,但也引起了一些社会问题。

其实,针对每一种社会观念,都难以区分孰对孰错。因为每一种观念和观点都基于个人特定的利益、囿于个人特定的环境和视野。这就如同在一条登山的路上,走在不同的阶段和角度,人们所看到的风景注定是不同的。不可能也没必要要求一个正在爬坡的人,要有"会当凌绝顶,一览众山小"的情怀。社会观念交锋的意义不在于辨析观点本身的对错,而在于通过意见的碰撞,将更多的社会现实问题展示出来,供人们思考,为人们的社会选择提供更多的参照系。

4.社会公共问题的转化

私人问题会不会转化为公共问题?

比如,教育孩子,中国人有各种各样的方法。90%以上的父母多多少少都会揍两下,这在中国人心目中是比较正常的方式,邻居看了也没什么,只要打得不太过分。当然,这种简单、粗暴的方式以后会越来越少。但是,如果将孩子打出毛病了,就不是私人问题,而成为一个公共问题了。孩子不是父母的私有财产,他们是一个社会共有的财富。如果父母打得过分,社会就要干预,让你在教育孩子时保有最基本的理性。

专业问题会不会转化为公共问题?

如果说某一问题仅仅在某一专业领域之内,我们说这是专业问题,但如果该问题严重到跟老百姓的日常生活状态相关时,就有可能演化成一个公共问题。不但专业人士关心它,就连老百姓都关心它,那么,该专业问题就会转化为公共问题。

比如,新闻行业的"暗访"。即使"暗访"对于揭露真相确实有很大的好处,但它是有界限的。社会要给人提供安全感,人的私密空间是使一个人得到某种休息、某种安全感的必要社会设施,这种领域的过度侵入,会影响人们的安全感。"暗访"一旦盛行,人人自危,人与人之间的感情就会相当紧张,为此付出的社会代价可能比揭露问题的成本更大。如此,"暗访"本身充满了世俗化伦理和职业伦理的冲突,就不再是一个新闻专业领域的问题,而成为社会性的公共问题。出于公共知情权和社会公共利益的需要,"暗访"是需要的;但是,如果不得不进行"暗访",必须符合法律规定,以公共利益为先。

总之,公共性问题、私人性问题和专业性问题之间是可以转化的。只要这一私人问题、专业问题与人们的公共利益、社会关系和社会观念形成冲击,私人问题和专业问题就会转化为公共问题。

三、冲突性和反常性

什么样的问题能构成舆论关注的对象?

舆论关注的对象往往不是一个常规性的问题,而是一个打破常态的问题。由于它的冲突性、反常性才引起公众的注意,进而成为舆论关注的对象。反观重大突发性事件,即使事件本身会引起人们的关注,但其中所暴露出来的社会问题则会更长久地成为人们议论的话题。比如与"9·11"事件相关的"反恐"问题,再如与"SARS"或"新型冠状病毒"相关的危机管理问题、中国公共卫生与健康问题,等等。

舆论关注的对象一定是一个新问题,是新的问题和旧的规则之间产生了矛盾和冲突。问题是,该冲突性、反常性何以进入公众的视野? 或者说,舆论的产生机制是什么?

1. 社会实践与社会意识相适应——维系社会关系的和谐

人们在社会关系中进行有意识、有目的的交往时形成的社会力量,加深了自身社会生产实践的深度和广度。为了有效地动员社会力量参与社会生产实践,在长期的社会交往中逐渐形成了与之相适应的社会关系,这种社会关系在人类征服自然和社会发展的过程当中,不断地被制度化、规范化,具体地表现为习俗、规范、制度或法律等意识形态,并逐渐以文明成果的形式积淀下来。

这些作为意识形态的文明成果反作用于社会实践,对人类本身有什么好处呢?

首先,作为制度化的文明积淀,调整社会关系。一是可以降低社会实践中处理各种问题的成本,提高效率,这是制度文明带来的社会实践上的好处。比如,凡是杀人,都要偿命;所有偷东西的人,不仅要把赃物还给被偷者,还要受到某种惩罚。二是体现国家的理性精神。比如在市场经济中,经济主体对特殊利益的获得不是没有限制的,而是在市场制度所维护的市场秩序内,通过合法的经济手段达到。比如在社会竞争中,为避免贫富分化所造成的社会矛盾,实施必要的税收和福利政策,从而在发展的过程中兼顾社会公平。

其次,作为文化积淀存在的社会意识,引导社会成员的行为。在人类社会实践的发展中,任何历史阶段都会产生与该阶段的政治、经济和文化结构相适应的社会意识形态,并积淀为这个时代的社会文化精神。身处其中,任何人都会饱受这种社会文化的熏陶,从中汲取理想和信念,不仅思想上留有这个时代的烙印,还从中寻找自己行为的根据,并且依此判断自身或他人行为是否具有"合理性"、"合法性"和"现实性"。

总之,任何社会实践都有与其相适应的意识形态,这些意识形态以社会设施、制度文明、观念文明等方式来引导或制约人们的行为,调节人们的社会关系,使社会实践以常规的稳定形式发展,进而支撑社会的良性运作。

2. 社会实践与社会意识的张力——社会问题凸现

社会实践应当与作为文明制度成果的意识形态相适应,但社会发展实践的链条和制度的齿轮并不总是相互啮合的。一方面,社会实践总是处于发展变化之中,这种不可抗拒的历史进程具有某种必然性,随着社会挑战的出现,社会实践不断在面临新的问题;另一方面,作为文明制度成果的社会意识形态却具有相对稳定性,一旦积淀下来,就相对固化,不会因时而变。二者的不完全同步性导致了某种社会张力的产生,进而各种社会矛盾或观念冲突以新的社会问题的形式凸现出来。

比如就社会观念而言,做好事该不该要报偿? 以前提倡学雷锋做好事,大家认可"拾金不昧"等无偿做好事的观念。但在市场经济里,就有新的问题。比如,一位出租车司机把失主遗忘在车上的失物还回去,同时,又向对方提出 200 元钱的报偿要求,这令失主先喜后惊。

由此,引起了社会舆论的关注,并引发了相关的讨论。

那么,向失主索取报偿到底是不是一个合理的要求呢? 在市场经济中,经济学家从理论上提供一种新的见解。他们认为:做好事就是促进人群福利的行为(经济学称之为"有效率的"行为),这种行为不仅应该鼓励,而且必须鼓励。只有这样,才会不断促进社会福利的提高。怎么鼓励呢? 人都是自私的,总要追求自身的利益,所以给予报偿是最有效的。

由传统经济向市场经济转型过程中,支撑传统社会的制度文明、观念文明并没有随之淡出,保障市场经济的规则也不是一蹴而就,而实践中不断涌现一些新问题,光靠既有的制度、社会设施和规则不能很好地解决,或是解决的效率下降了。新旧制度或观念发生了碰撞、冲突。

3. 社会意识的调整——舆论问题的平息

如果社会实践和既有的文明制度成果之间产生失衡的现象,社会问题就会作为舆论的客体凸现出来,提醒各方面的关注,通过各种社会机制的协调,改善不合时宜的规定,形成新的制度、新的规则,继而更加有效地解决问题,平息舆论。

在传统社会中一度被视为理所当然的"拾金不昧",由于舆论的呈现,随后被提到了社会管理决策的议程上。2007 年 3 月 16 日,第十届全国人民代表大会第五次会议表决通过了《中华人民共和国物权法(草案)》,对和遗失物相关的行为作出规定:遗失人在领取遗失物时,应当向拾得人或者有关部门支付遗失物的保管费等必要费用,应当按照承诺向拾得人支付报酬。除非拾得人侵占遗失物在先,否则获得相关费用和报酬将受法律保障。

其实,许多发达国家的法律早就有过类似的规定。日本法律规定接受物品返还的人,应向拾得者给予不少于物品价格 5% 的酬金;德国民法典规定在遗失物价值不低于100 马克时,拾得者有权获得报酬。

有了这样一些规定,能有什么好的效果呢? 一是,能确保人的物质财产所有权的稳定性。该法律规定的正面效应就在于,鼓励大多数人采取合法的手段,把失物归还失主。二是,从立法的角度上,鼓励"拾金不昧"的社会公德。法律虽然不能规定所有的人都是"雷锋似的好战士",但是法律必须要建立在一个大多数人都能接受的标准之上。规定了这个权利,并不意味着一定要坚持它。如果你很高尚,可以放弃这个权利,这个权利是可以主张的额度,但不是一定要坚持执行的额度。

在传统社会中,社会关系和社会生活秩序的建立依靠树立和维护共同的信仰、观念、道德责任和政治理想,而在现代市场经济社会,"集体意识"越来越显现出脆弱性,社会秩序的维护更多地依靠法制。

舆论问题具有一种反常性。在此,"反常性"是广义的,不是狭义的,是指对常态的打破,即惯常的规章、观念不可以解决的问题引起人们意见的冲突。正是因为大家的意见不一致,对某一新的社会问题有不同的意见、看法,跟既有的逻辑、观念、意见之间形成某种冲突,所以,这一新的社会问题成为舆论关注的对象。

总之,在社会生活中,舆论的一个作用就是担当不断探索社会新问题的守望者,通过议题设置使社会的文明成果与时俱进,进而实现社会实践与相应的制度文明、观念文明之间动态的和谐的发展。

四、现实性

一个社会问题除具备公共性、冲突性和反常性之外,作为舆论的客体,还应当有哪些规定性呢? 当某一社会问题成为舆论话题时,我们会发现,这些社会问题或者是人们当前的现实利益、现实关系、现实观念的某种冲突和反差所造成的,或者虽然问题本身以某种历史或未来的面貌出现,但跟现实的利益、关系和观念相关。因此,现实性是舆论客体的又一基本规定性。同时,现实性的内涵也不是简单、唯一的。

1. 当前的现实性

所谓当前的现实性,就是针对那些与人们当前的现实利益、现实关系、现实观念发生冲突和反差所造成的社会问题。

20 年前,一提起艾滋病,很多人感觉它离自己的现实生活很远。然而,数据显示,从2011 年到 2017 年,中国艾滋病增长率高达 179.68%。我国的艾滋病开始向低龄人群扩散;异性性行为(62.2%)是最主要的传播途径,同性性行为(21.2%)占比也较高。[1]

正因为如此严峻的现实,"防艾"不仅受到社会舆论的关注,而且逐渐渗透到人们的观念和日常生活中。同时,中国"防艾"的工作措施已突破原有观念的禁区,开始走向务

---

[1] 中国产业信息网. 2018 年中国艾滋病感染人数、发病人数、死亡人数及传播途径分析[EB/OL]. (2018-8-9)[2019-1-3]. http://www.chyxx.com/industry/201808/665644.html.

实。比如设立最高级别的行政机构——国务院防止艾滋病工作委员会;选派机关干部进驻艾滋病高发村,对高危献血人群进行拉网式筛查;中央财政将此前每年 1500 万元的"防艾"资金提高到 1 个亿。从这个意义上来说,"防艾"是具备当前的现实性的社会问题。

2. 与历史相关的现实性

有时,一个历史问题,也能引起当下人们的关注。以"四·五"天安门事件为例。1976 年 4 月 5 日,有些人在天安门参加悼念周总理的活动时,被以"反革命"为名逮捕,甚至判了刑,后来,虽然进行个别的甄别、平反,但从整体上来说,该事件作为一个历史遗留问题并没有一个明确的说法。1978 年,整个中国面临新的社会形势,人们都认为该问题如果得不到解决,就会影响社会发展。也就是说,这种涉及重大观念的社会关系必须得到理顺和澄清。于是,1978 年 12 月北京市委作出了"天安门事件"完全是革命行动的决议。

有的问题,在历史传统中,并不是问题,有时甚至是时尚或风俗,可随着时间的流变、历史的变迁,不再具备存在的合理性,最终也会以问题的方式被提出来。"猎狐"是英国 300 多年来的一项传统运动。这项活动能够消灭当时危害庄稼和畜禽的狐狸,它不仅是贵族运动,而且对英国的语言和文化都有深远的影响。2005 年"猎狐"被工党政府以"残忍"和"破坏生态平衡"为由所禁止。[①]

事实上,猎与禁猎,很难以对错来进行简单判别,因为从各自的利益出发,一方是遵循传统,另一方是崇尚环保。问题的关键在于,曾经合乎现实的传统,与新的现实发生了冲突。由此,给决策者提出的问题是,如何在历史与现实的冲突中,倾听历史的声音,寻求改革的途径,使公众利益得到最大程度的维护。没有永恒不变的传统,传统也要随着社会的发展、人们思想观念的更新加以不断完善;同时,任何具有改革性质的成功决策,也不能无视历史传统的存在。

3. 与未来相关的现实性

一个与未来相关的问题,似乎还不能成为人们关注的问题,但是,如果它跟现实有某种关联的话,也能成为舆论关注的问题。

2002 年 12 月 26 日,法国科学家、著名的克隆人组织"雷利安运动"协会宣布,他们已经成功利用克隆技术产下了一个名叫"夏娃"的女婴。尽管无法证实消息的真伪,但这一消息震惊了全世界。反对者的理由是"人类在克隆人面前尊严扫地",赞成者认为"维护科学家研究的自由和尊严"。我国科学界对此既有赞成者,也有反对者。赞成者表示要宽容克隆人,他们认为由于大气、水、食物中含有各种污染物,导致越来越多的人失去生育能力,有数据统计,现在社会平均每十对夫妇中就有一对不能正常生育。对于那些失去生育能力,而又想要孩子的家庭,克隆技术可以满足他们的心愿。反对者除了怀疑克隆技术不够成熟,更多的则是从伦理的角度提出质疑。如果克隆人是为了进行科学研究,那么从尊重人的角度来说,克隆人也是人,怎能为了研究目的把他们生产出来,当作

---

① 斯维,李庆庆,陈玉洁. 猎狐:查尔斯宁舍江山也要玩的运动[J]. 人物画报,2010(4):96.

为他人服务的手段而利用他们？因为技术上可行的不一定就是伦理学上应该做的。

《北京青年报》曾经做过一个关于"克隆人"的专题。从最简单的话题提起，假定一位中国公民在国外生育了一个克隆人，回来后，中国政府是否可以给他上户口？这实际上是考验中国是否做好了关于克隆人的制度准备工作，他是否享有一个正常人所享有的制度规定。克隆人是一个未来的问题，却触及人们现实的伦理道德、法律规范等，因此，也必然会成为舆论关注的对象。

近几年，随着互联网技术的革新，人工智能技术发展迅猛，人工智能在未来发展应用所引发的舆论热点逐渐进入人们的视野。

舆论客体的公共性、冲突性、反常性和现实性在舆论问题中有不同程度、不同面目的显现，有的凸显其公共性，有的凸显其冲突性和反常性，有的凸显其现实性，因此，具体的舆论问题尚需具体分辨、区别对待。

第三节　舆论的主体——公众的规定性

舆论是社会或社会群体中对近期发生的、为人们普遍关心的某一争议的社会问题的共同意见。构成舆论的主体——公众，不是简单的少数人、个别人，而是一个数量相对比较多的社会成员的集合体，公众(public)与集群(grouping)、群众(crowd)似乎难以区分，那么，公众究竟有哪些特征和规定性呢？

"公众"这一概念虽然是一个社会成员的集合体，但不是一个确定的数量上的概念，而是近代大众传媒的产物。早在19世纪，法国社会学家加布里埃尔·塔尔德就洞悉了公众与其他社会成员集合体的差异。"群众"与"集群"是以身体的临近为条件的社会成员的集合体，进而通过人际的信息传播，实现人与人心理乃至精神的连接。当人类文明的河流绵延到近代，随着大众传媒的出现，人们不必在大街谋面，也不必在广场聚集，人们在各自的居所就可以阅听信息，于是，信息传播不再因时空而被阻隔，却可实现同步的信念或激情，那么，大众传媒作为纽带使不同时空的人共享了一个信息、一个思想抑或一个愿望。此时，公众出现了。公众即"纯精神的集体，由身体分离且分散的个体组成，其结合完全是精神的纽结"。公众最重要的特征是它造就的舆论，"舆论与现代公众的关系好比是灵魂对身体的关系"。[①]

除此之外，作为舆论的主体之所以能称之为公众，其不同还在于，公众首先要具有问题相关性，即公众是舆论问题相关所及的那些社会成员；同时，这些社会成员还要具有相应的意见表达的主体性。

一、问题的相关性

能否成为公众的社会成员，关键的介质在于某一公共性的舆论问题，跟某一舆论问题相关的这些社会成员可以成为该舆论的表达主体——公众，而跟这一舆论问题无关的

---

① 塔尔德.传播与社会影响[M].何道宽，译.北京：中国人民大学出版社，2005：214.

社会成员,就不能称之为公众。

一是,公众这一概念虽然是一个社会成员的集合体,但它本身不是一个确定的数量上的概念。比如,"台湾问题"是关系祖国统一的大问题,跟中国所有老百姓都有关系,那么,14亿人都是这个问题的公众;比如,"大学生就业问题",大学毕业生是这一问题的公众,大学生的家长、用人单位、学校是这个问题相关所及的社会成员,也是该问题的公众。

二是,公众不被某种特定的社会属性所规定。作为社会成员,人们在现实生活中会遇到家庭成员、同学朋友、远亲近邻等这些直接的社会集合体,还会遇到以性别、年龄、职业和社会阶层等共同社会属性进行划分的间接社会集合体。有些社会成员的集合体是联系松散、自发形成的,也有的具有严明的组织性。[1] 作为某一舆论问题的公众,他们可以归属于某一直接或间接的社会集合体,但本身又不被这些社会集合体的属性所必然约束。某一家庭成员可以全部是某一舆论问题的公众,比如事关该家庭的社区建设问题;也可以不必全部是某一舆论问题的公众,比如家庭中某一成员是环保主义者。除非某些特定的问题跟这些社会属性直接相关,比如性别歧视问题,它的舆论主体显然要根据性别来划分;再比如职业歧视问题,该问题的舆论公众也需要根据某种特定的职业来进行划分。

问题相关性意味着,在传媒的介质之下,这些社会成员就某一舆论问题有着目标取向的共同性,共同的利益、兴趣和某种偏好将他们集合在一起。

比如,2003年11月10日,一名叫松月(网名)的大学毕业生,来到安徽省芜湖市新芜区人民法院,以一份反对"乙肝歧视"为由的《行政起诉书》状告芜湖市人事局。此后,不仅很多媒体争相对这起"中国乙肝歧视第一案"作了报道,松月本人也通过各种媒介得到了众多乙肝病毒携带者同病相怜的声援。据统计,中国约有十分之一的人口携带乙肝病毒,总共有1.2亿人。

乙肝携带问题已不是一个医学问题,而是一个社会问题。由于对前途和生活的绝望,乙肝病毒携带者的极端行为时常出现,乙肝歧视已成为影响社会公平公正、和谐稳定的重要因素。在这一社会问题中,舆论的主体就应当包含在这1.2亿乙肝病毒携带者中,因为他们与公共性问题"乙肝歧视"相关。在既有的传媒信息环境下,他们是一个目标明确、诉求清晰的利益群体,那就是维护乙肝病毒携带者的合法权益,追求平等自由的生活、学习和工作的选择空间。在互联网上,"病友"们虚拟团体的发展就证明了这一点。[2]

简言之,公众这一概念的形成,首先由舆论问题的相关性规定,界定出舆论主体——公众的涵盖范围。当然,就某一舆论问题而言,也并不意味着舆论主体——公众与问题相关的所有社会成员之间画等号。一个与问题相关但不具备意见表达能力或条件的人不能作为舆论主体。

---

[1] 郭庆光. 传播学教程[M]. 北京:中国人民大学出版社,1999:89-90.

[2] 从2005年起,国家陆续出台相关政策,减少对乙肝患者和乙肝病毒携带者的歧视。2010年2月三部委对取消乙肝歧视发出"最后通牒":不仅卫生、教育、人社部门的"乙肝歧视"规定要立刻废止,地方政府做出的不合理规定也要在30天内修改或废止。

二、社会成员的主体性

所谓社会成员的主体性,是指有自主意识,同时又有完全行使社会行为能力、自我表达能力的人。与某一舆论问题相关的具备意见表达的客观条件和主观能力社会成员才是真正意义上的舆论表达主体。

先拿客观条件来讲。比如在押犯人、被剥夺政治权利的人是没有权利表决的,其发表出来的意见也不能作为正式的意见。再如,在制度化的职能群体中,像政党、军队等组织,在比较特殊的形势下,其成员的意见表达会受到一定程度的制约,这时,该组织的成员即使与某一公共问题相关,也不能被当作该舆论问题的公众。

再拿主观来说。一个人如果经过多年的知识积累,对于一个公共问题进行意见表达,估计一点问题也没有。但由于文化素质或理解力的局限,某些与公共问题相关的人进行意见表达时,发生偏差的情况还很复杂。在这样的前提下,如果不对舆论主体——公众进行主观条件能力的规定,那么通过问卷所收集的相关情况和民意就失去了应有的意义。

根据我国第六次人口普查的数据,我国 15 岁及以上不识字的人口占总人口的比重为 4.08%,这个文盲率比 2000 年人口普查的 6.72%下降 2.64 个百分点。[①] 虽然我国普及九年制义务教育、大力发展高等教育以及扫除青壮年文盲等措施取得成效,但是由于我国人口基数大,文盲仍然是一个很庞大的群体。也就是说,在我国实际上还有相当多的人在表达意愿上有一定的困难,不完全具备清晰的意见表达能力和素质。

第四节 舆论的存在形式——意见的规定性

舆论是以意见的形式存在的,但是作为舆论表现形式的意见和其他的意见有什么不同? 有哪些特殊的规定性? 这是我们这一节需要探讨的。

一、集合性

什么是集合? 这实际上是一个数学名词。从数量规模上来讲,意见的集合性至少应当是很多人的意见的综合。但事实上,仅仅从数量规模上来理解意见的集合性是有局限的,因为意见有丰富的内涵。为了更全面地理解舆论的存在形式——意见的集合性,我们需要从两个角度入手,一个是从外延的角度,另一个是从内涵的角度。

1.从外延和内涵角度的解析

(1)从外延的角度的理解

简单来说,意见的集合性是指意见在人群中的覆盖范围。但就某一舆论问题而言,

---

① 国新办就第六次全国人口普查主要数据公报举行发布会[EB/OL]. (2011-04-28)[2013-08-02]. http://www.china.com.cn/zhibo/2011-04/28/content_22446706.htm.

还应该包含这样几个层次：

一是，意见的集合不是个别人、少数人的意见，而是相当多的社会成员的意见集合，这主要是从持有意见的人群数量规模来考察的。二是，既然舆论是一个很多人意见的集合，它就不是一个单一化的意见。来自不同背景和利益集团的人，其诉求的目标是不同的，公众的声音也是多样化的。这意味着集合性是不同意见的综合，不光包括共识，还包括共识的对立面。哪怕是有99%的人持某种共同的观点，也应该包含持不同观点的1%的人。如果仅仅将舆论的意见当作某种一致意见的综合，那么对意见集合本身的理解是有缺失的。

因此，舆论所表达出来的意见，不是个别人的意见，也不是少部分人的意见，而是相当多的社会成员所表达出来的意见的集合，或者叫综合；它不是一致性的意见，而是在特定问题上多种意见的状态描述。

（2）从意见的内涵角度来考察

人们的意见本身实际上包含认知、情感和意志行为（判断）三种成分。它不是一种单一的认知成分，也不是单一的情感成分或单一行为的准备状态，而是这三种成分的复合体。作为舆论的意见，既包含人们的认知因素，也包含人们的情感和理性评价因素，同时，还包含人们的意志行为，即准备采取某种行动的意志和状态。

总之，作为舆论的意见，从内涵的角度，我们可以解析出这三种成分的集合性，而不是某种单一成分。

2.舆论意见的集合性之现实作用——舆论压力

舆论在社会生活当中具有极大的作用，主要以舆论压力体现出来，这种舆论压力是跟舆论的集合性联系在一起的。

具体来说，就某一舆论问题，众多的社会成员纷纷表达了各自的意见和立场，初始的意见可能是比较散乱和稀落的，但随着意见的互动、整合，舆论也会逐渐趋于稳定、集中，在某方面更多的人会形成较一致的看法。此时，意见的规模就不再是分散和稀少的，而是相对集中的，成规模的意见就会对当前的政府、决策者（指广义的决策者，因为有行政上的决策者、经济上的决策者）产生很大的压力。

以政治决策者为例。现代政府的架构都是建立在民意基础之上，政府是要替老百姓办事情，要体现人民群众的意志。因为市场经济、民主政治都具有"眼睛向下"的特点，要根据老百姓的口味、老百姓的喜怒哀乐进行决策取舍，那么大多数人表达出来的意见一定会对决策层产生或强烈、或微弱的影响。即使仅仅从形式上而言，对老百姓集合性的意见也不能视若无睹、置之不理。

可以说，舆论的集合性决定了在现代社会生活管理的决策中，社会公共管理者的压力是现实存在的。舆论压力的来源，就在于舆论不是少数人的意见，而是多数人的集合性意见。

从另一个角度来说，一个人的生存和发展是有诸多社会需求和愿望的，对于那些合理、理性的愿望，有时不是凭个人的力量和条件能满足的，将众多人的合理、理性的愿望汇集成舆论，其力量就远远超过一己的力量，并且大于舆论群体力量的简单相加。由此，舆论的集合性就能使个体的能力得到加强,实现个人难以实现的目标。

总之,舆论之所以能够对社会管理决策发挥作用,对个人的生存发展产生影响,实际上是因为它的集合性,这种集合性给现代的市场经济和民主政治带来了实质性的影响。

二、表层性

作为舆论的存在形式,意见反映的是一种社会的表层意识。这种表层性至少有两层含义。其一,是指老百姓对社会公开表达出来的意见,不是深藏内心的想法,即所谓的公开性。它是老百姓面对社会刺激、社会问题时,诉诸公开表达的一种反应。正因为舆论意见所具有的敏感性,也被人称作"晴雨表""指示器""社会皮肤"。其二,在整个认知系统(或意识系统)中,舆论意见居于最表层,是信念、态度或价值观的语言表达。

一个人全部的信念、态度和价值观的总和构成了他的认知系统。

"价值观"是特别重要的信念,它是构成认知系统的拱顶石,是理解人的行为的重要因素;价值观体现的是一个人关于行动的理论模型和理想的终极目标的信念。终极价值观包括向往的最终态度,如完善、平等、正义、幸福和权力。[①] 其指涉的对象宽泛而抽象,不涉及某个特定的对象。

"态度"是指有组织的、持久的信念,它可以解释一个人的倾向性。态度总是指向一种特殊对象或情景的,从指涉对象来讲,可以是事、物,也可以是人,比如我们有对警察的态度,有对政府某项政策的态度。尽管态度是能够改变的,但其不是一种短暂的倾向,而是具有一定的持久性的。当态度产生以后,它就会促使其持有者按照某种方式对对象采取行动。如一个对残疾人抱有积极态度的人,他很可能有访问智障者或聋哑学校并为他们募捐之举。作为一种内在的心理倾向,态度不能从外部直接被观察到,只能间接从人们的意向和行为推知,或者通过某些技术性方法间接地推测。明确的对象性使它有别于个体所持有的价值观念;明确的取向性,使态度有别于个人对环境刺激作出的简单条件反射。

"信念"是一个人认知系统中最小的成分和基本的结构单位。米尔顿·罗克奇(1968)提出:"信念是任何有意的或无意的简单陈述,它可以从一个人所说的和所做的事情中推导出来,在它前面可能冠有'我认为……'这样的短语。"信念可能是描述性的,如"我认为雪不一定总是白色的,还有红色的";也可能是评价性的,如"今天是个好天气";也可能是祈使性的,如"某人一天应该喝六杯水"。人们总是根据信念去辨认、做出判断并采取行动。

价值观、态度、信念是看不见、摸不着的。而意见正是信念、态度或价值观的语言表达(罗克奇,1968)。具体意见会受到价值观和社会态度、信念的潜在影响,但又有自身相对的独立性,因为就某一具体对象的意见而言,随时都可能因为舆论问题本身的发展发生偶然或必然的改变。一个人之所说(即他的意见)不等于他的内在倾向(信念、态度、价值观)。虽然意见与信念和态度不是一回事,有时意见对内在倾向的反映只是间接的,但以意见为测量态度的工具或媒介,了解和透视一个人的内在信念和态度,还是有意义的,

---

① 罗克奇认为,价值观是非常重要的信念;奥尔波特-弗农-林德蔡有关价值观研究(1960)的著名心理测验对人的六种一般价值观的重要性进行测量,这六种价值观是:理论的、社会的、政治的、宗教的、美学的和经济的。

内在结构的反映只是间接的。

舆论意见的表层性,使意见常处于变动不居的状态,赋予舆论在形成过程中互动和整合的可能性,由此,为舆论的引导和调控提供了发挥影响力的空间;也正因为舆论意见表层性的特征,舆论为社会管理决策提供了可测量、可检视的依据。

总之,集合性和表层性是对舆论的存在形式——意见的特殊规定性,这两个特殊规定性使舆论对社会管理决策发挥着不可低估的作用。

思考题

1.什么是舆论的客体? 作为舆论的客体,其特点是什么?

2.什么是公共性问题? 现实生活中,哪些舆论问题涉及社会公共利益? 哪些涉及社会公共关系,又有哪些涉及社会公共观念? 试举例说明。

3.试析社会公共问题的转化。我们身边有哪些社会公共问题是由私人问题转化的,哪些又是由专业问题转化的?

4.舆论问题究竟是怎样产生的呢? 它的发生机制是什么?

5.舆论问题的现实性有哪些具体内涵? 分别举例说明。

6.作为舆论的主体,有哪些具体规定性?

7.作为舆论的存在形式,意见具有哪些规定性? 如何理解?

8.舆论意见的集合性有哪些现实作用?

第四章 舆论的形成与状态标示

■ 要点提示

- 有关舆论的形成有三个学术流派:结构流派、法则流派和程序流派。
- 不同学科视角对舆论形成的研究包括:心理学的研究探索了微观个体意见的形成,主要侧重从个体的思维发生、认识发生等生理性(并非完全排斥社会环境的影响)角度,进行舆论形成的心理实验;社会心理学的研究则分析个体意见如何向群体意见转化及舆论形成的原因。
- 舆论形成的六个阶段:问题的发生、舆论领袖的发现、意见的发生、事实性信息与意见性信息的传播、意见的互动与整合、舆论的形成。
- 作为舆论领袖应当具有的特征:一是消息灵通,二是分析力强,三是具有人格魅力。
- 反映舆论状态的重要标示有:舆论分布、舆论强度和舆论的稳定性。
- 舆论分布是指面对一个公共问题,各种意见偏好、需求、评价所具有的人数及比例。
- 舆论分布常见的三种类型:"J"形分布、双众数分布、正态分布。
- 舆论强度反映了某一种社会意见对决策的冲击质量。

　　舆论是一个复杂的社会现象。关于舆论的形成,由于研究方法和研究取向的不同,其解释也有所不同。比如采用定性的研究方法,有的研究侧重舆论形成的要素,通过对要素的静态分析,把握各要素之间的动态关系,进而说明舆论的形成机制;有的研究采用实证的研究方法,对舆论的形成往往得出某种具体情境下的科学结论。

　　为了对舆论的形成获得鸟瞰式的认识,我们对舆论形成的解析侧重其形成的模式和步骤,即舆论的形成过程。

第一节　舆论的形成模式

　　18世纪至19世纪初流行于欧洲启蒙学者中的舆论形成观,即精英人物或精英人物的团体造就舆论,其程序是:问题的出现——社会精英进行宣传鼓动——形成强大舆论——以舆论的名义促进社会改革或民主进程。舆论在这里作为公众政治权利的背景力量,自然被看得具有高度的正当性与合理性。

随着舆论在实践中的应用,从学术角度对舆论形成的相关研究也渐次展开。一方面从不同学科视角对微观个体意见的形成、群体意见的形成以及宏观意见的形成予以不同层次的关注;另一方面,关于舆论形成的模式呈现出不同的观点。

一、不同学科视角的研究成果

舆论学创立于19世纪末20世纪初。最初舆论学是政治学家的研究领地,进入20世纪,其他门类的科学家蜂拥而至,走在最前列的是社会心理学家和社会学家。社会心理学家试图通过对个人和团体行为的研究,解释舆论的形成;而社会学家则把舆论作为社会控制的手段加以研究。20世纪20—30年代,新闻学、传播学、宣传学和公共关系学的学者涉足这一领域,真正意义上的现代舆论学研究由此开始。

1. 个体——群体意见的形成

(1)微观个体意见的形成

20世纪40年代,少数心理学家从个体的生理性(并非完全排斥社会环境的影响)、思维发生、认识发生角度,开始进行舆论形成的心理实验。如弗洛伊德认为,人类精神生活的大部分以无意识(潜意识)的形态存在,意识的表达相当于浮在海面上的冰山,而无意识则深藏在水下。人有一种把内心积蓄的力量外发的倾向,这种愿望得到适当的满足,便会有一种快感,否则会感到压抑。另一些心理学家则强调外部对人的生理性刺激在个体意见形成中的决定性影响。他们在客观、精确地观察外部刺激如何调适、制约舆论的形成方面,也有不少科学实验报告。可以说,从心理学层面的研究,一方面肯定并提供了许多可以说明个体意见形成的心理要素,有助于理解人的情绪、意见等外在表达的内在结构,进而更多地理解舆论的深层结构。另一方面,舆论毕竟发生于具体的社会环境中,人的心理状态、思考过程千差万别,非常复杂,单纯从个体的生理与心理考察舆论,对于全面研究舆论的形成,似乎有些力不从心。

(2)个体意见向群体意见的转化

19世纪末20世纪初,勒庞、塔尔德这两位法国社会学家,从社会心理学角度分析过群体意见,进而就舆论形成的原因,得出了一些有参考价值的结论。德国女学者诺埃勒·诺依曼,在20世纪70—80年代经过很多实证研究,探讨了多数意见和少数意见的关系,提出了关于舆论形成的"沉默的螺旋"理论。为了防止孤立和受到某种社会性制裁,一般人在表明自己观点之际首先要感觉一下"意见气候"。如果自己的意见与现有的多数人意见相同或相近,他便会较为大胆、积极地发表;如果发觉自己处于少数,他便会迫于无形的舆论压力而趋向于保持沉默。于是舆论的形成,便成了一个"一方越来越大声疾呼,而另一方越来越沉默下去的螺旋式过程"。

该理论强调的是个体对舆论的知觉,认为外界已有的多数人的舆论压力,对于形成更为广大的舆论或新的舆论,具有决定性意义。

2. 宏观群体意见的形成

"舆论波"是一个考察宏观层面各种意见相互影响的概念,指各地小范围内已经形成的舆论在大范围内(民族、种族、大范围内的群体等)传播和相互影响的方式。我国学者刘建明概括为四种波动情形。

第一种是"中心辐射"。现代社会,城市往往是产生各种新舆论的地点,无形中构成舆论中心,向四周几乎同时地扩散。第二种是"遍地涌动"。在大众传媒的作用下,不少舆论客体同时被各地知晓,于是在各个地方的中心城市,几乎同时产生了围绕这个客体的舆论,并向四周扩散。第三种是"两点呼应"。一些舆论客体涉及两个(或几个)不同地方的关系,于是便会在两地或几地间产生呼应性的舆论,引起较为强烈的舆论间的相互影响。第四种是"多渠道互补"。舆论的传播除了大众传播媒介、党政系统的传播这两个主要渠道外,还有无数社会性的、个人性的传播渠道。当利益、兴趣、志向相近时,有关舆论会在各种传播渠道中相互弥补、相互借助、相互印证,迅速扩散。

二、有关舆论形成的三个流派

根据研究的侧重点不同,关于舆论的形成有三个研究流派:结构流派、法则流派和程序流派。[1]

1. 结构流派

以《舆论》一书的作者哈沃德·奇尔兹为代表,主要研究舆论形成的宏观结构和微观要素。他们认为舆论的形成少不了三个重要因素:人、环境及二者之间的交互作用,主张舆论是人与环境互动的产物。该学派的特点在于,仔细分辨个人与环境中哪些因素影响舆论的形成。

(1)因素分析

在个人因素方面,奇尔兹认为,主要因素有:陈规、知觉、确信感、动机、挫折感、冲突感、紧张、焦虑、犯罪感、习惯、情结、偏执、参考系、不和谐、痛苦的压力、自我保护、理性化、价值观、恐惧。劳伦斯·劳威尔 1913 年在《舆论与民众政府》中认为,这些因素是:兴趣、激情、注意力、争论、自信。高顿·奥尔波特则认为,主要因素有四个:增加与统合、个性与差异、恐惧、经验与模仿。

在环境因素方面,奇尔兹认为,主要有物理的、生理的、社会的因素,经济、宗教、政治机构,地理、气候、人口、观念、习惯、神话,家庭、初级群体、教会、学校、传播媒介。C. D. 麦独孤在《认识舆论》中认为,有习俗、意识形态、宣传、商业文化、宗教传统、传说、检查制度、时尚、英雄楷模、语言、艺术、宗教、教育、新闻。

(2)因素的互动关系

结构流派认为舆论是人与环境交互作用的动态过程,但在如何看待上述因素的作用问题上,又分为两种观点。

单因素派的观点认为,因素虽然很多,但起决定作用的只有一个。弗洛伊德强调受挫折的性本能和潜意识。查尔德强调生理因素。也有人强调其他因素,如历史、种族、本能、技术、权力、经济等。多因素派的观点中,P. 拉扎斯菲尔德强调三个因素:社会经济地

---

[1] 徐向红. 现代舆论学[M]. 北京:中国国际广播出版社,1991:175-178.

位、居住(城市或农村)、宗教(基督教或天主教);L. A. 弗若曼强调议题类型、教育、政党认同和议题倾向的强度。

2. 法则流派

以哈德勒·坎垂为代表,主要研究舆论的形成遵循什么法则或规律。坎垂通过观察第二次世界大战期间美国的舆论波动,总结了二十条法则,其中主要有这么四条:

一是舆论形成于也只有形成于遇到挫折或困窘的时候,这时需要做出判断,以便采取行动,贯彻某种意图。二是舆论由过去的经验所构成,用来作为有目的的行动的指南。三是舆论主要根据无意识的暗示,这些暗示随着价值判断的形成而综合起来,确定下来。四是知识和理性思维在价值判断(舆论)的形成中发挥重要功能。坎垂认为,人具有目的性,人的意图受到挫折,意见即开始形成,而其他因素则参与进来予以指导。这些因素是:以往经验、无意识的暗示、知识、理性思维、理智、意图、准则、新的情况、期待、事件等。

3. 程序流派

主要研究舆论形成的具体程式和步骤。国外的观点,以柯雷德·金、W. P. 戴维逊和E. 杰克逊·鲍尔为代表。

柯雷德·金提出四步骤论:一是,对某种事物产生不满;二是,产生共同的需要;三是,通过媒介的讨论或争论,议题更加明确具体;四是,达成结论,做出决定。杰克逊·鲍尔提出七个阶段:一是,许多分散的个人开始关注同一个社会问题,并各自从许多来源吸取观念;二是,一些组织或团体提出解决方案;三是,出现对立意见,产生争论;四是,统一意见,寻求中立者的支持;五是,舆论从讨论或争论中产生;六是,政治机构采纳舆论,采取解决措施;七是,负责人采取行动,做出权威性决定。

国内的主要观点,如刘建明的四阶段论:一是,个人意见的多样化和相互靠拢;二是,无数意志的融合;三是,舆论领袖的评价指导;四是,获得权威性。林秉贤的三阶段论:一是,问题的发生;二是,议论的引起;三是,意见的归纳与综合。

三、舆论形成的规律

舆论的形成是一个动态的过程,人们在心理整合与舆论的结构整合两个方面,形成了一些规律性认识。

1. 心理整合:心理活动规律

(1)同化对照律

彼此接近的意见产生同化效应,即被趋于看作更为接近或同一;彼此差异很大的意见产生对照效应,即它们的差异被知觉后显得更大。同化效应造成近距相吸,相互接近的意见很容易达成一致;对照效应造成远距相斥,是意见趋于分化对立的心理根据。同化与对照作为一个机制的两个方面,使意见由分散趋于集中,由差异而显露出矛盾,公众意见在这种趋同或趋异的效应的作用下,逐渐形成相同或不同的群体意见。

（2）平衡一致律

任何个体都与周围他人构成或肯定或否定的心理定式。在心理活动中维持这种心理定式的一致性,是心理平衡规律的要求;心理活动的改变以维护强度最高的心理定式为前提,则是心理一致性规律的体现。如果不符合心理定式,会产生心理失衡,表现出心理冲突、紧张、焦虑等。心理定式会消除分歧,达到意见统一。

（3）劝导说服律

试图用自己的意见影响他人,体现了舆论领袖的影响。劝导说服的效果取决于劝导者的威信,也取决于劝导手段的具体运用和组织。

（4）压力从众律

一种是遵从,即心悦诚服、表里一致的服从;另一种是屈从,不情愿的服从,压力一旦解除,又会故态复萌。

另外,心理整合还受暗示、模仿、感染等非理性的社会心理活动方式的影响。认知整合,遵循认识发展的规律,即由简单到复杂、由低级到高级。在意见整合过程中,反映形式会逐渐趋于复杂和高级,认识也不断系统化和理论化。

2.舆论的结构整合:舆论形成的结构性与有序性

舆论的结构整合可以从结构性和有序性来理解。

（1）结构性——"漏斗"模型

漏斗状可以用来解释意见形成的逻辑,漏斗的开口就是外部信息刺激而出现各种意见的起点,开口或大或小,同时"装进"很多种意见或局部舆论。漏斗内的意见碰撞和融合有点像黑箱作业。漏斗的形状有"细长型""短粗型"。

随着时间的推移,舆论客体的情形越发清晰,人们在做决定的时候,开始考虑事情的利害关系、轻重缓急,于是比较不重要的意见便会被放弃,相近的意见更为接近,关键性的意见、焦点问题显示出来,各种意见相互碰撞、融合,经过一定的时间,意见逐渐聚合,形成种数有限的舆论。

（2）有序性——"贝纳特花样"

无序的东西是如何演化成有序的? 1969 年布鲁塞尔学派的普利高津教授提出了耗散结构理论,从非平衡热力学的角度回答了该问题。

著名的例证是"贝纳特花样"。给一个盛满水的平底容器下面均匀加热,由于热传导的关系,水中会出现一些对流。如果加热不够,对流会自生自灭,从整体上看,水仍然是无序的。只有当加热到一定程度,超过某个临界点时,无序的水才突然有序化,自动产生非常规则的蜂窝状对流。无数个对流元胞,一改原来的混沌状态,组成高度有序的花样或图像。只要保持相应的热量,对流就会持续存在。热量减退,对流也就消失了。

普利高津把这种因为供给了一定能量,并不断与外界进行能量与物质交换,才得以形成和维持的有序结构,称为耗散结构。这一现象被应用到社会领域,来说明和解释远离非平衡状态的自组织现象。①

---

① 徐向红.现代舆论学[M].北京:中国国际广播出版社,1991:159.

总之，从外因来讲，外界的信息刺激会导致问题的发生；从内因来说，影响因素来自公众已有的信念体系，包括价值观、生活经验和对信息的"想象"。正是由于每个人信念体系的差异，同样的外界变化可以引出多种不同的情绪和意见。在相当大的范围内，社会心理互动形成相对集中的情绪方向和意志方向，比如，信任产生心理相容。

当然，还有利益结构、权力组织和社会性的大众传播媒介的巨大影响。随着外部压力存在时间的持续，公众表达意见的动机会依次出现"服从——同化——内化"的过程。

第二节 舆论形成的六个阶段

在综合众多研究成果的基础上，我们可以把舆论的形成划分为六个阶段：问题的发生、舆论领袖的发现、意见的发生、事实性信息与意见性信息的传播、意见的互动与整合、舆论的形成。

一、第一阶段：问题的发生

言及问题的发生，也就意味着值得社会关注的那些公共问题，即有争议的、打破常态的、现实的舆论问题出现了。每一具体问题的发生有各种各样的原因，但从本质上来说，是社会实践的发展现实跟既有的利益结构、关系结构、观念结构，也就是所谓的文明的积淀，形成的张力、冲突所造成的，这些矛盾和冲突以社会问题的形式集中体现出来，进而引发公众对社会舆论的关注。

1.问题发生的状态："潜问题"与"显问题"

毕竟，问题的发生是一个从无到有的过程，就像一粒种子不是落地就会瞬间发芽一样，任何社会问题都是在一定的社会土壤中经历了孕育和萌发，这也决定了问题生发的形式不是单一的，而是先后以"潜问题"和"显问题"两种状态出现和存在的。

所谓"潜问题"，或曰隐性问题，是指随着社会实践的发展，出现的某种社会现象和行为已经对社会公共利益形成了某种威胁，但其危害性尚未引起人们的足够重视，此时，问题是以隐性方式存在的。

所谓"显问题"则是指"潜问题"在积累到一定阶段，其对社会公共利益构成的某种威胁已经通过某种中介性的事件集中体现出来，其危害性已经显现并引起人们的关注，此时，作为舆论客体的舆论问题发生了。

比如，2004年轰动一时的安徽阜阳劣质奶粉使许多婴儿成为"大头娃娃"，并导致多名婴儿死亡的事件。事实上，劣质奶粉早在2003年即在市场上出现，但当时并未引起人们足够的重视，当地的工商管理、质监、卫生等部门也熟视无睹，因而劣质奶粉的问题即以隐性的方式潜伏下来。但是，问题的发展变化，总是要经历一个量变到质变的过程，在缺乏管理和约束的情况下，劣质奶粉的生产和销售也变本加厉，终于使问题积累到一定程度而爆发出来。

2.“问题”发生的基础性原因剖析

2004 年的阜阳劣质奶粉事件,对其具体原因从浅层次分析,人们自然会想到制假售假。从根本上来说,是由 30 多年的改革进程中,社会的政治制度、经济制度和伦理道德诸方面发展的不同步所致,即随着社会的转型,社会经济获得了长足发展,但政治制度的变迁以及伦理道德的建设则相对滞后。

在计划经济体制下,中国传统的经济伦理“安贫乐道”一直唱着主调,个人的奉献精神为社会所倡导。当然,并不是人们没有求利的动机,而是由于当时的社会公共秩序在很大程度上依靠树立和维护共同的信仰、政治理想和道德责任。可以说,在意识形态强有力的约束下,个体的求利动机受到直接的抑制。

而当社会经济体制由计划向市场方向转型时,支撑传统经济伦理的体制坍塌了。一度受到抑制的欲望被释放出来,不仅“利益”成为人们价值判断和取舍的标准,有的人甚至利欲熏心,连起码的道德感都丧失殆尽。在市场经济形态中,政治的权威本质上是法律的权威,是国家理性的权威,而当时我国在政治、法律制度和伦理建设方面相对滞后,人们的求利行为没有得到相应的约束,社会的经济秩序出现了失序、失范。

所以说,舆论问题的发生是社会现实不断发展变化的结果。当一种制度文明、观念文明解决现实问题的效用开始下降时,必须寻找更加主动、有效的建设。这时,就需要用舆论的力量来调集社会的注意力资源,以便发挥社会相关机制的作用来解决问题,进一步提升现代制度文明解释和处理现实问题的能力。在这种情况之下,舆论问题就发生了,这是舆论问题发生的一个基础性的原因。

二、第二阶段:舆论领袖的发现

问题的发生,需要用舆论的力量来调集社会的注意力资源,那么,如何让关乎公共利益的社会“显问题”为更广泛的公众所关注,还有赖于舆论领袖的发现。

舆论领袖,也称“意见领袖”,拉扎斯菲尔德等在进行大众传播的效果研究中发现,不仅在政治领域,在诸如购物、时尚以及其他各种社会生活领域,都有一大批信息活跃者,这些活跃在人际传播网络中,经常为他人提供信息、观点或建议并对他人施加个人影响的人物,被称为“意见领袖”。他们作为媒介信息和影响的中继和过滤环节,对大众传播效果产生重要的影响。[1]

1.舆论领袖的作用:提示社会问题

舆论领袖的作用在于,有了舆论领袖的介入,使诸多潜伏的社会问题更快、更彻底地凸显,从而加快该公共性的社会问题进入“亟待解决”的社会议事日程的速度。

就 2004 年安徽阜阳的劣质奶粉事件来说。试想,如果所有的人都自认倒霉,三缄其口,估计事情也会不了了,当然,危害会一直存在,至于这一问题何时被披露出来,也就不得而知了。但偏偏有一个人不愿就此罢休。他叫高政,在得知自己的外甥是劣质奶粉的

---

① 郭庆光.传播学教程[M].北京:中国人民大学出版社,1999:209.

受害者之后,他采取了一系列行动。① 如果没有高政这样的舆论领袖的发现,也许劣质奶粉坑害母婴的社会问题会继续存在,劣质奶粉还会更长时间充斥于市场。

2. 舆论领袖的价值彰显:社会批判

究竟什么样的人能充当舆论领袖? 有人说,应该是知识分子。何谓"知识分子"? 具有大学文化水平以上学历,受过专业训练并掌握专业技术的人。也有从科学的质疑者、社会良心等角度去考虑的定义。

作为舆论领袖的知识分子应当具有审视精神,他永远对现实不满,永远追求更加理想的目标,即使社会现实是歌舞升平,他也总能从中找到一些可批判和被审视的对象,从而为社会提出更加高尚、更加理想化的目标。执政者和知识分子不同,执政者做决策时,要考虑各种各样的可行性,考虑轻重缓急,考虑利益平衡,而不能只具备知识分子自由的批判和审视精神。

2004 年,被誉为"城市记忆的卫护者"的学者王国盛,就是这样一个代表。福州是一座具有 2200 多年历史的文化名城,文化古迹不计其数,极富地域特色。随着城市改造的"大拆大建",搞古城镇研究的学者王国盛看到许多有价值的古建筑文化遗存"蒙受了半个世纪以来最为严重的破坏",一阵阵心痛。2004 年 8 月,他召集福建师范大学的 62 名专家、教授联名致信建设部和国家文物总局,就保护福州这一历史文化古城"直抒己见",并在新华网公开发表,吸引了从中央到地方几十家媒体的广泛关注。由此,引发了保护福州名城和古迹的强烈的舆论呼声。② 王国盛是一位有着专业素养的学者,同时,他更是一位不计个人得失的知识分子,怀揣的是强烈的社会责任感,他甚至唯恐自己的行为"伤及"学校的声誉,屡屡对传媒申明这是"个人行为"。事实上,王国盛的所作所为不仅使当地政府部门开始重视对文物的保护工作,也获得了社会各界,包括校方的尊重。

充当舆论领袖的知识分子能够适度地抛开个人利益,对影响社会长远发展的问题有所关注,并投入很大的热情和精力去处理。社会需要秉承知识分子精神的人,他们以理想主义精神,以富有激情的专业追求引导社会的发展。

3. 舆论领袖的特征

具有批判精神的知识分子是舆论领袖的唯一身份吗? 当然不是。在前文提到的2004 年掀起劣质奶粉打假高潮的高政,就是一位 30 岁且仅有高中文化的农民。可见,在某种特定的环境下,一个农民也可以担当舆论领袖的角色。任何一个社会族群里都有一些人,消息比较灵通、比较关心政治、比较有分析能力,他说的话能够影响周围的人,我们把这些人称为舆论领袖。舆论领袖有哪些特征呢?

---

① 首先,"他让妹妹找出奶粉,送到阜阳市疾病控制中心自费做了检验;拿到多种指标不合格的检验报告后,高政带着录音机,找到买奶粉的小商店,找了个借口,把购买时没有拿到的发票拿到手;接下来,他向当地工商部门举报,工商部门出动,封存了小商店里所有余下的奶粉"。接着,2004 年年初,"他开始通过消费者协会向奶粉经销商索赔,赔偿金额达到 50 万元,在阜阳当地造成很大影响"。由于索赔金额过高,高政未能如愿以偿。之后,"高政仍不肯了结此事。一两个月之后,他开始向阜阳以外的媒体举报"。很快引起了北京、上海的几十家媒体的关注,最终导致国家有关部门的介入,组成联合调查组,结果在全国范围内掀起了劣质奶粉的打假高潮。郑作时、高郑:让妈妈们放心喂奶粉[J].南风窗,2004(24):60.

② 钟岷源.福州历史文化古迹告急[J].南风窗,2004(20):48.

第一,消息灵通。舆论领袖常常是一个群体里的消息灵通人士。由于他们能够较多地获得周围事件变化的资讯,他所说的话,其信息数量、内涵质量都会比较高一些。如果一个人获得或掌握了某一领域、某一事件的相关信息,就能够就此说相关的话,进而影响别人,从这个角度来说,"信息就是一种权力"。

从西方政治学的角度来说,根据人们对政治参与程度的不同,可以将社会人群分为三个部分:积极的政治活动家,对政治保持高度关注的政治热心者,还有沉默的大众。所谓"沉默的大众",是指相当多对政治不关心的人。也就是说,当面对社会政治冲突时,如果跟自己的现实利益不发生直接关系,他们常常对该事件漠不关心。除非整个社会的基本结构发生重大变化,直接威胁到自己的现实利益时,他们才会发出自己的声音,来表达进行某种社会改良的愿望。在社会人群中,总有一些人比较热衷于政治,他不但很关心,而且对社会时事的判断也能影响其所在的社会群体。

当然,并不是所有消息灵通人士都能成为舆论领袖。有些人光是消息灵通,能传达各种各样的小道消息。这些人属于消息的活跃传递者,其威望可能会比较低。所以,消息灵通仅仅是一个必要条件。

第二,具有较强的分析能力。舆论领袖应当更善于从表象信息透析到比较深层的价值内涵和意义。也就是说,他不但具有事实性资讯优势,同时也具有价值判断能力,在某些社会问题尚处于"小荷才露尖尖角"的时候,能够捕捉信息并做出分析预测。

> 还以2004年安徽阜阳的劣质奶粉事件为例。在得知实情之后,绝大部分家长仅仅想到如何让自家的孩子尽快康复。高政,在得知自己的外甥不幸受到劣质奶粉的伤害后,他不止于对孩子的救治,他想到更多的是,自己的亲人和相同遭遇者作为消费者的权益已经受到侵害,如何帮助他们维护权益。从高政错落有致、举重若轻的维权步骤中,我们可以看到维权不仅需要执着和勇气,更需要清醒的头脑和良好的分析能力。

第三,具有人格魅力。一个人如果在道德上不能令我们信服的话,即使他能将事实信息说得很通透、很平衡,大家对他说的话也依然会大打折扣。

舆论领袖一定是一个有信誉的人,是道德的模范执行者,遵守某种约定俗成的规矩。他的诚信使他有某种人格力量。他能为一个社会群体代言,更为这一群体所尊崇、所依赖。在新媒体环境下的网络平台上,网络舆论领袖又呈现出一些新的特征。

三、第三阶段:意见的发生

意见的发生,是舆论领袖表达的意见,即舆论领袖所表达出来的对某一事件进展的价值判断。

我们以始于2004年8月的"郎顾之争"为例。2004年8月,郎咸平在复旦大学一次题为《格林柯尔:在"国退民进"的盛宴中狂欢》的演讲中,指责格林柯尔董事长顾雏军在"国退民进"过程中席卷国家财富。郎咸平,香港中文大学教授,是2004年互联网上点击率最高的经济学家。如果说消息灵通、分析力强是一位学者的基本学术素养,郎咸平担当舆论领袖有先天优势。

郎咸平大力抨击国企改制过程中出现的经营者侵吞国有资产这一问题由来已久。20世纪80年代,就有舆论指出,"社会分配机制有利于企业承包者"这一事实①。90年代,也有学者指出,"国有资产流失的闸门始于企业承包制的推行,从此以后,中国开始了国有资产萎缩和私人资本膨胀的过程"②。在这一问题上,先知先觉不乏其人,郎咸平的"登高一呼"引发了席卷大陆的争论。

郎咸平的观点,实际上是以一种前所未有的姿态挑战了中国主流企业界"国退民进"的运作,挑战了主流经济学界所奉行的"产权改革"路线。他的观点不仅在主流企业界、主流经济学界中迅速引起争论,而且在普通民众中也掷下了一颗石子,并泛起一圈圈的涟漪,许多人恍然大悟:"原来有些人是这样富起来的!"由此,引起全社会对国有资产流失现象的普遍关注。

在舆论领袖发出某种价值判断之后,如果相关议题与公众的现实生活有某种关系的话,就会引起公众的关注,从而出现事实性信息与意见性信息的传播。

四、第四阶段:事实性信息与意见性信息的传播

当舆论领袖提出的问题成为公众所关注的议题时,支撑该议题的相关事实性信息和意见性信息就成了广大社会成员关注的信息,就会引起大范围的信息传播。社会议题也就成功地予以设置。

在社会生活当中,有不同的利益集团,有多元化、多样化的利益存在,所以,在这个阶段,意见是以非常散漫的形式存在的。不同人群对这个问题有不同的判断角度、不同的价值判断。这些信息的传播有两大重点。

一是关于这一问题的事实性信息。比如,在"郎顾之争"中,争论掀起之后,人们首先关注的是郎咸平本人的事实性信息,郎咸平何许人?何所为?"在美国宾夕法尼亚大学沃顿商学院读的博士,毕业后,分别在宾夕法尼亚大学、密歇根州立大学等院校教了几年书。其间,虽然在国际学术期刊上发了一些论文,但并未引起世人重视。"③

二是关于这个问题的意见性信息,即价值判断。比如,对郎咸平个人的评价众说纷纭,一个在民企和国企之间不断转换学术体系和价值观的"投机分子"④,"学界百年不遇的炒作高手"⑤等。当"郎顾之争"升格为中国学界、业界和媒体关于国有企业产权改革的大辩论之时,讨论早已超越了"郎顾"的个人恩怨。

当问题进入事实性信息与意见性信息传播阶段时,议题设置就实现了。这个问题确实引起了大家的关注,相关的事实性信息和意见性信息在传播渠道里被加倍放大。

---

① 何清涟. 现代化的陷阱——当代中国的经济社会问题[M]. 北京:今日中国出版社,1998.
② 何清涟. 现代化的陷阱——当代中国的经济社会问题[M]. 北京:今日中国出版社,1998.
③ 陈胜乔. 郎咸平住700万元的房子:内地学者的悲哀?[DB/OL]. http://bbs. tianya. cn/post-develop-47761-1. shtml. 2015-1-1.
④ 袁卫东. 郎咸平:探寻改革的公平起点[J]. 南风窗,2004(24):48.
⑤ 陈胜乔. 郎咸平住700万元的房子:内地学者的悲哀?[DB/OL]. http://bbs. tianya. cn/post-develop-47761-1. shtml. 2015-1-1.

五、第五阶段:意见的互动与整合

意见的互动与整合,是指此时的意见不再单纯是舆论领袖的意见,而是由舆论领袖的意见所聚合的社会人群所持有的意见。社会人群持有的意见,在互动中不断进行争论、妥协,不断进行求大同存小异,这既是一个意见交换的过程,也是一个意见整合的过程。

1.从意见交换过程来说

这是一个建立在个体或局部利益基础之上的意见互动过程,舆论互动形式是争论。这种争论有对舆论领袖观点的直接反驳。比如在"郎顾之争"中,有对郎咸平本人观点的直接反驳。"学者不能把企业家作为敌人。在中国,相比于死的资产,企业家资源更宝贵,是更稀缺的资源。"①

也有持不同观点的人群之间的争论。比如在"郎顾之争"中,中国社科院研究员、反腐败研究专家邵道生觉得,"'倒郎派'有个共同的悲哀,即面对是不是存在国有资产大量流失问题,习惯了'政治性思维''政治性判断',什么'主流是好的,问题是次要的',什么'善待为社会做出贡献的人'……正因如此,他们一直回避国有资产流失的事实存在"。国务院发展研究中心企业研究所张文魁认为,"由于目前中国国企的高管并不能像西方经理人一样,获得应得的市场化的薪酬,因此在国企改制时,根据实际情况对一些贡献较大的国企高管给予优惠性的购股计划是合理的"。有名叫高木的网友对此观点的直接回应是《张文魁的谬误是根本性的!》,"您能让全国都群起而效仿搞残酷的原始积累吗?……您难道不知道如果全部的动物都成了食肉动物,这个世界就只剩下互相残杀了吗?"②

但争论超越一定的界限,也容易将争论变成一场赤裸裸的人身诋毁。在2004年的"郎顾之争"中,"倒郎派"代表、著名经济学家张维迎接受《北京青年周刊》的采访时,直接将对手贬低为"极端利己主义"的"无耻之人"、一个往中国经济学家脸上扔泥巴的"无赖和疯子"③。

2.从意见整合过程来说

争论是一个建立在共同利益基础上的意见求同过程。事实上,这个过程是获取更多的社会成员参与和认同的意见整合过程。每个人群都有某种独特的要求,当两种意见大体上接近,但是有一些细节性、差异性问题时,为了使不同利益群体团结在一起,争取更大的利益,不同的利益群体也会暂时抛弃各自独特的、差异性的东西,把彼此共性的价值评判和利益诉求放大。

---

① 朱兆龙.郎咸平是在"狗拿耗子"吗? [N].新华网,2004-9-8.
② 高木.张文魁的谬误是根本性的! [DB/OL]. http://club. kdnet. net/dispbbs. asp? boardid=3&id=523280. 2004-10-8.
③ 远山.张维迎现象和中国主流经济学的危机[EB/OL]. (2005-1-10)[2005-12-10]. http://www. ce. cn/new_hgjj/hpg/un/more/200501/10/t20050110_2801325. shtml.

①以妥协为主的利益群体的"站队"

2004年年末,渐渐消停的"郎顾之争"并没有偃旗息鼓,从2005年1月5日的重演中,人们可以看出意见群落的整合趋势。在2004年,民间对郎咸平最强烈的"炮轰"均来自民营企业阵营。而在2005年1月5日的搜狐"2005中国新视角"高峰论坛上,曾被搜狐聘为首席经济学家的郎咸平并未受到邀请。相反,顾雏军以及2004年"倒郎派"代表、著名经济学家张维迎均成为此次论坛的嘉宾。民营企业阵营和"倒郎派"的经济学家"站"在了一起。

②以深层剖析为主的议题超越

随着意见的整合,争论往往也会超越问题本身,引发某些更深层次的思考。在"郎顾之争"中,从对国有企业产权改革的对错争辩到不同意见群体的观点对垒,之后,也引出对观点背后某些现象的反思。

比如有文章在对"倒郎派"代表、著名经济学家张维迎观点的抨击中,毫不客气地指摘张维迎所代表的中国主流经济学界。"所谓的主流经济学,这个统驭中国改革并在暗中控制了中国公共话语权十余年的主流经济学,在一个高声喊出'皇帝没有穿衣服'的孩子面前,刹那间露出了极大的尴尬。"①

在"郎顾之争"中,不同的声音代表着不同的利益群体。在中国30多年的社会转型过程中,随着改革的不断深入,不同社会群体的损益不是整齐划一的,在利益分配的交织过程中,有的人收益大一些,有的人则收益小一些。虽然改革促进了整个社会的繁荣,每一位社会成员或多或少地从中受益,但问题是,人们心中的"公平原理"不是简单地根据现在生活是否比以前好一点来衡量的。

意见互动和整合的过程,也是意见求同的过程。各个小的意见群不断地吸取社会成员的加入,使意见认同者的规模逐渐膨胀,而小意见群在碰撞磨合中逐渐组合成大的意见群,不断地形成几大意见群落,到极端时就是两大意见群落,一种是支持的,另一种是反对的。

六、第六阶段:舆论的形成

当舆论发展到第六阶段,就形成了大的"意见核"。这个"意见核"的特征,一是争取了相当规模的社会成员的认同,二是形成了相对稳定的意见结构,三是确立了有序的意见状态。那么,这就意味着相对比较稳定的舆论业已形成。

舆论形成的过程,也是一个妥协的过程。所谓的互动和整合,就是逐渐地求大同存小异,这实际上就是一种妥协。对最根本的问题一定要坚持,但是一些细节问题、局部问题,是可以退让的,也是可以妥协的。

任何一个社会决策过程,都是在舆论形成的基础上对各种利益集团进行适度平衡、适度妥协的结果。比如"社会主义市场经济"这种提法就是一种妥协的结果。虽然邓小平同志已经讲得很清楚,市场经济不姓"资"也不姓"社",它是一种经济手段,但是为什么

---

① 远山.张维迎现象和中国主流经济学的危机[EB/OL].(2005-1-10)[2005-12-10]http://www.ce.cn/new_hgjj/hpg/un/more/200501/10/t20050110_2801325.shtml.

要在中国用"社会主义市场经济"这几个字呢？这不是一个学术命题，而是一个政治命题，是政治妥协的产物。

社会公共管理决策者需要有适度的妥协精神。如果不善于妥协，那么在政治斗争中，或在社会博弈中，就容易激化社会矛盾，从而滋生更多的社会问题。善于妥协的人是善于胜利的人。只有善于妥协，在妥协中兼顾不同利益集团的利益，兼顾社会大众的短期利益和整个社会的长远利益，才能更好地将公共利益放在决策的首位，从而实现社会大众的福祉。

舆论的形成过程大体是以上六个阶段。在现实生活中，舆论的形成往往复杂得多。比如，在网络新媒体环境中，很多热点事件在网络平台上发酵，最初都是由网络媒体进行事实性信息与意见性信息的传播，当主流媒体介入时就意味着舆论的形成。随着舆论现象研究成果的丰富，随着人们舆论认知的深化，舆论形成过程的解析将不断趋于完善。

第三节　舆论的状态标示及其决策意义

舆论在社会生活中起着重要作用，这就需要我们把握它，并且有效地把它融入社会管理、社会决策的进程中。那么，如何把握舆论呢？

出自个别人之口的意见，不是舆论，仅仅是个人意见而已，只有相当多的社会成员公开表达意见才构成舆论，因此，意见的"数"是舆论成立的基础。有时意见虽为很多人所持有，但又被人们所忽视，也不能称其为舆论，因为作为意见，其诉求的强度不足以引起社会管理者的关注，因此，意见的"质"也是舆论成立的前提。再有，舆论不是一成不变的，当舆论发生变化的时候，我们如何把握它？

既然舆论有数量、质量及变化状态的要求，那么，对舆论状态的把握，就从意见的数量、质量以及变化状态入手，分析一些最重要的反映舆论状态的标示。

一、舆论分布

所谓舆论分布，是指面对一个公共问题，各种意见偏好、需求和评价所具有的人数各有多少。舆论分布反映的是"人数的多少"，它主要从数量角度来把握舆论。

1.舆论分布图形

对某一公共问题，舆论分布可以用三种图形表示，"J"形分布、双众数分布、正态分布。

(1)"J"形分布

图4-1中，纵坐标表示人数，即拥有某种意见的人数；横坐标指的是舆论正向态度的分布。就是越往左边，对某一个问题越是持肯定态度；越向右边越是持否定态度。① 在这

————————

① 倾斜的"J"形曲线：向一方倾斜的分布曲线。

一图示中,"J"形分布有 l_1、l_2 两种情况。

l_1 是指对某一舆论问题,持肯定意见者占绝大多数,持反对意见比例较低,持中间意见者也很少。在这种情况下,面对公共问题,全社会有一种共识,有一种意见是压倒性的意见。

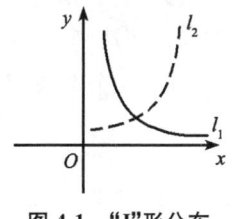

l_2 是反过来的一种状态,持意见态度的方向是相反的。具体来说,就是在某种情况下,持反对意见、否定态度的人占绝大多数,而持肯定和中间态度的人所占的比例比较小。

图 4-1 "J"形分布

所谓"J"形分布,是指在某一共同问题上,大多数人持一致意见,持不同意见的人只占较小的比例。

(2)双众数分布

所谓双众数分布,是指在某一共同问题上,持肯定意见的人所占的比例和持否定意见的人所占的比例差不多,两方意见都拥有相当多的人群,可以说是旗鼓相当、势均力敌;而持中立态度的人相对比较少(如图 4-2 甲所示)。[①]

作为其变体还有另外一种形式,即"W"形分布(如图4-2 乙所示),是指无论持肯定意见的人还是持否定意见的人,甚或持中立态度的人,人数比例都很平均。或者说,持中立态度的人相对也很多。

(3)正态分布

所谓正态分布,是指在某一舆论问题上,持肯定意见的人和持否定意见的人都占少数,而持中立意见的人占多数。也就是说,大部分人持中立意见或保守意见。图 4-3 就是正态分布曲线,也叫钟形曲线。[②]

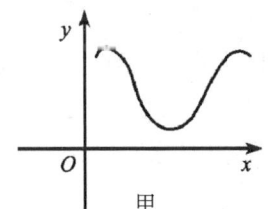

甲

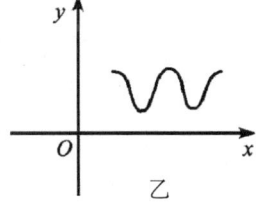

乙

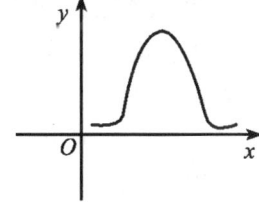

图 4-2 双众数分布

图 4-3 正态分布

2. 舆论分布的决策意义

这三种图形是舆论意见分布比较典型的状态,我们分别来讨论这三种分布对公共决策者的意义。

(1)舆论"J"形分布的决策意义

舆论的"J"形分布表明,舆论已被引导到相对比较成熟的阶段。在意见的磨合、互动和自我整合过程中,有一种意见化解了很多不同的意见,通过求大同存小异,已经形成一

---

① 双众数分布曲线:也称双峰分布,向两极分化,中部比较低的分布曲线。

② 正态分布曲线,也称单峰分布,中心向上突出,如同钟形。

组比较强势的舆论,并居主导地位。此时,民意已经进入比较成熟的阶段。

舆论的"J"形分布,意味着绝大多数人的意见是趋同的,这种分布对决策者而言,决策方向比较清晰。如果做出顺应民意的选择,就能获得大多数人的认同。因此,舆论呈"J"形分布对公共决策者而言,是最方便、最理想的一种意见分布。

> 以"孙志刚事件"为例。[1] 该事件之所以为人们广泛关注,关键是牵扯到"强制收容"制度。[2] 由于孙志刚之死在社会上已激起了公愤,很快,相关管理部门做出了反应和决策。2003 年 6 月 20 日,《城市生活无着的流浪乞讨人员救助管理办法》发布,同年 8 月 1 日,1982 年的《城市流浪乞讨人员收容遣送办法》废止。[3]

有的舆论事件从始至终,就有一种占压倒性优势的呼声,"孙志刚事件"就是如此。旧的收容制度及时废止,新的救助办法相应推出,是顺应民意的决策。舆论产生于问题,问题的最终解决,也会使舆论得以平息。当然,如果决策跟多数人意见相反,不仅问题难以解决,恐怕事态的发展也容易使社会的管理决策陷入比较尴尬、被动的局面。

(2)舆论双众数分布的决策意义

舆论呈双众数分布,意味着无论社会公共管理决策偏向肯定意见,还是偏向否定意见,只要作出趋向性的决策,就会得罪另外一方。也就是说,当社会的意见呈现出旗鼓相当的对立状态,如何进行决策就是一件比较费脑筋的事情。因为无论决策向哪方面意见倾斜,都会遇到很大的反对力量。这种状况反映了舆论在形成过程中,各方意见尚在碰撞,舆论的整合程度还不够高,或者说,因为现实条件制约,强烈的多元化利益,造成了利益格局的尖锐对立。

面对这种状况,决策者要根据具体情况做出反应,具体来说,有两种不同的对策。

①第一种就是延迟决策

延迟决策是为了什么? 是为了给出一定时间,让舆论在自我整合的过程中进一步成熟,逐渐地偏向某一个方向。当趋势比较明晰时,决策者再做出决策,就能够得到公众的支持和认同。其间,还需要引导舆论。延迟决策是为了在时间上给出引导舆论、整合舆论的必要余地。

> 以首钢搬迁为例。围绕着搬还是不搬,争论激烈,一时难以作出决策,问题一度被搁置。[4] 2001 年 7 月,中国申奥成功,首钢搬迁问题进一步升级。反对派

---

[1] 2003 年 3 月,大学毕业后在广州某公司任美术平面设计师的孙志刚因无暂住证被非法收容。收容期间,受管理人员的唆使,七八个被收容者将其毒打致死。

[2] 早在建国初期,收容工作的性质是社会救助。随着社会的发展,收容遣返工作被空前制度化和强制化,以至于成为一项维护"稳定"的措施。后来,随着制度建设的滞后、腐败的滋生,"收容"竟成为一桩捞取油水的"创收"事业。结果,"收容"之网越撒越大,从流浪乞讨、卖淫嫖娼到"三无"人员,从农民工到大学生,从"盲流"到"非法上访者",一直到这次大学毕业、三证俱全而且有工作的孙志刚。

[3] 秦晖. 以强凌弱,于国何福? 于民何利? [J]. 新闻周刊,2003(21):30-33.

[4] 首钢是以钢铁为主的国家特大型综合性生产企业,整个厂区占地 10 平方公里,总资产达 220 亿元。作为老钢铁工业基地,首钢在北京历史上具有非常重要的影响。20 世纪 90 年代末期,其所占土地在未来的功能定位成为各方关注的焦点。早在 1999 年年初,北京市人代会上,十几位代表共同提出,首钢对大气的污染和对水资源的污染必将"影响北京城市化的进程,影响 2008 年奥运会的申办",为此建议首钢搬出北京。

的主要观点,首先,首钢搬迁工程庞大,几乎等于新建一个钢铁联合企业;其次,首钢迁出后,将会影响北京市财政收入;再次,涉及 12 万多员工如何安置的问题。支持派打的最大旗号是环保。该争议性话题,又经历了 3 年的时间,到 2004 年 12 月,关于首钢去留所引发的争论终于尘埃落定。[①]

有的舆论事件中,不同意见和呼声要经历一个博弈和整合的过程,"首钢搬迁"从问题的提出到决策的形成前后经历了近 5 年的酝酿,最终作出符合各方利益的决策。

②第二种做法是模糊决策

当面对某一舆论问题,现实的利益格局处于针锋相对之时,这种对立不是通过时间的推移就能够改变的,决策者必须做出决策时,只能采用模糊决策的方式,来减少意见双方的间隔性。

> 比如,在 1992 年,中国关于改革做出的政治决策是,中国要走市场经济道路。但是鉴于当时共产党内部"左""右"派之间的尖锐对立,在该问题上有很大的意见分歧;在利益格局方面,也有很大的冲突。所以,"十四大"确定和表述中国未来的发展方针时,就用走"社会主义市场经济"道路。把"社会主义"跟"市场经济"联系在一起,这实际上是一种政治表述语言的兼容方式,是党内对立意见双方都能接受的。[②] 模糊决策使对立意见双方都能从各自立场获得"自圆其说"的解释。

社会的管理决策实际上是关于利益分配的一种艺术。它要在"两害相权取其轻,两利相权取其重"当中,取得一种社会利益的平衡,同时又能最大限度地实现公共利益。

(3)舆论正态分布的决策意义

正态分布是既有偏向激进,也有偏向保守的一种舆论分布状态,持赞成意见的人和持反对意见的人都是极少数的,大多数人持中立意见。

舆论正太分布的决策意义是,大多数人对现状、现行政策是满意的,他们不愿意做大的变动。在这一状态之下,决策者的决策应该是改良性的,尽可能根据赞成者的态度或反对者的某种态度进行细节的磨合,而不必对现行政策进行结构性、根本性的变动。

> 比如,在 2003 年 9 月,中国人民大学舆论研究所为《中国经营报》做了一次读者调查。调查结果跟 1999 年和 2001 年的情况相比,所有相关指标都比较良性。这说明,读者的满意程度比较高,要求变化的意见相对来说比较少。在这

---

① 经过北京市政府、国家发改委、财政部、建设部等部门的多方论证和协调,关于首钢集团的搬迁方案各方已取得统一意见。首钢集团确定要部分搬离北京,根据方案内容,首钢集团将在 2012 年前将有污染的炼钢项目全部搬出首都,新的基地设在唐山以南 80 公里的曹妃甸港口。"

② 具体来说,对"社会主义市场经济"这一概念有两种理解。一种是比较典型的理解,认为"社会主义"是我们走市场经济道路的基础和背景。我们走"市场经济"这一发展方向,跟世界上其他类型市场经济没有本质的区别。另外一种理解,就是对市场经济本身进行定义式的解释,即我们的市场经济跟资本主义的市场经济是截然不同的两种经济形态。

种民意状态之下,该报的版面格局基本上可以保持稳定,做些局部改动,系统的磨合即可,不必进行大范围的结构性调整。

从民意角度所反映出来的信息,是传媒改版和相应决策的必要和有益的参考。舆论的不同分布,其数量含义迥异,社会管理决策要依据不同的决策意义予以区别对待。简言之,舆论进入成熟阶段,社会管理决策要顺应民意;舆论未进入成熟阶段,则需不同意见群落在必要的时间内进行适当的沉淀、整合,此时,决策也需要讲究艺术、等待时机,最终做出顺应民意、顾全大局的决策。

二、舆论强度

如果说舆论分布表明对某一种意见持不同看法的人数量的多少,那么,从数量的分布上就能判定舆论的影响力吗?

有时持有某种意见的人数虽然多,但该意见不是社会公众最关心的问题,即使持有意见的人数比较多,其社会诉求力度也比较微弱;而有些意见,虽然持有意见的人数较少,但其强度很高,对决策的冲击力很大。可见,判断舆论的影响力,不仅要有数量做基础,还要考虑该舆论的诉求是否鲜明、强劲,因此,舆论的强度也是一个反映舆论状态的重要指标,它反映了某一种社会意见质量如何及影响决策的强度。

由于具体国家的政治制度不同,舆论的强度纳入政治决策的方式和途径也有所不同。

在西方政治、经济两元分离的社会中,根据西方政治统计的数据,大概有 20% 是活跃的人群,他们关心政治选举,热衷于政治话题;有 80% 属于沉默的大多数,如果社会政治跟自身的利益不发生直接冲突,他们可能是漠视政治的一群人,安于去听流行音乐、去看棒球比赛、去休闲等。

在此前提下,舆论强度如何在西方政治操作的规则中体现出来呢?

当持有某种强烈而明确意见的人群达到整个人口数量的 5% 时,在公共管理中,就应该充分关注他们;当持有这种强烈意见的人占 10% 时,就应该在决策中兼容这种意见;当持有这种意见的人数超过 15% 时,就必须在决策中纳入他们的意见。

为什么 15% 的少数人意见却能够极大地影响一个社会的公共管理呢? 如果政治活跃人群占 20%,那么持有强烈而明确的意见的人占整个人口数的 5% 意味着,占这一政治活跃人群中的 25%,10% 意味着有 50%,15% 就已经意味着 75% 了。也就是说,在活跃的政治人群中,人口总数的 15% 所占的比例非常大,他们的意见是非常强劲有力的社会意见,所以,社会管理者只有在决策中充分吸收他们的意见,才能够稳定地、合法地行使社会权力。

在中国,代表公共利益的民意通常是如何进入社会管理和政治操作中的? 人民代表大会制度是我国的根本政治制度。人民通过民主程序选举人民代表。人民代表代表人民行使选举权,代表相应的社会群体提出议案,表达群众呼声。

如果舆论的强度不够,舆论是难以纳入社会管理的渠道的,那么,如何使人民代表的声音表达出应有的舆论强度,为社会管理决策层所考虑和吸纳? 想代表出租车司机利益的话,就从出租车司机中找一位代表?想代表民工,就从民工中找一位代表?就像抽样一样,从该类人群中抽出代表,他们能更好地代表这群人吗?这种想法虽然朴素,但未必恰当。

代表民意,行使某种政治权利,是一件关于利益分配问题的非常专业的事情,不是专业人士很难担当。代表民意的专业人士需要具备哪些素质呢?第一,要善于分析利益格局。能够在整个社会利益结构中,认清自己所代表的社会人群的诉求是什么,跟其他人的诉求有哪些共同点,哪些不同点。第二,要善于表达自己的立场和诉求,从而能够联合利益相关的同盟军,壮大自己的意见和诉求的力量,应对跟自己利益有冲突的对立集团。第三,要懂得实现自己诉求的政治艺术。在一种利益格局中,或竞争或妥协,如何争取,如何反对,如何妥协,如何通过某种形式来博得广泛的同情,等等。所以,有人说,社会公共管理需要官员,而人民代表则需要政治家。

事实上,政治家与官员是不同的。官员只是具体执行政府政策的专业技术人员,并专注于所属的政治共同体内的政府管理事务的职业群体。而政治家,则可能处在社会的各个阶层,它可能是百万富翁,也可能是一文不名,关键是他在行使人民代表的权利时,通过政治家的专业技能和素养,把单个的、局部的利益和要求变成公共问题,使其能够进入公众视野,进入社会公共管理决策的渠道。

因此,作为公共利益的代言人,人民代表应该由具有专业水平的人士来担任,不一定是某一人群的一分子。人民代表一定是植根于这个群体的一个代表。一个社会涉及公共利益的事务固然需要官员来负责和处理,但如果仅仅依靠官员,而没有社会公众的自主性参与,那么,社会公共利益的最大化、最安全化的目标就难以实现。

总之,舆论的社会群体本身数量比较大,只有通过某种方式把这种数量转化成潜在的力量,让它具有影响社会决策的舆论强度,它才有可能被纳入社会决策中。

三、舆论的稳定性

舆论的稳定性是反映舆论状态的又一重要标示,因为舆论作为社会表层意识的公开表达,具有某种不稳定性,在社会心理层面最容易变化。

如果民意的考察对象不断地改变自己的态度和意见,从社会管理角度来讲,这样的想法和意见是无法去跟踪、无法去满足的。所以,舆论的稳定性对于社会公共管理决策是非常重要的。既要听取民意,充分地考察民意,吸收民意中好的、有效的东西,但同时又要避免反馈过度。反馈过度常常会导致政策的震荡,使政策效果极度地衰竭。

2003年上半年SARS肆虐期间,传媒介入的阶段性变化使社会舆论跌宕起落。也有人将传媒在这期间的表现和作用分别概括为"失语""失真""失度"。这里所谓的"失度",实际上就是指传媒在舆论的引导上出现的反馈过度。

4月2日以前,传媒对SARS只有"零星"报道。[①] 4月3日至20日,传媒对SARS多有"乐观"报道。诸如"中国是安全的","各地迎来旅游旺季"等,在此强调疫病的可治愈

① 黄旦,严凤华,倪娜. 全世界在观看:从传播学角度看"非典"报道[J]. 新闻记者,2003(6):3-5.

性、可防控性。

4月20日之后,传媒关于SARS又形成了"铺天盖地"的密集报道。这期间,翻开报纸,每天都有地毯式的SARS新闻轰炸;打开电视,"应急保卫战""舍生忘死""筑起铜墙铁壁"等诸多具有战争气息的字眼更是不绝于耳。"其数量之多已到了令人无法忍受的地步。"[①]

作为社会公器的传媒在重大社会危机时发挥的作用至关重要。传媒应当发挥信息预警功能,使民众通过正常渠道获得关于危机的客观、真实的信息,以避免信息在"非正常渠道"的传播中,演化成种种小道消息和谣言,徒增人们的心理恐惧,引起社会的动荡。传媒还担负着引导和控制舆论的责任,如果反馈过度,其负面影响同样不可低估。一位北京市民在其"非典"日记中写道:"我想有一天我不幸死掉的话,一定不是死于'非典',肯定是死于'非典'恐惧症。"

传媒是一种重要的社会公共资源,它是由相关的社会公共管理部门行使必要的管理、调配的,因此,传媒在SARS事件中的反馈过度,事实上反映了相关的社会管理决策的反馈过度。舆论是社会管理决策的风向标,所以舆论本身一定要有相对的稳定性。只有在具有稳定性的舆论的基础上进行考量,社会管理的决策才是理性的。

总之,对于社会公共管理而言,做决策时需要注意三方面的标示:一是舆论分布状况,即不同意见的人数各占多少比例;二是持有某一种意见的强度到底多大;三是这种意见本身是否稳定。这也是把握舆论状态的三个最重要的标示。

思考题

1.有关舆论的形成有哪些学术流派?试举例说明。

2.不同学科对舆论形成的研究有哪些贡献?试举例说明。

3.一般来说,舆论的形成分为哪几个阶段?

4.舆论领袖应当具备什么样的特征?

5.反映舆论状态的重要标示有哪些?

6.常见的舆论分布有哪几种图形?其各自的决策意义是什么?

7.如何将舆论的强度有效地纳入社会公共管理决策中?

8.试析舆论稳定性的重要意义。

---

① 数据显示,5月15日的《人民日报》《解放日报》《新民晚报》《羊城晚报》,关于SARS的文章几乎占一半,在新闻报道中,其比例占80%以上。贾亦凡.从集体失语到连篇累牍[J].新闻记者,2003(6):11.

第五章 舆论调控

■ **要点提示**

- 舆论调控的必要性,源于舆论自身的非理性—理性、无机性—有机性的对立特性;而舆论调控的可能性,一方面是由舆论的表层性决定的,另一方面则是由传媒营造的"虚拟世界"决定的。
- 在前传媒时代,无论是我国的传统社会还是美国的民主社会,都可见隐形的舆论控制身影,前者是建立在道德教化基础上的等级秩序,后者是建立在宗教信仰基础上的平等秩序。
- 进入传媒时代,由于新闻舆论在社会动员上的非凡作用,我国形成了一套严整的传统新闻舆论控制模式,但随着新媒体技术的日新月异及社会转型,新闻舆论控制模式也面临着向舆论调控模式的转变。
- 随着社会的转型,市场经济塑造并强化着市民社会的自主性品格,这就意味着公众希望在社会生活当中有更多的知情权,希望对社会信息的有效占有。
- 在实现社会信息交换的同时,达到引导和调控舆论的效果,关键是要打造传媒的公信力。

从舆论的状态来看,无论是数量分布还是质量强度,都有多种可能性,面对不同的舆论状态,社会公共管理决策有时会比较容易做出,有时则因为比较棘手,必须谨慎对待。为了使舆论能对公共管理决策发挥建设性作用,决策者有必要在舆论形成过程中加以调控,因为只有增强舆论自身的稳定性,社会公共管理决策才会有更多的预见性。

第一节 舆论调控的理论前提与历史经验

社会问题的终极解决需要社会问题的治理,但对社会问题的治理方法和治理途径,往往与对社会问题的成因、特性的判定有关。社会问题治理有三种类型:利益层面上,社会利益格局的调整;制度层面上,社会公共政策的实施,公共政策是指在广泛的社会经济领域里为达到特定的目标,由政府和其他社会机构系统地实施行政权力和各种决定,以调整各种社会关系,保持社会的基本秩序;理念层面上,舆论调控,当某一有争议的社会问题成为舆论客体之时,传媒予以适时、适度的报道,让这一问题呈现出应有面目,进而促进社会问题的终极治理。

事实上,在人类社会历史长河中,在不同的社会体制下,舆论调控的发挥从来没有止息,其具体手段也不拘一格,或明或暗,或隐性或显性,皆因舆论之于社会的凝聚力至关重要,它对保持社会稳定、缓解社会矛盾和冲突,引导大众意识和行为有着不可低估的作用。那么,面对当代社会转型期的社会问题,传统的舆论调控手段是否适宜? 舆论调控面临的新问题又是什么?

一、舆论调控的理论前提

论及舆论调控,离不开对舆论调控的前提,即舆论调控的必要性和可能性的探讨。就舆论调控的必要性而言,源于舆论自身的非理性—理性、无机性—有机性的对立特性;而就舆论调控的可能性而言,一方面是由舆论的表层性决定的,另一方面则是由传媒营造的"虚拟世界"决定的。

1.舆论调控的必要性

舆论在变化、形成过程中,虽然会集中社会的理智,但不得不承认仍有非理性的成分。舆论的主体——公众,是一个数量相对比较多的社会成员的集合体,不是个别人、少数人。公众,首先要具有问题相关性,也就是舆论问题相关所及的那些社会成员,这也使公众具有针对某一问题的群体心理,而群体心理支配下的个人往往表现出与理性经济人不同的特点。法国心理学家勒庞极为精致地描述了这一集体心态,他认为,孤立的个体可能是理性的,以自我利益为导向的,也可能是有教养的,谨言慎行的;但在这种"组织化的群体"中,个人的理性消失了,他表现得身不由己,要么狂热,要么残暴,要么英雄主义;"一个偶然事件就足以使他们闻风而动聚集在一起",有时表现为赴汤蹈火,有时甚至是血腥暴行,其结果要么是英雄主义创造了历史,要么使文明倒退好几步。[①]

虽然勒庞的断言有其局限性,但对群体心理的非理性认识具有持久性的影响力,他认为在"组织化的群体"中,"有意识人格的消失,无意识人格的得势,思想和感情因暗示和相互传染作用而转向一个共同的方向,以及立刻把暗示的观念转化为行动的倾向",[②]事实上,这一洞见,与后来的德国社会学家伊丽莎白·诺尔·诺依曼在 1974 年提出的"沉默的螺旋"假说有异曲同工之效。更进一步说,舆论的形成不单纯是社会公众的"理性讨论"的结果,而是"意见环境"诸如人对孤独的恐惧、个人对强势意见的知觉、公开表达的外部压力,所导致的从众结果。[③]

舆论在互动和整合的过程中会有两种可能的方向,要么是理性成分的扩大,要么是非理性成分的扩大。理性地面对社会问题,有助于社会问题建设性的解决,而舆论非理性成分的扩大不仅无助于社会问题的解决,反而容易使非理性的意见累积为一触即发的社会行为,甚至恶性事件。

---

① 勒庞.乌合之众:大众心理研究[M].冯克利,译.北京:中央编译出版社,2011:12.
② 勒庞.乌合之众:大众心理研究[M].冯克利,译.北京:中央编译出版社,2011:18.
③ 郭庆光.传播学教程[M].北京:中国人民大学出版社,1999:220.

另外,舆论调控的必要性源于舆论自身的无机—有机性的对立。舆论作为公众意见,体现了个体意见与社会群体意见的关系,体现着特殊和普遍之间的关系。一方面,社会群体内的公众总是从各自的需要、利益出发对众多个体共同感兴趣的"普遍事务"发表意见,从表面上看,各种意见林林总总,有很大的杂乱性;另一方面,在任何一个现代民主社会里,任何一个看似孤立的个体意见总会与社会公众主体的需要、利益发生一定程度的联系,从而在一定程度上表达着社会群体主体的意志和意见,具有了明确的指向性或者某种倾向性,而不再是杂乱无章的。

比如中国处于社会转型期,社会问题丛生,给社会稳定带来巨大挑战,那么社会问题的舆论动态到底对社会稳定带来多大的挑战?

2010 年环球舆情中心曾发布《中国社会稳定局势民众预期调查》,数据显示,88%的中国人认为未来 10 年社会将朝着稳定方向发展,46%的民众对目前的生活状况满意,64%的人认为社会不公和官员腐败是未来中国社会稳定的最大挑战。[1]

但是,通过对近十年网络舆情热点事件的数据统计分析发现,曾经占比较高的社会公平、官民矛盾、社会与法类舆情事件数量呈明显下降趋势,而公共管理、民生领域类舆情事件数量则呈现大幅度上升趋势。[2] 这种变迁特点契合了十九大对社会基本矛盾转变的判断,即生存型性矛盾日益消解,而发展型矛盾快速凸显的社会发展趋势。

虽然说,舆论所呈现的无机性是舆论的常态,但一个民主社会的管理决策却绝不是以无机的舆论为基础的,而是以有机的民意为基础的,也就是说,在舆论的互动与整合的过程中,通过科学方法的考量,将杂乱无章的舆论以一种有条理的方式,即有机的方式呈现出来,才可以为社会管理决策提供参考。

总之,无论舆论的非理性—理性特征,还是无机性—有机性特征,都显示了舆论作为一种评价性意见的变动不居的特性,也显示了舆论之于社会问题影响的不确定性,那么,为了增强社会问题解决的预见性,对舆论的了解、把握和调控就成为社会公共管理的必要内容。

2. 舆论调控的可能性

一是由舆论的表层性决定的。如前文所述,就舆论的本体——意见来说,它反映的是一种社会的表层意识。这种表层性一方面是指舆论的公开性,舆论是老百姓面对社会问题公开表达出来的意见,不是深藏内心的想法。另一方面,一个人全部的信念、态度和价值观的总和构成了他的认知系统。在整个认知系统(或意识系统)中,舆论意见居于最表层,是信念、态度或价值观的语言表达。相比较人的价值观、社会态度和信念,意见如同气态的物质,运动状态是最活跃的,随时都可能因为舆论客体——社会问题本身的发展发生偶然或必然的改变。

二是由传媒营造的"虚拟世界"决定的。人们感官的有限性决定了自身认识外部世界的局限性,但由于大众传媒的普及,无形中人们的自我感官得以扩张和延伸,在感受外

---

① 舆情调查:近九成民众认同未来中国会更稳定[EB/OL]. (2010-08-12)[2013-08-02]. http://news. sina. com. cn/o/2010-08-12/101420882480. shtml.

② 韩运荣,何睿敏. 我国近十年网络舆情变迁特点[J]. 青年记者,2017(34):4.

部世界时,不仅接受以往感官可接触的物质世界,同时,也接纳了传媒所营造的"虚拟世界"。这一"虚拟世界"虽无法等同于真实世界,但却是对真实世界的临摹,其中既包括事实性信息,也包括评价性意见。每个人能够感觉社会上存在着某种舆论,除了人际传播的因素之外,主要是通过大众媒介的文字、声像或多媒体传播的内容而传播的。

在舆论形成过程中,正由于在社会上发生的事件和人们关注的话题之间,插入了一个巨大的中介因素——大众传媒,较大范围内舆论的产生和消失,往往是大众传媒信息传播和话题设置的结果;也正由于传媒对舆论的影响,提供了舆论调控的可能性,即通过传媒的调控,实现舆论的调控。

二、前传媒时代——隐性的舆论控制

作为一种社会控制手段,舆论的形成机制,首先是由社会公众自发形成的。在前传媒时代,隐性舆论控制的实现是以政治文化的社会化而实现的,其途径可以是家庭、学校、宗教机构、朋辈群体。虽然不同社会体制下,控制功能的表现与实现有所不同,但无论是我国的传统社会,还是现代美国的民主社会,都可见隐性舆论控制的身影,只不过,前者是建立在道德教化基础上的等级秩序,后者是建立在宗教信仰基础上的平等秩序。

这种自发形成的舆论是社会成员的自我组织和自我调节,体现为社会系统的"自在控制"或"隐性控制",其优点在于控制成本较低,社会成员认同度高;局限性在于控制范围较小,控制方式简单,易受偶然性影响,控制预见性差。

1. 中国传统社会的道德教化

虽然我国传统的封建社会主要依靠中央集权和人治来实现专制统治,但当权者通过形形色色的宗法和思想统驭子民,则显示出封建统治者对舆论进行的隐性控制,即以道德教化为主。在此之上,又衍生出各种具体的操作形式。

(1)一套道德学说——儒学

汉以后,儒家学说被推上了官方正宗学术的宝座,即"汉承秦制"和"汉承秦法",自此,封建王朝真正意义上开启了正统的轨道。孔学讲的是"严等差,贵秩序,与人民言服从,与君主言仁政,以宗法为维系社会之手段,而达巩固君权之目的,此对当时现实社会,最为合拍;帝王驭民之策,殆莫善于此,狡猾者遂窃取而利用之,以宰制天下"。[①] 可以说,孔子终其一生未能实现的具有理想主义色彩的"民本"政治,被汉武帝提取了专制统治所需的思想内容,诸如天道观念、大一统观念和纲常教义等,遂成为正统。

(2)一套政治哲学的理论支持

根据儒家的政治哲学,只有圣人可以成为真正的王,天子的宝座由圣人传给圣人,其政治统治的合法性在于"以天论德"。具体来说,作为统治者应当有德,德的终极归宿是"天",那么圣人为王,有两种治道,即"王道"和"霸道"。王道即圣王的治道,其方略是通过道德的教示,霸道即霸主的治道,其方略无非是暴力的强迫。简言之,王道的作用在于

---

① 王亚南. 中国官僚政治研究[M]. 北京:中国社会科学出版社,1981:69.

德，霸道的作用在于力，而儒家的政治哲学在政治统治上推崇的是行王道，以德服人。[①]之所以如此，缘于朝代兴衰更替的政治实践的警示，社会安定，当以安抚人心为要义。

（3）一套道德教化的载体与通道

中国传统农业社会里，有"天高皇帝远"之说，实际上反映的是国土之大，使得缺乏对其子民的实际控制，那么，如何使居于庙堂之上的儒家道德学说贯彻到广大乡里？又如何实现儒家政治哲学所谓的"王道"呢？

一方面，中国古代有一种榜文，随时将最高指示以告示的形式向各地公布，起到宣讲教民的作用。宣读榜文通常由地方官员或识字的读书人担任。据说，发布这类教民榜文最多的，要数明代开国皇帝朱元璋。他在批阅各部门的呈文时，常常要发一通议论，然后形成榜文发往全国各地。之后，发布榜文教示民众成了一种传统，每月初一，文书房要向皇帝请示一道圣谕，传达到知县，再由他们向事先集合在某处的民众宣读，务必及时传达贯彻。颁发的榜文无非是"各务农业，不要游荡赌博"，"互相察觉，不许窝藏贼盗"之类的。到了清代康熙皇帝，形成了"上谕十六条"，雍正皇帝又对"十六条"做了具体解释，衍生为洋洋万言《圣谕广训》，然后要求各地官府每月的初一、十五都要宣讲"十六条"。宣讲活动从县城扩展到乡下，成为全国人民定期的政治学习。[②] 由此可见，古代的《圣谕广训》，类似于现代的"政治学习"，虽然尚未有大众传媒作为载体，但也发展了一套安邦定国、道德教化体系。

另一方面，传统乡村士绅的城乡流动有效地传递和维持了乡间的道德规约。按中国的传统，人人懂得"学而优则仕"，农耕之家的孩子争相苦读，以挤入权力阶层为荣，但当他们众多人以庙堂之上的大夫之身完成一次次政治使命之后，会"荣归故里"或"告老还乡"，成为乡村士绅。"秉持儒家文化信念的精英——士绅——在城乡之间的双向自由流动"，他们不仅在城与乡之间完成个人的生命轮回，而且把在城里游历所塑造的主流道德带回乡里，把这些知识与道德以"乡规民约"的方式适用于乡里，不仅使千里之外的天子高枕无忧，而且"提振乡村的人文道德"。[③] 事实上，也以道德教化的隐性舆论控制方式实现了事实上的社会自治。

2. 美国的宗教教化作用

美国人的民主历程是一个不断追求平等自由的过程。美国民主制度保持着持续的稳定性，与美国人所追求的民主价值分不开，核心是自由权利。欧洲清教徒为摆脱欧洲的宗教迫害来到北美，由于他们大体都出身共同的社会阶层，即当时的中产阶层，在追求自我精神家园和生命乐土方面有着共同的诉求，所以，自美国立国之初至今，政治和宗教就协调一致，并且从未中断过关系。

（1）宗教与政治的协调

一方面，基督教与民主之间存在着高度的关联。圣经中的四种思想与民主有关。比如，关于精神自由的教义，"每个人都从上帝那里得到一个不死的灵魂，并且是上帝时时

---

①　冯友兰. 中国哲学简史[M]. 北京：北京大学出版社，1996：65.

②　黄勇. 宣讲圣谕　明清时深入乡村的教化活动[N]. 华西都市报，2018-6-9.

③　秋风. 使乡村再文明化[J]. 经济管理文摘，2007(16)：26.

刻刻所眷念的";关于人格平等的思想,在上帝眼中,一切众生的灵魂都是有同样价值的,"在基督的心中,没有野蛮人,也没有文明人,没有被束缚的人,也没有自由的人";在创造基督社会的观念方面,"一切上帝的众生都有相互亲爱的义务,并且应该团结成一个团体";同时,教人要心纯纯洁,"灵魂内部生活只和上帝相通,是有无上价值的"。由于美国的宗教与民主的这种关联,事实上,统御人们灵魂的只有一种思想。因为不仅所有的神职人员没有反政治倾向,而且均运用"共同的语言",他们的见解也"同法律一致",与此同时,虔诚的教徒也更容易把自己的平等、自由的信仰输入到现实的政治生活中,实现其作为独立公民的价值。①

(2)宗教的社会整合作用

美国人信奉宗教,无论是出于习惯,还是出于信仰,关键是全体公民信奉宗教,他们"以上帝的名义去宣讲同一道德"。与此同时,"所有的教派都出于基督教的大一统中,而且基督教的道德到处都是一样的"。一方面,宗教通过渗透家庭生活,实现社会的秩序和整合。基督教重视家庭生活,而美国人不仅从各自的家庭中获得幸福感,更重要的是"从家庭中汲取对秩序的爱好,然后再把这种爱好带到公务中去"。另一方面,就宗教对个人的约束而言,宗教教义就是一个人不可逾越的行为规范。如果说,一个人投身政治,在政治上尚需讨价还价,但"人们的精神在基督教面前从来没有自由活动的余地",任何可能的果敢和冒进,都要经常"在一些不可逾越的宗教面前止步"。进一步讲,虽然法律赋予了美国人享用自由的权利,但宗教却阻止他们想入非非,并禁止他们恣意妄为,以防范可能的社会失序。②

(3)宗教的社会防范作用

在美国虽然宗教与政治相互协调,但并没有导致政治与宗教的相互依附和结盟。那些具有启蒙思想意识的立国者洞悉了欧洲政治生态中你方唱罢我登场的政治更替的无常现实,意识到欧洲政治与宗教结盟的恶果,由于宗教与现世的政治联姻,使宗教几乎与无常的政治一样,变得脆弱无力。正因为有前车之鉴,所以,对宗教的作用有更理性的认识,即"宗教与一个政权结盟,将增加某些人的权力,而失去支配一切人的希望",而事实上,宗教不可替代的作用,正是其具有"使所有人都能得到安慰的感情",从而具有俘获人心的可能。美国宗教作用的发挥,是在削弱其表面影响的同时加强了它的实际作用,即宗教也许不像它早先在某些时期或在某些国家里那样强大,但它的影响力却更为持久。"它只依靠自己的力量发生影响,但这个力量任何人也剥夺不了。"③

三、传媒时代——显性的舆论控制

控制是施控者的主动行为。施控者应有多种可供选择的手段作用于对象,不同手段的效果不同,由此规定了控制的可能性,即设法选择有效的、效果强的手段作用于对象。④

---

① 托克维尔. 论美国的民主(上卷)[M]. 董果良译. 北京:商务印书馆,2008:335.
② 托克维尔. 论美国的民主(上卷)[M]. 董果良译. 北京:商务印书馆,2008:336-339.
③ 托克维尔. 论美国的民主(上卷)[M]. 董果良译. 北京:商务印书馆,2008:344-346.
④ 苗东升. 系统科学精要[M]. 北京:中国人民大学出版社,1998:272.

在传媒时代,作为一种社会控制手段,舆论的形成机制更多由社会组织体系有意识、有目的地通过大众传媒广为宣传而形成,这种自觉形成的舆论是社会成员对社会运行的自觉把握,体现为社会系统的"自为控制"或"显性"。

英国曾通过知识税来管理报业,同时,佐以津贴制度,控制了大部分报纸的言论权;美国则通过"明显而即刻的危险"、诽谤等事后追惩手段控制舆论。

在我国新民主主义革命和社会主义建设过程中,新闻舆论在社会动员方面的非凡作用,成为革命和社会建设的法宝,遂形成了一套严整的传统新闻舆论控制模式。但随着改革开放,传统的新闻舆论控制模式弊端不断显现。随着社会转型,新闻舆论控制模式也面临着向舆论调控模式的转型。

1.传统的新闻舆论控制模式表征

新闻舆论控制"主要指国家和政党利用法律、行政、物资以及新闻宣传纪律等手段,对新闻信息传播的流向与流量进行强制性的管理与约束"。[①] 其表象主要体现在新闻内容的控制政策、有关灾害新闻和负面新闻的控制报道上。

(1)新闻内容的控制政策

从 1949 年之后,针对我国特定的社会情况,毛泽东曾经提出过六字方针:"新闻、旧闻、不闻"。这实际上是当时新闻管理政策上,有关内容管理、内容控制的一项基本管理方针。

所谓"新闻",是指一旦新近发生的事件,对于中国的社会主义建设是有利的、鼓舞人心的,能让大家更加清晰地认识我们党的路线、方针、政策,就应该作为"新闻"及时地加以报道。

所谓"旧闻",是指有些情况如果一旦发生,还无法对其社会后果、社会效应准确地做出价值判断,或该事件尚处在发展中,如果传播出信息,有可能引发更大的社会骚动,那么,就不要及时报道,要把它压后处理。等事件相对平息,对其有了正确认识,再加以报道,这就叫"旧闻"。

所谓"不闻",是指党内的某些不适于报道出来的事件一旦披露,对党的政治影响不好,不利于人民群众坚信伟大、光荣、正确的共产党的领导,那么,这样的信息是不能加以报道的,应当把它永远陈封在历史档案馆里。

对于新闻内容的控制政策,我国新闻界老前辈甘惜分教授如是说:"我们在写新闻报道时,所要考虑的问题,要比这复杂得多。要考虑这个事实是否值得对公众报道,报道出去对国家利益、对人民利益有什么影响,是好的作用多,还是坏的作用多。有些事实关系重大,怎样报道,还需和领导机关商榷。"

(2)关于灾害报道/突发事件报道

突发事件,是指突然发生,造成或者可能造成严重社会危害,需要采取应急处置措施予以应对的自然灾害、事故灾难、公共卫生事件和社会安全事件。灾害报道,是指对自然灾害和人为灾难事件的报道。因其内容的特殊性,我国政府采取了特别谨慎的态度,一

① 童兵.理论新闻传播学导论[M].北京:中国人民大学出版社,2000:182.

直将自然灾害的死亡人数列入国家机密范畴,直到 2005 年才废止。上海复旦大学王中教授概括当时我国关于灾害报道的观念是:"灾害不是新闻,抗灾救灾才是新闻。"这个阶段的灾害报道还有一个特点是:统一口径,一律由新华通讯社独家采访发通稿。1976 年 7 月 28 日,河北唐山发生 7.8 级强烈地震,第二天,《人民日报》采用新华社统一电讯稿进行了报道。该报道受灾情况一带而过,而将报道主体放在人与灾难如何斗争上,即放在毛主席、党中央和各级领导如何关怀灾区人民,如何带领灾区人民抗灾救灾方面。唐山地震将一座美丽的唐山城化为瓦砾,死亡 24 万人、重伤 16 万人,造成上百亿元的损失,而当时的报道中,是看不到这些灾害内容的。① "不是任何灾害的情况都可以当作新闻向全国报道的,这要根据国内外全盘斗争的利益,要看灾情大小、受灾时间长短、受灾地区重要不重要,以及它对国家和人民生活影响大小来决定,并且要根据不同的具体条件和时机,决定讲什么不讲什么,如何讲法。"②

发生在 1970 年云南通海县的 7.8 级地震鲜为人知。1970 年的春天,作家刘心武偶然从一位同事的报丧家书中洞悉此事,信中提到了家乡发生的特大地震,家族遇难者的名单列了一串。30 多年之后,已经成名的刘心武对那封可怕的"密信"记忆犹新。在其回忆录中,他写道:"那晚,在昏暗的灯光下,我捏着别人的信,呆立了很久,惊诧莫名。云南 1 月 5 日真的有那么大的地震吗? 报纸上没那么报道过,广播里也没那么广播过。如果真的发生了那样大的地震,仅同事的亲友就死了那么多,那个地区一共死了多少人呢?"

事实上,云南省档案馆所藏 1970 年 6 月 15 日《地震受灾情况统计表》记载如下数据:总死亡数 15621,死绝户数 836 户,重伤 5648 人,房屋倒塌 166177 间,遗下孤老孤儿 261 人。但当时无人知晓,因为这份统计资料在当时和后来的 30 余年间,作为"绝密"材料封存在档案馆中。那时的灾区人民认为只需要用毛泽东思想武装起来,就能战胜一切困难。如此,这场大地震的灾情不仅被遮蔽,而且完全拒绝了国际援助,甚至堵住了内援。③

2.传统新闻舆论控制模式简析

改革开放之前,我国一直奉行社会主义计划经济,由此决定了对社会意识形态控制的刚性,传统舆论控制模式主要以屏蔽负面信息的方式,实现单向硬性的控制,其控制模式的特点可以在其控制的目标和要素中显示出来。

(1)传统新闻舆论控制模式特征

一是控制的目标——"统一舆论"。传统新闻舆论控制的目标就是要"统一思想",即"统一舆论"。之所以如此,是基于当时历史条件下的认识,即我们的党和政府都是为人民服务的,但人民不是铁板一块,人民中间也包括先进分子、落后分子和中间分子。为了建设社会主义,人民需要一个正确、强有力的领导,通过"统一思想","统一舆论",把人民团结起来,把力量集中起来,以防止人民处于分散状态和无组织状态时,被敌人击破。具体来讲,以新闻机构的思想(实际是某一阶级、政党、政治集团或这一阶级的代表人物的思想)去统一广大群众的思想,至少,也要让人民的思想统一在马克思主义旗帜之下,这

---

① 孙发友.从"人本位"到"事本位":我国灾害报道观念变化分析[J].现代传播,2001(2):33-37.

② 戴邦.论社会主义新闻工作[M].北京:人民日报出版社,1983:233.

③ 杨杨."通海大地震"亲历记[J].防灾博览,2011(2):76-83.

是最低限度的思想统一。

二是从新闻舆论控制系统的要素来说。首先,封闭的环境。一方面是指由于国际政治斗争,中国社会的大环境孤立于国际社会之外。另一方面是指传媒渠道的单一性和屏蔽性。当时传播技术手段还比较单一,电子传媒还未得到普及,所谓的大众传媒,还主要由报纸担当。所以,社会的信息环境比较封闭。其次,控制主体的一元性。这是由政治的一元领导所决定的。其基本的认识是,无产阶级是肩负着改造世界、改造人类的历史使命的阶级,它需要由先锋队组织——共产党来领导,因为共产党比一般人民群众更加深刻了解人民的根本利益,比普通群众站得更高,看得更远。既然在政治上坚持党的领导,那么,新闻舆论也一定要坚持党的领导。再次,控制客体的简单性。其简单性,一方面体现在革命时期和社会主义初建时期,社会矛盾主要定性为阶级矛盾;另一方面也体现在社会成员的同质性程度高。最后,控制渠道的单向性。由于新闻传媒被定性为党的"耳目喉舌",传媒的任务以贯彻党的方针和政策为宗旨,因此,新闻信息的流动主要表现为单向的线性模式特征。

总之,传统舆论控制模式是单向灌输式,其表现为:目标的"点"式一律,主体一元,硬性控制,纵向地自上而下,模式呈简单、显性化,效果评估缺位。但根据控制论原理,控制是一种有目的的活动,控制目体现于受控对象的行为状态中。受控对象必有多种可能的行为和状态,有些合乎目的,有些不合乎目的,由此规定了控制的必要性:追求和保持那些合目的的状态,避免和消除那些不合目的的状态。[①]

(2)现实意义

在特定的社会历史时期,单向新闻舆论控制模式既有其必要性,也有其现实性。

一方面,单向新闻舆论控制模式是新民主主义革命胜利的"法宝"。我们的报纸调动各界群众结成抗日统一战线,为抗日的最终胜利奠定了坚实的舆论基础,报纸在统一思想、统一舆论上功不可没。解放战争时期,我们的新闻事业反复宣传"打倒蒋介石,解放全中国",全国人民同仇敌忾,获得了伟大的胜利。抗美援朝时期,在我国所有新闻机构的一致动员下,举国上下掀起抗美援朝、保家卫国的运动。在社会主义建设时期,全国人民的最高任务莫过于进行社会主义现代化建设,那么,也无非是通过新闻机构将舆论集中和统一到这一中心上来。

另一方面,在新中国成立之初,我们国家面临的现实是,在国际上,有强大的反华势力的压力;在国内,无论经济上还是政治上,还处在各种各样的矛盾交集当中。所以,要尽可能地减少由于信息传播的放大作用带来的不可控制的后果。应该说,在"敌我"力量相对比,我们不占明显优势时,或者说,社会问题、社会矛盾比较突出,我们的掌控能力比较弱时,采取"压"新闻的方式,从政治上讲是有利的,这样可以降低信息传播带来的不可预测的舆论聚集,减少一些不必要的风波。

(3)理论解析

传统新闻舆论控制模式,无论有何种局限性,它的存在不仅具有一定的现实基础,也不乏理论根据。单向灌输式的模式具有一定的宣传效果,从本能心理学来说,由于人的

---

① 苗东升. 系统科学精要[M].北京:中国人民大学出版社,1998:272.

遗传生理机制是大致相同的,人的行为受到本能的"刺激—反应"机制主导,如果在屏蔽多元的信息条件下,仅仅受到一致性的信息刺激,便能引起一致性的近似反应。

从信息变异原理来看,在任何信息交流的过程中,从信息源所发出的信息到达信息接收者时,都存在不同程度的衰减。这种衰减不仅包括物理衰减、语义衰减,还存在语用衰减。所谓语用,是指信息对于接收者的价值。信息的价值是受时间制约的,有时间的有效范围。对一个信息接收者来说,只有需求的信息才是有价值的,才值得传播。如果在必要的时间内,某一信息需求没有得到及时满足,随着时间的推移,其他需求实现,当这一信息再出现时,即使是需要的信息,其物理、语义上均没有改变,但对于接收者来说,信息的语用由于已接收其他信息而大大衰减。

"压"新闻其实就是根据对信息时间范围的超越,使事实信息本身对于接收者的价值减少或消失,减少人们对该新闻事件的集中关注,进而避免对该舆论问题的敏感度,而缺乏敏感度的社会问题很难再被紧迫地重新提到社会公共议事日程上来。

在特定的历史时期,每逢重大社会问题的发生,为避免危及大局,多数时候会等这个事情过去之后,再如实、客观地公布出来,不仅有其必要性,对整个社会环境也不无益处。计划经济条件下,我们对舆论的引导主要依靠与经济体制相适应的传统的指令性权威,以及领袖人物的人格魅力为特征的感召权威来实现。而随着市场经济体制的逐步完善,这两种权威的引导力度都呈现逐步减弱趋势,许多引导工作被推向社会。人们思想上的"独立性、选择性、多变性、差异性"明显增加,与市场经济相伴而生的一些思想意识形态的副产品,都会极大地增加舆论引导的复杂性和艰巨性。

第二节　舆论调控的策略与方法

控制就是施控者选择适当的控制手段作用于受控者,以期引起受控者的行为状态发生合目的的变化,或者呈现有益的行为,或者抑制并消除不利的行为。所以,控制就是选择,没有选择就没有控制。[①]

社会总是要向前发展的,如果在社会信息环境发生变化的情况下,再在整体上采取这种"压"新闻的措施,还合不合时宜呢?

一、新情况与新主张

突发性的社会危机,往往会以比较极端的方式将我们在舆论引导与控制方面的弊端暴露出来。

1. 新情况

"SARS"病例最早出现在 2002 年 11 月的广东,这种不明病因的疾病传播得很快,并导致了一些患者的死亡,但广东和全国的传媒并没有及时准确地报道,呈现"集体失语"。

---

① 苗东升. 系统科学精要[M]. 北京:中国人民大学出版社,1998:272.

传媒的"集体失语"导致的后果更是始料不及。一方面,谣言四起。各种谣言在不同的渠道上流传,什么禽流感、鼠疫来袭,什么板蓝根、白醋可以防治。谣言引起人们的心理恐慌,北京超市的食品也一度由于人们的抢购而脱销。另一方面,导致"SARS"在全国范围内肆虐。在此期间,各地的人们因为对正在蔓延的疫情浑然不觉而毫无防范,人口照样在流动,甚至连医护人员也不知此疫的凶险,从而进一步加速了此疫的传染与扩散。而后,虽然传媒不遗余力地进行相关的报道,却由于"反馈过度",从一个极端走到另一个极端。也有人说,"集体失语"和"连篇累牍",实际上是一棵树上结出的两个果子,只不过形态不同而已。从"SARS"危机中,传媒暴露出来的问题说明,在新的社会历史条件下,依靠"压"新闻来达到控制舆论的做法已不合时宜。

一方面,随着社会的日益开放和信息技术的发展,信息环境已呈多元之势,人们获得信息的渠道有很多,除了官方的大众传媒渠道,还有很多非官方的渠道,比如境外传媒、手机短信、微博微信、网络论坛、境外网站,还有人员流动形成的人际传播,等等。所以,按照目前这一发展态势,对于事实性的信息,企图通过封闭手段从整体上控制信息已不太可能。

另一方面,随着社会的转型,市场经济塑造了有自主意识、平等意识和自由竞争意识的个人与团体,从而逐步形成并不断强化着市民社会的自主性品格,老百姓的自觉意识得到了很大的提升。由此,公众希望在社会生活当中有更多的知情权,希望对社会信息的有效占有。人作为社会性的动物,不仅有生理需求、心理需求,还有社会需求。在黑格尔和马克思看来,市民社会是一个"需要的体系",追求和维护的是个人利益、特殊利益。社会需求的存在使人们不单纯地谋求生存,还不断地去寻求社会地位的确立、个人领导权威的形成、社会资源的优先占有等,而这些需求能否实现,无一不依赖于个人对信息的占有程度以及利用信息进行自主性选择、判断的结果。

2003 年在我国公共危机传播发展史上有着特殊的意义。这一年的"非典"危机之后,长期被忽视或漠视的公众知情权受到重视,政府逐步意识到公共危机传播的重要性和必要性,开始承认"灾难"和"危机"在我国的存在,危机传播概念也由此开始使用,并为媒体介入公共危机事件提供了一定的空间。

在事实性信息的供给方面,如果还用信息屏蔽的方式来进行相关的政治回避已经显得十分落后和不合时宜。即使信息的及时披露会带来某种风险,社会管理决策机构也必须面对。因为,在新的信息环境下,把事实更加客观、更加及时地告诉老百姓,不仅会使传媒在舆论的引导和控制中占据主动,而且也会降低整个社会面对的风险。

2.新主张

当然,不排除在个别问题上还可以沿用封闭手段来处理。比如我们现在的银行体系,老百姓在银行有大量的存款,但是准备金大概只有其 10% 或 15%(假定这个数字)。只要有 10% 或 15% 的人去银行挤兑,整个银行体系就有可能陷入混乱。当局部地区发生银行挤兑的时候,当地有一个应急对策,就是敞开门 24 小时服务,表现出自信的姿态。同时,要从外地紧急地转移和调运现款。如果全国很多中心城市同时发生这种情况,结果可能就会相当严重。

所以，有时封锁消息在政治上不失为一种有效的措施。但是从总体来说，在信息开放的新环境下，在形式上进行简单的封闭、"围堵"，很难达到对舆论引导与控制之实。我国领导人多次指出，"导向正确既要体现在坚持正确的政治方向上，也要体现在宣传效果上。要改进宣传方法，提高引导水平，关注群众切身利益，联系群众身边实际，运用群众的语言，报道有实在的内容、有新闻价值的事情，使我们的工作贴近实际、贴近群众、贴近生活。衡量精神文化产品，最终要看人民满意不满意、人民喜欢不喜欢"。①

关键之一，提高信息透明度是传媒的必然选择。首先，可以表明传媒对社会需求的尊重和满足；其次，也是社会发展进程中，我们党"立党为公，执政为民"的方针在信息政策上的一种体现；最后，可以使传媒对舆论的引导与控制处于更主动的状态。

我国学者在20世纪80年代曾对"美国之音"的报道策略有所研究，为什么"美国之音"代表美国政府的意志向世界推销美国文化和美国形象时，也能够报道一些对美国不利的负面新闻？"美国之音"中文部主任曾经说过这样的话：我们不报，自然会有人报；与其别人报，不如我们自己报。自己报，我们还能够在一种信息的安排当中掌握某种主动。其实，"美国之音"的报道策略对我们来说也具有参考意义。

关键之二，提高信息的透明度并不意味着在传播过程中将信息和盘托出，因为在信息泛滥的环境下，既无可能，也无必要。传媒不可能"有闻必录"，况且，在良莠不齐的信息通道中，还大量充斥着信息噪声。

消息来源的可信性比消息本身更重要。传媒对社会信息的传播实质上是一种以信息为主的社会交换，而社会交换的前提和基础是信任。

可见，要想使传媒通过事实信息的传播，在实现社会信息交换的同时，达到引导和控制舆论的效果，关键是要打造传媒的公信力，在社会公众中树立信息传播、发布的权威性，这才会达到标本兼治的目的。

二、关于意见信息的引导

传播效果论有"一面说"、"两面说"和"多面说"，从传播学的角度来说，并没有说哪种方法绝对好或不好，各有各的适用情况和适应对象。

1."一面说"

"一面说"是指针对某一社会问题或新闻事件，传媒只报道单方面的意见信息，而对其他或反面意见信息不予披露。"一面说"的理论依据来源于传播效果中的"枪弹论"。该理论认为，受众好比是射击场的靶子，在传媒射击子弹般的攻势下，必然应声倒下。

的确，传媒在两次世界大战的战时宣传中以"一面说"的方式发挥了巨大威力，拉斯韦尔在《世界大战中的宣传技巧》一书中对传媒宣传的作用和效果也有所印证，因此，"枪弹论"流行一时。对传播效果"一面说"的绝对化认识直到20世纪40年代才逐渐被抛弃。尤其1964年，雷蒙德·鲍尔发表的《顽固的受众》一文，彻底宣告了"枪弹论"的终结。

虽然"一面说"如今并不能成为一种主要的宣传手段，但在某些环境中，面对特定的

---

① 贾亦凡.从集体失语到连篇累牍[J].新闻记者，2003(6):11-12.

宣传对象,依然有其发挥作用的空间。

首先,"一面说"适于那些跟宣传的观点看法一致的对象,即宣传者和被宣传者在意见观点方面是一致的。在这种情况之下,就没有必要用反面信息来增加他们的困扰,而是应该强化这种意见信息。当然现在也有"防御论",即在强化"一面说"的同时,适度地展示可能的反面信息,增强对负面信息的抵抗能力,这本质上跟"一面说"并没有冲突。

其次,"一面说"适于启蒙程度相对比较低,自身的辨识能力不够强的宣传对象。用"一面说"的方式斩钉截铁地告诉对方唯一的选择。当选择者选择能力、自觉意识没有提升到一定阶段的时候,给他一个比较大的选择空间,反而会增加其选择的困扰和混乱。文化的分化,会带来不同程度的自律性。在市场化程度比较高的地区,文化的现代化程度也相对较高,人的自我意识得到了较大程度的释放,人的价值观念日趋多元,自我选择意识也得到了前所未有的提高。在信息消费和选择中也会渗透着自我选择的意识痕迹。而在市场化程度相对较低的地区,文化的现代化程度也比较低,人和人之间的关系还维系于一种比较传统的纽带,如血缘、地缘,人的价值观比较趋同,社会规范在这样的人群中还显示出比较强的社会约束力,人们进行社会选择时,更习惯于将选择的权利让渡给习俗和规范。

总之,"一面说"能否奏效,很大程度上是跟文化本身的发展和启蒙阶段联系在一起的。当一个民族、一个族群处于相对比较落后的时期,确确实实需要一种社会规范的方式。

2."两面说"和"多面说"

所谓"两面说"和"多面说",是指在进行意见传播时,不但要强调传播者自己的主张和观点,而且要有意识、有计划地安排一些反对意见。

之所以提出"两面说"和"多面说",是因为人们越来越多地意识到"一面说"的局限性。"一面说"的"子弹论"建基于行为主义心理学强调的"刺激—反应"模式,根据这一模式,受众都是可塑造的对象,其态度随时都会发生改变。其实,在后来的相关传播效果研究中,人们发现,受众态度的改变远没有"刺激—反应"那么简单。比如,早在 20 世纪 40 年代,霍夫兰本人在从事"二战"中军事纪录片对士兵的劝服效果的研究中,即有所发现,虽然一面之词的宣传对传递事实有显著效果,对直观解释也有一定影响力,但对于士兵们的固有态度则缺乏改变的能力,这说明个体差异与传播效果的实现有很大的相关性。

1940 年拉扎斯菲尔德和贝雷尔森等人考察了大众传播的竞选宣传对选举结果的影响,这次实证调查史称"伊里调查"。结果也发现,一时的政治宣传和大众传播并不能轻易改变受众的原有态度,大众传媒的社会影响极其有限,倒是既有的政治倾向决定着人们的政治选择,而且也制约着人们对大众传媒内容的接触;同时"舆论领袖"在人际传播中发挥了比较重要的影响,在此调查的基础上提出了"两级传播理论"。这项研究对否定"一面说"的"子弹论"起了直接的作用,同时也肯定了"有限效果论"。从本质上来说,"子弹论"与"有限效果论"都是以传者为中心,只是"有限效果论"在认定传媒对受众的影响的同时,也承认这种影响是有限度的,其实际效果是由诸多中介因素共同作用的结果,比如个人选择、团体规范、社会关系等。在 20 世纪 60 年代,拉扎斯菲尔德的学生约瑟夫·

克拉伯在《大众传播的效果》一书中,对"有限效果论"进行了较完整的总结。其结论是:大众传播不可能从根本上改变受众的固有态度,这是由于它无法对传播过程的中介因素予以有效的把握,因而它的作用的发挥往往是通过对受众固有态度的微调,或者强化,或者弱化。

随着认知心理学的崛起,为传播效果研究提供了新的视角。认知心理学一反行为主义心理学强调的"刺激—反应"模式,更强调人们头脑中的世界的表象及表象的塑造,受众不再是被轻易塑造的被动客体,而是具有主动参与意识的认知主体。人们对传播效果的认识也随之发生转向,这一转变的主要理论是"议程设置"理论与"知识沟"理论。①

无论是从传播效果的角度来说,还是从心理学的角度来说,当人们有了自我主体意识,那么,这群人的选择意识就加强了,企图通过"一面说"的方式使他们进行"态度改变"具有局限性,而从"认知"角度进行"两面说"和"多面说"的引导,则成为一种必要的选择。

总之,关于意见信息传播,在传播控制方面,要依据受众的实际情况来决定是运用"一面说",还是"两面说"或者"多面说"。从受众的既有立场来说,如果与传播者意见相同,就采取"一面说"的方式来强化这种意见;如果与传播者意见相左,就有必要通过"两面说"或者"多面说"来实现多种意见的沟通。从受众的文化水平来说,对于文化程度较低、缺乏自主意识的人,以"一面说"的方式为宜,而对于那些文化程度较高、自主意识较强的人来说,事实证明"两面说"或者"多面说"往往更有效。

三、关于对象和问题的控制

1. 对象的控制

在舆论引导过程中,我们面对的对象,一是社会的普通成员,二是舆论领袖。首先要解决的是对舆论领袖的引导。因为舆论领袖集中地反映了他所代表的社会群体的认识以及价值判断。如果能够引导舆论领袖,就能够通过他们的影响力去说服一个社会群体。

对于对象的控制首先要实现对舆论领袖的引导和控制,舆论宣传也要讲究抓住关键人,抓住关键问题。

2. 问题的控制

舆论的产生是建立在问题发生的基础之上的,舆论引导并不是解决问题的唯一的手段,甚至不是第一手段。舆论这种力量永远是一派生的力量,而对问题本身的解决机制才是第一位的。

在这个问题上,我们党曾经夸大过舆论引导在社会生活当中的作用,在历史上是有过经验教训的。

---

① "议题设置"理论是麦考姆斯基与唐纳德·肖在1972年提出的,主要观点是,大众传媒虽然不能确切地决定受众对某些事情或问题的具体看法,但可以通过信息提供的有序化来影响人们的意见或看法。美国学者P. J. 蒂奇诺等人的"知识沟"理论也表明,不同群体因教育、经济水平和社会地位的差异,造成了对某一问题的认知差异。

在第一次国内革命战争时期,为什么我党遭受了那么严重的打击?就是因为党内有相当一部分人夸大舆论所至,认为舆论可以毁灭一切,也能够建设一切。所以在国共合作期间,共产党所担任的职务无非是政治部主任、农工部部长、宣传部部长等,也就是说,所有跟舆论相关的、跟群众工作相关的要职,都是由共产党来担任的。而国民党都是把持军权的,蒋介石最后是用"武器的批判批判了批判的武器"。从此之后,共产党才认识到"枪杆子"跟"笔杆子"同等重要。所以"两杆子"理论是从血的教训中确立起来的。

至今,还有相当多的人过于夸大舆论的力量,比如"舆论祸福论"等观点,这在很大程度上增加了对这个问题的误解。事实上社会现实本身才是最重要的,解决相关的现实问题才是最重要的。简单地说,当舆论问题发生的时候,有两种解决办法。

(1)解决问题

把问题解决了,舆论问题还会产生吗?舆论的意见还能够发挥它的作用吗?解决了问题,等于是"釜底抽薪",舆论也就无从发生了。比如,问题解决了,消费者对生产厂商的某些意见自然就没有了。

现在也有这种情况,出现了问题,经常是"说"这个问题,却不去解决这个问题,而是"揪"对问题进行报道的人,说报道问题的人影响了安定团结。比如,在某市一个垃圾成堆的地方,老发生沼气爆炸伤人事件。老百姓投诉之后,报纸记者写了一篇报道。报道还没出来,就被告知不能报,一旦报了就会影响安定团结。不考虑发生的事件本身是否影响安定团结,却说报道影响安定团结,这就本末倒置了。

(2)转移热点

有些问题确实非常复杂,历史上盘根错节的利益关系等原因,使问题不可能马上被解决。既然这个问题不能解决,舆论引导上应该怎么做呢?这就需要转移热点。转移热点的方式就是设置一个更能够得到大家关注的议题,让大家的注意力集中在该议题上。所谓的"月明星稀",即没有月亮的时候,那颗星星是挺亮的,月亮出来之后星星的光芒显得相对淡一点。这也算是一种策略性的方式。

思考题

1. 如何理解舆论调控的理论前提?

2. 前传媒时代,我国和西方舆论控制的途径和方法有哪些异同?试举例说明。

3. 如何理解传媒时代,我国的舆论控制模式?试举例说明。

4. 在社会转型期,舆论控制面临着哪些新情况、新问题?试举例说明。

5. 在社会转型期,舆论调控的策略和方法应当是什么?试举例说明。

第六章　网络舆论

要点提示

- 舆论是指意见本身、是本体,而舆情就是将舆论放置于社会环境中,还原了它具体的、情境性的关联,在这一基础上讨论舆论对政治、经济产生什么影响,对社会的发展、社会的变化、社会的决策具有什么样的意义。

- 在新的传播格局下,我国的网络舆论形成了一个多元的话语结构,具有明显的去中心化色彩,反映了强烈的社会情绪和反权威心理,总体上呈现一个围观结构,凸显了当代网民的参与意识。

- 网络舆论形成过程阶段分野越来越模糊。从时间结构上看,其速度更快、更为集中;从空间结构上看,网络信息传播结构呈现为"花团锦簇的同心圆",各舆论场之间的差异虽大,但互动频繁。

- 我国网络舆论热点呈现出宏观和微观特征,由此也显示了网络舆论引导与调控的复杂性。

- 在网络舆论环境下,试图将舆论控制到唯一状态的目标应当改变,即从对一个"点"的控制变成一个"面"的调控。我们要进行方向性的调控,而不是唯一状态的目标控制。

随着我国经济的快速发展、国家信息化发展战略的推动、通信技术的提升,我国互联网的规模价值正在日益放大。中国互联网络信息中心(CNNIC)发布第 45 次《中国互联网络发展状况统计报告》,报告显示,截至 2020 年 3 月,我国网民规模达 9.04 亿,互联网普及率为 64.5%;手机网民规模达 8.97 亿,网民中使用手机上网的人群占比 99.3%,手机上网已成为一种主流的网络接入方式。[①] 这意味着越来越多的人可以随时在互联网上传播信息、发布观点、表达诉求、展开讨论,由此在重大问题上迅速形成舆论,产生巨大的社会影响力。

第一节　网络舆论的基本概念与特征

舆论和舆情是我们经常关注和使用的概念,但对二者的认识目前仍有差异。以下是

---

① 第 45 次《中国互联网络发展状况统计报告》[EB/OL]. (2020-04-28)[2020-06-08]. http://www.cac.gov.cn/2020-04/27/c_1589535470378587.htm.

与网络舆论相关的几组基本概念的比较。

一、与网络舆论相关的基本概念

1.舆论与舆情

关于舆论,不同学者曾予以不同的定义,比如舆论是社会或社会群体对近期发生的、为人们普遍关心的某一争议的社会问题的共同意见[①](喻国明)。舆论是显示社会整体知觉和集合意识、具有权威性的多数人的共同意见[②]。(刘建明)。

关于舆情,从国家决策主体和民众的决策反馈角度,有学者认为,舆情"是国家决策主体在决策活动中必然涉及的关乎民众利益的民众生活(民情)、社会生产(民力)和民众中蕴含的知识和智力等社会客观情况,以及民众在认知、情感和意志基础上,对社会客观情况以及国家决策产生的主观社会态度"。[③] 在这里,舆情的本体既包括社会客观情况,又包括主观社会态度,并强调了二者之于社会管理者的决策意义。

也有学者认为"舆情即民意"。舆情涉及公众对社会生活中各个方面的问题尤其是热点问题的公开意见或情绪反应。它是社会脉动和公众情绪的自然而然的流露和体现,既可以是得到公开表达的民意,也可以是尚未得到公开表达的民意。[④]

事实上,舆论与舆情并没有本质差别,它们是同一事物的两个方面。舆论是指意见本身、是本体,而舆情就是将舆论放置于社会环境中,还原了它具体的、情境性的关联,在这一基础上讨论舆论对政治、经济产生什么影响,对社会的发展、社会的变化、社会的决策具有什么样的意义。

随着社会转型的深入,风险社会已然到来,公共管理面临的形势更为复杂,对其决策科学化、民主化和前瞻性要求也空前提高。舆情所蕴含的广泛、全面的意见性信息为决策的科学性提供支持,为决策的民主化提供依据,可以说,舆情机制已成为国家决策的重要机制。

2. 网络舆论与舆论

网络舆论就是在互联网上传播的公众对某一焦点所表现出的有一定影响力的、带倾向性的意见或言论。[⑤] 网络舆论是在互联网这一特殊场域中的一种舆论形态,它是社会舆论的集散地和放大器,是舆论的最前沿,但是网络舆论和舆论这二者之间仍存在一定的区别。

首先,就网络参与的可能性来说,网民与现实公众尚未重合。虽然网络越来越主流化,覆盖的人群越来越多,但是这仍不意味着网民就等于公众。目前,我国网民规模达9.04亿,普及率达到64.5%。[⑥] 然而,无论网络的覆盖率是多少,网络舆论都有其局限性,它跟真实舆论之间是有差别的。因为要成为网民,参与到网络政治生活中来,还必须满

① 韩运荣,喻国明.舆论学原理、方法与应用[M].北京:中国传媒大学出版社,2005:4.
② 韩运荣,喻国明.舆论学原理、方法与应用[M].北京:中国传媒大学出版社,2005:4.
③ 张克生.国家决策:机制与舆情[M].天津:天津社会科学出版社,2004:17.
④ 丁柏铨.对舆情概念的认知和思考[J].编辑之友,2017(09):5-11.
⑤ 谭伟.网上舆论概念及特征[J].湖南社会科学,2003(5):188-190.
⑥ 第45次《中国互联网络发展状况统计报告》.[EB/OL].(2020-04-28)[2020-06-08].http://www.cac.gov.cn/2020-04/27/c_1589535470378587.htm.

足一定的物质条件和技术条件。

其次,仅从网民内部构成来看,愿意表达的人和沉默的大众之间是有差异的。网络上的活跃人群是有一定的特征的,比如城市人、年轻人或是有某种情结的人等;并且,在网络上发声的群体也是不固定的,"沉默的大多数"依然存在,很多网民只是浏览、围观而不发表意见。

再次,从舆论本体来看,网络舆论中仍存在许多非理性的意见表达。由于网民身份的匿名性和分布的广泛性,其意见表达存在着情绪化甚至是极端化的倾向,不同群体之间的情绪感染则强化了这一倾向。再加上"网络水军"背后的商业力量或者政治力量推动,网络上还存在着许多"虚假民意"。

最后,网民只是社会公众的一部分群体,加之网络意见的非真实性和非理性的困扰,网络舆论的代表性是有局限的,还仅仅是民意的一部分。

3. 显舆论与潜舆论

事实上,显舆论与潜舆论是一对相对的概念。

所谓显舆论,是指在一定范围内相当数量的公众,以各种公开的形式表达的对舆论客体的态度[①]。显舆论可以真实准确地表达公众的意见倾向,但有时也会因为公开表达而受到来自环境因素的影响,表达方式和表达内容与真实想法有所差异。

关于潜舆论目前主要有以下两种说法:一种说法认为它包含两种类型,一是没有公开表达出来的信念,二是知觉到而又不易确切捕捉到的公众情绪。[②] 另一种说法则认为,"潜在舆论是意见的萌芽或潜伏形式,情绪是这种舆论的唯一的外部形态"。[③]

这两个概念分别肯定了潜舆论的本体是"意见的萌芽或潜伏形式",与舆论的本体(意见)在本质上保持了一致;又给出了具体的外部形态及其特征,即可感知但不易捕捉到的情绪,避免了概念外延的虚无。

在发达社会或者民主法制比较健全的社会里,涉及一般性的公共问题,人们可以比较畅达无碍地表达自己的意见,显舆论与舆论高度重合,无须对潜舆论予以特别的关注。但是,在民主程度不够、法制不健全、表达渠道不通畅的社会环境下,潜舆论就会成为一个严峻的社会问题。当公众的表达权得不到法律保障又没有表达渠道的情形下,社会规范的高压使人们不得不内隐自己的态度意见,并在内心不断动荡,发酵得更为激烈极端,一旦发泄出来会对社会造成强烈冲击。

在我国之所以有"显舆论"和"潜舆论"之分,主要有两方面的原因。一是因为社会规范和人的欲望之间存在错位,在传统文化的影响下,人们不太可能把自己的态度倾向毫无遗漏地表现出来,因为一旦违背了这一规范,社会角色扮演就会出现严重问题。另一方面,我国目前的媒体结构单一,新闻媒体定位于各级党(政)机构的下属宣传部门[④],在组织化、制度化的传播体制前提下,普通民众的许多意见呼声只能处于"窃窃私语"的潜流状态。

---

① 陈力丹. 舆论学:舆论导向研究[M]. 北京:中国广播电视出版社,1999:93.
② 陈力丹. 舆论学:舆论导向研究[M]. 北京:中国广播电视出版社,1999:93.
③ 刘建明. 基础舆论学[M]. 北京:中国人民大学出版社,1988:350.
④ 程金福. 当代中国媒介权力与政治权力的结构变迁[J]. 新闻大学,2010(3):22-29.

在当下的信息环境中,潜舆论向显舆论的转化十分迅速,主要原因有三。首先,互联网的出现提供了一个疏解潜在舆论压力的渠道,由于其匿名性、隐蔽性,一些内隐的态度意见在这里得到一定程度的释放,并能迅速引起人们的共鸣和模仿,伴随着情绪的感染和扩散,淤积的潜舆论逐渐向显舆论转化。尤其,以微博为代表的网络新媒体使公民成为信息的发布者,它为每个人的意见表达加装了向社会喊话的"麦克风"。其次,随着公民意识的觉醒和社会开放程度的提高,人们的表达欲望和参与意识增强,媒介素养提高,对传播工具和传播技能的驾驭水平提升,人们更乐于表达、更善于表达;最后,由于社会对异质意见、异质思维的宽容度增加,其被惩罚的风险降低,也提高了人们公开表达意见的积极性和可能性。

可以说,互联网匿名、分散和广泛的特征给人们的意见表达带来了某种心理安全感,人们长期积累的失衡、焦虑和不满情绪一旦遇到某种共鸣,会集中宣泄出来,迅速引爆整个网络。总之,网络空间提供的表达渠道在一定程度上有序地释放了人们内心的不满情绪,减轻了其对现实社会的冲击。

二、当前网络舆论的特征

互联网作为当今社会信息的集散地和社会舆论的放大器,其承载的网络舆论一定程度上反映了当代社会的思想特征和社会心态。可以说,在新的传播格局下,我国的网络舆论形成了一个多元的话语结构,具有明显的"去中心化"色彩,反映了强烈的社会情绪和反权威心理,总体上呈现一个围观结构,凸显了当代网民的参与意识。

1.呈现围观结构,极具参与意识

传统社会结构是金字塔形的,法国哲学家福柯将其比喻为"全景监狱"。对于一个社会管理者来说,整个社会是一种全景的观察,他可以看到下边一层一层、各个隔断里面所有局部的个人;而这些局部的个人就像被关在监狱里一样,只了解有限的信息,只知道自己和周围的信息,彼此间却不能沟通。那么,这个社会的管理机制是建立在信息不对称基础之上,管理者全能地了解任何局部,有权传播信息;而个体却不知道周围发生了什么,茫然无力,只能服从权威。由此,在传统社会里,几个人就可以实现整个社会管理,管理效率也很高。

传播技术革命正在促成一种新的社会结构。Web2.0、Web3.0、Web4.0的出现带给受众的体验已然不仅仅是互动,它们提供了受众深度参与传播过程、创造传播内容、聚合草根阶层的重大机遇。以微博、微信、抖音为代表的新的传播形态一定程度上实现了人际网络与大众媒体的连接,从而形成一条基于信任链的稳固的信息传播通道。

新技术革命使整个社会结构发生了变化,导致社会管制结构发生了变化,把"全景监狱"变成了"共景监狱"。所谓的"共景监狱"是一种围观结构,是众人对个体展开的凝视和控制。此时,网络提供了聚集的可能性,社会就像罗马角斗场一样,所有的老百姓都在看台上,共时态的信息,你能看到,我也能看到,而管理者或者媒体在中间"表演"。人们不再一如既往地凝神聆听管理者和传媒的声音,整个社会彼此之间可以互相"交头接耳",彼此沟通信息、价值愿望。他们之间跟过去一盘"散沙"不一样了,开始形成一种社会势力,并设置着社会的公共议程,质询处于公共视野之中的领导者或者媒体。管理者或媒体的"表演"是否有魅力,群体性的聚集可以给你喝倒彩,甚至可以给你轰下去。

可以说,新媒介促成的社会围观结构进一步催生了观众的围观心理。管理者在信息资源把控方面的优势不复存在,试图通过信息不对称所实现的社会管理遭遇前所未有的危机。

2. 话语结构多元,"去中心化"色彩明显

新的媒介形态和新的传播方式的涌现,使媒介的话语结构发生了显著的变化。以主流媒介的"大音量"来统一舆论的整合效应已经明显弱化,主流话语日渐被边缘话语解构。如今,几乎在所有社会话语的场域中,凡涉及人们的社会利益、社会关系和社会观念的公共事务,众声喧哗的舆论场域已经成为一道基本的社会景观。

一方面,网络新媒体强势崛起并成为重要的一极,因其海量信息、实时更新,在新闻的信息量和时效性上占领先机,成为当下媒介环境的重要组成部分。网络媒体影响力攀升,越来越多的信息和议题开始由网络新媒体向主流媒体溢散,一直作为"非主流"的网络新媒体影响力扩张,并能够在很大程度上设置主流媒体议程,传统媒体的话语霸权受到了很大冲击。

另一方面,普通民众的参与意愿和参与程度提高,网民中间也形成了一个多中心、多节点复杂紧凑的话语结构。以网络为代表的新媒体给当前社会带来的最大变化就是,它极大释放了人们的表达欲望,让更多的人有机会"登高而呼",并成为草根中的意见领袖。与此同时,互联网中的社会化媒体让公民成为新闻的发布者,打破了传统媒体对于社会传播的垄断。比如在微博世界里,只要一个资讯本身拥有足够的社会分享价值,哪怕是一个名不见经传的小人物传播的,也可以在很短的时限内迅速让很多人知晓和分享。

3. 社会情绪强烈,反权威心理浓重

当今网络舆论的敏感性就在于,现实生活中某种社会情绪往往会在某件小事上得到放大和集中宣泄,甚而引发网络舆论的飓风。其中,有合理、理性的成分,但也充斥了一些情绪化、非理性的表达,人们对主流传播和权威言论往往有意回避,开始有了不信任、质疑和嘲笑,甚或相反的解读。

这种情绪和心理根植于我国社会转型的历史进程中。具体来说,社会转型期社会财富的积累并未带来人们幸福感的提升。相反,社会特权与不公让人们产生了强烈的受挫心理,不满情绪在人们心中郁结;传统价值体系的消解,加之社会的变动性、不确定性,加重了社会的文化疏离和焦虑感。当传统社会的信任体系逐步瓦解,人们怀疑一切,放大事情的严重性,后现代主义的"去神圣化"、"去中心化"和反权威成为人们普遍的心理景观。[1]

4. 群体极化效应明显,"后真相"时代到来[2]

在网络空间,群体极化效应明显,"后真相"使得我国舆论场出现新转向:从"个体对事实的争论"转变为"群氓为情感的困斗"。[3] 其主要表现:社交媒体平台公众急于表达的

---

① 李彪. 舆情:山雨欲来:网络热点事件传播的空间结构和时间结构[M]. 北京:人民日报出版社,2011:54-58.

② 2016 年美国大选,特朗普通过雷人雷语、煽动公众情绪等方式赢得美国大选,使得"后真相"一词的使用频率急速上升。Post-truth"(后真相)被《牛津词典》选为 2016 年度英文词汇,用来描述客观事实对公众意见的影响没有感性诉求产生的影响大的状况。

③ 李彪. 后真相时代的网络舆论场:话语空间与治理范式新转向[J]. 新闻记者,2018(5):28-34.

欲望压制了对事实准确的要求,事实呈现出碎片化特征。而媒体、自媒体不再主动求证、多方调查,而仅仅是充当各方的传声筒。许多事件的事实被拆分成多个视角互相矛盾的版本出现,公众对于所谓事实的信任度下降。

传统书写时代培育了理性的知识阶层,知识阶层以少数理性精英的姿态占据着社会权力中心、话语中心。政治制度的日益民主化,赋予了普罗大众平等的政治话语权力,而技术的日益民主化,则更加速了普罗大众进入话语中心的进程。在人人拥有"麦克风"的前提下,社会热点一经凸显,在众声喧哗、人声鼎沸的网络"剧场"中,只有观点越极端,话语越另类才能博取眼球,各种断章取义的见解裹挟着一知半解的信息在网络空间快速泛滥,于是非理性占据了舆论漩涡中心,理性话语式微,真相被遮蔽。

社交媒体的"信息茧房"效应,为用户创设了一个更加封闭的信息空间,更是加剧了认知分化的趋势。如今,网络社群内部关于社会问题容易形成优势意见,但不同网络社群间的良性沟通受到限制,放大了不同阶层群体的认知差异,加深群体极化的趋势。

网络舆论的现代特征一方面源于社会变迁带来的社会现实和价值观念的激变,一方面源于传播技术革命带来的媒介结构之变。网民的围观不仅仅表示一种关注、一种压力,更多的是对传统的权力结构提出的挑战。但与此同时,网络世界认知极化容易导致思维的非理性和极端情绪极端言论的传播,不利于建构理性的讨论及社会共识的达成,有时甚至会演化成极端行为危及现实世界。

第二节 网络舆论的形成机制

过去,舆论的形成过程划分为几个阶段,每个阶段都有一个较为明确的标志,但在互联网时代,随着信息传播速度的提高,以及参与主体的日趋复杂化,舆论形成过程不仅阶段分野越来越模糊,而且舆论的形成机制也发生了变化。

一、网络舆论形成的时间结构

通过对近年来网络热点事件的综合分析,舆论的演化呈现出较为一致的规律,大致可划分为六个阶段,即潜伏期、爆发期、蔓延期、反复期、缓解期和长尾期[1]。在此,仅以"周久耕天价烟"事件[2]为例,对每个阶段的特点予以说明。

1.网络舆论形成的六个阶段

(1)潜伏期

所谓潜伏期,是指引起网民和媒体广泛关注的焦点事件尚未发生,但社会中对相关

---

① 李彪.后真相时代的网络舆论场:话语空间与治理范式新转向[J].新闻记者,2018(5):163-165.
② 2008年12月,时任南京市江宁区房产局局长周久耕因对媒体发表"将查处低于成本价卖房的开发商"的不当言论,被网友人肉搜索,曝出其抽1500元一条的天价香烟、戴名表、开名车等问题,引起社会舆论极大关注。2009年10月10日,江苏省南京市中级人民法院作出一审判决:周久耕犯受贿罪,判处有期徒刑11年,没收财产人民币120万元,受贿所得赃款予以追缴并上缴国库。

问题的讨论业已存在,随时都可能引爆。例如,在周久耕事件发生之前,高房价、官员腐败等问题就不时被网民和媒体提及,为危机的爆发埋下了伏笔。

我国正处于社会转型期,各种社会矛盾和问题比较突出,危机越加常态化,其潜伏期往往很短,甚至于零①。而随着网络等新媒体的崛起,信息的传播速度大大加快,这种趋势将日趋明显,一个事件往往在没有任何预兆的情况下瞬间引爆网络,即不经过潜伏期,直接进入下一阶段。

(2)爆发期

所谓爆发期,是指舆论由潜舆论走向显舆论,其标志是某个具体事件发生,经由网民发帖或传统媒体报道进入公众视野,引发小范围的关注和讨论。

2008年12月10日,江宁区房产局局长周久耕在接受采访时表示要"严惩降价售房开发商",《现代快报》第二天予以报道,很快,网友"小花半里"在焦点南京房地产网"恒大绿洲论坛"发出《八问江宁房产局局长》的帖子,对其进行质疑。周久耕由此成为公众关注的焦点。借助网络,关注度往往呈瞬间爆发状态。

(3)蔓延期

所谓蔓延期,是指相关的初始帖子或报道经由"搬运工"的搬运,从较小范围向外扩散,特别是进入主流传统媒体和主流网络论坛之中,各类信息"雪崩"式地蔓延开来,舆论进入最高潮。

2008年12月11日,一篇题为《遍撒英雄帖,追查南京市江宁区房产局局长周久耕》的帖子出现在凯迪社区,凭借其强大的影响力和号召力,迅速吸引大批网友加入"人肉搜索"阵营。网络论坛和传统媒体随后介入,舆论进入高潮。在网络时代,草根网民也成为信息挖掘、传播的重要力量。如"天价烟"一事便是由天涯网友"华阁"首先发现,促使事件进一步升级。当然,由于网民们缺乏足够的辨识手段,表达时往往带有情绪化倾向,此阶段也是各种谣言和极端性言论的高发期("开发商弟弟"便是一例谣言)。

(4)反复期

所谓反复期,是指事件在网上蔓延开来,成为全民关注的热点,各种社会力量随之介入。除网民和媒体以外,事件关涉的个人、企业、机构、政府相关部门、专家学者等也纷纷参与到事件中来,或公布信息,或解释因由,或发表议论,推动事件不断发展。其间,不时有新的议题被发现,从而形成一个个新的小高峰,舆论进入上下波动的反复期。

周久耕事件中,天价烟、天价手表、开发商弟弟、建材商儿子等信息的曝出,不断引发新一轮的讨论热潮。这反映出,随着公民意识的觉醒,人们不再满足于被告知的地位,开始利用网络主动地寻求和发现信息,表达自己独到的见解。

(5)缓解期

所谓缓解期,是指随着讨论的不断深入,迫于网络民意的压力,上级领导或政府相关部门等社会力量开始介入,着手解决事件,包括公开进行回应、展开相关调查、启动司法程序等,人们对该事件的关注度开始降低。

2008年12月22日,南京市委书记朱善璐指出要"认真倾听网民声音",江宁区纪委

---

① 李彪. 舆情:山雨欲来:网络热点事件传播的空间结构和时间结构[M]. 北京:人民日报出版社,2011:163.

随后宣布介入调查,江宁区房产局也首度予以正式回应,网民情绪有所缓解,相关讨论明显减少。这是由于很多事情只要政府部门肯作出回应,即使其说法和做法并不能令人完全满意,但在网民看来也已经是一种成功[①]。随着时间的推移,网民的热情逐步转移到新出现的事件和话题上去。

(6)长尾期

所谓长尾期,是指事件解决后,人们对该事件的关注度也降至低点,但由于兴趣和利益诉求上的多元性,网民对该事件的关注并未完全终止,而是在较低水平上维持了一段时间,就像一条长长的尾巴。

2008 年 12 月 28 日,江宁区委宣布免除周久耕房产局局长职务,公众的关注度降至低点;2 月 5—15 日,以及 3 月 8—22 日,伴随着周久耕是否被双规的问题,事件关注度还曾出现两次短暂的小幅回升[②]。

近几年网络舆论出现了新现象,即舆论反转。2016 年 9 月 25 日,罗尔在个人微信公众号发表文章《罗一笑,你给我站住》,另外,罗尔和小铜人公司合作,由小铜人在公众号"P2P 观察"推送罗尔的文章,通过文章打赏获得的全部收益归罗尔所有,读者每转发一次,小铜人捐赠 1 元用于罗一笑的治疗,下限 2 万,上限 50 万。后有网友披露罗尔本人有三房两车、广告公司、妻子系小三上位等,从资产状况和个人道德两方面质疑和批驳此卖文救女事件,由此,舆论出现了剧烈反转。

2.时间结构特点

网络舆论形成机制在时间结构上呈现出以下特点:

(1)信息扩散期缩短,民意爆发期集中

网络的扁平化结构以及强大的聚合能力,极大地加速了信息的传播和网络民意的积聚。有统计显示,网络热点事件从潜伏期到蔓延期,平均只要 5—6 天即可传遍整个网络,[③]许多突发事件从发生到引发网友热议,则只需 1—2 小时,比危机管理中所谓"黄金 4 小时"规则还要短许多,留给相关部门进行有效操作、及时控制事件进程的空间较为有限。[④]

通过对"央视新台址大火事件"[⑤]后网民评论的历时性分析发现,网民的评论数量并不是随着事件的推移和事件的获知度的增加而逐步增加,而是集中于事件发生以后的第二个半小时,尤其是第 45 分钟至第 60 分钟,之后逐步下降并趋于稳定。[⑥]

(2)网络舆论领袖实时介入

事件的最初发现者与事件的积极评论者并不一致。前者往往是一些经常在网上闲

① 李彪.舆情:山雨欲来:网络热点事件传播的空间结构和时间结构[M].北京:人民日报出版社,2011:85.
② 喻国明.传媒新视界:中国传媒前沿探索[M].北京:新华出版社,2011:148.
③ 喻国明.传媒新视界:中国传媒前沿探索[M].北京:新华出版社,2011:166.
④ 喻国明.传媒新视界:中国传媒前沿探索[M].北京:新华出版社,2011:174.
⑤ 2009 年 2 月 9 日(农历正月十五元宵节)晚 21 许,在建的央视新台址园区文化中心发生特大火灾事故,火势持续 6 小时,造成 1 名消防员死亡,8 人受伤,直接经济损失达 16,383 万元。事后查明,大火系违规燃放烟花爆竹所致,71 名事故责任人受到责任追究。大火燃烧时,上千名群众在附近围观,并纷纷拿出手机拍照,进行微博直播,引发网友热议。
⑥ 喻国明.传媒新视界:中国传媒前沿探索[M].北京:新华出版社,2011:172.

逛并寻找新闻的人,他们可能具有一定的新闻敏感度,能够及时发现和"搬运"新闻,但却未必乐于发表意见,多是以旁观者视角呈现;①只有当那些发言积极并具有独特视角的网民介入之后,讨论才能进入高潮,尤其是网络舆论领袖的加入。

在传统社会里,舆论领袖在哪儿,思维方式如何,他们对哪些问题有兴趣,可能发表什么样的意见,大家可以条分缕析地分辨,而网上意见领袖到底什么样则是不确定的。他可能是个打工仔,名不见经传,居然就能够呼风唤雨;他们并非传统意义上的精英,没有显赫的声名和社会地位,但有着较高的社会责任感,有着强烈的参与意识和表达意识。

周久耕事件中的网友"华阁"便是一例,正是他首先发现了天价烟,才促使事件进一步演化升级。有些草根舆论领袖具有一定的社会经济地位,上网时间充足,社会资源丰富,但他们之所以积极参与,更多是出于兴趣或纯粹追求一种成就感,而非物质上的诉求。②

(3)议题存活期的有限与无限

"有限"性是指议题的活跃期有限,平均 16.8 天,大多在两周以内。③ 一方面是由于相关部门在舆论压力下,进行了事件干预和处理,而网民在获得尊重和满足后,便会主动退出,关注度自然下降;另一方面,不断出现的新信息、新话题又吸引和分散着网民的注意力,除非是跟自身利益切实相关,一般网友在关注一段时间后,注意力会逐渐转移到新的热点上去。

"无限"性是指尽管网络热点在喧嚣一段时间后会慢慢冷却,趋于沉寂,但并不会完全消失,特别是那些事关国计民生的重大事件,往往只会是阶段性的沉寂,只要问题尚未彻底解决,一旦有新的关联性事件发生,便极易为网民旧事重提,再度成为热点。④

另外,网民活跃时段明显。有研究显示,网民的活动时间主要集中于每天的 9:00—18:00,以及 20:00—23:00,与人们正常的作息时间基本一致。⑤ 而随着移动互联网技术的普及与推广,手机的随身性和即时性特征,使得网友的参与、发言不再受到上网设备和条件的限制,网络舆论热点的爆发真正具有了全天候的可能。

二、网络舆论形成的空间结构

1. 网络信息的传播结构

目前,我国网络信息传播空间里活跃着各种各样的传播主体,由于量级的不同、功能的不同,其在网络信息传播和舆论形成中的地位和作用也不相同。一般性网络信息的传播结构可概括为"花团锦簇的同心圆"。⑥

所谓同心圆,是指在一般性网络信息的传播场域中,各传播主体大致可划分为三个

---

① 喻国明. 传媒新视界:中国传媒前沿探索[M]. 北京:新华出版社,2011:173.
② 喻国明. 传媒新视界:中国传媒前沿探索[M]. 北京:新华出版社,2011:147-148.
③ 喻国明. 中国社会舆情年度报告[M]. 北京:人民日报出版社,2010:25.
④ 姜胜洪. 网络舆情热点的形成与发展、现状及舆论引导[J]. 理论月刊,2008(4):34-36.
⑤ 曾润喜,徐晓林. 网络舆情的传播规律与网民行为:一个实证研究[J]. 中国行政管理,2010(11):16-20.
⑥ 曾润喜,徐晓林. 网络舆情的传播规律与网民行为:一个实证研究[J]. 中国行政管理,2010(11):16-20.

层次,即核心层、信息桥层和信息源层,形成了三个同心圆:

- 核心层,以主流综合论坛为主,如天涯社区、猫扑社区、新浪微博等,是整个传播场域的核心,汇集了最多的网民,拥有强大的聚合能力,任何事件要想成为网络热点,都必须进入核心层进行传播。

- 信息桥层,主要是传统大众媒体,承载着从信息源层向核心层"搬运"信息的职能。由于传统媒体一般拥有较强的公信力,网民无须再进行真伪辨别,因而能够迅速引起网民注意,参与讨论。

- 信息源层,主要是地方或专业类的论坛,它们整体上的影响力虽然不如主流论坛和主流媒体,但却凭借地理或心理上的接近性,吸附着大量分众化的网民,形成一个个小的传播场域,在各自领域传播着信息,为整个网络空间源源不断地提供新的话题,是整个网络信息流动的源头。

网络信息流动的一般顺序是由信息源层出发,经信息桥层而流动到核心层。但也存在反向流动的情况。[①] 这是因为,为了获得更大的轰动效应,越来越多的网民倾向于选择聚集人数多、影响力大的主流论坛作为信息的始发地,使其具有类似新闻媒体的信息发布职能。如天涯社区、新浪微博等,每日都有大量的信息流出,进而进入传统媒体和地方论坛的视野之中。[②]

所谓花团锦簇,是指从全国范围来看,一般性网络信息的传播结构呈现为花团锦簇式,即全国存在一个中央级的综合性信息场域,在其周围簇拥着多个地域性的子信息场域,中央级场域和地方级场域之间存在着较多信息流动,而各个子场域之间却相对闭塞,信息交换较少。[③]

诸多地方级场域的形成,与人们基于地缘和心理上的接近性进行聚集和选择的习惯有关,加之传统媒体的属地管理因素,网络信息呈现出地域性特征;而中央级场域的集散中心地位,则与我国一元化的政治体制模式不无关系,在各种社会资源中,政治资源居于核心,对其他资源如经济资源、信息资源的分配起主导作用。[④]

必须注意的是,在网络热点事件的信息流动过程中,传播结构有所变异,形成双核心式哑铃结构:即信息不再围绕一个中心逐层、有序地传播,而是从信息源层一下进入核心层,主流网络论坛(含微博)与传统大众媒体尤其是地方新闻媒体(注意是地方都市报)构成了信息传播的"双核心",每个核心又均表现出众星捧月式的星状模式或明星模式。[⑤]与同心圆结构相比,网络热点事件的信息传播呈现出高效率、高连通性、高互惠性和无层级性特征,不仅存在信息的跨级流动,有时还会出现逆向流动[⑥]。

2.空间结构特点

第一,网络舆论形成机制在空间上的特点是存在草根和主流两大舆论场。对网络舆

---

① 曾润喜,徐晓林.网络舆情的传播规律与网民行为:一个实证研究[J].中国行政管理,2010(11):16-20.
② 曾润喜,徐晓林.网络舆情的传播规律与网民行为:一个实证研究[J].中国行政管理,2010(11):127.
③ 李彪.舆情:山雨欲来:网络热点事件传播的空间结构和时间结构[M].北京:人民日报出版社,2011:143.
④ 李彪.舆情:山雨欲来:网络热点事件传播的空间结构和时间结构[M].北京:人民日报出版社,2011:143.
⑤ 李彪.舆情:山雨欲来:网络热点事件传播的空间结构和时间结构[M].北京:人民日报出版社,2011:144-145.
⑥ 李彪.舆情:山雨欲来:网络热点事件传播的空间结构和时间结构[M].北京:人民日报出版社,2011:140.

论空间各主要传播主体进行聚类分析可以发现,由综合论坛、博客、门户网站论坛、贴吧等组成了"草根舆论场",由地方报纸、门户网站、中央新闻媒体网站等组成的"主流舆论场",前者主要聚焦细节性的变化和影响,而后者更加关注宏观环境的影响变化。[①]

在当前环境下,一个事件若想成为网络热点,离不开草根网民的参与,其评论数量需在单位时间内达到一个相当的量,才能引起足够关注[②];同时,传统媒体的介入也必不可少。它们凭借资源条件和公信力方面的优势,能够对事件进行更为深入的跟踪、挖掘,迅速促使事件"主流化"。

第二,一般来说,媒体议程能够影响网民议程,但有时,网民议程相对于媒体议程,则会发生某种反叛和逆转。以央视大火为例,尽管媒体将报道重点放在了事故原因、高楼消防隐患等问题上,但草根网民的议程仍集中于对央视的质疑和不满、烟花禁改限的思考等议题,两大舆论场可谓泾渭分明。[③] 再如药家鑫事件[④]中,曾有媒体对其进行了"同情性"报道,试图扭转网民的一致声讨之势,结果反而引起了网民更大的反弹,谴责之声更甚。

第三,各传播主体存在量级差别和角色差异。在网络中,各传播主体的地位是不同的。社会网络分析显示,主流综合论坛、门户新闻网站、博客贴吧等在信息流动场域中处于较重要位置,扮演着核心主体的角色,最为活跃。[⑤] 即使是在各网站、论坛内部,不同信息节点的量级和活跃度也是不一样的。以天涯社区为例,大多数信息聚集在少数几个版面,如天涯杂谈、天涯来吧、天涯博客、天涯时空、主流媒体等,而以天涯杂谈和天涯博客间的互动最为频繁。[⑥]

第四,从角色上看,综合网络论坛既是信息的流入方,也是信息的流出方。[⑦] 天涯杂谈、猫扑大杂烩、凯迪猫眼看人等版面的日均主帖量都在 500 上下,原创率接近 90%,成为信息的主要集散地和策源地;其他论坛的发帖量多半只能达到日均 200 左右,原创率也下降近 10 个百分点。[⑧]

第五,网络"搬运工"推动信息的流动和主流化。传播主体的量级差别,使得他们在传播信息、聚集民意方面的能力产生差别。一个事件只有进入到核心层,即有影响的主流论坛的主流板块,才能引起广泛的关注。因此,各种网络信息"搬运工"便必不可少。他们将一些边缘性场域中的信息"搬运"至核心场域,促使其"主流化",同时还通过在各论坛之间相互转发最新进展,促使信息扩散至更广范围。此外,各论坛自身还存在"内部

---

① 李彪. 舆情:山雨欲来:网络热点事件传播的空间结构和时间结构[M]. 北京:人民日报出版社,2011:133-135.

② 李彪. 网络舆情的传播机制研究——以央视新台址大火为例[J]. 国际新闻界,2009(05):93-97.

③ 喻国明. 传媒新视界:中国传媒前沿探索[M]. 北京:新华出版社,2011:137-139.

④ 2010 年 10 月 20 日,西安音乐学院大三学生药家鑫驾车撞人,因怕伤者张妙看到其车牌号,以后找麻烦,遂从车内取出一把尖刀,对其连捅八刀,致张妙当场死亡。此后驾车逃逸至郭杜十字路口时再次撞伤行人,后被附近群众抓获。此事引起网民和媒体高度关注,进行了多方面的探讨。2011 年 4 月 22 日,西安市中级人民法院以故意杀人罪判处其死刑。6 月 7 日上午正式执行。

⑤ 喻国明. 传媒新视界:中国传媒前沿探索[M]. 北京:新华出版社,2011:111.

⑥ 喻国明. 传媒新视界:中国传媒前沿探索[M]. 北京:新华出版社,2011:118.

⑦ 喻国明. 传媒新视界:中国传媒前沿探索[M]. 北京:新华出版社,2011:133.

⑧ 喻国明. 传媒新视界:中国传媒前沿探索[M]. 北京:新华出版社,2011:97.

搬运",即帖子的内部转发、推荐、置顶、加精等,它们也是一个帖子能否引发广泛关注的重要条件。

从总体上看,网络舆情分布呈现地域特征。网络舆情分布与网络普及率具有较高关联度,越普及的地区,人们利用网络参与事件传播和评论的频率越高,进一步验证了传播学中的"知沟理论"。

第三节 网络环境下的舆论引导与调控

在网络的门户网站上,各个网站之间的空间距离仅仅是一个网址和另外一个网址之间的链接而已。无论对美国的一个网站,还是对中国的一个网站而言,在点击的过程中是没有差别的。空间距离的消弭,使任何企图完全通过对意见和事实信息明显的控制,来实现某一目标已经不合时宜。与此同时,我国网络舆论热点所呈现出的宏观和微观特征也显示了网络舆论引导与调控的复杂性。

一、网络舆论热点的特征

网络舆论热点的特征可以从宏观和微观两个层面来看。

1. 网络舆论热点的宏观特征

网络舆论热点的宏观特征主要体现在场域特征、主题特征和时空特征上。布迪厄认为整个社会是由一些相对自主的小世界组成的,每个小世界都是一个关系的网络空间,具有相对独立性,充满着各种力量关系的对抗,变动与平衡相互交替。在一定的社会空间中,不同的主体掌握着不同质、量的政治、经济、文化"资本"。[①] 根据场域理论,网络舆论场域也可以分为传统大众传媒舆论场域、新闻网站舆论场域、网民舆论场域和网络意见领袖舆论场域。[②] 这四个舆论场域有不同的信息传播模式和流动模式、不同的角色和功能,同时也有相对独立性和开放性。

(1)场域特征

网络舆情热点的场域特征表现在两个方面:首先,不同的场域关注的网络舆论热点不同。受体制的约束,传统媒体舆论场有明显的政府型偏好,主要关注与党和政府相关的事件,采用的是传统的报道逻辑,从维护政权稳定、社会稳定的角度来展开报道;新闻网站更多地考虑市场因素,注重新闻本身的信息性和网民的信息需求;网民舆论场中所关注的舆论热点具有明显的"圈子文化"特征;草根网民对"圈子文化"的认同和归属感比获取资讯的需求更重要。在网络意见领袖舆论场中,对弱势群体的关注、对人性的关怀要比其他场域更加强烈,他们有更加宏观、开放的视野和理性的思维方式,关注的议题多是和国家、民族的命运紧密相关的事件或者是反映时代特征、有争议性的事件。

---

① 布尔迪厄等. 实践与反思:反思社会学导引[M]. 李猛,李康,译. 北京:中央编译出版社,2004:139.
② 喻国明. 中国社会舆情年度报告(2010)[M]. 北京:人民日报出版社,2010:9.

（2）主题特征

一是集中在社会与法的领域。[1] 如果舆论热点事件按照时政、经济等常用的方法划分,2009 年的主要热点事件集中在社会与法的领域,占到了总体的 1/3;在社会与法的领域内,政府部门和个别官员的行为不当是最容易引起网民关注的。而近十年我国舆情热点正逐渐发生着变迁,其主要特点是社会公平、官民矛盾、社会与法类舆情热点趋势呈波动下降,公共管理、民生领域类舆情热点呈波动上升。[2] 这种变迁特点契合了十九大对社会基本矛盾转变的判断,即生存型矛盾日益消解,而发展型矛盾快速凸显的社会发展趋势。

二是负面信息多。心理学研究表明,由于人们具有谋求外部信息安全的天然禀赋,因此对外部世界可能影响信息安全的负面性信息具有天然的接近性和高关注度。有关 2009 年我国网络热点事件信息倾向研究发现,负面信息更能引起网民的关注,占到总体的 64.2%,几近 2/3,正面信息仅为 8.9%,多是提升国民爱国热情和民族主义的正面消息。[3]

（3）时空特征

一方面,网络舆论热点的分布呈现出一定的空间特征。在行政级别上,出现了向县级等行政区域转移的趋势。在中国特殊背景之下,市级以下论坛由于相对控制少,自由度比较大,因而更容易成为网络舆论热点事件的集中首发论坛,尤其是县级以下的低端网络,一些小网站、小论坛会蕴蓄一些网络议题,经过网络搬运工的搬运、被主流化后往往成为热点事件。

另一方面,网络舆论热点的分布呈现出一定的时间特征。首先,网络热点事件的议题活跃周期集中在两周以内。网络是众生喧嚣的场所,网民对一个议题的专一程度不高,议题会随着事件本身的发展慢慢归于平静;或者是当新的议题吸引了人们的目光时,老的议题自然也会逐渐消弭。也会有一些议题信息系统中出现了新的元素,延长了议题的存活期。[4]

2.网络舆论热点的微观特征

（1）热点事件和人物

一是议题敏感性。一个事件之所以能够成为网络舆情的聚焦点,主要是因为该事件具有议题敏感性,反映社会现实和民众社会预期的巨大落差,能够刺激网民乃至所有社会公众最紧绷的神经。公民的民主意识、权利意识、政治参与意识不断提升,当现实与社会预期的错位让人产生心理落差时,人们就会通过社会冲突、民意啸聚等相对极端的方式表达自己的社会存在和社会话语权。[5]

二是议题联动性。所谓议题联动性,是指一个议题爆发之后,传统大众媒体、新闻网

---

[1] 喻国明.中国社会舆情年度报告(2010)[M].北京:人民日报出版社,2010:17.

[2] 韩运荣,何睿敏.我国近十年网络舆情变迁特点[J].青年记者,2017(34):4.

[3] 韩运荣,何睿敏.我国近十年网络舆情变迁特点[J].青年记者,2017(34):9.

[4] 喻国明.中国社会舆情年度报告(2010)[M].北京:人民日报出版社,2010:25.

[5] 李彪.舆情:山雨欲来:网络热点事件传播的空间结构和时间结构[M].人民日报出版社,2011:43.

站、网民和网络意见领袖会在自己所关注的信息点或层面上注入不同的事实性信息和意见性信息。人们往往以一个话题为平台,放入很多其他的话题,在一个集中的主体下多元化发展,让原有议题发生裂变,或是议题不变但是议题中的意见分布、价值取向发生变化。具体来说,人们常以一个热点人物或事件为平台来抒发自己对现有体制的某种不满意。只要在某一话题之下,只要大家都在说,都觉得挺气愤、很荒唐,个体就会借由把对社会的不满、对制度的不满表达出来。

三是议题的群体意识倾向。根据社会学的理论,社会分层后,各类社会群体会具有自己的群体意识。[1] 群体态度是群体意识形成的标志,群体态度就是群体对一定对象的相对稳定的、内部制约化的心理反应倾向[2]。

在网络舆论议题中,群体态度表现得很明显。合理、自觉地了解自我群体的利益,否定或抗拒另一群体的利益。在群体意识和群体态度的影响下,不同群体之间的刻板印象和思维定式一旦形成,会引发社会误解和偏见,还会表现在语言和行为上。[3] 例如网络热点中,政府部门、公检法系统及其他资源垄断或拥有特权的部门工作人员,同公权力产生冲突和矛盾的普通民众或弱势群体,娱乐明星、公众人物这三类人容易引起关注。在某一人物成为焦点时,往往会出现一些带有群体意识倾向的语言,比如说"天价烟局长周久耕"[4]"最牛房产局长"等具有讽刺性的称谓,反映了普通民众对于"官员"这一群体的态度;而一提到"烈女邓玉娇"[5]"开胸验肺的张海超"[6]等,人们会自然把他们列入"弱势群体",从言论和行动上维护其利益,反映出民众对这一群体的同情心理。

(2)网络流行语的特征

在语言内容上,"我说故我在",追求个性,情绪外露。网友的话语表达和社会参与的需求比较强烈,会在语言中赋予鲜明的个性、态度倾向和个人情绪等。充满个性化的语言表达容易引起共鸣,容易在网络上广泛传播,也会使更多原本对这件事情不关注的人群卷入其中,进而使其影响力呈现出一种规模化的效应。如 2016 年出自万达董事长王健林之口的"小目标",[7]此话一出,瞬间网络走红,平民与首富之间的价值观引发了全民

---

① 彭华民,杨心恒.社会学概论[M].高等教育出版社,2006:209.

② 陈联俊.网络社会中群体意识的发生与引导[M].政治学研究,2010(2):87-94.

③ 李彪.舆情:山雨欲来:网络热点事件传播的空间结构和时间结构[M].北京:人民日报出版社,2011:57.

④ 原南京市江宁区房产局局长,2008 年 12 月因对媒体发表"将查处低于成本价卖房的开发商"的不当言论,以及被网友人肉搜索,曝出其抽 1500 元一条的天价香烟、戴名表、开名车等问题,引起社会舆论极大关注,人送"最牛房产局长""天价烟局长"等多个极富讽刺意义的称谓。2009 年 10 月 10 日,江苏省南京市中级人民法院作出一审判决:周久耕犯受贿罪,判处有期徒刑 11 年,没收财产人民币 120 万元,受贿所得赃款予以追缴并上缴国库。

⑤ 邓玉娇,女,湖北省恩施州巴东县野三关镇木龙垭村人。2009 年 5 月 10 日晚 8 时许,湖北省巴东县野三关镇政府 3 名工作人员在该镇雄风宾馆梦幻城消费时,涉嫌对当时在该处做服务员的邓玉娇进行骚扰挑衅,邓玉娇用水果刀刺向两人,其中一人被刺伤喉部、胸部,经抢救无效死亡。邓玉娇当即拨打 110 报警。次日,警方以涉嫌"故意杀人"对邓玉娇采取强制措施。网友纷纷声援邓玉娇。

⑥ 张海超,河南省新密市工人。2004 年 6 月到郑州振东耐磨材料有限公司上班,先后从事杂工、破碎、开压力机等有害工作。工作 3 年多后,他被多家医院诊断为尘肺,但企业拒绝为其提供相关资料,在向上级主管部门多次投诉后他得以被鉴定,郑州职业病防治所却为其作出了"肺结核"的诊断。为寻求真相,这位 28 岁的年轻人只好跑到郑大一附院,不顾医生劝阻铁心"开胸验肺",以此悲壮之举揭穿了谎言。

⑦ "小目标"的原文是"一个亿的小目标",出自万达集团董事长王健林之口,在谈及"心有多大舞台有多大"这个话题时,王健林表示:"想做世界首富,最好先定一个能达到的小目标。比如我先挣它一个亿。"

自嘲,衍生了各种追热点的小目标版本。

在语言形式上,"冒传统语言之大不韪",反叛传统,创意无限。网友打破语法规范,运用各种谐音、近音、比喻等修辞手法,以及词法、句法变异创造网络热语。比如说"被就业"一语源自 2009 年 7 月 12 日天涯论坛上的一篇帖子,名为《应届毕业生怒问:谁替我签的就业协议书?注水的就业率!》,作者说自己是在不知情的情况下"被就业"的。"被××"是个被动句式,当人们使用"被代表""被自杀""被捐款"时,"被"字已经不表示动作中的被动关系了,而是反映了人们的无奈心理。不论是"杯具"的谐音,还是"有木有"的近音,都体现了网民的创造力。

在语言功能上,"昙花一现",稳定性差。网络流行语一般是因为非常规组合而产生幽默、讽刺效果,或者是含有一些适用性比较强的词语、句式等。起初,网民很容易被这些话语的魅力所吸引,并一度疯狂地使用。但是这种仅仅停留于网络之中的语言,新鲜感一经退去,就会被逐渐淘汰。

二、网络舆论引导与调控面临的转型

网络舆论的复杂情况告诉我们,面对因特网这种全新的信息传播载体,进行舆论调控的目标和方式都应当进行必要的转型。

1.调控目标的转型

过去,一提到舆论的引导与控制,人们往往会将控制目标理解成唯一状态,即传播对象、宣传对象在具体的舆论问题上,其想法和认识与我们传播报道的意见完全一致。如果说,在传播环境比较闭塞、人们还比较缺乏自主意识的情况下,这种控制目标还有实现的可能,而在信息几乎畅通无阻的互联网上,信息传播的复杂性使控制目标的唯一性难以实现。诚如控制论所讲的那样,形状越复杂,控制范围设定就越大。

比如说,我们准备去捕一只小鸟,是用一张大网呢?还是用一个网圈?如果我们布一张大网,当小鸟飞过来就会撞到网上,就容易捕得着;但如果用一个网圈去套这个鸟,估计没有绝世的本领很难套得上。

在目前互联网这种复杂的信息环境中,如果还寄希望于拿着着网圈去"套"舆论,实际上是不现实的,因为现实情况的复杂性同样会导致社会舆论发生变化的因素也异常复杂。在此前提下,那种企图将舆论控制到唯一状态的目标就应当改变,即从对一个"点"的控制变成一个"面"的控制。进一步说,我们要进行方向性的调控,而不是唯一状态的目标控制。

2.调控策略的转型

建立良好的预警系统,做好舆论调控的预警前移与预警后移。

舆论调控的预警包括对从未爆发过的舆论热点的预警和对以前发生过,但是又被触发或者以另外的面貌重新出现的议题的预警。所谓预警前移,是指当社会空间正在酝酿,并且尚未形成一个巨大的显性事件时,预警系统应当事先进行核心信息的实时采集和掌握。能解决问题就解决问题,能化解矛盾就化解矛盾;预警不是要想对策,而是要去解决问题、化解矛盾。所谓的预警后移是指,在新的事实性信息和意见性信息不断呈现过程中,网络舆论议题会发生聚合、分化和裂变,在某一议题暂时处于"休眠期"时做好议题的追踪和后期管理,从某种程度上说这也是预警。

3.调控方法的转型

舆论调控方法的转型,关键在于把传统的对信息的控制转变成对事件的解释权的控制。其原因在于,一方面,由于信息渠道的日益多元化,单纯的信息控制已经不可行了;另一方面,由于面对舆论事件,大多数人都居于有主张、有意见而少论据的状态。少论据并不是说没有论据,只是说人们只根据浮出水面的冰山一角来进行意见判断,往往只看到了其一而不知冰山水面下的十分之九的联系。在此前提下,无论是专业人士,还是官方的管理部门,关键是要争夺解释权,即利用自己的专业优势和对情况了解的程度,进行一种信息的逻辑整合,把冰山一角跟冰山下的十分之九建立起关联。只有更加全面、真实地把握现实,才可能更有效地引导舆论。也就是说,在全面给予信息,补证人们信息缺失部分的基础上,同时,给出一个逻辑,给出一个框架,由此引导人们在全面信息的认知前提下形成社会判断和社会意见。

总之,过去是靠信息的控制来影响社会,如今要靠信息的补证、信息的逻辑和信息的框架来获得公众认可和某种权威地位的确立。

三、网络舆论调控的具体策略和方法

既然舆论的表达机制和把握方式发生了很大的变化,舆情热点事件、人物、语言也具有与以往不同的特征,因此,舆论调控难点就在于要用新的逻辑,而不是用传统的方式去画延长线。过去的"全景监狱"信息场域时代,我们是靠信息的控制来管理社会,如今是"围观结构",是"共景监狱",就必须改变过去的方式。基于新形势、新特点,具体的舆论引导也要体现新的思维。

1.网络舆论调控的策略

(1)全面:信息对称

信息对称是形成正确认识的前提和基础。当前的社会引导不能建立在欺骗的基础上,必须对称性地给予受众比较完整的信息,这是完成舆论引导的第一要素。如今,不能靠隐瞒信息引导社会,虽然隐瞒信息可以得到片刻的安宁,但是长治久安是不可能的。当人们知道真相的时候,会产生更大的反弹。政府不是一个利益博弈方,既然没有特殊利益,就要把事情的真相尽可能完整地告诉大家,这是形成正确舆论的前提和基础。

就全方位的信息数量来说。要从有形的、绝对不加以传播的、清一色的、一元化的意见导入方式,变成尽可能地将全方位的信息、意见都呈现给公众。也就是说,给公众提供的信息服务越全面、越高级、越优秀,越有可能将更多的注意力吸引到你能够调控的羽翼之下。要想对公众进行某种引导或调控,相关的信息必须先进入公众的视野。公众对信息有所接触,有所注意,才能对相关信息有所选择。假如你提供的信息有缺失,人们可能根本就不愿意登录你的网站,这无异于将传播对象拒于千里之外,即使在其他形式上再下功夫,恐怕也是事倍功半。

(2)互动:引入社会力量参与问题决策

所谓互动,就是在解决问题的过程中,应该把老百姓引入解决问题的逻辑当中,而不是把他们拒之门外。在"共景监狱"的社会信息场域之下,政府不能用传统的"包青天式"方式来办事,而是提供公共空间,充分调动社会全体成员的力量和智慧,让人们在社会公共领域中享有更多的发言权、决策权和自我控制权,在自主中实现社会的自我关照和自我治理。政府要做的只是制定规则,构建公共平台,组织社会对话。政府要有更多的开放式的管理,而不是封闭式的管理。①

(3)体验:注重情感,让人感同身受

过去社会交流渠道少,如今网络提供了太多交流的渠道。由此,公众形成的社会判断,不是基于理性判断而是基于情感判断。

就像家里不是讲道理的地方,是讲感情的地方,现在人们的社会判断也更倾向于情感诉求。如果谁对某个舆论事件发表见解,人们首先不是看其说得是不是有道理,或者某一些事例本身是否强而有力,而是先进行情感判断、关系判断,即先判断你跟我是不是同一情感阵营的,然后才会有对信息的进一步解读。既然认同和信任建立在关系的亲密程度上,就要解决情感、立场和关系的问题。传播活动如果没有关系、情感的考量,或者说关系和情感没有确立和理顺的话,就不能让人产生认同,道理说得再对、再多也没有人接受,反而会引起人们的逆反心理。

2.网络舆论调控的方法

(1)第一时间反应

我们要尽快地在一个舆论格局中达到先入为主的效果。网络事件的爆发期越来越短,黄金48小时原则已经过时。政府如果在应对网络舆情热点和公信力危机时"千呼万唤始出来",就有可能使网民淤积很多负面情绪,从而错过改变舆情意见流向和正负态势的最佳时期。危机公关的议题管理最优时间一般是事件发生后的12个小时内。12个小时内必须作出回应和启动危机公关的预案。

(2)要跟引导对象形成利益交集

所有的舆论影响都是建立在利益交集的基础之上的,而交集就是双方的共同利益、共同兴趣和共同关注。如果找不到交集点,就无法有效地影响对方。过去面对较封闭的传播格局,人们对信息的获取无可选择,如今人们处于全媒体的环境中,是可以有所选择的。如果传播的内容跟他完全没有关联,人们就可以把这种传播摒弃在其选择之外。

(3)要有合适的叙事逻辑

对一个事件、一个问题的认识,"横看成岭侧成峰",有各种各样的角度,要找到一个角度、一种逻辑来进行叙事,其逻辑既对自己有利,又能兼顾对方,要把对方放到解决问题的逻辑当中去。

一方面,要优化信息的结构。目前,网上的舆论引导,应当是寓引导于服务之中。信

---

① 喻国明.中国社会舆情年度报告[M].北京:人民日报出版社,2010:2-3.

息的全方位提供并不意味着信息的大杂烩,而是一种看似比较开放但是更加隐性的舆论引导方式,即以优化的信息结构将某种理念渗透在信息服务当中。具体说,就是以一种富有创意的方式,将信息予以有机整合,通过信息的供给结构来强调一个比例关系,强调一个重点,强调一种解读思路。

另一方面,要有创意地提供信息,并不是发明信息,更不是杜撰信息,而是以一种更专业的精神将既有的信息进行系统集成,让信息的结构渗透出更多的文化含量、智慧含量,使信息实现更大的社会价值。亨利·福特说:"我没有发明任何东西,只是把他人几百年来的发明组装成了汽车。"[①]这实际上对传播者在专业素质上提出了更高的要求,不仅要采集信息、呈现信息,还要富有洞见地捕捉到事物间、信息间的某种相互关联。

所以,在今天这种多元化的舆论格局现实面前,一方面,信息服务质量实际上是影响舆论引导能力的非常重要的前提和基础;另一方面,我们要用含而不露的隐性方式,去对舆论进行某种改变,决定看到什么,不看到什么,重点看到什么,以什么比例看的,以什么方式看的,这样,才能够尊重人们的自觉意识、选择意识,才更加符合受众的接受心理,进而能够真正对舆论实行有效的引导和调控。

思考题

1. 什么是网络舆论?试对"舆论"、"舆情"与"网络舆论"进行概念辨析。

2. 当前,网络舆论呈现出哪些特征?试举例说明。

3. 如何理解网络舆论的形成机制?试举例说明。

4. 我国网络舆论热点呈现出哪些宏观和微观特征?试举例说明。

5. 在网络舆论环境下,舆论控制转型的依据是什么?试举例说明。

6. 网络舆论调控的策略和方法应当是什么?试举例说明。

---

① 陈宇. 中青报:大国较量在车库[J/OL].(2014-05-12)[2015-4-23]. http://opinion. people. com. cn/n/2014/0512/cloo3-25003640. html.

第二部分

方　法

第七章 关于舆论测量

■ 要点提示

- 测量就是对所确定的研究内容或调查指标进行有效的观测与量度。
- 测量包括三个要素,即测量的客体、测量的工具和测量的结果。
- 测量水平主要分为四种:定类测量、定序测量、定距测量以及定比测量。
- 在进行舆论测量时,要把握取高的原则和适度的原则。
- 舆论测量的特点主要有:调查目的的推断性,调查成本的经济性,调查操作的客观性,调查精确度的可控性,调查结果的定量性。
- 舆论测量的功能主要有:社会评价功能,决策功能,社会示范与社会沟通功能,学术促进功能。

随着社会的进步,人们的主观满意程度越来越成为衡量社会决策和社会运作良性程度的重要指标,对舆论的定量化研究、精细化把握就成为一种社会必需。因此,如何进行舆论测量也成为舆论研究的一项重要的任务。

第一节 测量的定义和水平

一、测量的定义

一提到"测量",总有各种各样的现象浮现在我们的脑海里。比如体检时,测量身高、体重;开运动会之前,要先进行 100 米跑道、200 米跑道的测量,这些关于高度、重量和距离等的感觉都跟测量相关。可以说,在讲到测量时,我们脑海里首先映现出来的是一种数量化水平非常高的测量。

但是,有些量的区分,其数量化程度不高,算不算测量呢?比如智力竞赛或者主持人大赛中,评委在现场根据选手们的临场发挥,评出第一、第二和第三名。那么,有谁能说出这些名次之间到底有多大的差异呢?实际上,我们很难进行条分缕析、非常清晰的测量,只是在给定的评测尺度之下排出顺序来。

做主持人需要"长跑"能力,就是他的专业可持续性,但像在大奖赛上,选手们瞬间表现出来的是某种专业能力、技巧和专业激情,在这种情况下,评委只是尽可能地评测选手

"短跑"速度效果,大略估摸一下选手的"长跑"能力,但这的确也是一种测量。

还有些情况,完全没有程度上的差异,是不是也是一种测量呢?比如,将人分成男、女,将所学的课程分成数学、语文、物理、化学等。有人说这不是测量,其实这也是一种测量。把人或者事物按照不同的属性加以区分,这本身是一种分类,是一种层次很低的测量。

在社会研究中,所谓测量就是对所确定的研究内容或调查指标进行有效的观测与量度,根据一定的规则将数字或符号分派于研究对象的特征(即研究变量)之上,从而使社会现象数量化或类型化。[①] 或者说,测量是依据一定的规则,按照被测对象的不同属性,以某种数字化系统来表示的一个操作结果。依此,测量实际上由三个要素构成,即测量的客体、测量的工具和测量的结果。

1.测量的客体

测量的客体,就是事物的属性。简单地说,测量是对人或事物的社会属性或自然属性的一种区分。

分类是影响事物功能呈现或者说属性呈现的一种方法、手段。任何分类都是要根据影响事物运作形态、运作基础或生存状态的本质进行区分的,对这一本质或特征把握得越自觉、越深刻,其区分或测量的效果也就越好。

像我国新闻学对于报纸的分类有多种,迄今还没有一个完善的分类标准。早在1986年,中国社科院的调查组进行第一次全国报纸基本情况调查时,把报纸分成26类,有人就此提出过异议。新闻出版署认为报纸分26类太多了,而且彼此内涵有交叉,就分成了目前的9类:机关报类,全国综合性大报类,行业专业类,对象类,生活服务类,文摘类,晨、晚报及都市类,对外宣传类,其他类。[②] 但这9类里也有互相交叉的情况,也不能严格区分报纸的运作形态。

关于报纸的分类,实际就是对报纸进行区分,这种区分一定要抓住影响报纸运作和其属性功能的最重要的因素。如果就"出版周期"来区分报纸,日报有日报的价值所在,周报有周报的价值所在,它们是两种不同的价值形态;按所有制的形式,比如说"市场化还是非市场化"来区分报纸;"综合和专门",是区分报纸性能、报纸运作状态非常重要的标志物;像用"出版时间""综合或单一"等一些关键性的标准也可以去区分报纸。

当然,究竟选取什么作为报纸分类的标准,为什么用这些指标进行基础性分类,一定要有非常雄厚的理论解释。虽然最终呈现的分类结果是简单的,但其所涉及的知识却非常广泛,分析的过程也必须很严密,使报纸能够真正实现有序化。

测量永远是针对人或者事物的某一种属性,但必须注意的是,人或者事物是一个多种属性的复合体,不能用对事物单方面属性的测量结果来以偏概全,对其整体下结论,或者说,不能根据某一方面的测量结果对这个事物、这个人下总体性的判断。

① 邹农俭.社会研究方法通用教程[M].中国审计出版社,中国社会出版社,2002:44.
② 金碚.报业经济学[M].北京:经济管理出版社,2002:113.

20 世纪 90 年代初,中国社科院新闻所有一项针对小学生的调查。在调查中,提出一个概念叫作"小学生的素质",大概按照几项标准来评分。第一,是否担任班干部? 比如当小队长 1 分,当中队长 2 分,当大队长或大队委 3 分,等等。第二,考试成绩是优、良、中、差? 第三,是否在学校、区、市的各种竞赛中得过奖? 比如说短跑第一,跳绳比赛第一,或者外语口语比赛第一,等等,都有相应的加分。依据得分的高低,把小学生分成不同的类别:分数在一定程度之上的小学生叫作"素质比较高"的学生,分数在一定范围之内是"素质中等"的学生,还有一定分数之下就叫"素质比较低"的学生。

这样划分是否合适呢? 严格来说是不合适的。因为这里的"班干部"、"考试成绩"和"获奖情况"仅仅反映小学生的某些状况,不能代表小学生的完全素质,这实际上是用了个别属性或某些属性来概括小学生的整体素质。

再比如"考试成绩",能多大程度代表我国小学生的素质? 小学时,想取得好成绩必须有好记性,从某种意义上讲,学校每门功课都在测试记忆力,然而实际工作中未必需要太多记忆。具有讽刺意味的是,有些死记硬背能力极好的学生,在工作中,当记忆不再起如此大的作用时,他们远没有在学校时那么成功。

根据人的八个神经发展系统来说,除了记忆系统,还有注意力控制系统、高级思维系统、语言系统、空间排序系统、时间排序系统、运动系统、社交思维系统,它们都不同程度地影响着学生的全面发展。数不清的智力超群的孩子,虽然在小学成绩平平,却具有良好的逻辑思维能力,只有在中学以后的学业中,才会逐渐显现出不俗的理解力。成绩好的孩子,可能还有许多其他的缺点,比如,有的学生总是马马虎虎、丢三落四,虽然记功课表现得很好,却经常记不住将东西放在哪儿,衣服反着穿也浑然不觉,日常生活和个人卫生乱糟糟的,这些缺点反映了他空间排序能力的薄弱。

更有许多孩子,学习成绩很好,甚至其他七个神经发展系统都比较强大,却无法与同龄人共处;而有些孩子天生具有独特的交际才能,善于交友,这是因为不同的社交思维系统在发生作用。语言系统会影响学习第二语言时的效果,稍有语言障碍(有时不明显),想取得好成绩就比较困难。运动机能则决定孩子在体育方面能否拔尖。

如果单从"考试成绩"来看,仅仅测量小学生的记忆力,其他诸多素质反映不出来。随着年龄增长,神经发展机能像可塑性肌肉一样,如果能得到很好的锻炼,并适当运用,就会获得长足的进步;如果对某一系统利用不足,它就会急剧衰退。

由此,测量客体,即事物的属性、特征的选择,直接关系到测量结果的价值及可利用程度。如果适当,考察的结果就具有科学性,利用价值就高;如果不适当,则考察的结果就会以偏概全,其科学性就会受到质疑,利用价值就存在局限性。

2.测量的工具

测量需要借助一定的规则程序作为它的测量工具。所谓测量的工具,就是某种规则程序,具体来说,是指反映社会事实的由各种指标组成的问卷、量表和观察表。

如为了解城市女性的消费模式和消费观念,通过问卷的方式,问卷中会包括诸多涉及女性消费状况的问题。如:"影响您消费和接受服务的因素是什么? 是营业员或导购员、广告还是家人或朋友的口碑和推荐?"结果表明,近 1/3 的消费者在选择消费或接受服务时受到亲朋好友的强烈影响。"如果有两种商品,它们的内在质量都差不多,但其中一种的品牌或外形款式更为您所喜爱,但它的价格也贵一些。请问:在这种情况下您通常会作出哪一种选择?"结果显示,从总体上看,我国绝大多数城市女性为重视品牌和外形款式的现代型消费者。[①]

如为了解我国城市居民早间生活形态和电视收视意愿,测量受众的状况,我们也可以用带有问题的量表。如:以七级量表的形式从九个方面对观众所期望的早间电视节目的总体风格和特点进行考察,调查结果是,观众心目中理想的早间电视节目的风格特色应该是"形式不断翻新的""轻松活泼的""暖色调的""快节奏的""焦点集中的""有分析有深度的""观众参与的",并在此基础上,兼顾节目"重大"与"实用"的结合、"时尚前卫"和"传统主流"的结合。[②]

选择的测量工具必须能正确地代表所要反映的社会事实。社会事实与测量工具之间的关系越是一致,所得的结果越符合期望。比如测一个人的身高,拿一个橡皮筋测量,恐怕这次是一米八,下次是一米六,其测量结果是不可靠的。同理,测量婚姻满意度时,有时量表会比单纯的问卷效果更直观一些。

应该说,世界上没有任何一个事物和现象是不能够加以测量的,只要是客观存在的,就是可以测量的。当然,对于有些事物,我们会以比较高的精确度、数量化水平来进行区分和把握,而对某些事物的把握就不那么精确,数量化的水平也不怎么高,其原因就取决于我们的测量工具。好的规则、适当的程序可以带来比较精确、可靠和科学的测量结果;不好的规则、不适当的程序给我们带来的是一些似是而非、科学化程度很低的测量结果。比如"顿悟""灵感"或者人的"幸福感"等,这些事物之所以不可捉摸,不单纯是它本身不可捉摸,还由于我们打造出来的规则工具尚不足以有效地把握它们。如果有一种测量工具能够有效地把握它,"顿悟""灵感"也会成为我们精细化的把握对象。

任何一门学科都是建立在特定规则、特定程序的基础之上的。真正的学科建设是在做什么?就是对某一学科所定位的对象进行把握、进行区分、进行辨别的规则和程序的建设,在某种程度上说,学科的建设就是建立规则和程序的过程。要判断某个研究结果,以多大的程度相信它,首先要看研究者所利用的规则和程序本身有多大的科学性。因此,对于一个结论性的东西不要盲从,必须先要考虑到得出这个结论的工具的可靠性。

3. 测量的结果

我们可以采用带有问题的问卷、量表和观察表等多种形式的测量工具,由此对问题的回答也难免有多种方式,但一般来说,用数字表达式来表达一个测量结果。

为什么从测量学的角度来说,数字表达式是最佳方式?就在于数字表达式有其唯一性和确切性,某些差异可以兼容在这个数字表达式中,可以进行某种横向的比较。

比如根据年龄段的不同,我们可以分为儿童、少年、青年、中年、老年。有些人刚过40岁,年龄不大,就觉得自己已经是中年人了;也有些人55岁了,还说我心里年轻着呢。再

---

① 喻国明.解构民意:一个舆论学者的实证研究[M].北京:华夏出版社,2001:137.

② 喻国明.解构民意:一个舆论学者的实证研究[M].北京:华夏出版社,2001:290.

如,问某人是否经常去电影院看电影。"经常"这个词语应该说还是比较具象化的。但事实上,要做一个全国性的调查,就发现人们对其理解有很大的差异。对于身处偏远山区的农民,他说"经常"到电影院看电影,就是一年能到县城电影院看两三次。因为对他来说,看电影是件很隆重的事情,很难得的事情。而对于一个在大城市里生活的人,什么叫"经常"进电影院看电影? 恐怕一个月得看两三次才能叫"经常"。因此,面对同样一个词语,人们会有不同的理解。

再比如说读报行为。问一个人是否经常读报,同样一个词语之下,可能的读报发生频次有很大差异。因此,针对一份中国的日报,一般要做这样的归纳:每月读报 0 次:"非读者";每月读报 3 次以下:"偶尔读";每周读报 1～2 次:"有时读";每周读报 3～5 次:"经常读";每周读报 6 次以上:"天天读"。

将每一个词语都置于一个数字表达式之下,对一个数字表达式所表达出的数字系统再进行数量化的区分。无论你是在北京还是在甘肃,无论你是城里人还是农村人,无论你是老年人还是年轻人,无论你对这些词语本身的理解有多大差异,只要在这样一个数字系统之下,某些情况就能比较整齐划一地进行严格区分。总之,测量结果采用数字表达式的好处,就在于它不会产生歧义,比较规范,对于提高测量的效果来说,是一种比较好的形式。

二、测量水平

测量水平是根据事物属性区分的数量化程度以及使用的相应尺度来加以区分的。对属性不同的变量使用不同的测量尺度,就好比日常生活中,对身高使用米尺、对体重使用磅秤度量一样。根据对事物加以区分的数量化程度,我们把测量水平分为四类:定类测量、定序测量、定距测量和定比测量。

1.定类测量

所谓定类测量,是根据定类尺度将事物进行不同属性的分类,它是测量水平中最低的一种,是关于测量的基础性水平的区分,具体而言,定类尺度可分为标记和类别两种。

标记,仅仅是一个可识别的符号,它可以是数字,也可以是字母。当数字被用作标记时,它并不表示数量的多少,也不能将其用于数学运算。就如同运动场上,运动员身上的号码仅用作区分不同运动员的标志,并不意味着 3 号运动员比 1 号运动员、2 号运动员高,或者跑得快,更不可能意味着 1 号加 2 号等于 3 号。

类别,是对变量的不同状态的度量。比如,性别可分为男、女;民族可分为汉族、壮族、藏族、蒙古族、满族等类别。

标记与类别的不同在于,人们不能从标记本身获得更多关于被测对象的信息,而从类别的区分上却可获得被测对象的某些基本特征。就测量结果而言,类别可以用"属于"或"不属于"来加以区分,但没有大小、高低和优劣的差别。

定类测量尚需注意:一是定类测量实际上是分类系统,必须有两个以上的变量值;二是变量必须互相排斥,即同一个变量值只能代表性质或特性相同的事物,只能符合一种类型;三是测定的对象都有一个合适的归属,不能没有归属。

分类确确实实是人认识社会的最基础和最重要的手段。没有分类,就没有对事物把握的前提和基础。一个学科如果还不能进行科学分类的话,说明这个学科是比较原始、比较落后、比较不发达的,所以,分类学实际上是任何学科的基础。

2.定序测量

如果一个变量能够依据操作定义所界定的明确特征或属性分类,就表明它已经有一定的区分度了。在此基础上,如果将它们等级的大小、顺序的先后和程度的高低排列出来,从而让人们知道在某个属性方面哪个更多,哪个稍少,这就是依据定序尺度所进行的测量。

其测量结果可以用"大于"或者"小于"来表示不同的测量结果在这个属性上的相互关系,它能区分出数量的某种强弱、大小来。

从测量的精确度来说,定序尺度比定类尺度要高一个层次。但由于定序尺度所测量的各个类别之间没有确切的度量单位,所以,不能确定各个类别间大小、高低和优劣的程度,或者说,定序测量的区分度已经有数量化的含义,但是数量到底差多少尚不知道。例如:

文化程度:小学以下、小学、初中、高中、大学、大学以上;

社会阶层:上、中上、中、中下、下层;

企业规模:大、中、小。

这些变量值之间的差别是显而易见的,但具体差距数值却难以确定,每两者之间的距离也不能画等号。

3.定距测量

定距测量就是为事物在某种属性上的差异打造一个标准单位,它是一种能够测定事物的属性和特征的差距程度的测量方法。也就是说,它除了能确定变量值之间的类别以及顺序外,还能进一步计算各变量值之间相差的实际数值。

具体差距之间的比较,是通过设定一个标准单位、等量的刻度去区分不同事物在某一个属性上的差异到底有多大。比如,水的温度是从 0℃ 到 100℃,实际上是把水从冰点到沸点之间的温度进行 100 等分,然后就设定为一个标准单位——摄氏度(℃)。通过这个标准单位,我们对于水在温度上属性的差异就有了数量化的把握。由此知道,20℃ 和 30℃ 之间的温度差异,跟 60℃ 和 70℃ 之间的差异是一样的。就像人的智商在 160 与 150 之间的差异,跟 70 与 60 之间的差异是一样大的。有了标准单位,可以进行不同情况的比较。用数学符号表示,就说明它们的差异结果可以用加减来比较,来进行运算。

但是定距测量毕竟是一个人为设计的标准单位,它缺少原始原点。所谓原始原点,就是某一属性的"有"和"无"的区分点。对于温度这个概念,什么叫原始原点呢? 就是当所有的热分子运动降低到完全停滞的状态,这种状态就叫作绝对零度,是 −273℃,这才叫没有温度,在这之上都是有温度的。温度为 0℃ 并不意味着没有温度,它是根据水的冰点到液态的转化的临界线所设定的温度,它并不是表示热分子运动完全停滞了,而只是它相对的一个起点,是人为设定的。

智商测试是一种人为设定的尺度,也是一种定距测量。智商 100 意味着什么呢? 意味着跟所有社会成员中等水平的智商是一致的。那么,它是以中等水平作为平均水平,作为样板,然后往上和往下划分。智商 0 表示什么? 表示在这样的测试工具之下,测不出某一个人在这方面的智能属性,并不表示他完全没有人的智能属性。所以,在定距测量这一尺度之下,没有原始起点,"0"并不表示没有这种属性。

设定原始原点有什么好处呢? 我们可以对某一事物属性的"有"和"无"作出一个判断。就像"读报行为"一样,当某人的读报行为是 0 次的时候,说明他不是这张报纸的读者或者说他不读报,没有这方面的属性。如果"有"这方面的属性,是读 1~3 次,还是 3~5 次,还是读 6 次以上,就可以依此进一步区分出在这一属性意义上的数量差异。

4.定比测量

定比测量是一种能够测定事物之间比例、倍数的测量尺度,既有原始原点又有标准单位的一种测量水平。

定比测量要求有一个绝对的、固定的而非任意规定的零点,有没有这个绝对零点存在,是定比测量与定距测量的唯一区别。例如:

年　龄:0 岁、20 岁、40 岁、60 岁。

月工资:0~2000 元、2000~4000 元、4000~8000 元;
　　　　8000~12000 元、12000~20000 元、20000 元以上。

在此,0 都表示真实的无。

定比测量尺度除了具有前三种测量尺度的所有特征外,还能对变量值进行乘除法的运算。实际上,能够做乘除的变量,可以利用所有的数学工具来进行相关的数据分析,是一种最高层次上的数量关系。

定类测量、定序测量、定距测量和定比测量是舆论测量中最基本的四种测量水平。它们之间既相互联系,又相互区别。一方面,定类—定序—定距—定比测量,层次依次上升,趋向逐渐复杂,水平也不断提高;另一方面,每一较高层次的测量尺度,都是以较低层次测量尺度为基础的,所以,每一高层次的测量,都必然包含着低层次测量尺度的全部特征。

对于同一个变量,可以根据研究者的实际需要对其做不同层次的测量。比如就"生活水平"而言,可以进行定序测量:贫困、温饱、小康、富裕;也可以进行定距测量:1000 元、3000 元、5000 元、7000 元、9000 元。

第二节　舆论测量的原则与特点

在社会调查方法的相关著述中,舆论测量又被称为"舆论调查"、"民意测验"或"民意调查"。从严格意义上讲,舆论是一种集合意识,包括公共舆论、阶层舆论、团体舆论、群众舆论、上层舆论、下层舆论;民意则是全体人民的意见和愿望的总和,全体人民共同意志的体现。

虽然这些概念的范畴是有差别的,但民意是舆论构成的主体部分,民意测验是舆论调查的主要方式。由此说,舆论调查实际上就是一个舆论测量的过程。①

① 喻国明,刘夏阳.中国民意研究[M].北京:中国人民大学出版社,1993:295.

一、舆论测量的原则

根据舆论调查的实际需要,在设定测量水平的时候,我们应该把握两个原则:一是取高原则,二是适度原则。

1.取高原则

一般来说,测量层次的水平越高,获得的信息越多,测量也越精确。当能够用高层次的测量水平进行某项测量时,就不要用低层次的测量水平,即"就高不就低",因为较高层次的测量水平的测量结果信息量比较丰富,任何一个高层次测量水平的数据和结果都包含着低层次的结果。

具体来说,定序测量一定是在定类测量基础之上的测量。如果连类别都划分不了,就无法区分它们之间的主次、高低或者等级;既然已经有一个属性的标准单位来表示它们的差异,对它们在属性上的序次等级也会有一个划分。每一个高层次的测量水平都包含着它以下层次的信息,而低层次的信息只是作为它往高层次发展的一个基础,但不包含高层次的信息。因此,为了获得更多的社会测量信息,我们在设计测量水平、测量尺度的时候,要用取高原则,来尽可能提升我们的测量水平。

比如,对于年龄指标的获得就有不同的方式。有一种获得方式是这样,问一个人的年龄:①等于或小于 19 岁;②20～29 岁;③30～39 岁;以此类推。这种区分可不可以呢?可以。但问题在于,如果要进行分析的话,就只能在已经设定好的尺度范围之内进行相关的分析。比如,要想知道人们在社会态度方面、社会参与感方面、社会价值取向方面和现代化程度方面的认识有多大的区别,我们可以说 19 岁以下的人在这个问题上是什么情况,20～29 岁的人是什么情况,等等,但不能再进行其他的分类了。

假定 18～25 岁这个年龄段是我们特别需要了解的人群,在获得上述数据的情况下,分析任务就无法完成。因为一部分人在"19 岁以下",一部分人在 20～29 岁,数据分析就无法达到预期的目的。但是如果按照定比测量尺度去设计,问一个人年龄多少岁,是 21 岁就写 21 岁,是 25 岁就写 25 岁,是 40 岁就写 40 岁,那么我们就可以进行各种水平上的分类,不同的分类体系都可以得到满足,所以,这种数据的可用性更强。

高层次数据的数学统计意义多,可以进行更加精细的数据把握。相对来说,低层次的定类、定序所使用的数学手段都非常有限,对它把握的精细程度,有些工具手段诸如相关分析是可以做的,但是回归分析就很大程度上受到限制。这就是在进行舆论测量,决定测量尺度时,为什么要"取高",即尽可能用高水平的尺度去进行测量的原因,但这并不是唯一原则。

2.适度原则

测量是双向互动的行为。作为调查者,你提供一个工具,想获得相关的数据,但是,这不是调查者单方面意愿的结果,一定要考虑到被调查者的心理需要和承受能力。适度原则告诉我们,在进行研究设计时,要考虑到对方的各种心理,要考虑到他对所测量事物的某种担心、某种考虑甚或某种需要。实际上,如果不充分考虑到对方的心理需要和承受能力,你设计出来的尺度的可行性就会很差,就难以顺利地、有效地获得相关数据,所以,还应该把握适度原则。适度一般表现在两种情况之下。

(1)涉及相对敏感的问题时

拿收入问题来说。在改革开放之初,我们觉得西方人的"男不问收入"不好理解。因为在计划经济体制下谁收入多少,只要一问他的工作年限,相差也不过5元钱。因为那时都是年工序列,你是几级工、几级干部,相应的工资就是多少。大学毕业就是56元,二级工在北京就是38.5元,这些数字大家都知道,没什么秘密可言,因此也不作为隐私。

可是,现在不同了,人的收入构成已多元化。有些人在工厂里拿的工资是2000元,外边的收入可能是20000元,收入随之变成了一个相对敏感的问题。因此,在设计收入水平时,一定要考虑到人的敏感心理。再比如问某人实际收入是多少,具体到100085元,当然,信息掌握得越精细,对测量和使用测量工具就越好。但问题是,考虑到人的敏感性,你调查得那么细,对方有可能说,"我不回答这个问题,因为你不是公安局的,也不是纪检委、监察委的"。因此,必须考虑到调查对象的意愿,不能强制他。

收入问题对高收入的人一定有敏感性,对低收入的人就不敏感了吗? 在实际调查中,如果收入太低,他也会有隐瞒低收入的心理倾向。当然,这不能一概而论。但是面对低收入者,人们总免不了会有这种说法,这人怎么才800元收入? 是不是水平很差啊? 正因为如此,低收入的调查对象就有可能在调查过程中把自己的收入适当地夸大一点儿,800多元说成1000元,因为他觉得低收入是很没面子的。

那么,适度的"度"如何去把握? 一是依据被调查者的承受能力,二是依据我们的调查需要。我们的调查并不是税务机关进行的检查,没有必要精确到每角每分。根据研究的需要,只要知道不同富裕程度的人,其消费方式、政治参与感、社会参与感或者价值取向有哪些差异,根据该地区的人均收入进行分类即可。假如某市的人均收入是2000元,那么,将它作为一个划分的中限,可以把人们的收入分成不同的组:800元以下为低收入;800~1500元为中低收入;1500~3000元为中等收入;3000~5000元为中高收入;5000元以上为高收入。我们只需要知道某人的收入在哪个区段范围之内即可,并不需要知道他到底有多少收入。尤其那些低收入者或者高收入者,便于回答,比如对于高收入者,5001元、55000元、50万元的收入都划在同一个区段之内。

没有具体的区分,它的敏感度相对来说就比较低。只要能够满足我们的研究需要,就不必让人家把确切数字告诉我们,以便增强调查的可行性和合作性,这就是运用了适度原则。

(2)面对被访对象不同区分度、分辨度时

对于一位品茶叶的专家,只要把一根茶叶放在嘴巴里边稍微嚼一下,就知道这是在哪个地方产的什么茶,这说明,他品尝得太多了,辨别能力太强了。

人的心理有差异,可能他的感觉就不一样。一个文化程度比较低或者启蒙程度比较低的人,其意见表达就趋向两级或者三级:非常赞成、非常讨厌、没意见,这表明他的心理刻度是比较粗的。但是,一个文化程度较高或者启蒙程度较高的人会说得更具体一些,他会描述出对这问题的赞成程度,是"稍微"、"比较"、"非常"还是"特别",他的心理刻度是比较细的。因此,我们在设计调查指标时,要与大部分人在这个问题上的心理刻度相适应,把握被访对象的基本辨别能力,与被访对象的分辨能力相适应,不能提出不切实际的问题。

二、舆论测量的特点

舆论调查分为传统舆论调查和现代舆论调查。

传统舆论调查属于社会调查方法体系的一部分,它所收集的材料多为说明性的或描述性的,带有直观和经验的性质。现代舆论调查则与数理统计科学、心理学、社会学和人口学等学科的发展息息相关,尤其统计学的概率与统计方法为舆论调查奠定了科学的基础。

在传统舆论调查阶段,由于技术手段和方法的局限,调查者只能依靠自身经验和智慧来进行舆论调查,民意以一种"不可捉摸的力量"的方式存在。现代舆论调查,由于技术手段和方法的提升,为民意的采集和应用增添了科学和确定的成分。

所谓舆论测量的特点,无非是现代舆论调查所具有的和经常表现出来的属性。现代舆论调查的特点和作用发挥与技术手段和方法密切相关。

1.调查目的的推断性

舆论测量所依据的概率和统计方法是一种数量分析的方法,是把大量实地观察、调查得来的数据进行分析研究,从而对大量现象作出估计,以发现规律的方法。

(1)调查推断性的逻辑依据

舆论调查方法涉及的计算和技术问题是概率论和数理统计所研究的,概率和统计方法中包含的逻辑问题则具有从特殊到一般的归纳方法的特征,并且是应用数学的归纳方法,与经验的归纳方法不同。

舆论测量采用科学抽样来推断总体,是以部分的认识来推断整体的一种认识方法,具有从特殊到一般的归纳方法的特征。进行实际测量的对象只是总体当中很小的一部分,通过这一部分人的情况来推知总体的相关状况。

以具体的调查为例。1992年春节前后,中国人民大学舆论研究所会同《三月风》杂志在我国组织了首次"中国社会人际关系现状的调查"。本次调查对象的总体为年满12周岁以上的大陆居民。在抽样设计上,采取了全国性调查与重点地区调查相结合的方法,分别以全国居民和北京市民为抽样总体抽取了两套随机样本。全国调查样本由分布在全国20个地区的3309位被访者组成,北京调查样本由分布在北京城乡的1407位被访者组成。

该调查的目的是通过对样本的解析和测评,来推断全国和北京地区的人们总体上在社会人际关系的认知层面、情感层面和行为层面的状况。此次调查是通过中央电视台全国收视率调查网具体实施的,通过对调查样本的结论还可以推断中央电视台第一、二套节目当时覆盖地区的6亿居民的状况和态度。

舆论调查的目的不是考察样本本身的性质、特点,而是认识总体。只要调查对象具有充分的代表性,就能够依据为数不多的调查对象的态度和意见,推断广大社会成员的态度和意见。

(2)关于舆论测量推断的误差

在具体的调查过程中,通过对部分的考察推断总体的情况是有误差的。有的情况下,误差需要技术性的手段加以矫正,以便样本反映总体的实际情况;而有时,关于部分的考察情况、意见或者某些特点等,只要符合研究目的,对这一部分人的考察情况可以有所妥协,甚至也允许某种误差。

①舆论测量可避免的推断误差

比如,我们想了解一个人的媒介接触行为。如果问,你通常是否读报纸? 你通常是否看电视? 或者说你通常几点钟起床? 调查出来的情况往往跟实际情况之间是有差距的。因为"通常"这一用语,更大程度上会成为一个人对自己决策行为的反映,成为一种对个人行为模式的认识。换句话说,我"应不应该"读报纸? "应不应该"看电视? 从调查角度来说,它可能不是真实的情况,而是人们对自己决策的一种认知。在这种情况之下,对部分的认识和调查结果就很难成为对现实情况的真实反映。

如何从技术上避免这种因认知原因导致的调查结果偏差呢? 在调查时就需要将媒介接触行为的问题限定到具体的一天,假定问,在特定的一天,你是否看了报纸? 比如,在过去七天的时间范围之内,你看了几天电视? 或者说,今天你是否看了报纸? 这种问法,就会割断一个人跟自己决策行为之间某种认识上的联想。再如问一个人,对已婚妇女抽烟持何种态度? 人们一般会说这是个人权益问题,只要她没有影响我,已婚妇女抽烟与否,这是她个人的自由。但是如果问已婚男人,你对自己妻子抽烟持有何种态度? 这样问就更具体,更接近于他的真实情况。

②舆论测量允许的推断误差

如果问题具体到某一天,误差是否还存在呢? 每天都有必然也有偶然。

按道理讲,在"通常"的日常行为中,他可能看电视、看报纸,可是在你测定的限定条件之下,由于某种偶然情况,比如过去七天正好在国外参加一个学术会议,没有看国内的报纸,也很正常。这种没看报纸、没看电视的情况,就是某种偶然性造成的误差。再如,按中国人传统观念,早睡早起是勤快人的行为标志。如果说是上午 10 点钟才起床,就让人觉得有点儿懒散。但的确有这种情况,本来应该上午 6 点半起床,但昨天写论文熬夜,所以今天睡个懒觉,上午 10 点半才起床,也很正常。

可以说,具体到某一天的问法会比较接近真实情况,但又有偶然性,那么,这种由于偶然性产生的误差允许不允许存在呢? 如果这种偶然性对于调查对象本身的认识可能是一种误差,根据大数定律,从总体中抽选出容量充分的随机样本,样本特征近似于总体特征,那么这种误差是可以被消解掉的。比如有这种情况,爱看报纸的人因某种偶然情况没看报纸,不爱看报纸的人昨天买了张彩票,为了查彩票,今天看了报纸。

也就是说,在大数定律范围之内,这种偶然性发生的概率是弥散的,在形成一个集中趋势时显示出某些规律性的现象,所以不会被偶然性因素所破坏。

③专业意义上的舆论测量推断

舆论调查目的的推断性,使我们依据调查样本结果的分析和测评,对调查总体的情况有所把握。这种对总体的推断性,要求调查工作者秉承职业精神,恪守职业道德,借助专业手段,不能因为别人接受了相关的舆论调查,推断某种不良社会现象的存在,而使其遭受惩罚,这是从更高层次上、从专业意义上对舆论调查目的推断性的要求。

比如,在中国《统计法》实施之前,国家统计局有项"家什"调查。该调查主要是了解人们基本的收支账本,即每个家庭的收支情况、收支计划,这在我国是非常重要的国情国力调查。通过"家什"调查,可以获得一些居民生活状况的重要数据。该调查出现过这样一种情况。有些调查统计人员,由于发现某调查户的某种不规则的经济情况(比如赌博,某天多收入若干元)或者有些不明财产的情况就揭发举报,由此,造成了相当大面积的被调查家庭不愿意接受调查。

事实上,舆论调查统计的任务在于作为国家的眼睛,为社会公共管理决策提供客观信息。其所提供的信息比举报一两个所谓的违规行为对国家的意义更重要。那些违规行为、犯罪行为有国家相应的职能部门去侦查、追究。调查统计人员应该严格遵循专业路线,没有责任、义务,也没有权力以调查工作为由作出对调查对象不利的事情来。所以,在《统计法》实施之后,调查统计人员要严守调查对象的隐私,这是调查统计人员应具备的职业操守,也是国家法规所规定的。

总之,从舆论调查目的的推断性来说,进行现代舆论测量不是为了了解少部分人的情况,而是要通过少部分人的情况,去推断一个更大范围内的社会成员的整体情况。虽然从逻辑上来说,是从个别的、已知的局部认识推广到未知的整体认识,但在具体应用中,还是要兼顾到它的适用范围,哪些推断偏差是需要避免的,哪些推断误差是允许的,尤其要注意到舆论调查推断的专业范围和界限。

2. 调查成本的经济性

人们往往以为,抽样误差与样本大小密切相关,样本越大,越接近总体,抽样误差越小;反之抽样误差越大。应该说,这种情况仅仅在一定精确度要求下是正确的,即总体越大者其样本要求亦应越大。但当总体规模增大时,必需的样本容量未必同其保持同样的增长速度。也就是说,当总体规模达到足够大时,样本的必需量相对于总体来说,只是受到较小的影响。如图7-1所示:

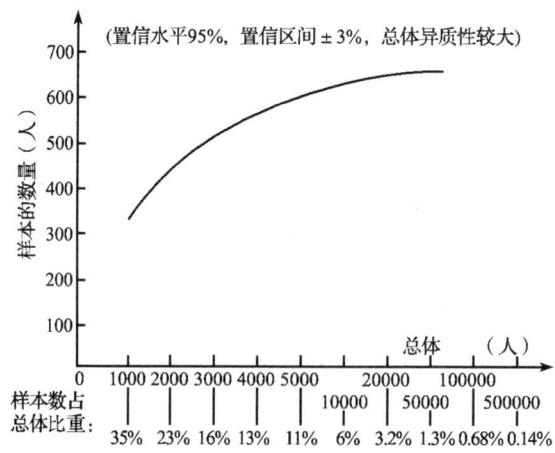

图7-1 不同的总体规模所需的样本数量①

---

① 袁方. 社会研究方法[M]. 北京:北京大学出版社,1997:226.

对这一组已知的条件（总体可信度、方差、误差）来说，当总体规模从 1000 增大到 500000 或更大时，样本必需量确实呈增长趋势，但实际规模在 10000 以上的总体，样本必需量是相当接近的。可以说，所要调查的总体规模越大，使用抽样调查越经济合算。

比如，我们要在北京市做一个调查，北京市 1400 万常住居民，加上流动人口 350 万人，差不多 1800 万～1900 万人。如果采取普查方式，整个投入是非常高的，但是按照现代统计学的原理，进行符合程序规范的抽样，如果对调查的精确度要求不是特别高的话，1500 人左右的调查就完全可以在比较好的精确度之下，了解北京市民的一般情况。欧洲统计学家就说，中国是一个抽样调查的天堂。因为中国这样一个人口大国，人口基数极大，最能显示出调查成本经济性的优势。如果说在法国要做一次全国性抽样调查，需要 3500 人到 5000 人；中国虽然有 13 亿人，考虑到中国地域不同的复杂性，事实上只需要调查 3500 人到 5000 人，即可以达到跟法国那样人口数量不太多的国家所达到的精确度，彼此没有太大的区别，那么这种调查成本的经济性特别明显。所以，成本经济性是现代舆论测量非常显著的一个特点。

3. 调查操作的客观性

所谓调查操作的客观性，是指在现代舆论调查过程中，整个操作程序、规范和要求越来越接近于客观。由于调查手段和方法的改进，尤其采用随机抽样方法调查舆论动态，尽可能减少了调查者和调查对象双方由于外界因素和主观随意性所造成的误差，使调查结果比较真实可靠。

一是，从抽样方法演进过程来看，抽样方法的每一次改进都在一定程度上缩小了调查者主观选择调查对象的自由程度。采用方便抽样时，调查谁或不调查谁，由调查设计者来设定，或者由访问员个人来自主选择。定额抽样为保证所访问的人员与总体的主要人口统计特征相吻合，要求访问员必须按事先规定的各种比例进行抽样，虽然限制了访问员选择的主观随意性，但却无法避免在定额范围内选择调查对象时出现偏差。比如假定调查就三个约束条件：一个男人，36～40 岁，从事白领工作。去调查时，如果有两个人都符合这三个条件，但有一个人长得比较凶悍，另一个长得比较文雅，访问员可能就会找那个看上去比较有亲和力的人做调查，而远离那些可能会给自己带来某种不舒服感觉的人。

可见，只要在调查中掺杂了某种主观色彩，从调查选样的角度来说，就会容易出现系统性的偏差，即系统地排除一些人，而系统地调查某些人。那些跟大多数人的生活方式或生活理念不一样的另类人群，有可能被排除到调查范围之外，这样的调查就不会客观，它的代表性就会受到某种制约。

随机抽样依据随机原则选择样本，在严格的随机抽样调查程序之下，访问员对被访者是没有选择自由的，避免了任何主观随意性。比如要调查某社区街道几楼几号的李先生，访问员就不能调查李先生的爱人，也不能调查李先生的孩子，更不能调查他们家偶然来的一个客人，必须要调查李先生本人。

二是，对调查的必要掌控，尽可能避免调查中的不规范操作。有人说，原则上应该调查谁都很清楚，但实际调查又是另一回事。在 20 世纪 90 年代初期到中期，在调查方式上不规范的情况比较普遍。之所以如此，是因为不规范操作可以降低成本。严格来讲，一份问卷的平均费用是 50 元~60 元,如果随便填的话,恐怕也就三五元钱。成本之间存在如此巨大的差异,有些人为了节省调查成本就采取了不规范的调查方式。

即使目前调查状况有所改观,但为了保证结果的真实客观,对调查进行一些掌控也是必要的。比如说,从全国人口普查或者北京市人口普查资料中拿到数据库资料,调查对象的基本情况,诸如姓名、年龄或住址等都可预先知晓。假定说要调查李先生,可以把李先生的住址告诉访问员,访问员按照门牌号去找这个人即可。但是,有一项数据没有告诉访问员,比如李先生的年龄,而年龄在普查的数据库里是有的。等访问员调查回来,如果想检测其调查结果,只需在一个专门的计算机程序中录入调查结果,马上就可以显示出是否有效。比如李先生现在 65 岁,而访问员填的却是 36 岁,显然没有找到李先生本人。通过这样一些指标的控制和检查,可以断定访问员是否真正实施了调查。

舆论调查是要了解客观真实的情况,是通过很少的一部分调查来推知整体的情况。如果对很少的这部分人的情况把握有很大误差、有很多作伪的情况,那么,这就使调查失去了应有的意义,无疑对调查品质也形成了很大的伤害。对于调查公司而言,数据是其生命价值所在,所以,在调查当中应当严格禁绝调查中的不规范操作。

4.调查精确度的可控性

调查精确度的可控性也是调查价值的一个重要因素。有人说,非随机抽样调查之所以不可控,是因为它没有代表性。事实上,非随机抽样虽然在抽样误差控制方面没有可靠的科学手段,但是并不能说明它没有代表性。如果用严格的学术性语言来说,只能说不知道调查精确度到底有多大,可能是 100% 准确,也可能是 1% 准确。

任何调查跟任何测量一样都是有误差的,关键要看调查的精确度是否可控,其控制的方法是否可以纳入一个可操作、可应用的环节。比如,调查的精确度与样本容量有很大关系。样本容量又称样本大小、样本规模,指的是样本内所含个体数量的多少。它不仅直接影响到调查的费用和人力的花费,还影响其自身的代表性。一般情况下,抽样误差与样本大小密切相关,样本越大,越接近总体,抽样误差越小;反之,样本越小,与总体差异越大,误差越大。因此,样本大小视研究所要求的精确度,即允许误差与置信水平而定。对样本的精确度要求越高,所允许的误差则越小,样本就应越大,反之亦然。表7-2是在 1%~7% 的允许误差和两种置信水平下,简单随机抽样所需的样本数。

表7-2 1%~7%的允许误差和两种置信水平下,简单随机抽样所需样本数[①]

允许误差	置信水平	
	95%	99%
1%	9604	16589
2%	2401	4147
3%	1067	1849
4%	600	1037
5%	384	663
6%	267	461
7%	196	339

---

① 袁方.社会研究方法教程[M].北京:北京大学出版社,1997:225.

样本大小的"适当"是非常重要的,适当的样本依据研究目的和总体性质而定,并且受制于客观条件以及抽样方法等。因此,要依据研究目的对调查所允许的误差大小作出规定,即确定抽样的精确度。

实际上,在设计样本规模时,精确度要求与费用、抽样误差与非抽样误差始终处于两难选择之中。比如,减少样本规模,但很难达到所要求的精确度;如果为了提高样本的代表性,增大样本规模,就要增加调查的人力、物力。这样,虽然抽样误差减少了,但非抽样误差却可能大大增加。随着抽样理论和实践的发展,有些成功经验逐渐成为样本设计的依据。例如,美国的民意测验,样本数一般在 1600～2000 人之间,最多不超过 3000 人,而最重要的全国调查则在 15 万～20 万人之间。[①]

在一般的舆论调查中,实际上不要求很高的精确度,调查人员往往凭经验确定样本容量的大致范围。表 7-3 给出了根据经验确定的样本容量的大致范围,仅供参考:

表 7-3　经验确定样本数的范围[②]

总体规模	100 人以下	100～1000 人	1000～5000 人	5000～1 万人	1 万～10 万人	10 万人以上
样本占总体比重	50%以上	50%～20%	30%～10%	15%～3%	5%～1%	1%以下

由经验确定的样本调查,其结果不能推论总体,只能作为了解总体状况的参考。要想精确地推论总体的状况,不仅要对代表性进行检验,而且要检查抽样方法是否科学。

研究者可以明确地根据误差的可控方式来调整误差设计。如果研究经费很充足,研究人员的资源很丰富的话,根据调查本身要求的精确度,可以按照一套程序把精确度调整得很高;但如果调查费用、资源比较有限,而且调查目的并不需要那么高的精确度,就可以调低调查的精确度。

由于抽样调查精确度的可控性,人口普查的误差率也是通过抽样调查来估计的。有人说这就奇怪了,人口普查难道会比抽样调查代表性更差吗?人口普查没有抽样误差,即没有由于调查少部分人来推断认识整体所带来的抽样误差,但是它有非抽样误差或者叫工作误差。普查是一项要临时动员众多的访问员来从事的调查工作,由于大部分调查人员的非专业性,在调查工作环节中有可能产生很多工作误差。比如说在数据登录过程中,被调查者写了一个"7",录入员误录为"1",这就是一种工作误差。或者说,明明应该访问这个人,结果访问员由于控制程序没做好,访问了另外一个人,这也叫工作误差。

工作误差有时比抽样误差大得多,因此,普查的误差率要用抽样调查来估计。就像针对北京市 1400 万常住居民的普查结束后,北京市调查局还会集中专业人士,在一个抽样精良的设计地区进行复查,该复查是严格按照专业人士的专业操作规则去做的。复查之后,可以对北京市整个人口普查的情况作出误差估计。

总之,调查精确度的可控性、调查误差的可塑性决定了舆论调查是一个可以被控制的对象,那么,就可以根据研究的具体目的和情况进行适当的调整。

① 袁方.社会研究方法教程[M].北京:北京大学出版社,1997:228.
② 袁方.社会研究方法教程[M].北京:北京大学出版社,1997:228.

5.调查结果的定量性

舆论测量的特点就在于通过定量分析深化定性分析。它运用数理统计的原理和方法,在对舆论现象定性分析的前提下,注重定量的考察,作出比较精确的描述,从而更加准确地认识舆论的各种特点。

(1)定量的民意测验使民意的客观性得到了技术上的保证

在过去的西方议会当中,不同的政治派别经常在各种场合中标榜自己是代表民意的。比如,你有50万选民联名的签名,我可以拿出150万选民的签名来;你拿出150万,我还可以拿出200万来。谁都能找到一些自己的支持者,更不要说别有用心的所谓的政客,他们更能假借"民意"来兜售自己的"私货"。在民意测验技术尚未成熟之时,这种情况在西方民主程序中经常出现。一旦民意测验登上社会舞台,谁拥有的民意多,谁拥有的民意少,立即就会显示出来。此时,谁企图再借用民意来表达自己的私欲,就有了一个技术方面的严格记录。所以,定量的民意测验使民主的客观性、民主的参与性在客观技术上得到了非常大的提升。

民意测验引入我国之前,人们对民意,尤其对社会总体方面的情况缺少定量的把握,在一些新闻报道中,总使用一些模糊的语义概念。比如,党的一个指示发布之后,为了表达广大人民群众的积极拥护,常常说人民群众"一致认为",或者说大家"齐声赞同"。到底有多少人拥护? 有多少人反对? 还需要从定量的角度进行检测。

民意测验得到比较广泛的普及之后,有了定量的调查,对各种民意的认识就不再仅仅停留在表面的模糊认识上,对民意的把握也逐步深化。事实上,技术的进步虽然不是决定性的,但在一定程度上,可以极大地改善相关的设施,从而使民意的客观性得到更大程度的保证。

(2)定量的民意测验可以精确地反映舆论的结构

具体来说,一方面,通过舆论分布的特点可以获知不同意见,如持肯定、否定和中立意见的人数的多少,从数量化的意见分布上得到某种方向性的评价;另一方面,通过对舆论强度的考察,可以运用多级尺度将两极意见之间的不同意见集中呈现出来。与此同时,民意测验可以测定不同调查对象个体的意见差异。在掌握了舆论分布和舆论强度的基础上,可以进一步分析不同调查对象的不同看法,有助于加深我们对舆论结构的认识。

当然,舆论的形成发展离不开特定的社会环境,必然受到各种社会因素的影响和制约。民意测验可以通过相关分析,进一步探讨舆论与这些社会因素的关系以及舆论形成和发展的规律。

民意测验是通过对少数人的调查来了解总体的调查方法。采用随机抽样,能依据样本推断总体,并能将调查推断的精确度掌握在可控的范围之内。总之,运用这些数学原理和手段,民意测验能够比较客观、科学地反映社会公众对各种社会问题的态度和意见。

第三节　舆论测量的功能

民意测验作为一种科学的采集民意、认识社会的手段和方法,在现代社会中发挥着越来越广泛的作用。根据其在不同领域的具体用途,我们可以将民意测验在现代社会公共管理决策中的功能概括为四个方面:社会评价功能、决策参考功能、社会示范与社会沟通功能、学术促进功能。

一、社会评价功能

什么是评价? 简单来说,评价是主体对客体的一种认识活动,但认识活动却不能与评价活动相等同,因为认识活动更大程度上还包含着人的认知活动。

一般来说,认知活动是主体对客体本质和规律的把握。即使主体不同,但对同一客体的正确认识往往是同一的。主体在认知过程中要尽可能地排除主观因素的干扰,比如对自然界的认识、对人文社会科学的研究就属于认知活动,这些活动不因主体的不同而发生某种本质和规律的改变。而评价活动则不同,面对同一客体,具体评价可以是不同的,这完全取决于客体对主体所具有的意义。

比如,在我国,一些世界文化遗产亟待修缮,为更好地解决建设与修缮资金的投入,有关部门申请提高门票收入。对这些景点的涨价问题,人们会作出怎样的评价呢? 有人认为,提高门票价格,有利于整体管理的提高;有人认为,世界遗产本身就是用纳税人的钱保护起来的,应当免费或者少收费;还有人认为,世界文化遗产参观点不是为大众游览修建的场所,而是历史文化的学习场所,门票不是文化遗产的价值体现,提高价格对控制游人数量没有多大作用。由于评价主体看问题的出发点和角度不同,便产生了评价的差异。

可见,评价活动与一般意义的认知活动是有区别的。认知活动是要如实地把握客体的本质和规律,所以必须遵循客体性原则;评价活动则是主体从自身的利益和需要出发,反映了主体对客体的价值关系,其遵循的是主体性原则。[①] 因此,舆论测量的社会评价功能首先反映的是一种价值关系,而且在反映这一价值关系时遵循着主体性原则。

其次,从评价主体来说,社会评价是社会整体意义上的评价,而不是社会局部意义上的评价。因为从评价的主体来说,以个人为主体的评价活动,以个人所意识的自身需要为评价标准;而舆论的主体是公众,公众不仅具有社会成员的主体性,有自主意识,有相应的意见表达能力和条件,同时,公众更是一个集合概念,是与某一舆论问题有意见的相关性、有着共同的目标和利益取向的社会成员。由此可见,总体性和结构性是舆论测量不同于其他社会评价的突出特点。它是从总体上、结构上,对某一个现象、某一个事物或者某一个人物进行评价的形式。

比如,中国人民大学舆论研究所曾就户籍制度改革的问题征询过北京市居民的意见。按照当时北京市户籍管理规定,如果夫妇双方有一方的户口不在北京市,那么,其所生子女只能随母亲的户口落户。对于这项规定,不同类别的家庭表达了不同的意见(见表7-4)[②]:

① 陈新汉.民众评价论[M].上海:上海人民出版社,2004:39.
② 喻国明.解构民意:一个舆论学者的实证研究[M].北京:华夏出版社,2001:67.

表 7-4　不同类别的家庭对现行子女落户规定的看法

	对于本市居民	两地分居家庭
非常合理	6.8%	0.0%
基本合理	29.5%	8.8%
不太合理	38.6%	50.0%
很不合理	13.6%	38.2%
说不清	11.5%	2.9%

　　根据数据分析,我们既可以了解本市居民的态度,也可以明确两地分居家庭的意见。通过数据对比获知,对于这样一项规定,两地分居家庭尤其不满,他们中间认为"不太合理"或"很不合理"的比例高达 88.2%,比非两地分居的受访家庭高出 36 个百分点。所以,民意测验结果不是对某个人或某些人局部意见的片面反映,而是对某一社会成员总体意见的呈现。

　　过去没有民意测验,所谓的"民意"完全由政治家或决策者们各取所需,为我所用。正因为民意测验是一种社会总体的结构性评价,它的出现引起了民主政治过程当中的一系列机制的良性化。决策者可以不断听到民意的反馈,而老百姓的意见也能够更加直接、更加迅速、更加有效地进入社会公共管理的渠道中。这就是民意测验出现的最重要的社会意义,也是它最基本的社会功能。

二、决策参考功能

　　民意测验对于社会成员的不同群体具有不同的作用,如果说社会评价功能是民意测验的总的功能,那么,其他功能实际上就是对不同群体的具体功能。像决策参考功能,就是针对社会决策者而言,无论是政治决策、市场决策抑或社会公共管理决策,凡是一切跟公众事务相关的社会决策,民意测验都能给相应的决策者提供极大的决策参考功能。

　　民意测验在民主政治中的决策参考作用非常明显。民主政治需要不断地通过民主的方法征求各方面的意见来听取民意,然后通过民意反馈来调整政策,使之实现一种更加良性的社会运作。

　　1943 年第二次世界大战还没有完全结束,但是反法西斯的胜局已定,各国政府都开始考虑战后如何恢复建设,美国政府也开始考虑战后建设的资金投入问题。当初在号召美国青年应征入伍时,美国政府曾有过一项承诺,内容是所有入伍的适龄青年在战争结束之后,都可以进入大学学习,政府会给予相应的资金支持。到底有多少人愿意进大学学习? 政府要拿出多少资金来提供相应的财力支持? 因为战后百废待兴,需要投资的地方很多。如果在这方面准备多了,就会使资金的使用效用下降;如果准备不足,政府就失信于民。对一个现代的民主政府而言,由于工作不到位而失信于民是一个很大的失误。为此,1944 年美国政府在军中进行了一次民意调查,了解战争结束后想进入大学学习的人到底有多少,调查的结果是 8% 的青年有意战后进入大学继续深造,美国政府就是按照这一数量比例来准备相关资金的。而到 1947 年,根据这笔费用发放的情况再进行复查统计,实际上有 8.1% 的军人战争结束后到大学学习。由此,该调查不仅为政府的决策提供了非常科学可靠的决策依据,而且使资金运作得比较精准,避免了许多社会问题的发生。[1]

现代传媒市场调查,实际上为传播产业如何发展也提供了非常有利的支撑和支持。20 世纪 90 年代中期,中国的传媒市场竞争日趋激烈,中国报业进入了高速增长期,但报业的高速增长也带来了"散"和"滥"的弊病,国家要针对报业进行治"散"和治"滥",进行结构调整,依据是什么? 1995 年,中国人民大学舆论研究所接手中宣部课题"关于中国报业总量、效益结构研究",即通过市场调查为制定政策做基础性准备,具有很明确的操作目的。其效果显示"在压缩一些报纸的同时,重点报纸得到了加强,发行量有所上升,少数确实需要办的新报纸,其出版发行也得到了批准。从而,优化了报纸结构,净化了报业市场,在一定程度上解决了重复办报、质量低劣的问题"。[2]

中国传统观念中有重农抑商的思想,以往,很多人认为凡是跟嘴皮子相关而跟物质生产无关的事情,都是不能创造财富的,但实际上创造财富的方式多种多样。虽然舆论调查、民意测验不生产一部手机、一台电视机,但是如果可以通过大家的努力,通过某种民主制度建设,充分发挥舆论测量的决策参考功能,真正让决策失误降低到最低限度,实际上等于节省了大量的资金。

社会公共管理方面,必要的国情调查是一个国家制定基本国策和制度的依据。随着软科学、软决策作用的凸显和其地位的提高,国家对社会科学也越来越重视,那么,舆论调查、民意测验的发展空间也随之越来越广阔,其对社会公共管理的决策参考功能也日益彰显。

三、社会沟通与社会示范功能

社会沟通与社会示范功能是对于一般社会成员而言的。

1.社会沟通功能

沟通,可以有狭义和广义两方面的理解。狭义的沟通是指人们以符号为媒介实现信息交换;广义的沟通则是人类的整个社会互动过程,人们不仅交换观念、思想等信息,还交换相互作用的个体的全部社会行动。因此,从社会互动的角度来理解沟通,沟通在社会交往的不同层面均有所贯穿。[3]

首先,从个体的层次来说,一个人自我观的获得依赖社会互动、社会沟通。也就是说,人在社会生活当中,其行为规范、对自己行为的把握,实际上是通过"照镜子",即通过对照别人来把握自己;通过认识社会、认识他人来决定自己做什么,不做什么。社会上他人行为、他人意见、他人感觉、他人的某种举措实际上是自己的一个选择空间。

其次,从个体与群体之间的关系来说,群体规范的形成是成员个体在社会互动中潜移默化的互动作用的结果,而个体对群体规范的遵循,也是通过社会互动实现的。群体

① 喻国明.解构民意:一个舆论学者的实证研究[M].北京:华夏出版社,2001:67.
② 周胜林.媒介竞争与对策研究[J].新闻大学,1998(4):44-48.
③ 周晓红.现代社会心理学[M].上海:上海人民出版社,1997:275.

之所以能对成员个体发挥如此之大的作用,关键在于群体成员共同遵守群体所确定的行为准则——群体规范。虽然群体规范也有一定的惰性,对成员的创造性具有一定的压抑和限制作用,但对于群体规范的习得,不仅关乎群体和群体活动的效率,而且关乎成员个人能否获得安全的决策依据。

最后,从群体和群体之间的层面来说,信息和资源的交换也离不开社会互动。我们都知道"物以类聚,人以群分"。一个人总有一个自己所属的"小圈子",实际上就是与自己文化认同的群体。在这个"小圈子"里,人们基本是同声相求、臭味相投,彼此生活方式、理念和价值取向都相近,确实能使人感到一种安全感、归属感。

如果说,过去人们在一种部落化的生存状态下,即使彼此之间鸡犬相闻,老死不相往来,也可以维持很安逸的生活;而如今,人们面对的社会现实是,社会化程度急剧提升,多元文化是一个既定的事实。由于不同社会人群的巨大基数,使社会利益摩擦比过去任何时候都更频繁、更复杂。对于不同的社会群体成员来说,由于自身所处的"小圈子"的存在,由于沟通不力产生偏见,并进而造成社会利益冲突是常见的。

这种状况需要有很多社会沟通的公共平台,来达成社会的沟通和理解,营造一种宽容和理解的气氛,使社会上不同利益集团的人都有机会表述自己不同文化、利益之下的意见。比如,在电视谈话节目里,可以公开讨论诸如"什么叫吝啬"这样一些话题。也许有人认为,吝啬是想问他借钱,他一分钱都不借;也有人会认为,到他们家做客,结果没请我吃饭,这就叫吝啬;还有人认为吝啬主要看时间的取舍。事实上,不同的文化背景、经济背景,对吝啬的观点也是不一样的,没有谁对谁错。但是类似这种观念性的差异往往会因为缺乏沟通而造成某种偏见或误会。

过去没有民意测验这种工具时,人们要了解别人的情况,其实是有某种障碍的。而有了民意测验,它为不同文化背景、不同利益的主体之间进行社会沟通提供了一个公共平台。如果说能够在事实冲突未发生之前,通过一些场合或一些公共平台,让人们互相理解、互相沟通的话,就会极大地降低社会冲突发生的可能性。即使面对业已存在的社会矛盾,必要的社会公共沟通平台也会发挥协调和疏导的作用。所以,民意测验实际上是作为一种社会沟通的工具出现的。

2.社会示范功能

如果说,社会沟通功能是通过信息的横向传播来达到社会互动的效果,那么,社会示范则是通过纵向的信息传播来实现某种社会教化作用。

社会总要弘扬主旋律,实际上就是主流文化、主流价值观,但是有时社会问题相当严重,人们会对主流价值观产生怀疑,或持有离散心态,社会要通过各种各样的沟通机制和示范机制来维护这种统一的主流价值观。先拿传媒的社会示范功能来说。比如《焦点访谈》是社会示范的一个典型,它通过一些"曝光"节目起到一种社会宣泄作用,同时也向大家昭示,党和政府虽然今天不能马上来解决所有腐败问题,但是政府的态度、党的态度是非常明确的,是不允许这些腐败现象存在的。它实际上是通过传媒传达给社会公众这样一个信息,这些坏分子多行不义必自毙;不是不报,时候不到。传媒的示范功能总是给公众一种期待。而民意测验则是通过以部分情况推知社会总体的方式,来告诉人们社会主流文化是什么,主流状态又是什么样的。由此,极大地破解了人们局限于一个"小圈子"的认识,达到对一个更大范围的社会状况的认识。通过一些民意测验结果,人们可以了解不同阶层的不同生活状态。

比如,在世纪末,中国人的社会心态有什么变化? 通过北京市居民社会心态的抽样调查结果,我们可以对北京市民的诸多方面有所把握。[①] 比如,就关心政治的程度来说,虽然北京人有一如既往的特征,但在北京人心目中的分量显然已"今不如昔"。考察结果显示,与 1987 年所做的同类调查数据相比,关心政治的北京人的比例由 10 年前的86.5％下降了 21.4 个百分点。

关于如何在改革的动态发展中把握好"放"与"稳"之间的"度",从调查的情况看,虽然人们赞成市场经济,赞成自由竞争等基本的社会价值取向,但在推进改革的广度和速度上却持比较审慎的态度,不再像十年前那样众口一词地主张"大胆地试,不要怕犯错误",而是变得有几分"保守"了。例如,在获得更多的自由空间和保持社会的稳定与秩序之间,北京人做出的一致性选择是:"生活在一个有秩序的社会比生活在虽有较多自由但容易发生混乱的社会中好。"

这些民意测验结果,不仅有助于社会的决策管理层把握我国公众社会心态的现实状况和现实发展,也有助于普通百姓了解,在某些社会观念上,别人是怎么想的,主流人群持有的意见是什么,从而对照自己的观念和想法,达到一些有意或无意的态度和行为上的纠偏,进而逐渐实现民意测验的社会示范功能。

但有时,民意测验还有一个承受能力的问题。所谓承受能力是指人们对调查结果能否在科学可靠的意义上进行把握、理解。因为我国公民过去一度缺少统计数字和定量化概念,体现在定量调查上,也就缺少足够的社会认识和社会把握能力,有时就会出现一些问题,这表明对于民意测验的承受能力确实有个培养的过程。

比如,1995 年某报纸公布了一个学术机构的调查研究内容,关于"北京青少年性意识、性行为的调查"。现在人们觉得没什么大惊小怪的,而当时调查结果登出来,确实造成一些所谓的不良后果,让有些青年读者产生一些不良的联想。关于交第一个异性朋友的时间是几岁,比如说男青年在 19 岁,女青年在 17 岁。第一次发生性接触是在几岁? 性接触又分成不同层级,分了大概五六种情况。所公布的结果都是些平均数。但问题是,如果对统计数字本身没有相关知识的真切理解,有人看了之后,比如说二十五六岁的青年,就会很郁闷。一想人家 17 岁就有恋爱对象,自己连女朋友都没有呢。人家 21 岁就有性体验,而我现在都不知道到哪儿去满足。一旦有这种想法,他就可能冲动,由此会滋生一些社会问题。当时有关部门批评该报,应该给予必要的数据解释和分析。

问题不在于该调查结果可不可以公布,而是在分析时一定要说明是平均数,这意味着有些比他更年轻的人可能会发生这种情况,但也有些年龄更大一些的人也没有发生这种情况。同时,就这个平均数而言,离散系数到底有多大,也有必要给出一个说明,因为对于那些缺乏统计概念的人而言,有时平均数很唬人。就像说,在一条平均水深 1 米的河里有人被淹死了,听起来,似乎不太可能,只有傻瓜才会被淹死,实际上是因为有些河

---

① 周晓红. 现代社会心理学[M]. 上海:上海人民出版社,1997:40-44.

段的水深可能为 20 米。

所以，在进行社会沟通、社会示范的时候，也要考虑到读者、受众、观众的某种承受能力和接受某种信息时的把握能力。

四、学术促进功能

20 世纪六七十年代，在西方发达国家经济腾飞时期，人们越来越注意到这样一个事实，即随着物质的丰富和物质需要的满足，按过去的客观评价指标，应该处于社会最安定的时期，但事实上，当时整个社会政治、经济和文化格局呈现出一种混乱状态，社会上流行着"嬉皮士""亚文化"，人们的反叛心理呈上升趋势。

人们迷惑的是，大家都富裕了，物质生活水平得到了相对满足，为什么反抗社会的不满情绪越来越强烈，破坏性、另类的活动反而数量越来越多，规模越来越大呢？很多学者也从不同的专业角度来研究，西方社会到底出现了什么问题？现代化的社会生活中出现了什么问题？

后来的研究结果发现，物质的增长并不能带来真正的幸福生活，因为低层次的物质需求比较容易满足，人的高层次的精神需求是很难得到满足的。随着各种各样的物质需要得到满足之后，人们对高层次的精神需求就爆发出来，但当整个社会对精神诉求的设施没有作出相应准备之时，人们自然会苦闷、会不满、会反抗，由此滋生一些社会问题。

在这种情况下，很多社会学者意识到，社会发展是否良性并不是以物质条件的改善为最重要的衡量指标，应当以社会成员的满意度作为衡量的中心性指标，也就是说，社会发展关键还是要以人为本，要使其中的社会成员尽可能地感到满足。应当建立一整套的主观评价指标体系来衡量社会，判断社会哪个地方出了问题，应该如何来改进。因此，利用舆论测量这些基础手段来获知民意的主观感受状况，就成了当今社会发展决策的一个非常重要的基础性工具。

同时，对于整个社会的研究来说，很大程度上有赖于民意测验的数据、情况分析，为其提供一个描述、解释、预测、控制的基础性材料。在许多社会未来学的研究中，比如盖洛普的《大趋势》、托夫勒的《第三次浪潮》等，都大量引用了民意测验数据进行社会预测。20 世纪 70 年代以来，由于民意测验提供的基础性材料，整个国际人文社会学科向前发展已经成了一个非常重要的事实。在我国的传播学领域，正因为民意测验和相关调查统计方法的应用，该学科也获得了进展，推进了我国传播学研究的科学化。[①] 所以，民意测验具有极强的学术促进功能。

现代社会的发展越来越人性化，越来越向着符合人的某种愿望的方向发展。当然，任何需要都有一个社会性的支撑条件，不能无限制地来满足一个人的所有欲望，但是总体上向着"以人为本"的方向发展，这确实是人类社会发展，包括制度建设的基本趋向。所以，民意测验作为测量人心、把握人心的技术和工具，在社会研究、社会预测方面的学术促进功能是非常明确的。

---

① 袁军，龙耘，韩运荣.传播学在中国［M］.北京：北京广播学院出版社，2000：192.

思考题

1.什么是测量？测量包括哪些基本要素？

2.把握测量客体时，应当注意哪些问题？

3.舆论测量工具是指什么？

4.为什么要用数字表达式来表达测量的结果？

5.测量水平有哪几种？试比较说明。

6.在舆论测量过程中，针对哪些具体情况应当注意适度原则？试举例说明。

7.简述舆论测量的特点。

8.调查目的的推断性是指什么？其逻辑依据是什么？

9.如何理解舆论测量的推断误差？结合实际说明舆论测量推断的专业意义。

10.如何把握调查的精确度？

11.舆论测量总的社会功能是什么？其特点有哪些？

12.试析舆论测量的决策参考功能和社会沟通与社会示范功能。

第八章　舆论测量的两个基本问题

要点提示

- 舆论测量的两个基本问题可以概括为：调查谁，如何调查。

- 关于"调查谁"，现代民意测验经历了趣味化发展和科学化发展两个阶段。此间，民意测验的抽样方法也经历了三次大的演变，即由早期民意测验的方便抽样，到盖洛普于20世纪30年代创立的定额抽样，再到40年代末至今广泛采用的更为科学的抽样方法——随机抽样。

- 定额抽样根据总体的结构特征来给访问员分配定额，以取得一个与总体结构特征大体相似的样本，比如根据人口的性别、年龄、文化程度、收入、人种、信仰、居住地等特征在总体中所占比例分配应抽定额。

- 随机抽样的特点是按照随机原则来抽取样本，调查总体中的每一位成员都有被抽中的同等可能性，完全排除调查者在选取样本时的主观意愿、印象、好恶的影响。

- 网上调查是借助联机网络、计算机通信和数字交互式媒体，在电脑网络上广泛发布问卷，在一定时间内，征询一切应答者的回答，而后通过预先设定的程序对应答者的意见进行回收和统计，实现研究目的的调查方法。

- 关于"如何调查"主要有两个思路：一是控制方法，二是全方位信息把握。

- 量表是社会科学研究中广泛应用的一种测量工具。它由一组问题构成，用以间接测量人们对某一事物的态度或观念。与问卷相比，量表对态度的测量更精确、更有效。

一个学科的建设主要跟它所要解决的对象性问题联系在一起，它的对象呈现出什么特点，该学科建设的规则、工具的打造也要适应这一特点。那么，舆论调查作为一个学科，其基本学科体系是沿着舆论测量要解决的两个基本问题展开的，即调查谁，如何调查。

第一节　"调查谁"的问题

"调查谁"这一问题，从逻辑上来说很简单，谁是发出舆论的主体，就去调查谁，只要找到该舆论的主体，即与该舆论问题相关的那些既有自主意识又有表达能力的社会成员就可以了。但在实际操作过程当中,究竟能否完成呢?

舆论的发生跟某一特定公共问题相关,这一公共问题所涉及的人越多,其社会群体的数量就越大,如果要找到所有相关的社会成员,在此基础上进行调查,这将意味着以普查的方式进行民意测验,即对问题所涉及的全部研究对象无一遗漏地进行调查。

关于舆论调查,首先要解决调查对象的范围问题,是普查还是采取其他的方式,因为在舆论测量上采用普查存在实施的可行性问题。

一、普查和抽样调查

1.普查的特征

用普查的方式进行民意测量,在极个别的情况之下是可行的,或者说也是必要的,但在绝大部分情况下,普查方式不适于民意测验。民意测验之所以不能采用普查方式,不能作为民意测验的基本形式,是因为普查有以下几个特征:

(1)投入高

比如,人口普查是国家的基本情况调查,能够比较系统、具体地查清一个国家特定社会时期的人口数量、素质和结构的变动情况,准确地揭示人口发展变化的规律和趋势,为国家制订中长期的人口政策,并可为社会经济发展规划提供翔实的依据。普查所需要的相关调查费用一定是很高的。

我国每十年进行一次人口普查,中间第五年进行一次人口变动抽样调查。投入费用是什么样的情况呢? 拿2010年这次人口普查来说,动用人员600多万,历时4年,对全国4亿个家庭、13亿多人口逐一进行调查登记。中央政府对此投资80亿元人民币,还不包括地方配合的投入。[1] 即便如此,中国的人口普查费用还是世界上较便宜的。2018年2月美国国会通过的持续次议案中提到2020年4月开始的10年人口普查估计需要预算是156亿美元。[2]

人口普查所得到的诸多数据,是作为国情的基础性数据加以利用和保存的,因此人口普查是一个国家隔一段时间必须要做的工作。但如果把任何一项跟社会问题相关的事件,都要用如此大幅度投入的方式去测量,恐怕投入和产出之间的效果就不相称了。

可以说,人力、物力投入过大,是民意测验不能用普查方式进行测量的一个最主要的原因。当然,这还仅仅是就普查的组织成本而言,实施普查还有另一个问题,即如何保障在大规模的基础上,每一个被要求填报信息的个人和单位都能做到披露真实的信息。由此普查往往会付出更大的成本,即使政府会作出种种承诺,比如,不许相关主管部门事后追究那些在普查中披露出来的不合法活动,但有时承诺未必奏效,因为它取决于这一承诺被人理解为真诚和置信的程度。

---

[1] 王羚.第六次人口普查投入80亿.学者无法得到人口数据[N/OL].第一财经日报,(2014-12-31)[2018-05-28]. http://news.sohu.com/20141231/n407444511.shtml.

[2] 张章.美国会拟提高2020年人口普查经费[N/OL].中国科学报,(2018-02-14)[2018-05-28]. http://news.sciencenet.cn/sbhtmlnews/2018/2/332378.shtm.

(2)社会动员度高

所谓动员度,也可以理解为社会干扰度。有统计学者曾经说过,"普查是和平时期最大的社会动员"。这说明普查方式的社会干扰度很高,这种干扰度主要表现在两个方面:

一是对社会生活的干扰度。应该说,各种公众事件、公共决策事件都或多或少地与大多数人相关。如果一天到晚总有访问员来征求你的意见,让你就各种名目繁多的问题投票,恐怕每个社会成员都会不胜其烦。因为,就某一个问题去做某种选择和判断总是要耽误一定的时间和精力,

二是对社会决策的干扰度。因为任何一个现代政府都是建立在民意基础之上的。至少在政治制度上都表明自己代表民意,是为老百姓谋福利的。在此前提下,如果民意测验用普查方式来进行,其调查结论具有怎样的约束力呢? 按现代法理来说,具有公民公决的法律强制。既然是全民意志表示,决策者就应该无条件地遵守和执行。那么对于决策者的选择路径、选择管理方略的制定,就形成一个非常狭窄的约束,社会管理的效能和专业化程度就会退化、僵死。而用非普查方式得出的调查结论,就可以给决策者作为一种决策参考,使其知道,公众希望社会往哪个方向去,但在具体操作线路上,决策者会有比较大的选择空间,以便于发挥各自的专业能力,拿出相关的操作策略来。

(3)时效差

大型普查的工作量很大,因为要调查的人很多,需要的时间必然很多,有时半年、九个月甚至一年都很正常,所以,普查的时效性较差。

舆论的本体意见具有表层性,舆论的形成是一个不断流动、变化的社会运行过程。如果以某一个时间点为基准,半年、九个月甚至一年以后才完成相关调查,确实把当时的情况调查、描述并分析清楚了,但由于舆论本身的变动程度较大,此时的舆论状态可能跟九个月以前、半年以前的舆论状态已经有很大的区别,已有的调查结论对于解释和把握现实的舆论状态的可能性已大打折扣。

舆论调查的结果有时效性要求,如果时效性不足,舆论调查的结果仅仅具有某种历史的记录价值,即某年某月,在某个问题上,人们是如此意见和看法,但是对现实的操作价值就值得怀疑了。

2.抽样调查

既然普查的经济成本过于昂贵,加之种种人为原因,我们没有足够的把握和能力追求理想的准确性目标时,就有必要在朴素的准确性和科学性之间作出权衡。舆论调查在"调查谁"的问题上,如何能避免类似于普查中的弊端,同时又能在调查的科学性、时效性方面有所保障呢?

舆论调查的常规性手段一定是选样式调查,即抽样调查。只调查其中的一部分人,以部分认识整体。具体来说,从一个舆论问题所涉及的社会成员总体当中,抽出一部分人作为样本来实际地进行调查,通过对一部分人调查的结果,推知一个社会成员总体的情况。那么,总体是指要调查的对象的所有个体,样本则是指按照一定的程序从总体中选择出来的所有个体的集合体。

采用抽样调查,由于调查的人少了,不仅经济且干扰度低,时效也有了保障。"对于

大规模的样本而言,不存在所谓准确的数字,只有科学的数字。"[1]当不能保证普查的准确性的时候,或没有必要实施普查时,用相对小规模的抽样调查来反映大样本的数字信息更为科学。

同时,与那些花费太多而被调查问题太少的人口普查不同,抽样调查可以更充分地利用资源,并适合于询问更详细的问题。

当然,抽样调查作为概率抽样调查,必须面对的一个问题,即代表性的问题如何来保障。作为研究主体的舆论公众,其意见存在着必然的异质性,总体是由不同的个体构成的,如果想通过从舆论公众的总体抽取样本来描述总体,样本就必须包括同总体一样的差异。抽出来的部分样本必须能够充分、有效和科学地代表一个舆论公众意见的总体状况。如果抽出这部分样本对总体没有代表性,只能代表样本本身,这种调查的效益价值就非常低。

民意测验的特点在于,它是一种非全面调查,但其调查结果却能比较科学地推断民意的总体情况。如何来解决部分样本代表总体这一代表性的问题,实际上是近200多年民意测验技术产生、发展当中的一个核心问题。

二、现代民意测验发展的两个阶段

"调查谁"的问题,关键是要解决用部分来反映整体时,如何选出一个对整体有代表性的样本组合。

最初依据的基本逻辑是尽可能"以多取胜"。简单地说,尽管不能调查所有的人,但调查的样本多一点儿,就比样本的调查少一点儿对于总体更具有代表性。比如,某高校共有15000名学生,那么调查其中3000名学生,比调查1500名学生的代表性强;如果能调查5000名学生,一定比3000名学生更能代表总体。听起来,似乎非常符合逻辑。从民意测验刚开始,到后来的100多年的历史当中,民意测量中"调查谁"的问题基本上是按照"以多取胜"这一逻辑往前走的。

百年间,民意测验的抽样方法经历了三次大的演变,即由早期民意测验的方便抽样(以美国《文学文摘》杂志为代表)到盖洛普于20世纪30年代创立的定额抽样,直到40年代末至今广泛采用的更为科学的抽样方法——随机抽样,极大地提高了民意测验在推断总体方面的科学性和可靠性。

1. 现代民意测验的趣味性阶段

(1)标志性事件——1824年美国《哈里斯堡宾西法人报》的调查

现代民意测验始于1824年美国《哈里斯堡宾西法人报》所进行的一项调查。这一年适逢美国的总统选举年,该报社派记者到特拉华州竞选演说现场发模拟选票。也就是说,如果今天让你来投票选择谁当美国总统,你投谁的票? 这是历史上有记载的第一次现代民意测验,史称"模拟投票",用以了解选民对总统候选人的评价与投票意向。发了900多张选票,回收600多张,根据对现场听众投票结果的点算,7月24日在该报发表了

---

① 张军. 怎样看待数据的准确性[N]. 经济观察报,2005-2-21.

调查结果。这一报道立刻引起了新闻界极大的兴趣,这一天的报纸卖得非常好。由此,其他报纸竞相效仿。两个月以后,美国另外一家报纸《罗利明星报》,在北卡罗来纳州也进行了同样的民意测验,对两个总统候选人进行了模拟投票,这种趣味性的做法也立刻引起报纸读者的极大兴趣。

受到这些报纸实践效果的刺激,这种用模拟投票的方式来对社会问题、对公选问题做预投票,对选举结果提前预测,就成为以后报纸工作比较常见的现象,几乎每个星期都有类似的民意测验。比如关于一些实行人道主义的问题,像国家是否要废除死刑,如果不废除死刑的话,为减少死刑犯的痛苦,是否可能用无痛处决的方式等;最低工资标准应该是多少,工人休息日、劳动日应该如何规定等。

19世纪二三十年代,是美国报业大众化发展的时代,即廉价报纸、黄色报纸蓬勃发展的时期。可以说,现代民意测验起源于这个时代,不是作为一种严谨、科学的政治性测量手段出现的。大量地采用投票方式来征求民意,成为报纸内容中比较煽情的常规形式,所以,历史上称这一时期的民意测验为趣味性阶段。该阶段的民意测验是以增加报纸和民众获知信息的趣味性为特征的。

民意调查的内容跟社会公众事务相关,虽然大家对测验结果本身有阅读的兴趣,但是谁也没把它太当真。更确切地说,该民意测验究竟在多大程度上代表民意,大家都没有把握,政府不把它当一回事,竞选者也不看重它,仅仅认为是一场政治游戏而已。

(2)趣味性阶段对于民意测验发展的意义

趣味性阶段对于民意测验的发展有什么好处呢? 它至少增加了一种民意表达的渠道,使老百姓慢慢熟悉了一种新的民意表达、采集方式。过去所谓的民主,可以通过议员跟选民之间的接触,通过议会辩论等方式来反映所谓的民意,但现在可以通过一种统计调查的方式,来直接反映公众的意见、心声,这是过去的民主政治制度设施里所没有的。

在此阶段,虽然民意测验所采用的手法、手段比较粗糙,调查的问题还比较单一,甚或得出的结论也未必可靠,但至少让人熟悉了一种新的民意表达方式,这便是趣味性阶段对于民意测验方法和技术进步的一个历史性意义。

2.现代民意测验的科学化阶段

民意测验沿着趣味性这一调查思路走了大约百年。其间,民意测验进行的次数越来越频繁,调查对象的数量越来越大,所涉及的议题也越来越宽泛。20世纪30年代中期,美国民意测验进入新的阶段,其关键是调查方法的改进,标志性的事件是对两次美国总统大选的预测,一次是1936年,另一次是1948年。

(1)1936年预测美国总统大选

①《文学文摘》杂志预测失败和乔治·盖洛普的成功预测

1936年又一个美国总统大选年,总统竞选是在罗斯福和兰登两个人之间进行的。当时,有一份很有名的面向全国发行的杂志叫《文学文摘》杂志,就在这一年,进行了一次美国史无前例的大规模总统选举模拟投票。

该杂志进行民意测验的基本想法是,要用最大数量的选票去进行模拟投票,以便最大限度地揭晓未来总统的选举结果。总共寄出了2000万张选票,当时美国的合法选民登记有8000万,这就意味平均每4个合法选民就有1个人被抽中,接受《文学文摘》杂志的调查。那么,该杂志回收选票按照历史的记载是237.5万张选票。这么多选票意味着什么?当时又没有计算机、读码器等,光靠人工手段,点算这么多选票需要大量人工、物力。得出的结果是什么呢?预测共和党人兰登会取得比较明显的优势。当然,后来人们知道这个预测结果是错误的,事实上是罗斯福当选。

谁也不是预言家,但此时出现了一个预言家,当时还名不见经传,仅仅是一位初出茅庐的博士,叫乔治·盖洛普。

乔治·盖洛普是一位对受众、读者的方法论很有研究的新闻学博士,于1935年毕业,博士论文的题目是《一种研究读者兴趣的客观性方法》。1935年10月,他组建了美国舆论研究所,专门进行民意测验,定期向一些报社提供报告,及时报道关于各种问题的舆论动态。在1936年,盖洛普也进行了一项有关总统选举的调查。他调查的人数只有3000人(现在美国总统选举预测是1500人左右),得出的结论让很多媒介、公众觉得不可思议,他说《文学文摘》杂志的预测错了,不是兰登获胜,而是罗斯福肯定会获胜。

大家都觉得是在开玩笑。人家做了2000万张选票的点读,你才做3000人的点读,怎么居然敢说人家错了呢?大选结果证明,盖洛普对3000人的调查预测结果是正确的,而《文学文摘》杂志基于2000万人的模拟投票是错误的。由此,不光是盖洛普声名鹊起,也使人们改变了对民意测验方法的科学性的认识。

人们认识到,原来民意测验选择谁、调查谁这样一个问题,不是简单的"以多取胜"可以概括的,其方法确实是有科学性可言的。由此,民意测验从1936年开始,由于对罗斯福总统当选的成功预测,而导致了它从趣味性阶段过渡到科学化阶段。民意测验的调查研究方法和与其相关的一整套程序开始被视为一门专门的科学,并逐渐被社会所承认,并引入到官方的社会管理决策机制当中。

②《文学文摘》杂志失败的原因以及盖洛普成功的秘密

事实上,《文学文摘》杂志从1920年即开始了规模空前的民意测验,它采取的民意测验的策略是"以多胜少",成功地预测过1924年、1928年和1932年的美国总统选举,大大提高了民意测验的声誉,但在1936年,盖洛普却"以少胜多"地战胜《文学文摘》杂志。那么,《文学文摘》杂志失败的原因是什么?盖洛普成功预测的秘密又何在?

a.《文学文摘》杂志失败的原因

《文学文摘》杂志最大的问题是,它的抽样框存在系统性偏差。抽样框又被称为抽样范畴,是从中抽取样本的抽样单位的一个清单。比如要调查某单位人员的环保意识,则该单位所有人员的花名册就是一个比较理想的抽样框。抽样框的数目是与抽样单位的层次相适应的。

《文学文摘》杂志的抽样框是根据这样几个名单:一是该杂志的读者名单,而当时《文学文摘》杂志的阅读者主要是社会的中高层人士;二是根据汽车驾驶员的执照名录,美国没有户籍制度,汽车驾驶执照是他们具有登记制度性质的名簿;三是依据电话公司的登记簿。这些名簿有一个共同的特点,即调查对象都属于社会中等偏上的人群。20世纪三四十年代,美国有车族还是相对比较富裕的人群,当时美国正处于经济萧条时期,很多人因经济拮据用不起汽车,甚至连电话也没有,此编制的抽样框就将这部分人排除在外。

所以,此次民意调查结果能够比较鲜明地反映中高层对于社会政治主张的意见和倾向,而对于低层的普通公众的意见覆盖不足。

一般情况下,普通公众的投票率很低,他们觉得投票不投票都是在两个"坏蛋"里边选一个比较好,对他们来说没太大意义。但是,当社会压迫已经将底层人们挤压到很痛苦、很急迫的程度时,居于这一社会阶层的人们就要站出来表达自己的意愿。1936年总统大选时,经济环境恶劣,底层的老百姓都已被迫关心政治,并开始积极地进入到政治投票程序当中。尤其社会底层的人们对罗斯福新政所实施的"杀富济贫"的经济政策很感兴趣,而恰好是这部分没能参加民意测验的人,压倒性地投了罗斯福的票。

虽然《文学文摘》杂志的样本很大,但抽样框本身是有偏差的。而盖洛普虽然采用3000人样本,与2000万人样本不可同日而语,但他借鉴了一种新的技术方法,使该样本成为全美国选民总体抽样框的一个缩小的、等比例的小样本,其代表性就比2000万人的大框架样本的代表性更充分一些。

b. 民意测验的两项改进技术

盖洛普对当时的民意测验方法作出两项重大改进:一是摒弃"以多取胜"的调查原则,代之"以少胜多"的"分配法"(即定额抽样方法),按照与全国居民在性别、年龄、居住地、收入等方面实际构成的同等比例抽取调查对象,以便使一个由人数不多的调查对象构成的"样本"成为全国居民总体的缩影。二是在调查实施方式上,废止"邮卷问卷"的流行方式,改由访问员直接面访被调查者,从而大大提高了调查问卷的有效回复率。

首先来说盖洛普的第一项改进技术。事实上,盖洛普所采用的调查方法,是1894年挪威统计局局长凯尔提出的一种方法,叫作"代表性抽样方法"。他当时对每年的社会统计提出一个设想,他说既然我们隔若干年就要进行一次全民人口普查,为了增强抽样调查的代表性,又经济节省,还是应当采取一种相对简单的方法,即把小样本作为大样本的一个缩影进行同构化的缩小。

如何理解这种同构性缩小呢? 假定以某城市人口作为一个调查总体,其中男性比例是52.8%,女性比例是47.2%;小样本假定为1000人,那么在这1000人里,528人是男人,472人是女人。依据总体中某些特征、属性的比例将样本在这些方面的比例同构化,就像地图跟实际面积成比例一样,同比缩小。再如,调查对象总体里的文化程度,大学文化程度的占12%,那么在1000人的样本当中,大学以上文化程度的人也占120人;黑人在整个城市占15%,那么在1000人的样本里,黑人同样也要有150人作为样本进入到这1000人当中。代表性抽样的一个基本思路,就是同构缩小。它使从一个巨大的总体中抽出的样本跟总体结构有某种相似性,这种相似性在一定程度上保证了样本的代表性。

从第二项改进技术来说,在调查实施方式上,盖洛普为什么废止"邮卷问卷"这一流行方式,将其改为入户面访呢? 再拿《文学文摘》杂志的调查来说,虽然发放了2000万张选票,但真正回收237.5万张,回收率充其量不过12%,也就是说,每发出去100张选票,只能回收12张,88张选票实际上没有寄过来。由此,就产生一个问题,寄过来的12%的选票,对于没有寄回选票的88%的人是否有足够的代表性呢?

现在的调查技术对于那些回答的人群和不回答的人群进行分析比较,得出的基本的结论是,这两个人群的社会特征、社会诉求和社会地位具有比较明显的区别。一般来说,那些倾向于社会参与的人具有这样一些特征:第一,文化程度不是特别高,但也不是特别低,基本上是以初中、高中文化程度居多,他们有政治参与的基础性条件。第二,其工作不怎么紧张,有相对较多的闲暇时间参与调查,对民意测验能予以及时反馈。第三,该社会人群在社会表达渠道中有某种障碍阻塞,或者说,由于他们所处的社会位置或其自身社会角色,使得他们相对"人微言轻",从而缺少社会表达的正常、有效的渠道,他们愿意利用民意测验这样的渠道进行社会意见的表达。那么,即使不考虑到这 2000 万张选票抽样的系统性偏差,从回收率角度来说,12％的回复样本和 88％未回复的人之间是不对称的,这 12％的样本原则上是不可以简单地来代表 88％的实际情况。同时,这也是《文学文摘》杂志犯下的第二个错误。

同理,盖洛普也会遇到这一问题,如果 3000 人调查样本流失率还那么大,如果还是 12％左右的回收率,对 3000 人的样本而言,意味着仅仅回收 100 多张问卷,此项调查哪怕同构性再好,这 100 多人跟一个巨大的社会总体相比较,其流失程度太大,结构性、代表性也很难保证。所以,一定要尽可能地保证比较高的回收率,高到能够比较完整地实现同构性抽样这种要求。由此,盖洛普采取了一种改进性的措施,就是入户面访。一般来说,面对面进行访问,人们基于某种礼貌,某种社会观念因素,还是倾向于接受调查并积极反馈,因此面访回收率是比较高的。

像在我国 20 世纪 80 年代进行的民意调查,面访的回收率高到了让人吃惊的程度,一般来说是 99.6％～99.7％。也就是说,进行 1000 个样本的调查,大概才有三四人出现断然拒绝的情况,其他人接受调查的意愿都很强烈。但是现在由于人们的时间观念以及对于民意调查本身的司空见惯,拒访率也就相应比较高了。

当然,实际上有很多样本,有时是可以通过其他研究数据修正模型来部分地修正,但这种修正本身是有风险的。入户面访的方式,极大地保障了回收率,就能很好地实现这种代表性抽样调查的构想。

③盖洛普的民意测验技术发展的意义

由于在"代表性抽样"和"入户面访"这两项重大技术上的改进,确保盖洛普在 1936 年的总统选举的预测中获得成功,而《文学文摘》杂志虽然发放了 2000 万张选票,但抽样框存在的系统性偏差使其预测结果以失败告终。《文学文摘》杂志也因此受到打击,在公众中失去了信誉,从此一蹶不振,两年之后就停刊了,而盖洛普所代表的民意测验程序和方法却得到了广泛的普及和应用,由此,给美国的社会生活带来一系列变化。

首先,盖洛普所代表的民意测验的程序和方法成为进行民意测验的技术标准程序,而且纳入美国政府相关的一系列的决策实施过程中,成为辅助政府行使管理职能和实施决策的一个非常重要的工具。比如,美国农业部的农业改良计划,就是利用民意测验技术来提高反馈的速率和反馈的质量,令美国的农业技术推广从过去平均八年这样一个周期,提高到现在三年左右,使美国的农业技术有了一个突飞猛进的增长。再如,第二次世界大战期间,从 1939 年到 1945 年,美国战时国民士气研究中心对美国公众关于各种战时问题的民意动向进行了连续六年的定期调查,一系列民意测验的研究成果,奠定了美国政府在战时对舆论的一种把握。其次,使美国社会人文学科的研究有了一些新的工具和方法,相关的学科研究和发展更加精细化。传播学先驱们大都被相关的研究机构聘请,进行研究工作,客观上促使传播学、舆论学的研究得到了长足的进步。

无论是市场经济,还是民主政治,都是眼睛向下的政治和经济,如何了解社会公众的"口味",从公众的"口味"取舍中分析出相关的政治机会和商业机会,就成了一种社会的必要。加之,民意测验在技术上的进步,提供了一种相对有效的途径和管道,提高了对各种政治机会和商业机会预测的可靠性,民意测验广泛被用于行政决策、政客的某种政治意图的试探打造以及商业性的调查里,致使民意测验机构成了社会上一种有利可图的商业性机构,蕴藏着巨大的商机。

(2)1948年预测美国总统选举

1948年的美国总统大选是在杜鲁门和杜威两人之间展开的,而且是竞选战后第一任美国总统。此次,盖洛普预测的结果说是杜威获胜,杜鲁门落败,但实际上大选结果是杜鲁门获胜。

杜鲁门有一张很著名的照片,拿着一张提早发行的报纸,上面刊登着预测杜威将在总统大选中获胜的新闻,一副嘲笑新闻界的神态:你看你们炒作,炒成什么了,明明是假新闻嘛。这次预测的失败对盖洛普也是一个极大的刺激。在盖洛普的自传中,他自己曾经写到这样一个事件,在此次大选结果揭晓之后的一个月,有一次驾车,大概是鬼使神差地驶入了逆行道(那时电视还比较少,所以盖洛普这样大名鼎鼎的人,大家还不太熟悉他的面目),后来被一个交警追上了,示意他停车,掏出驾驶本。这位警察仔细看了看驾驶本说,"哟,您是大名鼎鼎的盖洛普先生",然后就向他行了礼,幽默地说,"噢,对不起,这次您的方向又错了"。

乔治·盖洛普在民意测验技术上的改进,是盖洛普对于现代民主政治的一个非常重要的贡献,但这并不意味着这两项改进技术本身无可指摘。实践证明,代表性抽样方法和入户面访也存在一定的技术局限性。

①盖洛普的民意测验技术的局限性

根据抽取样本时是否遵守随机原则,抽样可以区分为概率抽样与非概率抽样。所谓概率抽样,就是在抽取样本时,严格遵守随机化原则,通过某种随机化过程使总体中每一个单位中选的机会都是均等的,中选的机会也是可知的。但盖洛普在1936年所运用的代表性抽样方法,本身不是现代意义上的随机抽样,事实上还是一种非随机抽样,只是非随机抽样当中最高的形式,现在规范地被称为定额抽样。

a.定额抽样方法中指标特征的控制问题

定额抽样是根据总体的结构特征来给访问员分配定额,以取得一个与总体结构特征大体相似的样本,比如根据人口的性别、年龄、文化程度、收入、人种、信仰、居住地等在总体中的比例分配应抽定额。由于定额抽样是以代表总体为目的的,因此必须对总体的性质事先有充分的了解。

从理论上来讲,假如类型划分得足够细,那么同一类型中的每一个体都是同质的,因而无须采用随机抽样;只要类型划分得足够合理,且分配给各类的名额符合总体中各类人员的分布,那么,样本就可以准确地反映总体。但问题是,在调查实施过程中,很难同时兼顾总体的众多属性,同时,有关总体分布变化的最新信息也不容易随时得到,因而配额的合理性就很难获得保证。

具体来说，面对一个人口统计总体，用定额抽样的方式来控制选项的话，一个人可以有很多指标，一般来说，只能控制四到六个变量，控制变量越多，这个人就越难找到。比如控制一个变量"性别"，即找一位男性，很容易。如果他打扮得不是很怪异的话，一般能很方便地找到。再加上一个变量"职业"，比如说是脑力劳动者。在找到一位男人时就得问，你是从事什么工作？如果回答是从事脑力劳动的，就作为访问对象；不是，就要说一声"对不起，打扰了"，然后找另外一个人。两个变量也比较好找。如果是三个变量，比如再加上"收入"，要找月收入 3000 元以上的。访问员就得接着问，对不起，我想打听一下您的收入多少（关于收入实际上是个很敏感的问题，不会是这样简单提问）。如果他收入是 2500 元，就不是要找的调查对象，虽然费点儿周折了，三个变量也算好控制。如果找到第四个变量，你是拥护共和党还是拥护民主党？这次可能又得筛选掉一半。然后再加上，你是信奉天主教还是伊斯兰教，或者其他宗教？这样加的变量越多，寻找到对象的可能性就越小，概率就越低。也许好不容易向一个人问了几个问题，符合四个变量，第五个变量又不符合，即使费了不少工夫的积累，也只能说"对不起，打扰了"。

从实际调查的角度来说，一般来说至多可以控制四到六个变量。控制六个变量就比较难，要控制七个变量几乎不可能。不是这个条件不符合，就是那个条件不符合。所以，在具体调查实施过程中，能够控制的变量非常有限。可见，虽然定额抽样是根据一个母体的人口统计学的模型来进行缩小，但由于其指标控制的有限性，这种缩小并不是真正意义上的同构，仅仅是局部的、个别指标的同构，而不是全部指标意义上的、完全对等的构造。因此，所谓的代表性也仅仅停留在能控制的指标方面。所以，盖洛普当年所运用的代表性抽样方法，就有这样的一个局限性，这同时也是非随机调查最主要的一个问题。

b. 面谈访问中的问题

面谈访问法也可以称为面对面访问，是指访问员持调查问卷与被访者在同一地点面对面地进行数据信息收集的方法。

盖洛普在采用面对面的访问后，虽然一定程度上保证了问卷的回收率，但由于当时的代表性抽样（定额抽样）不是随机的，因而就不可避免访问员会有一种自然的主观选择。比如访问员可能在抽样时采取阻力最小的途径，他们可能避免上楼梯或爬坡，也可能将他们的抽样仅限于自己的朋友或常出入地附近区域的人，因而对某些区域、种族、性别或年龄的群体选择不足。再比如访问员可能会避开不友好态度的人或家庭。尽管某人跟所要调查的对象是吻合的，但担心自己受到某种不确定的侵害，就会远离他。因此，一些文化另类的、看起来不太体面的、感觉不舒服的人会不自觉地被访问者主观排除在面访对象之外。

本来，访问员明明可以调查这一个人，也可以调查那一个人，但在访问员可以自主选择的范围之内，有可能会因为偏见而系统地排除那些社会底层的、文化另类的一些人，使某一人群很难进入到调查的视野中。这实际上对于调查的公正性、客观性和同构性形成了一个挑战。这也是当年盖洛普在代表性抽样的基础上，面谈访问所面临的另一个局限性问题。

②从盖洛普失败中汲取的经验

那么，1948年这次美国总统大选，盖洛普预测失败的原因有哪些？对后来的民意调查又有哪些经验教训呢？

首先，其调查依照的样本母体，即人口统计的基础错了。因为这次调查所利用的人口统计样本母体是1940年美国战前所进行的人口统计结果，而1940年是什么情况呢？是美国将要进入第二次世界大战的战前状态。那时，美国为了应付战争，很多城市人口开始向农村疏散，农村和城市在一定程度上是萧条的。在这种情况之下所进行的人口普查跟平日的状态是有很大区别的。而1948年第二次世界大战已经结束，美国成为世界最大的战争受益国，工业获得了巨大发展，其经济实力跃居世界核心位置。工业的聚集也使人口上升，尤其是城市得到了急剧的膨胀。1948年的人口分布状况跟1940年的构成比例有非常大的差异，如果再沿用1940年的数据去进行所谓代表性抽样，抽出来的样本只能代表1940年的状况，而不能代表1948年的状况。后来，由此得出一个教训，用人口普查资料作为样本母体，如果要进行相关的比例控制，不能高于五年，如果高于五年的话就应该有所修正。就我国现在每十年进行一次的人口普查，具体怎么操作呢？实际上，每十年当中的第五年我们要进行1%的人口变动调查，又通过这1%的人口变动调查来修正十年间的变动数据，使相关的统计资料更接近于真实，这就是我国在这方面做的一个改进性工作。

其次，过早地结束了民意测验。因为在总统竞选之前连续几个月，民意测验曲线的数值一直都相当稳定，数据没有明显的波动。人们由此认为，老百姓选举投票，不会有变化了，再花钱费劲儿也没有意义。于是在总统选举投票前一个月就结束了民意测验调查。盖洛普没有注意到的是，大概有超过30%的选民，事实上在此前的选举活动中未决定投票意向，而正是这30%的选民在最后一个月发生了系统性的偏向。当然，也会发生随机性变化，比如其中15%的人投向左边，15%的人投向右边，就不会影响到最终的选举结果，选举结果的比例还应该类似。但是如果适逢某一社会事件，或者说出现了某种政治性的因素，30%的人如果不约而同地倒向某一边的时候，意见就倾斜了。恰恰是没有拿好主意的30%的人大部分投向了杜鲁门，所以就使得美国的总统选举结果出现了逆转性的反差。

正因为有前车之鉴，1948年之后，美国总统选举的预测一般都要到选举周最后一个星期六晚上公布最后一次民意测验结果。因为按照美国的法律，在选举周不得进行民意测验，不能用民意测验去干扰大家的投票意识。因此，从1948年之后，民意测验结果的平均误差率没有超过1%。虽然我们不能被平均误差率给迷惑住，但总体上，可以说明，现代民意测验对于选举结果的预测还是比较可靠的。

③随机抽样

1948年总统选举预测失败暴露了盖洛普代表性抽样的局限性，后来为了保持一种动态的对位，就采用了当时统计学上已经很成熟的随机抽样技术。因为美国没有户籍统计制度，所以该技术特别适合于美国按地域进行抽样的要求，随机抽样可以跟人口的现居住状况形成动态的吻合。

可以说，不管人口基数变化如何，都可以通过随机抽样来反映现实居民的构成情况，只要按照程序,其代表性就有比较可靠的保障。所以,此后随机抽样调查就成了民意调查的基本抽样方式。到了采用随机抽样方法的时候,民意测验在"调查谁"的问题上,已经比较彻底地解决了如何以局部的小样本代表一个总体,以便科学地把握问题。

随机抽样的特点是按照随机原则来抽取样本,总体中的每一位成员都有被抽中的同等可能性,完全排除调查者在选取样本时的主观意愿、印象或好恶的影响。以美国密执安大学调研中心的全国性民意测验为例。他们通常根据地理分布和人口规模,按照随机原则抽取 75 个地域作为初级抽样单位,在每个初级抽样单位中随机抽取若干街区作为抽样地段,在每个抽样地段随机抽取若干住户作为最后的抽样单位。住户确定后,访员将每户的全部成员列表,然后随机抽取一位调查对象。调查对象一经确定,就不能更换,如不在家,则需重访。

尽管没有一项技术,包括随机抽样在内,能保证样本完全代表总体,但随机抽样是一种最简单且最好地获取有代表性样本的方法。其获得有代表性样本的概率较高,所选择的样本之间或样本和总体之间的差距较小,不存在系统性偏差。譬如,在人员总体中抽样,样本得出的男女比例不可能和总体的男女比例完全相同,但随机抽样可以做到两者很接近,而且男性比例和女性比例倾斜的概率相同。样本和总体两者比例的偏差缘于偶然,并非研究者自觉或不自觉的人为偏差。

可以说,正是这种抽取样本中的随机原则,保证了样本的构成与总体的构成大体相近,从而使样本对于总体具有充分的代表性。统计学的研究和实践表明,在保证样本是从总体中随机地抽出的条件下,无论构成总体的成员数量多么庞大,在 95% 的置信水平下,根据对样本数为 500 人的调查结果来推断总体时,其推断的误差将不会超过 5%。

三、网上调查

随着信息技术的快速发展,尤其是因特网的发展,直接推动了民意测验方式的转变。网络调查在 20 世纪 90 年代开始受到关注。目前,网上调查已经成为业内广泛采用的一种民意测验手段。

网上调查是借助联机网络、计算机通信和数字交互式媒体,在电脑网络上广泛发布问卷,在一定时间内,征询一切应答者的回答,而后通过预先设定的程序对应答者的意见进行回收和统计,实现研究目的的调查方法。[①]

网上调查与传统的调查访问的不同之处在于,网上调查只针对特定群体——网民进行调查。换句话说,网上调查是以 Internet 为沟通平台,受访者在某个设定的站点或通过 E-mail 的方式填写问卷并发送给调查机构的一种民意测验方式。

随着网民数量的快速增长,以及相关技术的跟进,为网络调查的可行性提供了基础,同时,网络调查的作用也越来越被人们看好。

1.网上调查的优势

网络调查的采样一般通过三种途径进行。

---

① 郭强.网络调查手册[M].北京:中国时代经济出版社,2004:1.

一是在线方式(Web),在线调查是指将问卷放置在网页上供受访者填写。首先,有比较强的交互性;其次,可以在受访者回答问卷时,实时进行错误检查;最后,图片、动画等可以加入问卷中,以产生多媒体的效果,所有这些都使得完成调查更迅速、更有趣,并提高了问卷质量。网络问卷调查是目前最常见的一种在线调查方式,即通过网络邀请参与回答问卷以获取市场信息的一种调查方式。

二是向被调查者发送电子邮件(E-mail)。虽然电子邮件快捷而且成本低,但是此种调查有其局限性。比如,问卷的交互性很差,并且数据的处理会很麻烦,每份问卷的答案都是以邮件形式发回的必须重新导入数据库进行处理。

三是弹出窗口式(Pop-up),也叫网上拦截,即在网民访问网站时,弹出调查窗口。这种方式采用软件技术,可以对网站的访问者进行计数,可以按预先设定好的间隔(如每隔100个访问者)弹出一个窗口邀请访问者参加访问。这种方法类似于传统的街头拦截方式,可以适度地防止同一个被调查者多次填写问卷。但是由于这种调查往往依附于一个网站,样本的代表性不如以上两种方式好。

与传统调查方式相比,网上调查还是有不少优势的。网络调查具有鲜明的特色:自愿性、定向性、及时性、互动性、经济性、匿名性等,因此无论在定性研究中,还是定量研究中都越来越发挥着重要的作用。

(1)网络调查程序简化

首先,由于可以直接在网上填答,所以不需要印刷调查问卷。

其次,网络调查在信息采集过程中不需要外派调查人员,所以不受天气和距离的限制。

再次,调查过程中最繁重、最关键的信息采集和录入工作,是在众多网上用户的终端上完成的,网上调查可省去另外的编码录入环节,从而减少了数据录入过程中的遗漏与错误,有更加准确的统计效能。在自动统计软件配合下,用很短的时间就能完成标准化的统计分析工作。

最后,网络调查可以在无人值守的情况下实现不间断地接受调查填表,信息检验和信息处理由计算机自动完成,并能迅速通过网络传播调查结果,使调查的速度加快,调查者可以尽早获得调查信息。

由于网上调查大大简化了调查程序,可以节省访问员调查的时间、成本和费用,因而网络调查速度快,也更经济。

(2)调查结果客观

首先,被调查者是在完全自愿的原则下参与调查,调查的针对性更强。

其次,被调查者是在完全独立思考的环境下接受调查,不会受到访问员及其他外在因素的干扰,能最大限度地保证调查结果的客观性。

再次,由于网上调查的实时控制,可以有效避免访问员作弊、录入人员出错等人为误差。

最后,网上调查可以实现传统调查难以实现或难以控制的"题目顺序循环"、"量表题选项循环"和"联合分析中卡片的随机抽取"等操作;实现受访者回答问卷过程中的错误检查,避免实地执行中后期查错、复核、补充样本等后续工作。

（3）调查问卷直观

网上调查可以展现网络优势，借助图片、文字和声像资料，调查方式、调查内容可以非常丰富。比如网络调查能设计出多媒体问卷，被调查者可以直观地通过文字、图形和其他各种表现方式，作出选择和回答，有些项目则可以通过下拉菜单轻松选取，大大增强调查效果。

网络具有互动性，利用的互动格式也很多。通过相关技术可以使不同的受访者看到有针对性的问卷，问卷形式富有个性，也更具亲和力。

（4）调查控制公正

首先，网上调查问卷可以附加全面规范的指标解释，有利于消除因对指标解释不到位和理解不清晰而造成的调查偏差。

其次，问卷的复核检验由计算机设定，检验条件和控制措施自动实施，可以有效地保证对调查问卷 100％地复核检验，从而保持检验与控制的客观公正性。

最后，通过被调查者身份验证技术可以有效地防止信息采集过程中的舞弊行为。

（5）调查时空灵活

这与受区域限制的传统调研方式有很大不同，可以进行不同地域、国家的 Internet 用户在线调查。例如，某家用电器企业于 1999 年 8～9 月份在 www. consult 上进行了中国等七个国家的 Internet 用户在线调查活动。澳大利亚业界的主流公司和商业经理们都选择从该公司获取当地 Internet 市场信息。www. consult 在中国的在线调查活动是与十家访问率较高的 ISP 和在线网络广告站点联合进行的，这样的调研活动如果利用传统方式是无法想象的。[1] 此外，网上调查还能开展 24 小时全天候的调查。

2. 网络调查的局限性与对策

当然，网上调查也有自身的缺陷。网络调查目前存在的问题一是样本的代表性受质疑，二是被调查网民身份的客观性存在问题。

（1）网络调查的局限性

一是，网络调查的样本代表性受质疑。样本结构与调查总体的结构未必具有相似性。因为网上调查仅局限于网民，而且分布不平衡，网络使用者又多为男性，教育水平较高、较年轻和收入较高。由于调查样本对象的局限性，影响了目前样本的代表性，必然导致样本对象的阶层性以及相应的调查误差。若调查总体与网民不重叠的话，仅从网民中抽取的样本无论是在地域分布，还是在职业特征等方面的结构都可能与总体结构存在错位，样本的代表性显然无法保证。

二是，受调查网民身份的客观性存在问题。目前，网上调查的最大问题在于，对被调查者的身份确认，得不到一个很好的控制性工具和手段，往往造成所获得信息的准确性和真实性程度难以判断。具体来说，如何保证一个人只能投一次票，并只代表自己，而不能利用某种计算机程序投更多次票？如何在对女性的某些问题的调查中，排除那些"热心"男性的参与？

---

① 郭强. 网络调查手册[M]. 北京：中国时代经济出版社，2004：2-3.

根据 1997 年 7 月 28 日《生活时报》的《网络调查刮起"浮夸风"》报道:"1997 年 7 月中旬,中国互联网信息中心(CNNIC)在对其进行的一次网上联机调查结果进行核实时,发现了大批虚假答卷。这次关于'网上用户使用情况'的调查在 6 月 15～30 日间进行,共收到以电子邮件方式传来的问卷 66283 份,其中有效答卷为 52549 份,其余 1 万多份无效答卷中包括了 3000 份虚假答卷。"①

(2)相应的对策

首先,如果要吸引尽可能多的网民来填答问卷的话,就要给受调查的网民提供适当的补偿。

从目前来看,一些网络调查多以抽奖的方式吸引网民积极参与,但上网者的需求不同,仅用此种方法不见得有效,网络调查不妨在分析被调查者需求的基础上,根据不同对象的不同需求采用不同的"饵",以最大限度地调动受调查网民认真填答问卷的积极性。

比如,从 2000 年 5 月 20 日开始,网上调查专业公司网站实行填答问卷付费制度,每回答一道问题付费 0.15 元(由于有访问口令,因此一人只能填一次),每介绍一位朋友填答加 2 元(限 20 人),每累积到 300 元就给被调查者汇款,同时,每次有问卷更新就会通过电子邮件通知当事人。这是一种新颖的吸引被调查者填答问卷的手段,从调查者的角度来看,很容易就能获得一批相当稳定的网络访问对象群体,如果调查者具备长远的目光,可以在解决网络样本代表性问题上起到突破性的作用。②

其次,网络调查的前提必须保证调查总体与网民总体相重叠。一个大调查也可以分解为若干个小调查,根据实际需要采用网上调查与网下调查相结合的方法。比如网上调查侧重于网民对热点问题的看法的调查;网下调查侧重对网民的总量和网民的结构特征等参数的调查。

最后,网上调查对被调查者的身份辨识上,关键还要在技术上加以改进。比如新近出现的 NetValue 调查方法已取得较大进展。通过大量的"电脑辅助电话调查"(CATI)获得用户的基本人口数据,根据基本人口数据确定样本框,然后 NetValue 从样本框中招募自愿被调查者,下载软件到自愿被调查者的电脑中,通过软件记录被调查者的全部上网行为,通过身份确认的才可视为有效问卷。

国外的相关调查中,也有借助无线网络技术,一边向对方提问,一边输入数据,动态地实现数据向信息中心回传。由此,回答的效率和回答的监控,信息中心可以有很好的掌控,甚至可以就访问的进度进行某种人员调配;理论出现什么倾向性问题,也可以及时有所掌控。

从网上调查的发展趋势来看,在欧美等国际互联网发达的国家,大规模市场调查已经历了三个阶段。最早的手段是面对面或信件的访问;随着电话的普及,电话访问的使用超过了面对面和信件访问;目前,进入第三个阶段,即网上调查的阶段。如今,网上调查技术已有所提升,如果身份辨识能够在网上调查中得到有效解决的话,网络调查可以非常快捷、准确地解决很多问题。因为对数据的统计分析,可马上进入到数据库,转瞬即

① 中国社科院新闻研究所,河北大学新闻学院编.解读受众的观点、方法与市场[M].保定:河北大学出版社,2001:359.
② 郭强.网络调查手册[M].北京:中国时代经济出版社,2004:5.

可得出调查结果,其效率和效果都很好。

总之,随着网络技术的不断革新和网民数量的不断上升,网上调查是一种非常有前景的调查方式。

第二节 如何调查

民意测验指向性的对象是人的一种主观意见的表达,并且是一种公开表达出来的意见,民意测验是要从一个人所表达出来的意见中,去摸清楚他的心态和真实想法。因此,把握调查对象的意识,把握其内心态度,是民意测验实质性的目标诉求。

人们的意见表达常常受到主客观条件的限制,有时说出来的跟心里想的不一致,因为人们的公开意见表达经常受到各种情景因素甚至包括自己内在因素的限制。一个人如果处在病痛或忧郁状态中,被沮丧情绪控制着,他所表达出来的东西一定是比较灰色、暗淡、没有激情的;而当一个人处在所谓的金榜题名时或洞房花烛夜等比较兴奋、高亢、热烈的状态中,看世界一定是活跃的、有生气的和玫瑰色的。所以,这种意见表达跟人的实际心态和意识行为之间不一定画等号。

这就形成了一个巨大的问题,即:如何能把人们的真实态度、想法通过某种方式探测出来,以便于真实地了解民意的状况? 那么,解决这一问题,实际上有两个思路:一是控制方法,二是全方位的信息把握。

一、思路之一:控制方法

一提到测量,人们常常想到的是对客观事物的测量,对物理现象和牛理现象的测量,物的重量可以用秤量,长度可以用尺量,人的血压可以用血压计来测量。物理和生理测量由于测量方法手段比较具体直观,因而既容易理解也容易操作,而一旦涉及人们的心理测量,似乎远没有物理测量那么容易理解和操作。当然,心理测量有其自身的特点,也是可以测量的,重要手段是心理测验。

起初的很长时间,人们苦于找不到有效的测量指标和技术手段,常常用生理测量的方式去对智力、心理状况作出推定。比如就智力测量而言,最初人们寻求个体的物理特征和智力之间的关系,当时认为大脑是人进行思维的工具,有人猜测头围的大小与智力有关,因此,要一个一个去量脑颅;也有人寻求个体的生理心理特征与智力的关系,诸如测量一个人反应的程度,敲一敲这个人的骨节看是否反应灵敏。

直到 19 世纪末,对人的心理测量问题才得到彻底解决。法国著名心理学家比奈(Binet)在从事相关研究时,发现生理测量的方式测定心理和智力发育状况的局限性,他提出两点重要理由:

第一,人聪明与否,可能跟脑容量的大小、关节的反应速度有某种关系,但完全用生理测量的方式来推测智力和心理状况,其解释能力低下。假定需要 100% 的变量去解释的话,生理测量只能占解释性因素的 3% 以下,97% 的因素则在控制范围之外,如果不对

97%的重要因素进行正面接触,而舍本求末地进行生理测定,这不能有效地解释人们心理和智力的发育状况。

第二,即使在3%左右有效的情况之下,可以说明一个人智力和心理发育状况,但这只是说明总体的平均状况,而不是对个体的判断,平均数在解释个别现象时,往往有很多例外,其对于解释智力差异本身的贡献是非常低的。而进行智力测量的关键目的是要进行个体判断,比较个体之间的智力差异,而不在于说明脑袋大的人普遍要比脑袋小的人聪明一些,各关节反应速度快的人要比关节反应迟钝的人在某一方面聪明一点。总之,物理测量不能解释个别智力、心理现象,只能在平均数上分析。比奈的研究成果宣布用生理测量的方式测定心理和智力发育状况的终结。

那么,他想了一个什么样的办法?那就是回归常识。测定人的智力,正常的逻辑是考试,那么,何不用考试的方法来直接考查人们智力的方方面面?智力无非是人认识世界、把握世界的诸种能力的总和,不妨用各种考试题目测试人们相应的能力,如记忆能力、逻辑思辨能力、空间把握能力和联想能力,等等。

比奈把智力看作人的一种高级心理活动,并开始寻求以高级判断推理能力为核心的因素与智力的关系。1905年,比奈与医生西蒙合作编制出世界上第一个具有成效的智力量表,也就是现在人们熟知的比奈—西蒙量表,这实际上开创了智力测验的先河,为科学、客观地测定人的智能,考查人们感知、辨别和把握事物的能力,制定出数量化的测量工具。比奈—西蒙智力测验采用了"智力年龄"这一概念,使用智力年龄概念将儿童的心理年龄或生理年龄进行比较,较以往用聪明与笨的笼统概念描述人的智力发展水平是一个进步。

从此,随着心理测验的产生,人们不断地编制和运用心理测验。心理测验的种类很多,分类方法不同,具体的类型也有所不同。从测验的目的来分,可分为智力测验、人格测验和特殊能力测验等。

智力测验。目前常用的智力测验方式是斯坦福—比奈量表、韦克斯勒成人智力量表与儿童智力量表。斯坦福—比奈量表是美国斯坦福大学的特曼教授1919年依照比奈—西蒙量表修订而成的,其最大特点是采用了智力商数(即智商)表示智力的高低。韦克斯勒成人智力量表由语言性测验和动作性测验两部分共257个问题组成,测验结果用一个人正确回答问题的数目与同龄人正确回答问题的平均数之比表示,即用离差智商取代比率智商。

人格测验。人格是指个体所具有的各项比较重要和相当持久的心理特征的总和。人格测验主要测量情绪、动机(或心理需要)、人际行为和态度等四个方面。目前在西方盛行的是明尼苏达多项人格测验(简称为MMPI)。明尼苏达多项人格测验的内容很广泛,由566个问题组成,包括健康、心身症状、神经障碍、运动障碍,性、宗教、社会和政治的态度,教育、职业、家庭、婚姻等问题,各种异常行为表现如强迫观念、强迫行为、幻觉、幻想、施虐狂和受虐狂等。明尼苏达多项人格测验对于诊断人格特点与心理疾病有较大价值。

特殊能力测验。如果说智力测验考查的是人们的一般能力,如思维能力、智力,那么特殊能力考查的则是人们某种特殊能力,或者说人们在某种专业活动中表现出来的能力。例如,秘书需要较强的文字能力,管理人员需要较强的组织与人际能力,媒体创意人员需要较强的创新能力。特殊能力测验是针对某种特殊需要所进行的测验。具体来说,包括空间关系测验、机械才能测验、手指手腕灵活性测验、音乐能力测验、美术能力测验,等等。当然,如果人们想同时测验一个人的多种特殊能力,也可以进行复式测验,无非是将数种特殊能力测验进行组合。像美国劳工部编制的"普通能力成套测验"就是一个复式测验,它可以测量许多职业领域中所需要的九种能力。

如果从测验的方法来分,可分为问卷式测验、作业式量表测验、投影测验。在此,我们主要从测验的方法角度进行一些具体的说明。

1. 问卷式测验

采用问卷调查是国际通行的一种调查方式,也是我国近年来最流行的一种调查手段。问卷几乎是所有数据收集方法的一般思路。调查问卷,又称调查表,是为了从被调查者那里收集到必要数据而设计的调查、测验工具,它是由一系列问题、备选答案及说明等组成的。

(1)调查问卷的类型

一般来说,调查测验的目的不同,具体问卷内容也有所不同,但除编排格式不一之外,大体的结构都比较类似,主要有这样几类:根据使用问卷方法的不同,可将问卷分为自填式问卷和访问式问卷;根据调查人员出题方式的不同,分为结构型问卷、半结构型问卷和无结构型问卷;根据问卷发放方式的不同,分为留置问卷、邮寄式问卷、报刊式问卷、面访式问卷、电话访问式问卷和网上调查问卷。

(2)问卷的特征与作用

问卷法之所以在资料收集中备受青睐,主要是因为与其他调查方式相比,问卷调查具有客观性、简明性、真实性和反馈快的特点。

首先,通过问卷方式可将所有问题用提问方式列出,并给出多种可能性答案供被访者选择。这种方式不仅被访者容易接受,而且,访问员只要稍加培训即可胜任此项工作。一份设计完善的问卷能够有效地减少回答误差,提高调查的精确度。

其次,由于问卷方式能将人们的态度、观点、行为、看法等定性认识转化为定量数据,这样就不仅便于研究者对调查对象的基本状况进行了解,同时也有利于调查内容的系统化、标准化,便于利用手工或计算机对所取得的资料进行汇总,并进行各种相关的统计分析。

最后,节省调查时间,提高调查效率。如果问卷内容的说明清楚明了,调查人员对调查对象只需稍作解释,说清意图,调查对象就可以答卷。

2. 量表

量表是社会科学研究中广泛应用的一种测量工具。它由一组问题构成,用以间接测量人们对某一事物的态度或观念,与问卷相比,量表对态度的测量更精确、更有效。

(1)量表的特征和作用

首先,量表是衡量概念(或变量)的综合指标,通常是由多项测量内容综合而成,这是由于具体的研究中,许多概念不可能只用一个单独的指标来测量。比如,一份幸福量表由几个相关的问题组成,每一个问题构成一项内容,每一项内容都可看成经验变量的一个指标,而一个量表就可由两个或更多指标所构成;再如,一位篮球运动员的能力可以通过一个由奔跑能力、运球能力和投篮能力所构成的量表来进行测量。

其次,量表"在原则上都需要个人对一系列精心设计的统一陈述或项目作出赞成或反对、同意或不同意的反应"。① 也就是说,量表必须由一套问题所构成,其结果是对一组问题的回答"计分"综合而成。

再次,量表相当于一把"尺子",其主要作用在于测量复杂的概念,精确度量一个较抽象的或综合性较强的概念,特别是度量态度和观念的差异程度。

最后,量表相比单一指标或单项问题的测量能获得更多、更真实、更准确的信息,能通过间接、定量的方式衡量那些难以直接观测或客观度量的社会现象。

(2)量表的类型

在社会研究中,量表不仅限于测量人们的态度,它还用于测量人们的能力、智力、性格、工作成绩、社会地位、生活水平等。如果根据测量内容不同,可以分出态度量表、能力量表、智力量表、人格量表等类型;如果从量表的结构形式上来分,有总加量表、累计量表、语义差异量表和社会距离量表。

①总加量表

目前使用最广泛的总加量表是利克特量表(Likert Scales),它是由美国心理学家爱伦西斯·利克特(R. A. Likert)于1932年在原有的总加量表的基础上改进而成的。该量表一般由20~30个正向和负向陈述组成。每个陈述后面都设有相应的五种答案,即"非常赞成""赞成""中立""反对""非常反对"等五个态度等级,正向问题答案计分顺序是1、2、3、4、5,负向问题答案为5、4、3、2、1,供被调查者选择。

被调查者自行在相应的括号内打"√",研究人员则根据被调查者选择的答案计分,每位被调查者的态度总分就是他对各道题的回答所得分数加总(见表8-1)。

表8-1　人际关系量表②

提　问 项　目	选择回答(只限选一项)				
	非常 同意	同意	不一定	不同意	非常 不同意
＋1.我在本厂有许多好朋友	5 √	4	3	2	1
＋2.只要我需要,我相信本厂的大部分同事 　都会助我一臂之力的	5	4 √	3	2	1
－3.对周围的同事我很少关心	1	2	3	4 √	5
－4.我很难和本厂的人交朋友	1	2	3	4 √	5
＋5.我经常向本厂的人请教	5	4 √	3	2	1

① 袁方.社会研究方法教程[M].北京:北京大学出版社,1997:296.
② 袁方.社会研究方法教程[M].北京:北京大学出版社,1997:299.

续表

提　问 项　目	选择回答(只限选一项)				
	非常 同意	同意	不一定	不同意	非常 不同意
－6. 只有少数同事是开明的,多数人是有偏 　见的	1	2	3	4 √	5
＋7. 大部分同事会为了集体的利益牺牲个 　人利益	5	4	3	2 √	1
－8. 我相信大部分同事会背后中伤我,如果 　这样做可以使他们晋升的话	1	2	3	4 √	5
－9. 我很少关心别人说什么,我只相信我 　自己	1	2 √	3	4	5
－10. 本厂大部分同事思想保守,他们怎么 　也不肯改变	1	2	3	4	5 √
＋11. 我跟所有的同事都是朋友	5	4	3	2 √	1
－12. 我在本厂没有一个好朋友	1	2	3	4	5 √

利克特量表的提问是多维的,可以从不同角度询问某一态度。比如对"婚姻观"可以从对离婚、抚养子女、性别歧视等方面来衡量,但这种量表的侧重点在于,用总分数值来描述被调查者的态度倾向。它的主要缺点在于,虽然可大致区分个体间谁的态度高、谁的态度低,但无法进一步描述态度的结构差异。因而,对于那些总分数值相等而在一些问题上观点相异的事实则忽略不计。实际应用中,这种量表的问题构成及其态度值是否恰当,需要进行必要的检验。

具体方法是在被调查者中选择一部分人,让他们按照研究人员给每个问题所规定的对等的分值评分,再将他们对每个问题的得分由大到小依次排列,25％以前者为上位群,75％以后者为下位群,然后分别求出这两个群组所作回答之分数的平均值和标准差。如果两个组群之间平均值差数不显著,则应予以删除,以保证构成态度的每个问题的价值相等。①

②累积性量表

又称盖特曼量表(Cuttman Scales),一种单一向度的态度标尺,是心理学家盖特曼(L. Cuttman)于 1947 年首创的。这种量表由一组提问构成,这些提问所涉及的是同一件或同一类事情,但等级有所不同。

被调查者对每项提问仅作肯定或否定的回答。肯定回答"是",用打"√"的方式表示;否定回答"不是",用打"×"方式表示。被调查者对某项提问的肯定反应应该与其他更低等级提问的反应一致。

例如,用一个有四个项目的量表测量人们的政治行为倾向:a. 暗杀;b. 烧毁公共建筑

---

① 喻国明,刘夏阳. 中国民意研究[M]. 北京:中国人民大学出版社,1993:341-342.

物;c.阻塞交通;d.和平示威。答案中,任何能够容忍暗杀的被调查者也都有可能赞同其他三种方式,而那些赞成烧毁建筑物的被调查者可能对阻塞交通和和平示威的举动不以为然,但是对于暗杀行为却会感到吃惊(见表8-2)。

表 8-2 不同被调查者的综合得分和回答类型①

被调查者	问题1	问题2	问题3	综合得分	回答类型
1	√	√	√	3分	} I
2	√	√	√	3分	
3		√	√	2分	II
4		√	√	2分	
5		√	√	2分	III
6			√	1分	IV
7			√	1分	
8			√	1分	
9				0分	
10				0分	

这种量表的计算方法是,回答"是"者计1分,回答"不是"者计0分。对所有提问回答得分累积相加之和,就是被调查者的综合得分。研究人员可据此推断出被调查者的回答类型和态度分布情况。

累积性量表的重要弱点是它对一组陈述往往采取单维性的假设。但在现实中,人们的态度可能表现出单维模式,可以用"是"或"不是"来回答,而有时却不是单维的,不是用"是"或"不是"就可以简单作答的,因此,这种单维性的陈述假设是有局限的。正因为如此,累积性量表不太适用于对较复杂的态度测量。所以,在进行较复杂的多维性态度测量时,人们更多地使用利克特量表。

③语义差异量表

语义差异量表(Semantic Differential Scales)是用一组意义相反的陈述或形容词构成一份评价量表,用以测量人们对某一特定概念或事物的不同意识或感受。它是语义分化的一种测量工具,由社会心理学家奥斯古德和其同事萨西、坦纳鲍姆于1957年编制的。

此类量表由一系列两极性形容词词对组成,并被划分为七个等值评定等级(有时也可以划分为五个或九个)主要含有三个基本维度,即"评价的"(如好的与坏的、美的与丑的、干净的与肮脏的),"能量的"(如大的与小的、强的与弱的、重的与轻的),"活动的"(如快的与慢的、积极的与消极的、主动的与被动的),它们具有显示任何概念含义的语义空间的特质。研究者可以据此来描述任何概念及其相关问题性质或属性方面的根本意义(见表8-3)

---

① 喻国明,刘夏阳.中国民意研究[M].北京:中国人民大学出版社,1993:343.

表 8-3　三位受试者对"堕胎"的基本态度。①

其中，A 至 D 组为"评价"测量，E 至 F 组为"能量"测量，G 至 J 组为"活动"测量。

语义差异量表的计量方法有两种，一种是将两陈述或两形容词间的七小段横线两端分别从 1 记到 7；另一种则是分别记为-3、-2、-1、0、+1、+2、+3。要特别注意的是，每一对陈述的记分方向要依据整个量表的方向来确定。

④社会距离量表

社会距离量表(Social Distance Scales)又称鲍格达拉斯量表。它是美国社会心理学家鲍格达拉斯于 1925 年创制的。该量表主要用以研究人们对不同种族或民族群体相对态度的一种测量工具。该表由一组表示不同社会距离或社会交往程度的陈述组成，它要求被调查者根据自己的看法对这些陈述表态。其具体形式如下(见表 8-4)：②

表 8-4　社会距离量表具体形式 1

你愿意让黑人：

A　生活在你的国家吗？　　　(　　)

B　生活在你的社区吗？　　　(　　)

C　住在你们的那条街吗？　　(　　)

D　做你的邻居吗？　　　　　(　　)

E　同你的子女结婚吗？　　　(　　)

请在你愿意的问题的括号内打一个√号。

表中的五个问题从疏远到亲近分成五个接纳层次和等级，一个比一个关系更近，一个比一个强度更高，从"弱项"到"强项"之间，从远到近是一个逐渐加强的过程。显然，能接受高强度内容的人必定能接受低强度的内容，反之则不然。除了某些例外情况，该量表本身的逻辑结构使调查者能得到这样的结论：当一个人拒绝了量表中一项关系，那么

① 喻国明，刘夏阳.中国民意研究[M].北京：中国人民大学出版社，1993：344.
② 袁方.社会研究方法教程[M].北京：北京大学出版社，1997：305.

他也必将拒绝这一关系后面所有"更强"的关系。比如,一个不愿让黑人做自己邻居的人,肯定不会愿意让自己的子女与其成婚。

有时,可以用同样的几条社会距离陈述,同时测量人们对几个对象的态度或与这几个对象之间的关系程度(见表8-5)。

表8-5　社会距离量表具体形式2

问题:是否愿意与下列几个种族或民族群体进行一种或多种不同程度的社会接触?[①]

	A国人	B国人	C国人
a　通婚,结成亲属	(　)	(　)	(　)
b　在一起活动,成为朋友	(　)	(　)	(　)
c　同住在一个地方做邻居	(　)	(　)	(　)
d　在同一个单位工作做同事	(　)	(　)	(　)
e　接纳为本国公民	(　)	(　)	(　)
f　允许来本国访问或观光	(　)	(　)	(　)
g　拒绝	(　)	(　)	(　)

调查对象依据适合自己的情感反应进行回答,并在括号里做记录(√或×)。研究人员可将结果整理绘制成统计图,以便于分析(见图8-1)。[②]

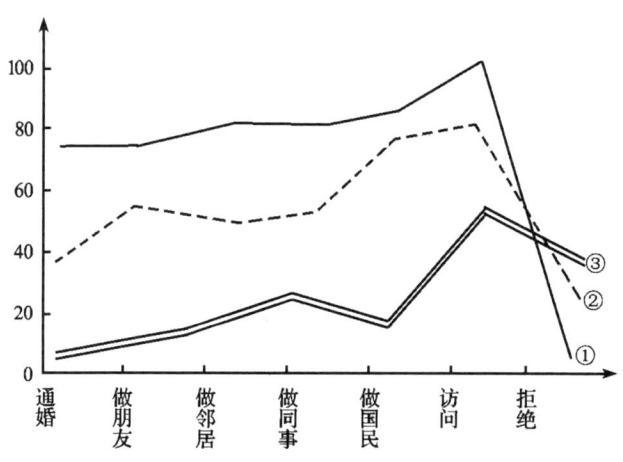

图8-1　调查结果统计图样本

图中,线①表示A国人被接纳的程度,线②表示B国人被接纳的程度,线③表示C国人被接纳的程度。三条曲线反映了受试者所代表的种族或民族群体,以及对于不同种族或民族群体所持态度的距离分布。他们对A国人有着民族群体间的相容性,而对C国人则怀有排斥性。

---

①　喻国明,刘夏阳.中国民意研究[M].北京:中国人民大学出版社,1993:345.
②　喻国明,刘夏阳.中国民意研究[M].北京:中国人民大学出版社,1993:346.

该量表所得到的结果,既可以用来比较具有不同特征的人们对某一群体的社会距离的大小,也可以用来比较具有相同特征的人们对不同群体的社会距离的大小。

3. 投影测验

所谓投影测验是一种无结构的、非直接的询问形式,可以鼓励被调查者将他们所关心问题的潜在动机、信仰、态度或感情投射出来。在投影技法中,并不要求被调查者描述自己的行为,而是要他们解释其他人的行为。在解释他人的行为时,被调查者间接地将自己的动机、信仰、态度或感情投影到有关的情景之中。这种方法是要隐蔽调查目的的。

比如,给你一个图案、一个图形或者说某一个毫无意义的东西,调查者让你赋予某种意义或加上一些元素后,然后再让你给它赋予意义或者命名。不同的人有不同的感受。实际上,是人们潜意识的一种辐射。再比如,根据对幽默故事的反应来判定一个人的性格类型。列出十个不同类型的幽默段子,让人们进行比较,哪三个幽默段子是最幽默的?哪三个一点儿都不好笑?根据选择进行打分,可以勘测一个人的生活经验、生活阅历及认识反应方式。之所以产生幽默,一般的逻辑是,一个正常逻辑的突然中断,得到了一个意想不到的又符合某种情理的结果,这种跌宕在人们思维中形成了一种快感。那么,这种感受强烈与否,是跟一个人的日常生活经验、性格类型联系在一起的。

还有像品格测量中的技能情景控制方式。有些技能,是有标准的,而且这个标准大家都是知道的,比如说百米速跑,大家都知道纪录是多少。但是有很多纪录大家都不知道,利用这些不知道的纪录去测试人们的成熟程度,这是品格测验的一种基本手法。

举例来说,课堂上老师发给人家三张纸,上面有各种不同的符号、图形等。规则是什么呢?请大家闭上眼睛,然后拿自己的铅笔在三张纸上各扎 5 下,这三张纸上的图形可能不同但规格一样,共扎 15 次。然后,再看各自扎中了几个圈,或者在某个范围之内扎中了几下。很多人觉得,这是一个试验自己扎中能力的测试,实在扎不中,就要睁开眼睛偷看。等对三张纸都做完测验以后,要看大家成绩怎么样。老师说,一次都没扎上的请举手,有些人很不情愿地举起手,这几人非常诚实,他们确实没偷看,否则不至于一个都没有扎上;说扎 5 个的举手,有人举手了;然后又说扎 9 个以上的请举手,再举手,教师的眼光就会变得比较严厉。因为做过大量调查之后,能扎中多少是有一定概率的。如果扎 9 个以上的,一般是有 97% 的可能睁眼看过了;如果能扎到 12 个以上,99.99% 是睁开眼睛看了。当然,可能会委屈一个人,因为有可能例外,但是 99.99% 可能性更大。

品格测量不是判定一个人的品德好坏,而是判定一个人容易不容易作弊,投机取巧,或发生旁门左道的行为。这对有些职业是非常重要的,比如说会计,就需要循规蹈矩、照章办事的人。如果是一个特别会变通的、特别富有创新精神的人去做会计就未必合适。

因此,通过分析被调查者对那些没有结构的、模棱两可的"剧本"的反应,他们的态度、性格也就被揭示出来了。往往是剧情越模糊,被调查者就更多地投影出他们的感情、需要、动机、态度和价值观。

投影技法可分成联想技法、完成技法、结构技法和表现技法。[①] 完成技法即给出不完全的一种刺激情景,要求被调查者来完成。常用的方法又分为句子完成法和故事完成法。结构技法与完成技法有相似之处,它要求被调查者以故事对话或绘图的形式构造一种反应。其中,两种主要的方法是图画回答法和卡通实验法。表现技法则是给被调查者提供一种文字的或形象化的情景,请他将其他人的感情和态度与该情景联系起来。主要的表现技法是角色表演和第三者技法。在投影技法多种分类方法中,其实应用最多的是联想技法。

(1)关于联想技法

一种刺激物呈放在被调查者面前,然后询问被调查者最初联想到的事物。一般来说,人们的联想总是沿着相关、对比和接近三个方向思维的,也可以叫作三联想规律。那么,联想技法就是建立在这一思维习惯的基础之上的。在这类技法中最常用的是词语联想法。

在词语联想法中,给出一连串的词语,每给一个词语,都让被调查者回答其最初联想到的词语(叫反应语)。调研者感兴趣的那些词语(叫试验词语或刺激词语)是散布在那一串展示的词语中的,在给出的一连串词语中,也有一些中性的或充数的词语,用于掩盖研究的目的。测谎试验即是利用了这一技法,以应用于刑事侦破中所谓的联想行捕为例。

> 比如说,一天在某村发生了杀人案,现场的院子里有一把带血的菜刀,还有一些具有特征性的物品。一共有30多个嫌疑人需要排查,每个人都声称自己冤枉,于是就进行一次测谎试验来排除谁冤枉(当然,是要在法理自愿的情况之下进行)。

具体做法是,用一连串的词汇的联想来测定谁是在说谎。假定一共有100个词作为测试词,其中95个词是属于无关词,跟案情无关;有5个关键词跟案情有关,比如说菜刀、鲜血、猪圈等,这5个实验词语是混在这95个无关词里。测试人员先解释说,大家不要紧张,我一说"红旗",你就想跟红旗相关的"花朵";一说"白菜"你就可以说"萝卜";说"电灯"你说"开关",都可以。反正说一个词你就跟着说一个想到的词,说什么都行。随后练习了几个回合,之后正式开始。测试人员先说了几个不相关的词,红旗——历史,大地——母亲。然后,猝不及防地说"菜刀",这时候若真是杀人犯的话,他会有两种反应。第一种反应就是你一说出"菜刀",他会脱口而出"杀人"。第二种反应要极力避免"杀人"这个词,即使想到了也要把它憋回去,然后说一个无关紧要的"切萝卜",或其他词语。但可以很明显地看出来,他的反应会比正常的反应慢,因为他要有一个

[①] 袁岳,周林古.零点调查:民意测验的方法与经验[M].福州:福建人民出版社,2005:75.

抑制的过程。就这样,在对关键词的反应过程中,出现上述任何一种情况,就会增加他的疑点。

词语联想技法的潜在假定是,联想可让被调查者暴露他们对有关问题的内在感情。对回答或反应的分析可计算如下几个量:每个反应词语出现的频数;在给出反应词语之前耽搁的时间长度;在合理的时间段内,对某一试验词语,完全无反应的被调查者的数目。被调查者对每一个词的反应是由访问员逐字记录并且计时的,反应犹豫者(要花3秒钟以上来回答)也可以识别出来。

为了证实这样的猜想,这5个关键性实验词语不变,把95个无关词进行置换,然后再测试。先是几组父亲——母亲,老师——学生,然后再说"菜刀"。上次回应的是"切萝卜",这次临时找一个词"切西瓜",不是一种固定搭配(把上回的都忘了)。而按照一般的规律,人们的词汇联结往往是一致的,萝卜——白菜,黑猫——白猫,电灯——开关,差不多都是固定搭配。因为当时有可能太着急了,忘了上次的搭配了。所有这些疑点,根据一个点分的机制,某人一旦积分达到一定程度,他就成为该案的重大嫌疑对象。

现在的测谎试验本身不被看作刑事判定的有效证据,即使测试出来你说谎了,也不能作为呈堂证据,但是毕竟可以为确定侦捕方向和重点带来一定的方便,简化了侦查程序。

标准的词语联想法也有几种不同的形式。如要求被调查者给出最先联想到的两个、三个或更多的词语,而不只是一个词语;联想可以是完全自由的(叫自由联想法);也可以是加以控制的,即规定一个范围,或给定一些反应语,然后在此范围内联想(叫限制联想法)。

(2)投影技法的优点与局限

投影技法的一个主要优点就是,通过隐蔽研究目的,可以获取被调查者不愿意或不能提供的回答。因为在知道研究目的的情况下,直接询问时,被调查者常常有意或无意地错误理解、解释或误导调研者。在此情况下,投影技法可增加回答的有效性。特别是当要了解的问题是私人的、敏感的或有着很强的社会标准时,作用就更明显。所以,当用直接法无法得到所需的信息时,或是在探索性研究中,为了解人们最初的内心想法和态度,可考虑使用投影技法。

由于投影技法很复杂,并不是谁都可以使用。该技法容易出现严重的解释偏差。除了词语联想法之外,所有的投影技法都是开放式的,因此分析和解释起来就比较困难,也易主观。这些技术的应用必须严格遵循心理学和社会学的原则,通常需要经过专门高级训练的访问员去做个人面访,需要熟练的解释人员参与分析。所以,投影技法一般情况下的费用都是高昂的。由于通常情况下,被调查者可能不是所研究的总体的代表,最好将投影技法的结果与采用更有代表性样本的其他方法的结果相比较。

可以说,自从比奈创造了用作业量表的方式测量人的智力之后,打开了人们有效地把测量手段深入到人的内心世界中的一扇窗户。之后,尤其20世纪初叶之后,相关心理测量、主观测量、性格测量、智能测量,包括情操测量、品格测量,大量的研究成果出现了,确实涌现了一些非常有效的工具和手段。

有研究者就人的相对位置做过心理测量。

> 图书阅览室里有一张长条的桌子,只有一位女生在桌子的一侧坐着,不久来了位男生,坐在哪个位置可以说有多种选择,如果偏偏挨近女生坐下,女生会感到不舒服。那么,她会在多长时间内离去呢?实际上时间是不一样的。一般来说,碍于面子,不会马上起身就走,都会忍耐。根据事后问卷调查,都会说自己忍耐 8～10 分钟,然后选择一个时机走开。但实际观察的结果是 2～3 分钟,她就走开了。也就是说,当时的 2～3 分钟让她感觉比 8～10 分钟还要长。跟一个不舒服的人在一起,她会觉得很难受。

那么,问卷调查和实际观察结果的差异表明,心理时间和实际行动的时间是不一样的。如今用心理测量的方式可以做很多事情了。

关于如何调查的第一个思路,就是利用控制方法,来限制和阻断可能影响一个人说出言不由衷的话的那些干扰性因素,通过一些技巧性的控制方法制造一个氛围,使其在常理情境当中把自己的心理状态、主观世界方面的一些素质表现出来。这也是民意测验在调查方法里所重点强调的一种方法性思路。

这些控制方法是通过控制心理反应、思维规律来探测一个人的内心世界的。事实上,该方法对于人们的心理控制永远是在一定水平之下的,不可能完全解决问题。更多的人的内心世界还缺乏有效的方式、方法去探测,为了找到更多更有效的程序和方法,还存在更大程度的拓展空间。

二、思路之二:全方位的信息把握

"如何调查"还有另外一条思路,就是全方位的信息把握。对意见表达进行相关控制的目的在于,让调查者能够调整好意见表达和内心态度之间的逻辑联系,理顺这种关系,但同时,除了了解调查对象的意见态度表达,还要全方位地掌握除意见信息之外的其他信息。

1.调查对象的社会背景

人们的主观意愿就性别而言是有差异的。比如就杂志而言,女人买得多,看得就多;而对报纸而言,男人则看得多。对什么东西感兴趣也是有年龄差异的,老人和年轻人在所关注的问题方面、社会责任感方面往往有不同的感受和理解方式。像问及什么叫"慷慨"。对于老年人来说,慷慨就是他愿意花钱到馆子里请一顿饭。因为按传统,下馆子是一件非常有面子和豪放的事情,说明你慷慨,而对现在经济收入比较高的年轻人来说,请吃一顿,那倒是无所谓的事,能陪你一下午,那才真正是对你比较重视。这就是不同年龄层次的不同理解,确实有很大的差异。

人们常说"世界上绝没有无缘无故的爱,也没有无缘无故的恨"。当然,对这话的理解绝对化也不行,但是很大程度上是正确的,它实际上是强调了意见和态度的背景意义。

2.调查对象的认知状况

一种社会意见,一种社会信息的表达,以及它的倾向、爱憎常常是跟某人的认知状况有关。他对某一问题知道得完整不完整,客观不客观,是否有重大的信息缺失,其理解、解读是否存在什么问题,常常能够在他的意见表达中透露出来。一个人的信息状况,包括获知状况的某种渠道问题,现实信息构成的某种缺陷,也与认知状况有关。那么根据个人的认知状况就可以部分地解释,他为什么这么说而不那么说。

3.调查对象的行为

行为是一个人意见、态度的外化。从行为当中常常可以看出一个人的意见、态度和价值的取向。比如说某人愿意自费订《人民日报》意味着什么?至少表示《人民日报》对他来说非常有价值。某人积极参加某个社团活动,说明这个社团活动对他来说是有意义、有价值的。比如,有两个年轻人谈恋爱遇到一些难题。男友最近去约女友,她总说太忙没时间,自己不知道该怎么办。一次、两次可能是真的忙,但是她次次都说太忙,有太多的事要做,没时间跟男友见面,那她一定是对男友没有兴趣了,两个人已经走到了一个该分手的关节点了。因为一个人再忙,也有时间做自己认为有价值的事。再忙的人无非是要对事情的价值进行一个排序而已,他总是要把最重要的事做了,其次重要的事,可有可无的事后做,不重要的事情也根本就不会考虑了。

就体态动作语言而言,有时也能反映人们的情感状态。有人做过研究,有关人们的情感状态、情感的好恶等,95%以上的信息是通过行为体态这种非语言状态表达出来的。看两个人的接近程度,就可以知道他们关系的密切程度。

> 比如说你到别人家去做客,女主人很热情,炒了很多的菜,好吃不好吃,你肯定会基于礼貌说,色香味俱全,真好吃。但是真好吃还是假好吃,就看筷子夹哪个碗里的多,夹得多的肯定是你认为好吃的;如果嘴上说,好吃,好吃,但是你夹了一筷子就再也不碰它了,这一定是不好吃。再比如,你在别人家里谈了很久,到了晚上11:30,还谈兴正浓。当你很礼貌地说,"是不是太晚了?我该走了",朋友说,"不晚不晚",但是他已经站起来了。这时候,你也该走了,不然的话,人家就觉得你很不知趣。

行为实际上就是一种内心态度的真实表示。虽然理性的信息更大程度上是通过逻辑语言来表述的,透露的渠道有所不同,但有时还是可以用行为投票的。

总之,如何调查,实际上是两种最基本的思路:一是用控制的方法去控制调查对象的意见表达,使其更能接近于内心的真实态度;二是用全方位的信息把握,来作为理解一个人的意见信息背景的参照,这种背景参照的作用是非常重要的。有相关背景,相对来说就能对一个人的意见和态度有立体化的真切了解;没有相关背景,有时你对某人的意见把握实际上有很大的盲目性。

这种背景性的掌握,就像一辆车是在急驶还是停在那儿不动,是因为有了大地、树、房子等背景作为参照。有了这种参照,人们就知道这辆车开得很快,或很慢,抑或停下来了。有了背景性的参照,我们对某个物体的运动就有了一个很真切的了解。因此,全方位地把握相关信息,使我们对意见的理解有了一个有力的参照系。

思考题

1.什么是普查? 为什么不能将普查作为民意测验的基本形式?

2.现代民意测验经历了哪两个发展阶段,其标志各是什么?

3.在 1936 年预测美国总统大选中,《文学文摘》杂志失败的原因是什么? 乔治·盖洛普又缘何成功?

4.1948 年的总统选举预测上,盖洛普的民意测验技术显现出哪些局限性? 后来又是如何克服的?

5.什么是随机抽样? 试举例说明其具体步骤。

6.网上调查的优势和局限性各有什么?

7.关于"如何调查"的主要思路有哪些? 不同思路中有哪些具体方法?

8.什么是投影技法? 投影技法自身的优点与局限是什么?

第三部分

应　用

第九章 舆论调查课题的确定原理与概念的操作化

要点提示

- 科学精神的学术真理性和社会价值性,是确立一般的社会调查研究课题所遵循的关键标准。
- 确立舆论调查课题,需要遵循的标准是:学术真理性、社会价值性和可行性。
- 舆论调查课题有三个层次:一是具体意见调查,二是基本意见调查,三是价值观念调查。
- 课题确定后,实现初步探索的途径主要有文献研究、专家咨询。
- 文献研究有三项基本任务:明确研究起点,明确研究重点,明确研究工具、手段和研究路径。
- 调查课题进行专家咨询时,有两类不同的专家:一类是调查主题的专家,另一类是方法专家。
- 概念的操作化是在概念界定的基础上,进一步将概念转化成可以测量的变量并进而寻找指标的过程。这个转化过程包括概念的具体化和概念的经验化。
- 调查指标跟它的原概念之间一般有四种关系:内涵关系、量表关系、复合关系和相离关系。
- 所谓概念化框图,即通过顺序框图的形式显示出一项调查的指标体系由哪些具体指标构成。这种形象、直观的理论性梳理,有助于明确这些指标之间的结构关系,以及彼此之间的归属关系。

一般来说,社会调查的程序有三个阶段:准备阶段、调查阶段和研究阶段。

在准备阶段,首先是要确定调查课题,提出研究假设;其次是设计调查方案,依据研究框架明确调查内容,确定调查指标,以便更有效地设计调查问卷、制定抽样方案,其目的是将调查课题具体化、操作化。在调查阶段,主要是填写调查问卷、收集资料。在研究阶段,先要对问卷资料进行汇总、统计、整理和分析,并根据统计结果来验证研究假设,然后撰写调查报告。

社会调查的关键性步骤是建立研究框架,研究框架是根据研究假设和调查设想而建立的,可以说,社会调查的成功很大程度上取决于精心的准备和设计。舆论调查是社会调查的一种,因此,对于舆论调查而言,课题的确定,也是展开舆论调查准备阶段的重要一步。

第一节　调查课题确定的原理

人们获得对外部世界的认识,往往有两种途径:一是经验,二是科学研究。科学研究则需要通过系统的、实证的方法。科学研究始于问题。

确定调查课题,是人们回答问题的准备态,是我们对问题的选择和准备如何作答的基本原则和标准的考虑,所以它不是无章可循,而是有特定的原理。那么,舆论调查课题的确定首先要遵循一般性的原理。

一、调查课题确定的一般原理

多种因素影响调查课题的确定,比如研究者的主客观条件、课题调查的迫切性、课题的理论意义或应用价值等主客观因素,但对于一般社会调查课题,科学精神的学术真理性和社会价值性则是首要标准。

1. 学术真理性标准

科学知识体系是依靠研究成果来建立、充实和完善的,所以,学术真理性标准应当包括科学性、创新性、延续性和完备性。

(1)科学性

要想使社会调查研究的成果真正为社会所用,其前提必须是科学的,也就是说,该研究一定是能在某种程度上反映社会现象运动、联系的某个层次、某个侧面或某个历史条件下的本质。如果不是建立在这一前提下,任何煞费苦心的研究都是徒劳无益的,是没有任何价值可言的。尽管对某一研究课题进行判别的标准选择,难免会受到主观因素的影响,但标准本身的客观性是毋庸置疑的。

(2)创新性

一提到创新,人们总是先想到原创性的理论研究,即研究主体在客观地把握事物发展规律的基础上,或者是在探索社会实践的新领域、解决新问题的过程中,独树一帜,提出新的原理、创建新的理论体系或开辟新的学派。事实上,学术创新并不止于此。从学术创新基本模式来说就有两种,一种是肯定—累积性模式,另一种是否定—批判性模式。

原创性的理论研究仅仅是肯定—累积性模式中的一种类型。具体说来,肯定—累积性模式还包括其他几种类型:比如,方法论层次的创新,指运用新的原则、模式和思维框架去解释新旧问题。方法的创新,对于理论观点、原则和理论体系的形成与更新具有某种决定性的意义。比如,在对既有的理论体系和基本原理肯定和继承的基础上,以新的观点、范畴和理论原则进行新的论证和发挥,或者是将陈旧或错误的成分予以扬弃。再比如,对前人的研究成果或理论观点进行重新梳理,使其系统化,或者是"正本清源",剔除由于后人的错误理解而随意附加的偏颇成分;或者是面对新的社会实践发展,前人已经被埋没或淡化的理论、观点被重新提起,并赋予时代的新意。而根据社会实践的新进展,以批判性的视野审视旧的理论观点,即提出否定性的理论观点,也属于理论创新的一种形式,只不过是属于又一种学术创新的模式,即否定—批判性模式。因为随着对客观事物本质的深刻认识,新的学说、观点总会以肯定性的观点呈现出来。[①] 因此,从事社会人文学科研究要有所创新,要能够解决新的问题,或者即使没有很系统、完整地来解决这些问题,也能为该学科的进展提供某些新的观点、新的材料、新的视角或新的解读方式等,进而为社会认识、社会理论的宝库提供新的积累。

如果你的调查或者研究没有创新,仅仅是在既有的理论圈子内重复,不能讲出自己独到的见解,提供自己独立搜集的新材料,那么对学术的进展是没有贡献的。

(3)延续性

是指任何新的研究都应当建立在既有的成果之上,那些已被实践反复检验和证实的基本假设和原理,在某个历史阶段内是正确的理论,应当在新的研究中得到确认。因为社会科学理论的发展不是孤立的,而是相互联系地发展的。

(4)完备性

完备性是指新的理论研究要符合逻辑上的完备性,即逻辑基础的简单性、逻辑推理的严密性和无矛盾性以及逻辑结论的可验证性。

当然,对学术真理性的确认是任何科学研究选题的首要原则,但不可否认的是,学术真理性标准毕竟总是历史性地存在着,并发挥着作用。因此,就某一具体研究而言,并不存在一成不变的绝对的标准,即使是在过去曾被证明的标准,在新的环境、新的研究背景下也会发生变化。

2.社会价值性标准

人文社会科学的研究成果不仅要具有学术真理性,还要具有一定的实用性,尤其是一些应用和发展学科,必须有一个社会价值性标准,相关研究必须切实地解决一定的社会问题。事实上,其价值的体现,不仅仅在于对社会现象的深刻认识或客观描述,更在于它是解决社会问题、推动社会向前发展的动力。

如何认识社会价值性标准呢? 一方面,该研究是与人们的需要、利益和目标紧密地联系在一起的,如果符合人们的某种需要,就会被社会认可。比如一项研究成果运用到现实中,有可能获取某种经济收益,或者能有效地降低解决某种社会问题的成本,提高社会资源的利用效率,那么,该研究课题就具有经济价值。另一方面,社会价值不同于个人价值标准,个人价值标准是以个人的需要、利益和目标来对相关的问题进行取舍、选择;而社会价值总是与大多数社会成员的需要、利益和目标联系在一起的。比如,某一研究课题有可能对不同的社会群体、不同的社会阶层或者不同的利益集团的政治地位或社会关系有某种深刻或潜在的影响,那么该研究课题就具有社会政治价值。

总之,在进行人文社会学科研究课题的选题时,某个选题是否有社会价值,关键看该研究的主题、该研究所涉及的问题是否跟社会上多数人的现实生活有密切联系,该研究对这一社会问题的解读、解决是否有利于人们的实际操作,这就是所谓的社会价值。

---

① 董京泉.论理论创新[J].文史哲,2001(4):5-6.

二、舆论调查课题确定的原理

作为社会调查的一种,舆论调查,在遵循社会调查和课题确定的一般原理的同时,也呈现出一些具体的选题要求,这是由舆论调查本身的特殊性所决定的。

从根本上来说,舆论课题真正的来源,就是舆论问题的发生。由于不断发展的社会实践与既存的观念文明和制度文明之间存在着不同步性,当社会发展实践和现存的规则、制度之间产生了矛盾,那么在这种矛盾所造成的张力下,就容易产生一些冲突或者社会问题。既有的规则、制度的有效性降低之后,需要重新设置议程来完成有效的制度构造,这时社会舆论参与到解决问题的过程中。所以,从理论层面上分析舆论课题的来源,实际上是跟现实发展的矛盾有关,跟社会公共决策有关。

舆论具体课题确定的基本原理,则是指一项课题加以确立需要掌握哪些标准,即哪些值得去做,可以去做;而哪些不值得去做,也不可以去做。一般来说,至少有三个标准:学术真理性标准、社会价值性标准和可行性标准。

1. 学术真理性标准和社会价值性标准的选择

选题来源,当然也是一个话题,而且其本身就是一个非常繁复的事情。具体的来源有很多,比如说,学术性的调查有来自我国哲学社会科学研究课题的,应用性的调查有来自企业的。

单纯从课题确定的社会价值性标准和学术价值性标准来说,在实际的选题过程中,这两个标准常常混合。为了把这个问题极致化地表现出来,可以将其分成四种情况:从学术价值角度考虑分有学术价值和无学术价值两种情况,从社会价值角度考虑也分有社会价值和无社会价值两种情况。当然,一项研究并不是绝对地没有任何社会价值,只是说相对而言其含量可能很低。上述两种情况交叉,就会出现四种情况:双有——既有学术价值又有社会价值,双无——既无学术价值又无社会价值,"单有"——有学术价值而无社会价值,或者无学术价值而有社会价值。

"双无",既没有学术价值又没有社会价值,选它有什么必要?这种题目根本就不能列入舆论调查的选题之中。"双有",学术价值高,社会价值也高,当然是舆论调查的热门选题。"单有",有学术价值,但是社会价值比较低。这是一种什么情况呢?一般是涉及一些基础性学科的研究问题。

比如,"哥德巴赫猜想"这样的数论问题,基本上是属于学术价值很高的理论命题,它的社会价值目前还看不出来,有人曾断言,至少在人类可预见的100~150年的时间里,看不出它对社会的应用价值,对该课题的攻破只能证明人类的智力所能够到达的程度。

新闻传播学作为应用性学科,按道理讲其科研课题的应用性应该是很强的,学术价值也很高。但凡事都有例外,也有学术价值很低的;或者学术价值还不错,但社会价值可能就差一点儿。比如在1991年,一位澳大利亚华裔学生来华进行新闻史方面的研究,经过一年的论文资料搜集和准备工作,他做了一个选题,大致是关于中国20世纪二三十年代经济报刊的研讨。有人问他,为什么选择20世纪二三十年代?那时中国经济发生了什么重大的事情吗?经济报道的业务流程有什么显著的变化吗?经济报道的思想有什么重大的变革吗？据记载好像都没有。他自己解释说,因为这个话题在中国是空白,在澳大利亚就更是个空白。从选题具有填补空白的意义上讲,还是有学术价值的,这段时间也是值得研究的。但是就舆论研究项目、舆论调查项目而言,一般来说,类似于这种情况的科研课题是不太可能被选择的。

另外一种"单有"的情况,就是学术价值比较低,但是社会价值比较高。比如说历年要进行的政府形象评测,政府满意度评测,或者说西方政治选举等等,其学术价值是比较低的,但是它们跟很多人的兴趣、利益相关,是一些关注社会倾向的研究性课题,所以这种选题为舆论研究项目所看好。

所以,从理论上来说,舆论课题的选择确定更加偏重于社会价值,这是由舆论调查的特点决定的。首先,舆论关注的对象是公众性事物。其次,舆论调查的社会动员度很高,要麻烦很多人。在调查过程中,每一位接受调查的人都曾对调查给予过支持、合作和奉献,那么,作为承担调查课题的研究方也应当对社会承担一份责任,这份责任就是要用最好的研究成果去回报社会。如果你所研究的项目只关乎少部分人的学术兴趣,那么,一定程度上来说,这种研究是比较奢侈的行为,所以这样的选题一般很少被选择。

当然,作为研究者,我们还是需要有一种研究意识,希望尽可能在保障社会价值的前提之下,多注入我们在学术方面的进展和发现。

2.舆论调查课题的三个层次

一般来说,关于构成社会意识的几个方面,比如基本价值观、基本社会态度以及具体意见,这应当是民意测验最大量的调查项目。就此,我们可以将舆论调查的课题分成三个层次:

一是具体意见调查。比如问:你喜欢什么样的电视节目？你一周看几次报纸？你对于消费服务类信息的提供有哪些形式上的要求？你上网购物吗？这一类的意见调查,主要探测人们对具体事件的意见和反映。由于不同的人其具体意见总是瞬息万变的,对这些意见的把握要具体问题具体分析。

二是基本意见调查。比如对国家的基本国策你是什么看法？你对中央政府的工作满意吗？你对国家宏观调控的经济政策持什么意见？这一类问题相对比较稳定,决定着人们对具体问题的意见和主张。

三是价值观念调查。这类调查会涉及人的审美观、人生观、就业观或婚姻观等深层次的问题。比如,什么行为是美的,什么是丑的？人生的目的是什么？你生活目标选择的原则是什么？是以快乐为原则,还是以道德为原则,抑或以利益为原则？

基本社会态度、基本价值观的调查是所有具体意见性调查的基础,是分析框架的逻辑起点,对于一个具体意见的把握,要建立在对人们基本社会态度、基本价值观的理解基础之上来进行,只有如此,对具体意见的理解、解读方向才可能是正确的。比如说,日本在战后从1947年就开始进行日本国民性调查,每五年进行一次。所谓的国民性调查,就是对日本公民的基本社会态度和基本价值观的调查。

这些基本价值观和社会态度层面上的调查,是支撑公众舆论的具体意见的一个内在基础。因为舆论是基于人们的基本社会态度和价值观所作出的对于现实世界的一种具体反应,所以,如果仅仅了解社会现实,而不了解人们的基本社会态度和价值观,我们对舆论具体意见的反应就未必及时,我们所提供的解释也不会深刻,甚至有可能产生误导。

另外,处于不同社会发展阶段,在社会意识上,人们保守主义倾向占主导还是积极主义倾向占主导,是有所区别的。

以中国人民大学舆论研究所的调查为例。在整个 20 世纪 80 年代一直到 90 年代初的调查过程中,人们对改革、对社会变化都持有一种强烈的激进主义态度。就是社会要"变",不管变好变坏,反正"变"总比"不变"要好。那时,整个社会价值取向的主流是激进的。为什么有这样一种心态呢? 其实也可以理解。中国在 1949 年之后,尤其在经过"文革"十年冲击,人们在一种相对僵化的体制中已经压抑得太久了,太希望有一个变数来摆脱当时比较沉闷的局面,无论是文化状况、生活状况、经济状况还是政治状况,人们很想在某种变化中看到一点新的因素、新的希望。

但是到 20 世纪 90 年代中期,在承受了各种改革的痛苦磨合之后,人们实实在在感受到了压力。经历了一些磨难,看到变化的世界似乎并不全是一片玫瑰红,就会有所回避,有所抉择,对于"变"的认识宁可要慢点,也要稳妥一点。此时的社会又呈现出比较祥和、平稳的发展态势,保守主义倾向就开始占据一个比较高的位置上,大家不太愿意激动,不太愿意惹事,也不太希望社会有太大的变化。

大概到 1997 年以后,一些激进主义意识重新有所抬头,整个社会的紧张度相应地也在提升。这大概是进入世纪之交,整个社会的基本心理也需要有一种转型,因此,求"变"的心态重新上升了。

随着不同社会时期的发展,我国公民在社会心理方面的变化呈现出某种趋势性脉络,这些基本脉络事实上构成了人们的基本社会态度,通过调查对它们加以把握,这是理解人们个体意见的基础性框架。

但总体上,我国目前的舆论调查还缺乏关于基本价值理念的调查。由于基本社会态度调查和价值观的调查没有具体的功利价值指向,没有具体的功利绩效,大多是属于对某种公共性资源的公益性研究,一般的企业、媒体,包括政府的具体职能部门,都不太愿意做这方面的调查,它们更倾向于做具体的意见调查。所以,目前最活跃的各种调查,基本上都是围绕人们对某一具体情况、具体对象、具体人物或具体现象所作的相关意见评价,这成为目前民意测验中的主体部分,因为每一个调查都有一个具体的实现。

当然,随着国家对人文社会科学研究支持力度加大,学术性的舆论调查机构就可以比较从容地做一些学术性的调查。

3. 可行性标准

有了学术价值和社会价值之后,舆论调查课题是否就一定可行呢? 也就是说,确立这个课题,除了对社会价值和学术价值进行考察之外,还需要考察课题的可行性。可行性问题的考察主要包括两个方面,即外在环境因素和内在条件因素。

(1)外在环境因素

外在环境因素主要指该课题是否能够得到社会及有关部门的重视和支持。具体到某一个课题,则跟一个国家的基本社会制度、政治制度和经济文化背景有关,也跟一个国家公众的心理承受能力相连。在一个相对开放的社会里,要进行一些政治性、社会性问题的调查,人们会以一种可接受的方式来进行,而在一个相对封闭的社会环境当中进行同样的调查,可能社会压力会比较大。

(2)内在条件因素

内在条件因素主要是就课题自身的准备状况来说的。比如在物质基础方面,研究经费是否充足,财力、技术条件直接影响学术研究的深度、广度的扩展;在研究者方面,研究力量是否专业、资料是否齐备、人员配备是否到位,这些条件也是调查课题成功的可靠保证。

尤其作为调查者、组织者,在进行某一领域的调查时,相关领域的专业背景非常重要。如果调查者、组织者缺乏被调查领域的背景知识,有必要通过与被调查者的深度沟通或其他手段做好相应的信息储备。比如,无论是学术调查机构还是市场调查机构,如果要进行关于棉农的调查,就需要准备必要的农业知识。若仅仅根据惯常的课题操作程序,设计出的问卷难免问题丛生;但如果能跟当地棉农们进行深度沟通,重新设计问卷,增加一些必要的解说就容易让棉农接受。当然,从访问员的角度来讲,30～35岁的中青年女性更具有亲和力、更容易与人沟通。

三、初步探索

当选题确定之后,相对来说还是一个概念性的、比较抽象的大方案。因此,通常还要对该课题进行初步探讨。比如说,要测验一下人们的"政治参与感",或某次传播的"传播效果"等,像"传播效果""政治参与感"这样的概念都是比较笼统、抽象的探测目标。围绕这些目标到底用哪些工具、哪些手段去完成? 前人和其他的研究者取得了哪些学术成果? 这都需要通过初步探索来加以把握,以便人们在已有研究的基础之上,提升学术价值,实现学术创新。所以,初步探索也是使选题概念进一步具体化的必要步骤。

使选题概念进一步丰满,需从两个方面入手。一方面是研究手段、工具和研究路径,这是属于方法方面的探测;另一方面是对已有的成果进行文献分析,这种文献分析既要吸取别人已有成果的优势所在,同时也要知道,前人之所以做得不够或者说其局限性的症结所在。这种症结有时是限于某一时代或者某种认识工具本身,有时是因为研究方法方面的缺陷。比如前文所述,盖洛普之所以能够战胜《文学文摘》杂志,事实上是基于他对《文学文摘》杂志取样方式之偏态所进行的方法手段的改进、纠正;像对问卷低回收率的分析,然后通过入户访问的方式,极大地提升了问卷有效的回收率。由于研究方法、技术的改进,使研究者有针对性地提升了研究的科学性和价值性。

一般来说,初步探索分文献研究、专家咨询和实地考察三个步骤来实现上述目标,然后,在初步探索的基础上,对课题进行深入的调查研究。在这里,主要对前两个步骤进行必要的说明。

1. 文献研究

查阅文献,可以使研究者获得丰富的、与研究课题有关的资料。具体来说,文献研究有三项基本任务。

(1)明确研究起点

任何一项研究都应建立在前人研究成果的基础上,一方面可以保证科学研究进展的连续性和继承性,另一方面可以避免在研究投入上的盲目性和重复性。那么,通过查阅文献资料,可以使研究者了解到在某个学科领域的研究中,或者某一专门问题的研究中,研究进展如何? 已经解决的问题是什么? 由此,可以明确该项研究的基点是什么,即研究的起点是什么。

所谓明确起点,实际上是将现有的研究,建立在对已有文献的梳理、把握和分析的基础之上,明确该问题到底处在一种什么结构性位置上,明确你的研究起点在哪里。不能一切都从零开始,否则,研究负担就太大了。那么,通过大量的文献研究、文献检索可以知道研究要解决的问题是什么。由此,可以使我们的研究站在巨人的肩膀上,再往前迈进一步。

(2)明确研究重点

如果能在既有的研究中发现前人没有解决的问题,前人疏漏的问题,前人解决的问题不正确或者说不科学、不严谨的方面,就是我们这次要重点突破的问题,这些情况都是通过文献研究获得的。只有在充分分析吸收别人的长处,也理性地分析别人弱点的时候,才有可能提升自己的研究能力。

(3)明确研究工具、手段和研究路径

既有的研究成果都是建立在一定的工具、方法、手段和路径的基础之上的。所有前人有效的研究工具、手段都可以在我们的研究中有效地加以利用。当然也要分析其中某些工具、手段利用得不到位或者是有缺陷的方面。通过对工具、手段的改进,可以使我们获得更科学、更可靠的研究成果。

在分析别人已有的成果时,要注意两方面:一是研究性的成果或产品,二是达成新产品的方法、手段和路径,这也是进行文献分析时需要解决的问题。搜集研究所需要的素材,也是文献研究需要做的事情。

经过一系列文献研究之后,对该课题研究者已知晓前人已经做了什么,还没有做什么;在哪些方面还需要突破,也有了比较充分的了解。同时,在已有的研究手段中,可以用哪些工具手段,这些工具手段各自能达到什么样的目的。研究者对课题的研究状况、路径等,有一些比较丰富全面的认识。但是,文献研究也有一定的缺陷,那就是无法进行互动式交流。通过研究文献,只能解决该课题的一般问题,解决不了某一次具体研究中的特殊问题。

2. 专家咨询

专家咨询恰恰可以弥补文献研究在探疑性问题方面的某些缺陷,因为向专家请教某些问题时,可以与之进行互动,进行非常详尽、深入的问题探讨。尤其可以就某一课题的某一具体、特定的问题进行专家咨询和相关的探讨。所谓"专家"是指熟悉这一研究题目的人,如曾研究过这一专题的学者、政府工作部门的干部、所调查地区或部门的主管人员以及掌握第一手资料的"知情人"等。

一般来说,就调查课题进行专家咨询时,可以有两类不同的专家:一类是调查主题的专家,另一类是方法专家。

(1)主题专家

主题专家指的是什么人? 就是调查课题的问题所涉及的领域、专业、方向上的专家学者。比如说准备调查工资问题,那么研究工资问题的专家就是这个课题的主题专家;要研究婚姻问题,那么婚姻问题专家就是该问题的主题专家。

主题专家一般会对整个研究起什么样的作用呢? 一方面,可以使研究者对研究问题进行结构性把握。比如要研究一个效果问题或者政治参与问题等等,如果研究者本身对该领域,或对其专业本质不熟悉的话,当涉及很多问题、很多指标时,就有可能只抓住某些局部问题进行探测,而在整个结构上有所疏漏。那么,不管接下来的研究分析是何等客观精确,其理论对现实或者某些现象的解释力还是会不到位,有时甚至会得出误导性的结论。总之,咨询主题专家最大的好处在于,专家往往在该领域有比较深厚的理论功底,清楚地知道关于某问题涉及哪些最基本的层面,他们对问题有比较全面的把握。通过对专家的咨询,也会使调查者对研究课题结构本身的认识趋于科学、严谨和合理。

另一方面,专家可以帮助调查者明确解决某一问题的现实重点是什么。因为专家作为该研究领域的行家里手,对于这一问题的症结所在是清楚的。在经过专家的明确指点后,可以使我们的研究力量、调查力量的重点放在最应该解决的问题以及问题的关键点上。由此,可以避免由于对问题的探测不得要领,或者是平均用力,使研究效能降低,造成事倍功半的结果。只有抓住关键问题的关键环节,并进行更深度的探讨,才更有可能有突破性的研究进展,提升学术贡献,使社会认识价值更透彻。

总之,主题专家对课题研究把握的两个最基本的价值就在于:一方面,能够帮助研究者把握问题结构的全面性、平衡性和严整性;另一方面,可以帮助研究者明确研究的重点、研究关键点之所在,从而抓住其中一些灵魂性的要素来着力打造相关的研究工具。

(2)方法专家

在认识测量概念时我们就知道,任何一个对象性事物都是可以测量的,只是测量工具、测量手段不同,其把握能力也有所不同。如果研究者能为调查课题打造一个把握能力比较强的工具、手段,所得的研究结论也会比较准确,对事物的把握也会比较可靠;但如果研究工具、手段本身有缺陷,研究者对问题的认识、把握常常也会不深刻、不清晰,或者说,总有力所不能及的地方。

毕竟,调查本身专业性很强,对工具、手段的要求相应也比较高,那么,方法专家给研究者带来的价值就在于,他可以通过各种研究方法形式的整合、内容的配置来达到事半功倍的效能。换句话说,方法专家可以在具体的实施调查程序、手段、方式以及测量的工具方面为研究者提供很多建议。

应该说,中国的民意测验是从非常低的起点上起步的,最初切入研究时,在方法的专业知识方面有所不足,在观念上也有不少误区。20 世纪 80 年代前期,纯随机抽样调查方法是代表性比较强的方案,人们就容易望文生义地以为纯随机抽样当然是最纯粹、最符合随机原则的。纯随机抽样是各种抽样方法中一种基础性的方法,但不是最好的抽样方法,它的抽样误差、抽样效能相对来说是比较差的。

20世纪90年代,由于在方法上缺乏必要的统计思想,人们对调查统计的原始资料缺乏相应的重视。比如,准备做一个国内的会议新闻方面的研究课题,研究者录制了很多相关节目的录像带,把这些数据按不同时间、不同的台归类,汇集成几个表之后,认为这样做就是归纳了,便将很宝贵的原始资料扔掉了。殊不知,这种做法是完全错误的。如果有统计思想,应当保存、处理好这些原始资料,包括每一个节目是什么时间做的,它的长度、前后的关系;之后,从不同的角度和出发点对最基础的资料进行整理,就会得到很多有用的信息,也会得到远非一种的结论。比如男、女性别之间的比较,文化程度高和低的比较,岁数大的和小的比较,看电视者和不看电视者的比较,正面看法和反面看法的比较,这些都必须依赖于原始资料。把原始资料全都给毁掉了,不仅无法进一步分析,还浪费了统计资源,这就是由于没有统计的观念,归纳时完全不懂操作的规程造成的。①

随着民意测验和调查统计方法的推广,人们逐渐增强了调查统计的观念和意识,有的课题研究组也请教方法专家进行指导,却是等到将调查结果拿回来之后,再求助方法专家,这样做也存在一些问题。比如,某广播电台曾花了不少钱做了一项全球听众调查,等把所有的反馈调查表拿回来之后,却不知道该怎么处理,这时才想起求助方法专家。在专家看来,问卷本身就不太规范。因为不同国家、地区可以有一些不同问法,但在此项调查中,却被一份问卷涵盖了。假如方法专家在调查课题前期介入的话,不仅花费会减少,调查结果中可用于深度分析的信息量也会大得多。

可以说,在调查方法方面,如果没有掌握比较有效的、科学合理的方法,容易走很大的弯路;同时,如果请教方法专家不及时,也会走弯路。一个调查课题如果能有方法专家的指点和把关,不仅能保证质量,而且能节省大量经费。

> 例如,在中央人民广播电台1992年的全国听众调查项目中,北京广播学院调查统计研究所中标,但项目经费被压至10万元这个最低值(同年,中央电视台也组织了全国观众联合调查,费用总计起码是此调查费用的10倍以上)。如何在有限的经费范围之内,尽可能高质量地完成这项调研? 为此课题组在方法的设计上颇费心思。在抽样方法上,采用按经济发展水平的分层、多级、PPS的抽样方法;在数据处理时,按照城乡、性别和文化程度的总体分布对样本进行了统计加权预处理,使样本对总体有较好的代表性。由于这一方案实现了科学性和可操作性的较好结合,极大地节约了调查的费用。该项目在以后几次优秀调研成果的评比中多次获得高等级奖励,成为研究方法的科学性和可操作性完美结合的研究典范。②

在进行某方面的调查研究时,有时也会接触国外的一些问卷,研究者会发现按字面简单地去翻译,可能效果不好。因为国外问卷本身虽然很严谨,但其重点布局、文化含义

---

① 袁军,龙耘,韩运荣.传播学在中国[M].北京:北京广播学院出版社,2000:196.
② 袁军,龙耘,韩运荣.传播学在中国[M].北京:北京广播学院出版社,2000:196.

以及一些具体的问法,跟中国人的思维习惯不太一样,如果要在中国使用该问卷,就必须进行文化转译。

比如有一个艺术品市场的调查问卷。先要探测人们对艺术品的喜好程度,不是简单、抽象地问,你喜好艺术品吗? 而是通过问你家里的陈设是摆放各种各样的装饰画呢,还是自制的手工艺品? 由此,看被调查者对艺术品本身的看重程度。接着要了解一个人对色彩本身的喜好,先把色差图摆在面前,红色、绿色、黄色,看你喜欢哪种基调的东西。然后再问,你喜欢的是风景画,还是人物画? 如果是风景画,你是喜欢冬天的、春天的、夏天的还是秋天的景色? 你是喜欢有动物的,有人物的还是纯粹风景的? 如果喜欢人物画,你是喜欢名人画,还是喜欢描写普通人的画……包括艺术品的大小,都有所探测。该调查做完之后,基本上就可以按照它来进行商业化操作了。消费对象需要什么,什么样的产品能卖给谁,都已经非常明确了,这是一个非常良好的商业化操作问卷。但是如果将该问卷直接照搬到中国来,必须在理解其含义之后,进行一些必要的中国化改造,像问法、题型本身的设计都需要有一些变化。比如说到人物,原问卷总是要说到什么拿破仑、恺撒,在中国很多人就不熟悉这些人物,这就需要找到中国人熟悉的,还有与这些象征性人物对等的替代物。所以,原问卷很长,有七八十页,把它中国化改造整合之后也就是十几页。

对问卷进行某方面的转译时,由于不是一个简单的文字翻译的问题,所以,也有必要请教方法专家,以提高问卷的效能。

总之,初步探索阶段,文献研究是通过对辅助材料的采集、分析,掌握研究的工具,掌握研究水准以及为这项研究提供必要的素材;专家咨询则是通过对主题的把握和方法的把握来提升研究的效能,提升调查课题有效切入主题的一些工具、手段。

但同时也要注意,无论是主题专家还是方法专家,其提供的意见和建议终究是从不同角度、不同立场反映他们对问题的个人看法,这些看法可供研究者参考,而不能取代研究者本人的独立思考。

第二节　概念的操作化

研究课题确定以后,一般是先建立研究假设再去进一步收集资料。研究假设既可通过查阅理论文献得出,也可以从实地考察或访谈中得到,当然,有的研究假设是在分析资料的过程中逐渐明晰的。由于研究假设是以明确的概念为基础,在确定研究主题和研究假设之后,要对所使用的概念作出具体定义,但此时,这些概念往往还不能直接用于测量,还需要对概念进一步操作化。

概念的操作化是在概念界定的基础上,进一步将概念转化成可以测量的变量并进而寻找社会指标的过程。

关于什么是社会指标,有很多说法,但从根本上来讲,一般都强调社会指标是衡量社会状况的尺度,是预测社会后果的重要手段。从不同的目的出发,人们通常将社会指标区分为不同的类型,比如根据对不同社会现象的反映,社会指标可以分为客观指标和主观指标。客观指标也称非感觉指标,是指反映客观社会现象的指标,如反映社会条件、社会环境、社会问题,甚至包括人们的社会活动等的数字或比例关系。主观指标则是人们对客观现象的感受,所以也被称作感觉指标,它表现为人们的心理状态、情绪、愿望和满意程度。

最初,人们所运用的大量的社会统计数据,一般都是客观指标,主观指标及其研究是在20世纪六七十年代勃兴的。^① 20世纪50年代以后,西方工业化的发展带来了整个社会经济的起飞,物质需要开始丰富起来,按过去的客观评价指标,应该是最安定时期,但事实上,社会流行的"嬉皮士""亚文化"却表明,人们的反叛心理上升。面对当时文化政治格局呈现出的混乱状态,人们迷惑不解的是,为什么大家都富裕了,反抗社会的不满情绪,破坏性的、另类的活动怎么反而数量越来越多、规模越来越大呢? 于是,有很多学者从不同的专业角度来研究,西方现代化的社会生活中出现了什么问题? 后来人们发现,物质的增长并不能带来真正的幸福生活,因为低层次的需求是比较容易满足的,人的精神上的高层次需求是很难得到满足的。当物质生活得到满足之后,人们对高层次的精神需求爆发出来,而整个社会没有做好准备,社会的设施没有兼容,没有为这样一种精神需求的满足提供相应的条件。因此,人们自然会苦闷、会不满、会反抗,相应地,社会问题就产生了。在这种情况之下,有很多社会学者要建立一整套主观指标体系来衡量社会,来判断社会哪个地方出了问题,应该如何来改进。

所谓主观指标是相对于反映社会客观现象的客观指标而言的。它是用来反映人们主观感受,反映人们对社会生活直接体验和人们对社会关系、社会现象主观感受的综合质量与数量的标志。^②

总之,社会指标介于理论研究与实践调查之间,是由理论转变为实践的中心环节,这个转变环节也就是概念的操作化过程。

一、概念的形成与界定

概念是反映事物及其特有属性的思维形态,它是人们在日常生活的相互沟通交流中通过感性认识对社会事实达成的一种共识。比如看到扶助弱小的行为,人们自然会想到"同情心";观察到一个人思维敏捷,大家就会有"智力好"的评价。正由于人们通常是根据自身的观察和经验来理解,因此对同一概念的理解往往是有所差异的。

同时,概念是社会研究的最基本的单位,而每一门科学都是一个概念的系统,理论研究的实质是寻找、建立基本概念及其相互关系的过程。进一步说,每一个理论命题都是由概念组成的。比如说"社会主义就是好",这一命题就是由"社会主义"这一政治概念,和一个判断词"好"联系在一起的。理论命题作为一种对事物情况有所反映的思维形态,也有是否符合客观现实的问题。人们正是通过种种研究手段来进行论证,符合事实情况的命题就是真命题,不符合事实情况的命题就是假命题。

---

① 郑杭生,李强,李路路.社会指标理论研究[M].北京:中国人民大学出版社,1989:38-39.
② 郑杭生,李强,李路路.社会指标理论研究[M].北京:中国人民大学出版社,1989:224.

一般说来,在社会学研究中,概念有两种定义方式,一种是抽象定义又称内涵定义,另一种是操作性定义。内涵定义是依据事物的内在本质属性下定义,这也是我们以往的学习过程中所熟悉的理论性定义。比如,什么叫"智力"? 所谓智力,就是"人认识、理解客观事物并运用知识、经验来解决问题的能力"。它是以"能力"作为其属概念,以"认识、理解客观事物"和"运用知识、经验来解决问题"作为种差。

这种内涵定义关键是要把握事物的共性,把握它的本质,即区别于其他事物的特殊规定性,因此,它的一般模式是"属+种差",即先找出所定义对象所属的较大的一个事物类,作为被定义对象的"属",然后,在此基础上确定这个"种"与其他"种"的区别是什么,作为"种差"。比如"存在"是最高的哲学范畴,从内涵定义角度来说,"存在"又是原概念,是最基础性的一个概念,那么,在它之下都可以用"属+种差"的方式来进行定义,像意识和物质都要用"存在"作为属概念来进行定义。

当然,一个概念的内涵定义也不是固定不变的,它会随着人们认识的逐步深化而发生某种变化和调整。

比如,"人"是什么? 人首先是动物,人跟其他动物有些什么不同呢? 按照马克思的说法,"人是可以制造和使用工具的一种动物"。通过对动物学、考古学研究的分析,以及对动物的新近观察,人们发现很多动物也会制造和使用工具。那么,随着与生物隔阂的打破,从制造使用工具的角度,已经无法明晰人和其他动物的区别了。20 世纪 70 年代之后,人们比较认可"人是可以制造、操纵符号的一种动物"。因为从动物的角度来说,它只能进行生理条件反射,对于那些非条件反射的能动性反应,大概是智能动物本身一个比较突出的特点。但恐怕这一定义也是暂时的。因为随着人类对动物智能的解读,对动物感知过程的进一步理解,人对人自身定义的认识还会有所变化。

在日常的学习、生活中,人们对许多概念的把握大都用内涵定义的方式,但是,如果拿这些抽象的定义直接地用于舆论调查和测量,其含义通常是模糊不清的。比如关于"幸福",我们可以给出一个明确的内涵定义。但关于"幸福感",有问卷问"你是否感到幸福?"又该如何作答? 如果用 10 分制来打分,你是打 10 分,打 9 分,打 8 分,还是打 1 分、0 分呢? 打多少分完全依赖于一个人的主观感受。或者想了解人们的"智力"状况,当问一个人"你认为自己聪明吗?",有些人很谦虚,哪怕是超级天才,他也说,我就是普通人一个;也有些人其实智力平平,却觉得自己特聪明,给自己打的分特别高。所以,仅仅依靠抽象定义来评价或打分,只能说明其本人的自我感知程度,这实际上是一种不可靠状态。就像在美国、英国的社会调查发现,在各种社会群体中,退休的老年人对自己生活水平的评价或满意程度最高,但客观指标却显示老年人退休的收入和物质生活水平是低于各群体的平均水平的。

可以说,针对那些抽象程度较高,无法直接观察的概念,有必要进行间接定义,即确定操作性定义。操作性定义(近似于外延定义),它从概念的外在表现形式上作描述,并提出测量概念所包含特征的具体方法。就拿测评一个人的"智力"来说,无论说自己是天才还是智力平平,必须通过一系列的智能测试来验证,如记忆力、语言能力、空间联想能力、逻辑推理能力等。把"智力"进行诸多种能力分解之后,再通过相关的具体题目进行测试。如果得出一个超出一般人的测试水平,就能说明某人的智能确实很高。

概念的两种界定方法,目的都是明确研究对象和研究范围,但两者还是有区别的。内涵定义采用逻辑概括的方式,侧重于揭示事物的内涵和本质,是一种直接的定义;而操作性定义采用经验感觉的方法,侧重于界定事物的外延,是一种间接的定义。实证性的调查研究,其概念的把握不能用内涵式的理论定义。人们无法通过经验确切地把握内涵定义,只能得出一些似是而非的主观感受,因此要想对事物进行客观的评价,必须用操作性定义、操作化指标去把握。

二、概念的操作化

概念的操作化是在概念界定的基础上,进一步将概念转化成可以测量的变量进而寻找指标的过程。这实际上是概念转化的过程,具体来讲,这个转化过程包括概念的具体化和概念的经验化。

我们从概念的形成、界定到概念的转化来看现象、概念与指标之间的关系,如图9-1:[①]

图9-1 现象、概念与指标之间的关系图

变量是指概念内涵的各种类型或各种状态,它们对应于各种实际存在的事物,因此变量是可以观察和量度的。抽象概念转换为变量的形式也是概念具体化的过程,概念的具体化过程就是一步步从抽象层次下降到经验层次,使概念具体化为可观测的事物。因此,对舆论的测量是从抽象概念的具体化开始的。

1. 概念的具体化

抽象概念反映了人类的综合与概括能力,反映出人类的认识由感性上升到理性的过程,与此相反的思维过程是由抽象概念到具体概念,这是舆论测量调查所必须经过的道路。相对来说,抽象概念是反映总体现象或一般特点的概念;具体概念反映的则是比较专门、具体和个别的现象。实现由概念向具体变量转化的关键是提出操作性定义和社会指标。

比如,对于概念"城市化",它的抽象定义是"指农村、城镇向城市发展的趋势",它的操作定义是"农村人口流入城市比率、城区面积增长速度……"对于概念"现代化",它的抽象定义是"指产业革命以来以经济发展为中心包括社会诸方面迅速发展的社会

---

① 邹农俭.社会研究方法通用教程[M].北京:中国审计出版社,中国社会出版社,2002:52.

变迁";它的操作定义是"科技发展速度、工业增长率、职业结构变化系数、社会阶层流动率……"①

操作性定义的每一项具体内容就是社会指标,而社会指标众多的测量结果或不同取值就是变量。

(1)概念具体化的实质

概念具体化的实质即通过具象化的方式将抽象概念的外延缩小。我们都知道,任何概念都有"所谓"的含义或意义。比如"商品"是"为了交换进行生产的劳动产品,能够满足人们的需要";任何概念都有"所指",也就是我们可以用"商品"这个概念来指称衣、帽、鞋、电视机、电脑等,这就是概念的外延。

概念抽象程度越高,它的外延就越广阔,它的内涵就越稀薄,这是概念的外延和内涵之间的关系。像"财富"就是一个抽象度很高的概念,我们可以说所谓"财富",无非是"富有价值的东西",除此之外,好像再也说不出其他内容了。因此,要想在经验上把握"财富",首先必须把它具体化,对具体的事物,才有可能在经验上去把握它。比如,先把"财富"降解成"精神财富"和"物质财富";对于"物质财富",可以再具体到一个品牌的汽车,或其他具象的事物,由此,在人们脑海里关于"财富"的内涵把握就越来越具体、越来越清晰。

(2)概念具体化的操作

概念的具体化实际上是将某一抽象概念的外延逐步分层、逐一列举的过程。即先将抽象概念的第一层外延分别列举,它的抽象程度被降低一层,这一层概念也比上一层具体一些;如果对这个分项再逐一列举,抽象程度就进一步降低,那么所使用的概念就更具体了。每一次概念的降解,都带来这个概念外延的缩小和内涵成分、因素的丰富化。

比如"智力"是一种能力,表现为人们运用已有的知识和经验分析问题、解决问题和把握事物的能力。但如果简单地运用这一概念来评价一个人这方面的能力,估计这种评价也只能流于笼统的层面。要想有效地把握,有必要将"智力"分解成为记忆力、联想力、逻辑力等一些具体的能力。把"智力"进行分解之后,我们对这一抽象概念的把握、考察才能够有针对性。

所以,概念的具体化,就是要使概念的外延缩小,使其指向越来越具体、越来越明确,我们才有可能在概念上比较准确地去把握它。但是具体化了的东西本身还不可以直接用于调查测量,因为它可能还是概念性的。比如说关于"记忆力",问一个人记忆力好不好,有些人说自己记忆力挺好的,但进行测试时,看过一串数字,5秒钟之后只能记住3位数,这就说明这个人的记忆力并不好。

所以,具体化的概念本身还是个抽象性的概念,必须用一种经验化的方式,把具体化的概念跟实证研究的把握能力联系在一起、相接轨,这就需要进一步将概念经验化。

2.概念的经验化

还拿"记忆力"来说。我们要通过一系列的考题来进行测试,比如有记忆数字,有记忆英语词组,还有记忆图形等等,测试的结果才能真正说明问题。一般从结果来看,人们

---

① 郑杭生,李强,李路路.社会指标理论研究[M].北京:中国人民大学出版社,1989:55.

表现出的记忆能力确实是不一样的,有些人对于图形记忆特别深,有些人对抽象性的东西记忆特别牢,当然,也有人所有东西都记得好,有些人所有东西都记得差。一系列的测试题目,是人们在经验上可以感知、可以把握的,那么,概念的经验化,就是要把具体概念转换成能够在经验上把握的事物、对象。

(1)概念经验化的实质

在具体概念的经验化过程中,如何选择经验上可感知、可把握的事物、对象?

首先,概念的经验化,实际上就是一种借代。比如,街上走着一群人,让你用最有代表性的一句话、一个词语来形容,这个是"戴着鸭舌帽"的,那个是"脸红彤彤"的等,这些代表性的语言总要跟其他人有所区别,以便于人们能够个性化地把握,是这个人而不是那个人。也就是说,概念的经验化实际上是从一个事物的整体当中选择一些点位,选择一些事物作为其整体的代表。

再比如,平日里大家都感觉现在的中小学生课业负担过重,那么,实际状况到底如何? 有必要进行调查研究,但"中小学生课业负担过重"这一概念依然是抽象性的概念。"课业负担很重"或"课业负担很轻"用什么来判别? 这就需要我们从中小学生实际生活状态中去寻找、去选择一些与"课业负担"相关的经验事物,在此基础上进行相关的测量和把握。比如"书包的轻重",就是课业负担轻重的非常重要的因素。在国外,有的国家的中小学生的书包是有法定重量的,超过这个标准就说明学校负担太重。再比如,每天学生"在校学习的时间"有多长? 除了正常上课"有没有补习班"? 每天由学生"自己支配的娱乐时间"有多少? 每天"晚上几点钟睡觉"? 以上这些测量指标在中小学生的实际学习生活中,是经验可以确切把握的事物,通过把中小学生的学习生活状态当中最有代表性的事物选取出来进行考察,就可以了解整体的状况。

由概念向变量转化的过程中,最重要的是要寻找到或指出与概念的含义最为接近的操作定义或指标。比如在西方国家,某人的"政治倾向"可以通过如下几方面测量:①他与各个党派的成员社会交往的频率;他阅读各党派刊物的比率;他在选举中投何党的票;他对各党派的主观态度。在任何一个概念的诸种操作定义或指标中,总会有一种更接近于概念的含义,通常,人们就把它当成该概念的最基本指标。在上述例子中,"在最近一次选举中投何党的票",这是一个人政治倾向的最终归宿,因而它便成了政治倾向的最基本的指标。

实际上,概念的经验化就是把一个概念所对应的实体,比如说某一现象、某一事物、某一项政策或者某一个品质,把它们当中那些在经验上可以把握的、有代表性的事物抽取出来,进行经验上的感知。人们之所以对某些诸如"悟性""灵感"等概念难以把握,是因为找不到在经验上可以把握的事物作为其代表。那么,越是能够找到一个经验上可以把握的有代表性的、标志性的事物,我们对这个事物的把握就越客观、越精细。

(2)简单概念的经验化

有些事物在概念的经验化的过程中是比较简单的。比如"受众""读者"就是些相对比较简单的概念,可以通过对媒体相应的接触行为来加以判别、界定。具体来说,什么叫

---

① 郑杭生,李强,李路路. 社会指标理论研究[M]. 北京:中国人民大学出版社,1989:55.

《人民日报》的读者？读《人民日报》一个月之内少于一次的，我们叫他《人民日报》的"非读者"；一个月之内读报 1 到 3 次的，叫"偶然读者"；一个星期之内读报 1 到 2 次的，叫"非稳定性读者"；一个星期之内读报 3 到 5 次的，叫"稳定读者"；一个星期之内读报 6 到 7 次的，几乎每天都要读的，叫"固定读者"。"读者"这个概念的界定比较简单，只要根据一个人接触报纸的频次，就可以对它进行定义和判别，而且这个定义本身是比较好把握的。

可以说，一个简单的概念或事物，找一两个指标就可以比较有代表性了。一般是一一对应，一个指标对应一个概念。比如在 1987 年，人们想了解贫困地区的广播电视发展状况，当时，该项调查对"贫困户"的定义，是"年收入在 800 元以下，即一户一年收入不超过 800 元的家庭"为贫困户。这就是以收入指标代表"贫困户"这个概念。比如，什么叫"劳动力"？劳动力就需要一个年龄指标加身体健康指标来说明，比如说 14～65 岁身体健康的人叫劳动力。14 岁以上好像不太符合劳动法，但是在这个操作指标里边，大概如此。

当然，借代是可以代表大部分的事物，但总还是有某种风险的。比如要想说明一个人的经济状况，"经济收入"基本上是一个很好的代表，因为一个人的经济收入，可以很大程度上代表他的经济状况，但这种具有借代意义的标志性事物，跟实质要反映的对象毕竟不是一回事。"经济收入"可以代表"经济状况"，但这二者之间还有一个消费模式作为中介。有的人可能收入不高，但其消费模式属于"细水长流"型的，由于支出得少，其经济状况也会积少成多；有的人或许收入很高，但其消费模式属于"月月告罄"型的，由于常有囊中羞涩的时候，因此其经济状况也不容乐观。正由于人们消费理念和消费模式的不同，使得"经济收入"也不能完全代表"经济状况"。

由于在选取具有代表性的调查指标过程中，是可能存在某种风险的，因此，调查测量本身的误差也会在概念的经验化之间产生。所以，就概念操作化本身而言，操作得好，就能很严谨地代表这个事物，操作得不好，也许所选取的调查指标跟所要反映的事物并不完全对称。

（3）复杂概念的经验化

有些概念，像"传播效果""政治参与"等属于比较复杂的概念。再比如，什么叫"幸福"？幸福就不是由一个简单因素决定的。有人说，我有权力，我可以支配和调动很多资源，可以实现某种支配欲望、实现个人价值或者实现对社会的某种改造等，这算不算幸福？我有钱财，想要什么就可以买什么，是否为幸福？我有一个和美的家庭，是否为幸福？我有一份稳定的工作，是否为幸福？我能做我喜欢的事情，是否就会幸福呢？当然，这可能都是一个人幸福的一种来源，但又都不完整，仅仅是幸福的某一面。必须把这些感受一一地加以某种结构化的操作，从能给人带来"幸福感"的主要方面选出一些代表性的指标，形成一个量表对它们进行客观测定。

量表是什么呢？量表就是为了测定一个复杂概念而形成的一套指标体系。它是对一个概念进行测定的若干指标的组合。一般能够称作量表的，至少有 10 个指标以上。比如"现代化"是一个复合度很高的概念，说一个人现代化程度高，不能仅仅因为学历高，就说他现代化程度高，有的人学历很高，可能他的基础文明很差，或者是观念很保守，这也是常见的。所以，现代化量表往往要问几十个问题，要在冒险、守时和自信等多方面进行测定,测完之后,形成一个复合性的指标体系。再比如"传媒公信力"这一概念,也需要用一系列的指标来测定。

总之,概念的经验化实际上是通过借代方式来获得的,并且,在由概念向变量转化过程中,关键是要寻找与概念的含义最为接近的操作定义或指标。如果所要考察的概念是简单概念,用一两个指标就可以代表它;但如果是复杂概念,就需要一组指标,即采取"多对一"的模式,这个"一",就是某一个核心概念,这一组指标实际上就是我们平时所说的量表。

(4)情境化的方式

有时,对于某些比较抽象的概念,人们很难从日常经验中找到合适的测量指标,也无法用借代的方式从这个人或事物上找出个别的指标来进行经验化的把握。这时,就需要营造一个氛围、一种环境,或者通过讲一个故事的方式让被测试者置身其中,进行选择、判断,以便探测一个人对某一事物的反应,这就是"情境化的方式",即通过构造一个情境来探测一个人对某一问题本身的反应。这也是概念经验化。

比如说,我们想了解人们的现代化观念中的"冒险"观念,在日常经验中由于很难找到合适的测量指标,所以,就通过情境化的方式来探测。"如果有可能,你是否愿意乘航天飞机去太空旅行?"如果在此之前没发生事故,考虑的人也许很多,但如果设定的一个情境是"哥伦比亚"号刚爆炸后,说下一次太空旅行让你去,这时候,你去还是不去?这就是很严峻的考验了。一种选择是,我现在就愿意去;另一种选择是,我对此不感兴趣,不考虑去太空旅行;还有一种选择是,先等等看,如果安全确有保障,就去太空旅行。这是几种不同的选择态度,虽然不同的选择反映了人们在具体情境下的冒险意愿,但它实际上测试了一个人在大的生活选择方面的冒险精神。无疑,第一种选择是最富冒险精神的人,他宁愿承担某种不可预知的风险。

就像很多心理测试那样,将一个人带到某一个具体情境当中去,这种情境所面临的诱惑、选择或困惑,跟他在人生道路或事业上的诱惑、选择及困惑有性质上的某种同构性。然后,通过这种投射式的方式,即通过一个人对特定情境中面对诱惑、选择和困惑的心理反应,来探测他在相应的生活选择、事业选择,或者呈现出什么样的性格特征。实际上,这也是现代心理测验的一种理论性基础。其理论前提是,人的行为反应模式有某种共同性,一个人对小的问题如此反应,那么,他在其他大问题上也会用相同或近似的方式来反应。

但需要注意的是,这种情境化的方式,有时并不适合于不同文化之间的比较。为什么现代人要守时呢?就是因为现代化的工业本身分工协作,必须协调,有一个人不到位,可能这个工作就无法完成,这是大工业时代给大家带来的生活习惯。假如想了解人们现代化观念中的"守时"状况,我们营造了一个朋友约会的场景:"和一位朋友约定了时间,他迟到了10分钟,你会有什么反应呢?"一是,没什么,这是常事;二是,这人时间观念差,我对他很有意见;三是,其实,晚到一会儿也不要紧。不同文化背景的人,面对同样的文化情境,可能的反应是不一样的。有的民族文化中是缺少约会时间概念的。有人曾在国外邀请一位印度朋友上午11点到家里吃午饭,结果下午两三点钟才来。他很恼火,但是人家笑眯眯地说:"谢谢你在这两三个小时里一直都在想念我。"又一次,他去赴朋友的约会。说好下午 3 点钟见面,不巧赶上车抛锚了,心急火燎地去了,结果晚了两小时,但是,人家一点儿抱怨都没有,觉得很正常。

不同文化下,针对相同的情境,人们有许多不同的约定俗成的观念,因此,情境化的方式有时并不适合于不同文化之间的探测、比较。

3. 调查指标和原概念的关系

概念操作化之后,就形成了一系列可以进行测试的调查指标。这种调查指标跟其原概念之间是一种什么样的关系呢? 我们说一般有四种。

(1)第一种:内涵关系

这种情况是指,所选指标全部反映概念。如图 9-2 所示:

A 表示概念,a 表示指标。这意味着一个指标完全代表一个概念的内涵,虽然这种情况几乎是不存在的,但可以用这种情况代表所谓的简单概念,一对一的关系。

(2)第二种:量表关系

这种情况是指,所选指标部分地反映了概念。如图 9-3 所示:一个概念的某一个指标只代表它的一小部分内涵,它必须要用一组指标 a1,a2……an,甚至很多组指标来代表一个概念,复杂概念的指标选择往往是这种情况。

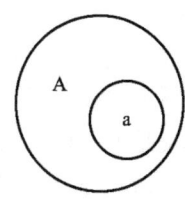

图 9-2 内涵关系

这种复杂概念的好处是什么呢? 它既可以通过一组指标的总和去判断一个概念的总体状况,同时也可以进行局部状况的诊断。比如说依据一个幸福量表,既可以知道一个人现在的幸福感如何,同时也可以知道给他带来幸福感的最重要的因素是什么。假定 A 和 B 两个人都觉得很幸福,虽然在幸福感指标里得分差不

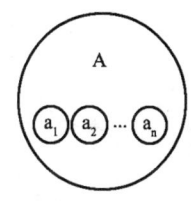

图 9-3 量表关系

多,但是通过该量表我们可以进一步区分,A 可能是由于财富给自己带来的幸福感,B 可能是由于家庭和美带来的幸福感,对于不同的人,各个指标的贡献率是不一样的。或者说,测量结果显示某人的幸福感不太强,甚至觉得很不幸,那么主要的症结是什么? 是哪一方面拉了幸福感的后腿? 这些也可以通过该量表进行个别的诊断。量表的好处就在于它不但可以对一个人的幸福感进行整体判断,也可以进行局部的判断,来具体提升一个人在幸福这方面的感受。

(3)第三种:复合关系

所述指标只代表概念一部分内涵,但是这个指标同时可能也跟另外一个概念相关。如图 9-4 所示。它是一个复合性的指标,也就是说,这个指标本身不那么简单、不那么单纯,它是由两个因素来决定的。

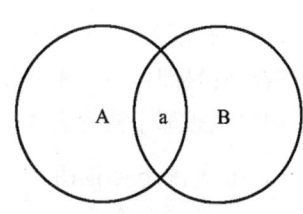

图 9-4 复合关系

什么时候会出现这种情况呢? 比如通常举办国际体育盛会时,都有一些衡量各国的社会参与水平、公众参与度的指标,比如说"志愿者"、各种各样的"捐款"等等,这些指标是衡量一个社会的动员程度和参与程度的。

在北京亚运会调查期间,也有一个"社会参与度"指标,用以衡量北京公众参与亚运会的程度,比如说,参加文明啦啦队、参加志愿者等等。什么是"文明啦啦队"? 为确保比赛气氛渲染得很好,要进行有组织的喊号、加油,是有任务指定的。比如"捐款"这个指标。按道理讲,为体育盛事捐款各国也有类似情况。当时,我国经过 20 世纪 80 年代突飞猛进的发展,国家财力仍是比较弱的,整体的经济税收也并没有上来,国家在这方面的支付能力有限,还是需要大家捐款,所以当时动员各省市为亚运会捐款,也有任务指标。再比如去"参加维护交通秩序"的活动,同样不完全是公益性质的,因为很多人是受单位指派,是拿着工资、补贴的有组织行为。

所以,无论是"文明啦啦队""捐款",还是"参加维护交通秩序",其中确实既有每个人自己参与的热情、奉献的心情,也有体制的某种因素在里边,所以这样的"社会参与度",实际上是在特定体制下的一个复合指标。这种指标虽然只能部分地反映概念,但这种情况也是可以接受的。

(4)第四种:相离关系

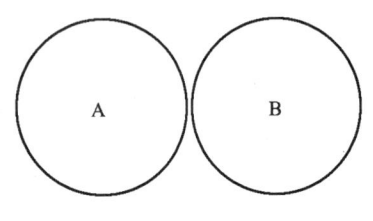

图 9-5　相离关系

还有一种指标,是两个指标和概念之间不相交,就是说指标不能代表概念。如图 9-5 所示。这种情况的测量实际上是完全失败的。

这种情况是如何发生的呢? 比如 20 世纪 80 年代和 80 年代以前统计政治宣传、政治教育或社会教育成果的好坏,不是从人的认知、行为和态度的改变角度去判断,而是按组织了多少场学习、多少场报告会\读了多少次报纸、主讲人讲的时间长短等这些指标来判断。这实际上是建立在"魔弹论"的基础上的认识,就是我发出一个信息,你一定会应声倒下。实际上,开了多少会,宣读了多少文件,这些指标并不能代表一个人在会上的认识到底有没有改进,也不能说明对其行为、认识有没有影响,效果好不好。

概念与指标间的这几种关系,第一种内涵式和第二种量表式是概念操作化过程中常见的两种现象,第四种相离式关系是应该避免的。总之,指标的寻找要注意筛选,保留反映实质性内容的、最具代表性的指标,删除不适当的和可有可无的指标。但当涉及一个复合的指标概念,即由双因素或者更多因素决定的指标,如果有必要使用这个指标,在分析解释该指标时,应该做特别说明,表明这个指标所说明的含义不但跟这个因素、概念有关,同时也跟那个概念有关,必须有一个预先的说明,使人们有一个明确的认识。

4.形成概念化框图

为了对一个课题、一个概念的把握更形象、直观,防止出现结构性偏差,有必要在调查指标体系基础上形成概念化框图,这是概念操作化过程中非常重要的一个步骤。所谓概念化框图,就是使一项调查指标体系得到理论性的梳理,使它明确每一个调查课题下边由哪些指标构成,这些指标之间是一种什么样的归属关系和彼此之间的结构关系。

比如我们要了解"中国人社会剥夺状况",也就是说,要了解一个人在社会生活中的基本权益的丧失状况到底怎样。这是一项很重要的调查,是包括人的基本权利、基本价值实现的一种基本状况调查。那么,"社会剥夺"是第一个要进行具体化的概念。如图 9-6 所示。[①] "社会剥夺"概念进行具体化的分解之后,它的基本外延,按理论性的操作可以分成三方面。一是"社会孤立";二是"社会歧视",这也是社会剥夺的一种表现,是一个分支;三是"社会权利剥夺",这是一种通过某种成文或者不成文的方式对社会权利的剥夺。这三个概念还是抽象概念,不能用于具体的调查测试,必须找到一系列可以在经验上把握的、具体的调查指标,在此基础上还要进行具体操作化的分解。

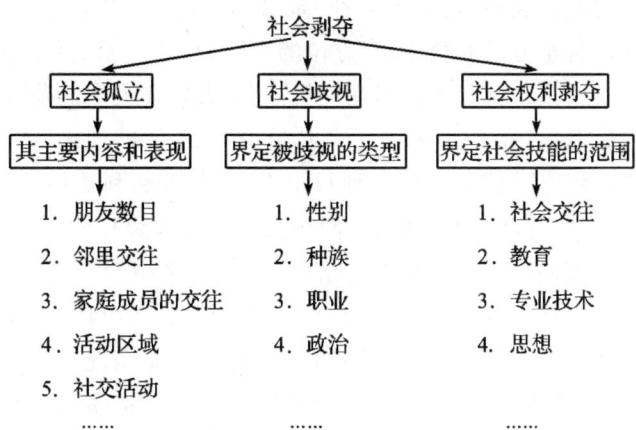

图 9-6 社会剥夺概念化框图

具体来说,"社会孤立"不是一种制度性的剥夺,而是一种人和人之间关系的剥夺。什么能够形容并代表一个人的"社会孤立"呢? 要继续找到一些指标,将"社会孤立"转换为变量形式。比如说"朋友数目"。一个人朋友多,他在一个社会当中的孤独感就会相对少一点;如果一个人连一个朋友都没有,尤其是高质量的知心朋友很少的话,他就会觉得很苦闷,精神上很孤独。朋友数目的多少,在很大程度上可以描绘一个人在人际交往方面的孤立程度。

然后就是"邻里交往"。邻里交往可以通过什么样的指标来说明呢? 比如,你们家对门姓什么? 有几口人? 都从事什么职业? 过去在老北京的四合院、大杂院里,彼此之间十分熟悉,家家几乎连一点儿秘密都没有,更不要说邻居姓什么、叫什么,邻里之间的融洽互助关系也确实让人感受得到"远亲不如近邻"。但现在的城市里,很多人不要说对门姓什么不甚清楚,见没见过对门的主人都是个问题。这就是因为现代都市生活中,人和人之间的关系疏离了。

再比如"家庭成员的交往",主要指家庭成员已经另立门户的情况。比如说,孩子们都大了,分别结婚成家,与父母之间的交往次数是多少? 这也可以反映一个人的"社会孤立"程度,因为在不同国家情况是不一样的。在西方,大概由于竞争压力比较大,子女回

① 袁方.社会研究方法[M].北京:北京大学出版社,1997:176.

家看望父母的次数比较有限,每年也就三五次。而我国 1999 年北京市做的一次调查显示,我国子女一年回家的次数是比较高的,大概能达到 10 次以上,基本上可以达到平均一个月回去探视父母一次。

还有"活动区域"。是仅仅局限在生活的村子里呢,还是能到县城,到省城,甚至出国? 你是仅仅保持学校中"三点一线"呢,还是有机会到其他的社会区域中去? 一个人的活动半径是跟他的社会生活的丰富程度有关系的。

另外就是"社交活动"。比如说,西方的社交活动中有各种各样的兴趣俱乐部。越战老兵,有老兵俱乐部;喜欢喝啤酒,有啤酒俱乐部;喜欢打高尔夫球,有高尔夫球俱乐部;等等。过去人和人之间的联系,是由于某种"亲缘"和"地缘"关系结成的一种社会交往,其最大的特点就是一种全方位的交往,全方位的反馈、互动。无论是功利价值的交往,还是超功利的精神性交往都包含其中。但在现代社会,人要在更大的范围内进行流动和资源配置,包括人才、资源等,那么,这种几千年传统的"亲缘"和"地缘"关系也随之被打破,代之以"业缘"关系。但"业缘"关系是一种只跟工作、业务和利益相关的单向度交往,情感、精神方面的非功利交往却非常有限,人们在交往中得不到一种全面的满足,就有一种"情感饥饿"。但又不能回归到过去自然经济状态下的"亲缘"和"地缘"关系中去。怎么办? 就要用社交活动来补充,而俱乐部活动相对来说就是超功利、非利益、非经济的,只因为大家有共同的经历。实际上,我们国家也面临这样一个情况。随着"亲缘"和"地缘"交往的打破,人们交往的质量下降,便有了全方位的交往需要,那么,类似俱乐部这样的社交活动,其发展空间、发展前景应该是很好的。

对于"社会歧视"这一方面,也可以有一系列的操作指标。

比如"性别歧视"。由于性别不同,人们所受到的待遇有时是不一样的。过去一般来说是女性投诉的情况较多,但是如今在发达国家也有男士由于性别歧视进行投诉的情况发生。记得以前在网上看到一则消息,美国有一个男子到法庭打官司,说是雇主由于性别歧视而不用他。为什么呢? 原来雇主在报纸上登了一条广告,说家里需要请人照看孩子,并提出了一系列的用工条件,希望有这方面能力的人去应聘,结果这位男子去应聘了。他各方面能力比所有应聘的女士都强,但雇主觉得,自己要招的是一个女人。虽然招聘广告里并没有说性别,雇主认为这是不言而喻的。由此,应聘的男子就说这是性别歧视。后来法庭作出了裁决,大概说还是应该雇他,如果觉得不合适,有哪方面能力不足的话,可以辞掉他,但是在同等条件之下,他不应该因为性别而受到歧视。

"年龄歧视"。年龄歧视是指什么呢? 比如受教育的权利有时就会受到年龄的限制。过去在我国,到一定的年龄就不允许参加高考了。这也可以理解,因为过去我们国家教育资源短缺,在此前提下,一定要把高等教育作为培养人才的方式,所以超过一定的年龄就被排除在外。当然,随着我国国力的增强,现在高考也开始放宽年龄限制。如果一个人年龄比较大,愿意参加高考,也能如愿以偿。这就是随着教育本质、功能的丰富化,高等教育不光是培养合格人才,也成为人们培养自己兴趣的一种方式。如此,在受教育方面的年龄歧视也就被解决了。

"种族歧视"。这在国外就比较多了,比如在某些工厂或者某个职位上,雇用有色人种和白人是有固定比例的。雇用有色人种甚至要高于白人在雇员当中所占的比例,这是在反种族歧视的过程中所获得的社会成就。但是如今也有些白人抱怨说,黑人只占人口15％,为什么在某些工作岗位上要占有30％的比例,这是不是有一点新的种族歧视?之所以如此,大概希望社会对该社会群体实行一种纠正性的措施。

"政治歧视"。"政治歧视"是指由于政治见解、政治党派所属不同而受到不同的待遇。还有"职业歧视"。"职业歧视"一般没有形成条文,更大程度上是存在于人们的观念当中。虽说"三百六十行,行行出状元",道理大家都明白,但在人们的实际观念中,职业确实有高低贵贱之分。社会上经常有一些不同职业的社会声望度的测评,来考察在社会心理尺度之下,哪个职业更高一点,哪个职业更低一些。因为事实上,虽然强调职业平等,在人们的心目当中也是不平等的。

另外是关于"社会权利剥夺"方面。其社会指标可以有受教育的权利、社会交往的权利、公民权、移民权、传播权等指标的分解,这一系列的权利是公民在社会生活中由制度规定的,或者说是约定俗成的一些规则,有人就会在这些方面被剥夺相应的权利。比如说,某市有一个所谓丑女,她说:"我想到酒吧里边,酒吧的老板因为我长得丑,就不让我进去,怕吓着别人。这不行,这是剥夺我社会交往的权利,是对我人格的一种侮辱。"所以,她要起诉。

从立法的原则上来说,"权力"和"权利"是两个概念。"权力"是指法无规则,不得行使。也就是说,法律没有明文规定的权力,任何人是不能行使的;只有法律授权,权力才可以行使,这才是合法的。所以,所有像行政权力这样的公共权力,都必须建立在明确的法律规定基础上才能行使。而"权利"则属于人与生俱来的自然权利,如果法无禁止就是由公民保留的,作为公民可以行使的。这是两种不同的法律指向。比如欧洲国家要加入欧共体的话,前提条件是申请国必须废除死刑。废除死刑有什么好处?该主张的前提是,人的"生存权利"是不可以通过司法的方式解决掉的。一个人犯了罪,被判死刑,承担了全部责任,大家在心理上轻松了,但事实上,一个人在社会上犯罪,确确实实有自身的原因,社会环境也应该承担某种责任,在现有的法理之下社会责任被忽略掉了。实际上,废除死刑包含很多更深层的文化观和价值观。

预先形成一个概念的操作化框图,对舆论测量有什么好处呢?

首先,由于有操作性的框图,我们就会知道在某一概念之下,指标体系建立得合理不合理,结构上完整不完整,而且对各个指标之间的关系,比如所属关系也会有比较明确的把握。其次,有了对操作性框图中社会指标层次的清晰把握,我们在设计问卷时,相应的调查问题不会有重大的遗漏或偏轻偏重。最后,在使用这些指标数据的时候,可以有一个非常明确的功能性指向。这些指标说明了什么,彼此之间哪个重哪个轻,平衡之间的关系到底有什么样的差异等等,依照操作性框图,就可以很明确地进行相关的比较、分析。

在调查时有时之所以有重大的缺项,常常是由于我们省略了操作化框图,仅仅凭感觉去做,有可能更多地考察了某些方面,而把另一些方面忽略了,进而容易造成一些缺失,甚至可能有重大的遗漏,那么,在此基础之上的理论描述、理论解释可能就会有重大缺陷。进一步说,如果不按照严格的程序去操作的话,调查所得的结果是无法完整地、结构性地来展现相关的研究内容的。

　　可以说,这一章探讨涉及课题确立和概念操作化过程中几个比较重要的环节,也是我们在调查过程中经过多少次实践得出的一个结论性程序。遵守这一程序,可能未必保证研究成果的高质量,但是一定不会让研究者犯低级错误,这就是遵守已有的程序规范的效益和好处。

思考题

　　1.确立一般的社会调查的研究课题,其遵循的关键标准是什么?

　　2.学术真理标准是指什么?

　　3.试述舆论调查课题确定的原理,并以具体的舆论调查课题为例说明。

　　4.舆论调查的课题有哪几个层次? 试举例说明。

　　5.课题确定后,实现初步探索的途径主要有哪些? 其特点各是什么?

　　6.什么是概念的操作化? 有哪些具体步骤?

　　7.调查指标跟它的原概念之间有哪几种关系? 试举例说明。

　　8.什么是概念的操作化框图? 试举例说明。

　　9.预先形成一个概念的操作化框图,对舆论测量有何意义?

第十章 问卷设计

要点提示

- 调查问卷是基于特定的目的,为进行标准化调查而精心编制的问题表格,它由若干问题组成,用以测量人们的心理特征、行为和态度。
- 问卷由四部分组成:一是说明信,二是填答说明,三是问题及答案,四是其他资料。其中,问题与答案是问卷的主体。
- 说明语在问卷调查过程中的作用,概括起来就是:表明身份、交代目的、消除疑虑、促其参与。
- 对某些特定指标说明,就是对于某些容易发生歧义的指标进行比较确切、详细的定义或者诠释。
- 问卷中的问题,根据回答的方式,可分为直接性问题、间接性问题和假设性问题;在形式上可分为开放式问题和封闭式问题两大类;在内容上可分为有关事实性问题、行为性问题、动机性问题和态度性问题。
- 问卷设计的主要步骤为:探索性工作、设计问卷初稿、试用和修改。
- 在设计问卷时,常常有这样一种情况,即有的问题只适用于一部分被访者,而一个被访者是否需要回答这个问题,则要视其对前面某个问题的回答结果而定。这样的问题,被称之为相倚问题,前面需要回答的问题叫过滤问题或筛选问题。

在社会研究中,收集资料的方法很多,比如有文献法、问卷法、访问法、量表与测验法、观察法与实验法等。但舆论调查的目的是了解民意、进行信息的采集,因此,问卷就是舆论调查中最常用的搜集资料的方法和进行信息采集的工具。

具体来说,问卷是基于特定的目的,为进行标准化调查而精心编制的问题表格,它由若干问题组成,用以测量人们的心理特征、行为和态度等。

依据填答或使用方式的不同,问卷主要有两种类型,即自填式问卷和访问式问卷。自填式问卷是通过邮寄或分发的方法由被访者自行填答,而访问式问卷则是由访问员现场提问并记录的问卷。两类问卷的共同点是统一格式,有标准答案以及便于资料汇总、统计处理等。

第一节　问卷的组成

一份相对完整的问卷应该由哪些内容构成呢？由于问卷主要是利用提问来进行信息采集，那么，除了问题之外，就问卷本身而言，为何填答，如何填答，还需要一些相关的内容作为问卷的必要部分，比如说明信和填答说明。

所以，一般来说，问卷有四部分：一是说明信，也叫卷首语；二是填答说明，或者叫指导语；三是问题及答案；四是其他资料。其中，问题与答案是问卷的主体。

一、说明信（卷首语）

说明信在问卷中起什么作用呢？一般来说，主要说明调查者的身份、调查的目的和意义以及希望被访者合作等。说明信篇幅虽小，其作用却不容忽视。它要尽可能地用寥寥数语说服被调查者接受调查，如实填答，并能最终将填好的问卷反馈回来。因此，说明语在问卷调查过程中的作用，概括起来就是：表明身份、交代目的、消除疑虑、促其参与。这同时也是问卷设计中所要考虑到的基本作用或功能，可以说，说明信的写作、措辞都是围绕这四个目的展开的。

1. 表明身份

说明信首先需要表明调查者是谁。当你向对方采集相关信息时，必须首先表明自己是什么样的组织、什么样的身份，因为只有在此前提下，才能建立起最起码的互相交流和信任的基础。那么，一般来说，人们在实际调查过程中，有这样几种身份相对来说能够获得被访者某种程度的信任。

一是政府组织。因为政府毕竟是社会当中公共权力的掌握者和使用者。如果说是建立在民主基础之上合法执政的政府，更有相应的社会责任。一般政府组织所进行的调查常用于公益，因此，人们认为比较正规，大家配合也会比较好。如果涉及对政府自身的评价，政府就不便参与。如果为某种政策的实施或者为辅助了解社会的基本情况进行调查，还是可以由政府组织的。

二是新闻媒介。相对来说，新闻机构所进行的调查，可信度、公信力还是比较强的，大多数情况下，人们愿意将新闻媒介作为比较权威的民意测验调查机构和信息发布机构。所以，如今在世界上一些民意调查活动比较活跃的国家和地区，新闻媒介进行调查活动是相当频繁的。

三是商业性调查机构。通常，商业性调查机构进行调查是要谋利的，有的调查公司会做一些公益性调查。比如，在西方很多纯粹的商业调查公司或组织，像盖洛普舆论研究组织，在其商业技术调查中95%是为企业进行的调查，结果都是保密的，不公布；而5%左右用于社会公益目的，诸如承担一些社会责任或是社会形象这样具有公益性的调查，这些公益性调查无偿提供给政府、媒介作为社会决策参考。用5%的公益性的调查来建立自己的品牌和信誉，然后再从95%的调查活动当中，赢取相应的企业的利润。这种运作模式不仅扩张了自己品牌影响的权威性,同时又获得了资金的增值。

商业调查组织在中国是要有一个接受过程的,尤其在20世纪90年代中期,调查活动相对活跃起来,相当多的调查组织用各种不规范的手段进行相关操作。

如今,经过大浪淘沙,商业性调查公司在调查执行方面大多非常严格,是值得信赖的。事实上,对于商业性的调查组织,数据的严格、科学、可靠是它的生命,出于对商业信誉的维护,它宁可在一个问题上多花一点钱,也不能不严格地按照合同去做,这是市场竞争的必然结果。正因为如此,在美国,商业性调查组织所执行调查的严格程度,应该说比学术性机构还要好,每一次调查都是有严格监管的。在我国上海,有些机构调查执行得很到位。比如《新民晚报》曾主持过的调查,在调查中,每一个执行组都有一名记者随行,随时可以跟着访问员到受访户家,去看他们是如何访问和调查的;或者说访问员前脚去,他们后脚再去查询,并且都是严格执行课题组事先制定的规则。上海有些调查机构很讲究调查的职业规范,不仅工作细致、规范,而且对调查所做的核查也是非常完整、认真的。目前,应该说凡是正规的调查公司,在调查程序和调查的安排上不会有太大的问题。

四是学术性调查机构。与商业性调查公司相比,学术性调查机构的价值并不在于执行的严格程度,由于其组织本身没有一种常年运作的调查网络,学术性调查机构本身在调查的网络方面是有劣势的。学术性调查机构的特点是什么呢? 一方面,它的超功利性。学术性调查机构一般没有直接的商业目的,相对来说,其调查结果比较客观、公正,比较有学术信誉,因此也能够受到舆论的信任;另一方面,学术性调查机构在调查方法的使用上往往更加先进一些。

总的说来,政府组织、学术性调查机构肯定能够受到老百姓的支持,商业性调查机构也逐渐得到社会的认可,除此之外,其他以个人的名义,或者是以境外组织的名义来进行调查,相对来说,得到被访者合作的可能性就降低了很多。

交代身份,实际上很大程度上是为了获得被访者一种起码的信任。因为调查对象准备把信息给你,最起码你得告诉人家你是干什么的、你是谁,便于人们考虑能不能把信息交给你,这就是表明身份的目的。

2. 交代目的

交代目的,是要告诉被访者,从你这里获取信息是准备做何用,这也是对于被访者的尊重。一般来说,所交代的目的,要比实际进行研究的目的更宽泛些。之所以如此,主要有两个作用。

其一,激发调查对象配合调查的热情和积极性。人们要接受调查访问,肯定要耽误一定的时间、耗费一定的精力。人总是愿意做那些跟自己有关的、有意义的事情。如果把调查目的说得过于狭窄,被访者有可能认为这个事情太专业,好像跟自己无关,也有可能觉得接受这样一个访问好像没有什么价值,就会拒绝接受调查。一般人们都是倾向于,我可以付出时间,但是我一定要做自己认为有价值的事情。所以,调查人员把调查目的交代得稍微宽泛一点,就可以在更大的程度上让调查对象感到这个问题跟自己是有关的,从而激发他们配合调查的热情和积极性。

其二,有时也是出于降低敏感性的考虑。调查目的说得太具体、太直接,有时是有敏感性的。比如北京大学曾经在20世纪80年代中期做过一个调查,叫"社会分层调查"。现在说起来,大家都觉得,将自己分到哪个层次也无所谓。但对于刚刚从"文革"时期过来的老百姓来说,"社会分层"就是所谓的"划分阶级"、划分"社会成分"了。这些概念的政治性是非常强的,是一个比较敏感的事情。北大课题组进行调查时,交代调查目的,没有直接指明要进行城市居民社会分层调查,而是说"城市居民生活状况调查"。因为该调查确实要了解人们的经济状况、社会状况,说成"生活状况调查",其实就将比较敏感的词汇避开了。当然,"社会分层调查"并不是原来意义上的"划分阶级",所以对被访者本身也没有直接地隐瞒或者损害,但是这种措辞的转换,在很大程度上可以争取被访者的合作,避免引起不必要的敏感。

再比如,如果我们要进行一项"婚外恋问题的调查",假如在交代调查目的时,直接写明关于婚外恋问题的调查问卷,递给被访者,人家会作何感想呢?如果调查对象是一位成年人、已婚男士或者已婚女士,他们拿着问卷会不会觉得烫手?人家心里可能会犯嘀咕,你怎么知道我有没有这个问题?你来调查我,是不是已经掌握了什么线索?于是,马上就会说"我没婚外恋"。但是,如果在说明调查目的时,解释得宽泛一点,比如说将课题名称改作"关于婚姻质量问题调查",人们就能接受。因为无论任何人,生活得幸福、和谐与否,都有一种婚姻质量的问题。本身没有脱离调查原意,同时又能降解问题的敏感性,使人们愿意接受采访,这就是交代目的时的技巧。

3. 消除疑虑

人们在接受调查时,有一种拒绝的心态,一般会出于几个方面的原因。

第一个原因,被访者觉得自己太忙,没时间没精力去填写问卷。面对这种情况,调查者要在卷首语中表达清楚:问卷看起来好像很长,实际上填答起来很容易,大概30分钟就可以填满,您的填答实际上是在为社会福利事业作贡献等。但是也别说得太玄虚了,明明答完问卷需要40分钟,你却在问卷卷首语里写,"其实这份问卷并不复杂,只需10分钟就能答完",这就太不符合实际。最好还是诚实地说,大致需要多长时间。人们做过测算,20分钟以内填写完的问卷,填答的效果最好,有效性、真实性和客观性最理想。所以在实际调查过程中,一般是留出20到45分钟填答,最长的时限要控制在45分钟。超过45分钟,被访者填答的效果就会极大地降低。

第二个原因,被访者还有另外一种疑虑,就是"我填答重要吗?你们找别人去答不也一样吗?"尤其是涉及敏感问题调查,比如说"同性恋调查",或者"越轨问题的调查"等。有的人被抽中以后,就觉得很敏感,是不是组织上已经掌握我什么情况,先来探探我?这时,调查者要从抽样本身的意义来消除他的疑虑,告诉他说:之所以选中你进行调查,并不是你有什么情况被调查组预先掌握了。如果是根据名单邮寄问卷,卷首语一定有句话说:寄给你并不是因为你的个性倾向,或者某方面的意识有什么异常,我们是根据随机抽样的原则进行抽样,每个人都有可能被抽中,概率都是一样的,所以对你本人并没有特意安排,不用担心。

　　另外,也有人会像答题一样填写问卷,文化层次比较低的人尤其如此。拿过问卷一看,就把问卷当成考卷,觉得自己文化程度低,这些事情都不知道,也答不上来,所以有畏难情绪。那么,你也要告诉他:问卷的答案本身无所谓对和错,自己是什么情况、什么意见,如实填答就是最好的回答;某些调查问题你可能不知道,但"不知道"这个情况本身也正是我们需要掌握的。比如,我们要进行一项宣传效果调查,如果人人都知道,那么表明宣传效果至少从知晓率来说能达到100%,但实际上,知晓率到底是什么情况,才是我们宣传效果调查需要掌握的。假使经过了5个月的宣传,甚至10个月的宣传,还是有40%或50%的人不知道,这表明宣传效果本身就存在某些问题,这其实都是我们需要了解的情况。所以,作为被访者,你可能不知道某些情况,这本身也是一个重要的情况,只要你按照自己真实情况来回答,对于调查研究者都是非常有价值的信息。总之,一定要告知被访问者相关情况,来消除其疑虑。

　　4. 促其参与

　　任何一个社会调查都会占用调查对象的一些时间,现在做民意调查都会送人一些小纪念品等,算是彼此见面融洽气氛的一种中介物。换句话说,我送给你一个小礼品,就拉近了我们大家的距离,有了继续谈话的可能性。就像有些报纸初上市时,卖一份报的同时,加送一盒果汁。送一盒果汁是希望你能看报,给报纸一个展示的机会。当然,小礼品也要符合不同地区人们的要求,比如北京人,比较喜欢精致一点儿的东西,钥匙链、笔、电话本或者记事本等,只要足够精致、好看,不管有用没用,反正人家拿在手里看看就喜欢。要在上海进行一些调查,情况就不同了。如果随问卷附送小纪念品,最好送一块毛巾、一块肥皂或者一袋洗衣粉等比较实在、有用的日用品,才符合当地人的实用要求。

　　但是,从根本上来说,发放小礼品并不能作为人们时间、精力付出的一种补偿,因为人们填答问卷所提供的信息是很难用确定的价值来衡量的。所以,要促其参与,关键是要告诉被访者,我们做的调查是很有意义的,由此激发被访者的社会责任心,具体可以把握这样几点:第一,要尊重被访者提出的意见。第二,说明该民意调查能够为政府的相关决策或改进某方面的工作起到重要的参考作用。第三,从被访者的身份来进一步说明。比如说,北京市总共1300万常住居民,本次调查只抽中1200个样本,那么你作为其中一个抽中对象,等于代表着一万个跟你有类似情况和意见的人,你个人所表达的意见意义重大。这些都是促使被访者积极参与的有效手段。

　　总之,说明信就是围绕表明身份、交代目的、消除疑虑、促其参与这四个目的进行的。以下是中国人民大学舆论研究所所做的《上海居民读报情况的调查问卷》的说明信:

　　市民朋友:

　　　　您好! 当您接过这份问卷时,请接受我们对您的一声问候。为了全面客观地了解上海市居民阅读报纸的基本情况,听取大家对上海市报纸工作的意见和要求,以便为改进我们的报纸工作提供可靠的依据,我们特组织这项调查。

　　　　您是从全上海市1300万居民中通过科学抽样方法选出来的代表,您的仔细填答,将帮助我们了解与您有着类似情况的成百上千居民的情况和意见。

　　调查问卷中所列的每个备选答案都无所谓对和错,我们只想知道您自己的真实情况和想法,请按照填答要求尽量回答每一个问题。

　　最后,再次感谢您对本次调查所给予的合作与支持。

中国人民大学舆论研究所

2003 年 1 月

二、填答说明

　　填答说明也叫指导语,是对如何问卷、如何回答问题的说明。填答说明分两种情况:一是对特定指标的说明,二是填答指导语。

　　1. 对特定指标的说明

　　对某些特定指标的说明,就是对某些容易发生歧义的指标作出比较确切的、详细的定义或者诠释。比如对同一个概念指标,可能不同的人有不同的理解,所以在问卷上要事先表明,在此问卷中,该指标将作何理解,或者有何种特定理解。比如在实际的调查中,基本情况里有这样的问题:

　　您目前每个月的各项收入(包括各种固定的、临时的收入)合计大约有多少?

　　"各项收入"是指什么? 中间括号里的内容就是对该指标的说明。如果没有这个说明,人们的理解可能有工资、奖金、第二职业的收入、馈赠等。但是,在此,我们主要是指各种固定的和临时的收入。

　　请问在您家里什么物品的购买(或消费)主要由您作出决定?（可以多选）
　　1.无
　　2.家庭日常消费品(食品、服装等)
　　3.家庭大件消费品(电器、家具等)
　　4.外出休闲旅游
　　5.家庭重大消费(购房、买车等)
　　6.家庭投资项目(股票、证券、古董等)

　　在这项问题里,什么叫"家庭日常消费品",该问卷作了相应的注释,即"食品、服装等"。再就是"家庭大件消费品"这个概念,人们往往也有不同理解,在此就要注明所指,即"电器、家具等"。接着"重大消费"是指什么呢?"购房、买车等"。"投资项目"则是指"股票、证券、古董等"。通过对这些调查指标的具体说明,被访者的填答思路会明晰起来,不至于因为对某一概念理解的不同,而产生错答或误答。

　　按照报纸的版面篇幅划分,您喜欢阅读下列哪种报纸:(只选一项)
　　1.对开报纸(像《解放日报》那样大小)

2．四开报纸（像《新民晚报》那样大小）

3．窄幅对开报纸（像《新闻晚报》那样大小）

4．无论哪种报纸都无所谓

专业人士当然知道什么叫"对开报纸"，什么叫"四开报纸"，什么叫"窄幅对开报纸"，但是，一般的老百姓不知道。为了更形象地让他们知道什么叫"对开报纸"，就用具体的例子来说明，如像《解放日报》那样的报纸；什么叫"四开报纸"，就像《新民晚报》那么大的。即使不常读《解放日报》或者《新民晚报》，但也大概知道这两份报纸有多大。所以，通过形象化的事物来解释具体指标，也是填答说明里边的一个类别。

2．**填答指导语**

填答指导语，并不是说在内容上诱导填答者，而是在形式上规范他。就某个具体问题是选一项呢，还是多选呢？是不是要排顺序呢？就是在形式上来规范他的填答行为，以便于使所有的填答都具有形式上的一致性。比如问卷第一题里：

一、您的基本情况：（请在与您情况相符合的选项括号里边打"√"）

B．您的年龄：_____周岁（请在横线上填写阿拉伯数字）

括号中的"请在与您情况相符合的选项括号里边打'√'"，"请在横线上填写阿拉伯数字"这些语句都是填答指导语，都是填答所依照的规范。再如：

您在自费订阅或购买一份报纸时最看重的因素是什么？（请按照您看重的主次程度将下列因素排一个顺序，并将其代码填入相应的横线中）
人们购买报纸时所考虑的主要因素及其代码
1．价格合理
2．订阅购买方面
3．内容质量好
4．报纸的美誉度高
5．已形成了固定阅读报纸的习惯
6．常有各种赠品或有意思的活动
在您心目中：
第一位是：____；第二位是：____；第三位是：____

该问题列举了人们购买报纸所考虑的主要因素，依次有6个方面。先让被访者浏览这几项，在此基础上进一步考虑，在他心目中，这6个因素哪个最重要、哪个其次、哪个再次，根据重要程度的先后，依次排出第一位、第二位和第三位，并将相应的项目代码填到横线上。为什么不把列出的6项都排出一个顺序呢？通常，在大家的心理感应中，前三位的顺序最鲜明，接下来的项目排序就相对模糊一些，比如将第五和第六之间换一下顺序，人们的感觉是不会有太大差别的，所以，一般来说，排顺序排前三位基本上就比较有效，也比较能说明问题，因此，也就没必要将所有的项目排列出来。

总之,问卷中每一个有可能使被访者不清楚、不明白和难理解的地方,一切有可能成为回答者填答问卷障碍的地方,都需要给予某种指导,而对于编写指导语来说,最主要的标准就是简明易懂。

三、问题和答案

问题和答案是问卷的主体。被调查者的各种情况正是通过问题和答案来收集的。问卷中的问题一般分为三类:第一类是有关被访者个人背景资料方面的问题;第二类是有关意见、看法和态度等主观因素方面的问题;第三类是事实与行为问题。如果再细分,根据回答的方式,可分为直接性问题、间接性问题和假设性问题;在形式上可分为开放式问题和封闭式问题两大类;在内容上可分为事实性问题、行为性问题、认知性问题和态度性问题。

1. 直接性问题、间接性问题和假设性问题

直接性问题是指在调查问卷中能够通过直接提问的方式获得答案的问题。例:

> 您的年龄?
>
> 您的职业?
>
> 《中国经营报》于1985年创刊。请您回忆一下,您是从哪年开始阅读《中国经营报》的?

直接性问题通常给被访者一个明确的范围,调查对象可以明确作答。当然,所问的问题一般涉及个人基本情况或意见,如果是一些比较敏感的问题,就不适宜采用这种直接性问题。

间接性问题是指那些不宜直接询问而采用间接提问的方式得到所需答案的问题。例:

> 您是否同意下列说法:
>
> A.“打是疼,骂是爱”,打骂也是家庭教育不可缺少的方式
>
> B.对孩子应该多表扬,少批评
>
> C.多吃巧克力对孩子的身体有好处

对于有些问题,由于某种顾虑,被访者不愿直接表达自己的态度、意见或动机。如果直接回答,很可能不是本人的真实情况,为避免难堪,同时又能获得比较客观、真实的想法,可以采用间接问答方式,即罗列其他人的意见,来听取被访者的评价意见。如此,不仅消除了访问者和被访者之间的沟通障碍,同时能使被访者放松心情,如实回答,从而收集到理想的意见信息。

假设性问题是通过假定某一情境或现象的存在,而向被访者提出的问题。例:

> 如果在购买汽车和住宅中您只能选择一种,您可能会选择哪一种?

2. 开放式问题和封闭式问题

(1)开放式问题

所谓开放式问题,就是不为回答者提供具体答案,而由回答者自由回答的问题。例:

请列出您心目中最具社会责任感的企业的名称_____

开放式问题的主要优点是,它允许回答者充分自由地按照自己的方式发表意见,不受什么限制,因而,回答往往是最自然的,所得的资料也往往比封闭式问题所得的资料丰富生动得多。但开放式问题也有一些缺点。对被访者而言,首先,它要求回答者有较高的知识水平和文字表达能力,这就大大限制了调查的范围和对象;其次,开放式问题要求填答强度高,先要就某一个问题思考,再组织语言,然后落到笔端,因此,要求回答者花费较多的时间和精力。对研究者而言,开放式问题所得到的资料不是标准化答案。因为对同一个问题,人们的回答往往是千姿百态、千差万别的,对这些回答难以进行归类,更无法进行定量的数据统计、分析,所以只能进行文本分析。

开放式问题,一般作为探测性问题,可超出研究者的水平,有助于开阔研究者的视野,增加新知。例如在 20 世纪 80 年代,关于中国新闻改革的调查中,有这样的问题:"我国新闻改革的关键是什么?"另外,由于开放式问题一般需要回答者较多的思考和书写,回答所花费的时间相对要长一些,所以,要把开放式问题放在问卷的结尾部分。如果被访者开篇即答开放式问题,容易造成时间安排上的"前松后紧",后面的问题草草作答,影响整体的回答效果。

(2)封闭式问题

封闭式问题是一种需要被访者从一系列备选答案中作出选择的问题。例:

您阅读完本报后一般如何处理:(请单选)
01□全部保留或存档
02□剪报,保留一些有价值的文章
03□推荐给别人阅读
04□丢弃,没有什么保存价值

封闭式问题的优缺点同开放式问题正好相反。从优点来说,一方面,被访者填答方便,对文字表达没有特殊的要求,需要花费的时间和精力少一些;另一方面,由于问题的答案编码一致,研究者所得的资料十分集中、系统,便于计算机统计处理和深度分析。从缺点来说,由于封闭式问题预先为回答者提供备选答案,一方面由于不能自由作答,限制了回答者的选择空间,也就失去了开放式问题收集资料所具有的丰富性;另一方面,如果封闭式问题所提供的备选答案存在列举不全的情况,就该问题所收集上来的信息就容易扭曲,其可靠性存在一定的风险。另外,封闭式问题还存在一个问题,就是,如果出现笔误错答,或者故意错答的情况,一般是难以辨识的。

正因为开放式问题和封闭式问题各有优缺点,在实际的问卷调查中,研究者往往根据二者的不同特点,把它们用于不同目的、不同形式的调查中。比如,开放式问题常用于探索性调查所用的问卷中,而正式调查所用的问卷主要采用封闭式问卷;或者结合二者的优势,将问题进行半封闭式处理,在给出几个备选问题答案的基础上,再给出"其他"项,使填答者根据具体情况有一定自由发挥的空间。例:

> 您阅读本报的最基本的途径是:(请单选)
>
> 01□个人自费订阅
>
> 02□在报摊零购
>
> 03□单位集体订阅
>
> 04□公费为个人订阅
>
> 05□在图书馆或公共报栏阅读
>
> 06□其他_____(请注明)

对于半封闭式问题的统计处理原则,一般是,如果少于5%的人选择了"其他"项,只当成小概率事件,不去做具体关注;如果一旦多于5%的人选择了"其他"项,至少说明现有答案选项与现实不符,这就需要逐一审阅,作具体的文字说明,看问题设计有哪些缺陷。

3. 事实性问题、认知性问题、行为性问题和态度性问题

(1)事实性问题

事实性问题是要求被访者回答一些有关事实性的问题,具体来说,就是有关回答者个人背景的问题。打开一份调查问卷,通常在一份问卷的开头或结尾要求回答者填写的个人基本资料,比如年龄、性别、文化程度、职业、婚姻状况、收入、家庭规模、工作单位等等。那么,个人基本资料在调查当中有什么作用呢? 主要有两个用途:用于分组分析和原因分析。

①分组分析

调查结论出来以后,一般来说研究者都先得到一个汇总数据。假定在这次调查当中:

> 支持国家某项政策的人占70%;
>
> 对该政策表示疑虑的占10%;
>
> 还有10%表示不理解或者反对。

这是一个汇总数据。如果我们想要更加真切地了解在社会上什么样的人对这项政策更拥护? 什么样的人对这项政策不赞成? 就有必要根据某种特定的社会属性进行更详细的社会分层分析。先从性别上来看,是男人更拥护,还是女人更拥护? 看跟性别有没有关系,如果男人、女人在这个问题上总体情况一致,那就说明,性别差异对该政策态度不产生影响。从年龄上看,可能就不同了。可能老年人对此意见很大,而年轻人很赞成,这就看出,这项政策就其政治效果来说,跟年龄层次有一定相关性。再从职业人群的角度来分析,白领们都很赞成,而蓝领觉得不太赞成,甚至反对的呼声很高,那说明如果执行这项政策的话,可行性难度的主要问题在蓝领阶层。当然,也可以从收入角度来分

析,看收入高、低与人们意见、态度的相关性状况等。

只要调查汇总数据一出来,将个人背景资料作为划分社会类别的基本变量,可以进行不同角度的详细考察。那么,知道了一些详细的分组分析之后,研究者就可以依此来预测,在下一阶段,政策实施过程当中,政策效果的可行性到底有多高? 可能哪些人会出现什么样的问题? 哪方面可能有所疏漏? 或者不适当? 是不是可以根据这一群体的社会特征来进行相应的政策调整性工作? 正因为有了比较细化的分组分析,研究者的研究结论才可以做得比较细致。假如没有这些个人基本资料,只有一个笼统的汇总数据,那么,研究者对情况的把握也只能是粗线条的。

②原因分析

个人基本资料还可以用于原因分析。一般来说,人们之所以表达某一种态度、意见或者出现某一种行为选择情况,常常是跟个人的阅历、社会位置或某种社会特征联系在一起的。是哪种社会特征、社会经历抑或社会地位影响着他的态度和意见呢?

比如对于报纸的内容,有些人比较喜欢硬新闻,或者理论性很强的内容;有些人喜欢时尚性、服务性的内容;也有些人就喜欢看点儿故事。这跟人的文化程度、年龄、职业是有关系的。比如,杂志的主要购买者是女性,而报纸的主要购买者为男性。有调查显示,家庭生活类杂志的读者男女构成比例总体上为 59.7:100,即男性读者占了 37.4%,女性读者占了 62.6%,女性读者远远多于男性读者。[①] 也有调查显示,《中国经营报》具有突出的高学历特征。在该报的读者群中,受过大学本科和研究生教育的读者合计占 41.2%;另有 37.4%的读者受过大专层次的教育,也就是说,有近 4/5 的读者拥有大专以上学历,受过良好的教育。[②]

面对同一事物,不同的人注意的重点都是不一样的,实际上跟人的社会背景、社会位置、职业等因素相关。年龄、性别、文化程度和职业类别等个人基本资料,常常能够成为人们某种偏好、某种意见的一种解释性的原因。总之,个人基本资料可以为调查分类统计和分析提供背景资料。

(2)认知性问题

所谓认知性问题,是指探询调查对象对于调查的主题,比如某人、某事、某项政策或某个公共问题的知晓情况的问题。由认知资料可以把握调查对象对相关的事实性信息的了解情况。那么,根据调查对象了解得全面不全面、准确不准确、从哪个消息来源来的,可以将认知性问题细分成三大基本问题:知晓度问题、正确度问题和消息来源问题。

知晓度问询的是:这事你知道吗? 比如说,政府现在有什么新政策? 关于这项政策你知道吗? 知道多少? 是全都知道,还是部分知道? 是仅仅听说,还是一无所知? 这就是知晓度的调查。正确度问的是,知晓得正确不正确:你是否真的正确了解了这个东西? 有时人们自认为知道,其实并不是真的知道,这就必须通过一些题目来考核,看其确实知道与否。比如:

---

① 喻国明.传媒影响力[M].广州:南方日报出版社,2003:289.

② 喻国明.传媒影响力[M].广州:南方日报出版社,2003:236.

您是否知道苏州电台音乐台在 2000 年 8 月 28 日全新改版?

☐ 1.知道　　　　☐ 2.不知道

比如,进行中国人对德国人印象调查的时候,有这样的问题:

您知道德国的首都在哪里吗?

☐ 1.知道　　　　☐ 2.不知道

再比如,关于亚运会的调查,有这样一个问题:

您知道亚运会的会歌吗?

☐ 1.知道　　　　☐ 2.不知道

几乎 98% 的人都说"我知道",但就列举的 8 首亚运会的歌曲再问:

这 8 首歌曲中,哪一首歌是亚运会会歌?

其中 70% 多的人答了《亚洲雄风》,其实这首歌是亚运歌曲里比较知名、比较流行的一首,但并不是亚运会的会歌。那么,这就是有关正确度的问题。

还有就是消息来源,问的是:你是从什么样的渠道得知这一消息或事实的? 因为消息的获得很大程度上会打上渠道烙印,由此,研究人员理解某人会持有某种意见或偏见,常常可以从他获知消息来源的角度,得到很大程度上的解释。如果这个消息是从人际传播渠道来的,那么,在传递消息当中,这种情绪的扩张性和事实信息的畸变是非常正常的事情。大多数人都有这样的经验。比如拿一张写有一句话的纸条,将其中的内容给一个人描述一遍,然后再让他耳语告诉下一个人,以此类推,传递若干人之后,让最后一个人把听到的内容说出来,再把它跟纸条上的信息对照,结果信息已经大为不同,有时甚至面目全非了。这就是信息在传递过程中发生了某种程度的畸变。不同渠道衰变程度肯定也是不同的。

有些人就说,眼见为实,是不是亲眼见到就一定是真实的呢? 在美国传播学学术会议过程中,有人做过相关测试,这是传播学者搞的一次未经预告的试验,全部过程都用录像机录下来。有两个持枪的蒙面歹徒进来,表演一阵子之后,又仓皇逃走。然后,让在座的学者教授们把这个过程写下来,描述歹徒是什么特征、做了什么事,再将描述结果跟录像的情况比较,错误的比例是非常高的,表明实际的记录是有偏差的。可见,眼见也未必是"实",信息也是有衰变的。

人们之所以这样认识而不那样认识,很大程度上跟消息来源烙印是有关系的。比如对于同样一件事情,通过国家媒体获知的信息,和从境外媒体获知的相关信息会有所不同;通过大众传播渠道和从人际传播渠道所获知的信息也有很大不同。我们知道,意见、评价和主张都是有一个事实把握的基础,即在了解事实的基础之上生发出意见来,因此事实掌握得正确不正确、全面不全面、消息来源是什么渠道,都对相关意见产生或多或少的影响。所以,对传播渠道的了解可以很大程度上解释人们某种认知和态度的基础。

如果要进行舆论引导,也要了解这些情况,并有针对性地采取相应的措施。比如某一群体对这一信息认知得不多,就要尽量填补一些所缺失的信息,使其信息更加对称,对实际情况有一个全面了解,从而打消他的某种偏见;如果是认知正确度不够,我们要把正确的结论告诉他;如果他的信息渠道本身有问题,我们要采取弥补渠道不足的方式,使他因渠道造成的局限性烙印有所消减。总之,通过对人们知晓度问题、正确度问题和消息来源问题的调查,可以有针对性地了解人们实际的认知状况。

(3)行为性问题

行为性问题是对回答者的行为特征进行调查的问题。这种问题实际上探测的是人们的直接态度。比如:

> 您阅读本报的方式是:(请选一项)
> 01□从头到尾逐篇阅读
> 02□只选部分固定版面阅读
> 03□只挑感兴趣的文章阅读
> 04□一般情况下只浏览一下标题

> 一般而言,您阅读本报刊登的内容在量上大约为多少?(请单选)
> 01□几乎都读了(90%以上)
> 02□大部分都读了(约 3/4)
> 03□一半内容都读了(约 1/2)
> 04□只读了一小部分(约 1/4)
> 05□只读很少一部分(约 10%以下)

行为性问题,可以直接探测行为的有无发生,行为发生的频率、方式,表明态度的强度等。

(4)态度性问题

意见和态度性问题是关于被访者的态度、评价和意见等问题的调查。根据具体问题的着重点不同,态度性问题又可以有诸多种问题类型:赞否型问题、强度型问题、关注结构型问题、理由型问题、预期型问题和自我评价型问题。

①赞否型问题,主要针对人们对某一问题的基本态度的方向、倾向的提问。该类问题一般是把被访者态度大致分为肯定、否定和中间意见三种情况,供被访者选择。赞否型问题的主要特点是对相关意见只能进行大略的区分,弱点是细致性分析有限。比如:

> 您是否相信有天外来客(UFO,不明飞行物)?
> □ 1.相信　　□ 2.不相信　　□ 3.说不清楚

②强度型问题,主要针对人们在某一问题上所持意见或态度的强度的提问。该类问题往往将被选意见分成连续等级式排列:"非常、比较、是、不是,非常不"等。比如:

> 您对全民科学教育包括学校科学教育如何评价?

☐ 1.很好　☐ 2.较好　☐ 3.一般　☐ 4.较差　☐ 5.很差

您对某市旅游服务的整体评价?

☐ 1.很好　☐ 2.较好　☐ 3.一般　☐ 4.较差　☐ 5.很差

③关注结构型问题,主要是探询某一问题在人们心目中的位置,是在视觉中心,还是在视觉的边缘。针对同一问题,不同时期在人们心中的结构位置很可能是不同的。

1997年中国人民大学舆论研究所进行的《北京市居民社会心态》抽样调查报告显示,"关心政治",一向是北京人的特征,但从北京人自身历时的发展变化的角度来看,北京人的政治关切度已大不如前。与该研究所于1987年所做的同类调查数据相比,关心政治的北京人的比例由10年前的86.5%下降了21.4个百分点。可见,"关心政治"在北京人心目中的分量显然已"今不如昔"。比如关于我国的"环保问题",单独问是否重要,肯定重要。但把环保问题放在一个有30~40项选择的问题单里再进行排序,不同时期的选择是不一样的。在20世纪80年代中期,环保问题被排在中间稍后的位置;80年代末、90年代初,进入前10名;等到申奥时,环保问题就已经进入问题单的前5位。

再比如,探询影响被访者持某种态度、意见或评价的因素中,其主次的结构位置。

您在自费订阅或购买一份报纸时最看重的因素是什么?(请按照您看重的主次程度将下列因素排一个顺序,并将其代码填入相应的横线中)

人们购买报纸时所考虑的主要因素及其代码

1.价格合理

2.订阅购买方便

3.内容质量好

4.报纸的美誉度高

5.已形成固定阅读报纸的习惯

6.常有各种赠品或有意思的活动

在您心目中:

第一位是:_____;第二位是:_____;第三位是:_____

④理由型问题,主要探询被访者持某种态度和意见的原因。借助被访者的理由选择,可以使其为什么采取某种行为、为什么有某种评价的主观感受得到侧面的解释。例:

您喜欢收听该电台的节目,主要原因是:

1.节目内容精彩

2.主持人的水平高

3.节目比较轻松,可以放松心情

4.打发时间

5.为音乐而听

6.其他(请注明)_____

⑤预期型问题。例：

您最希望您将来从事下述职业中的哪种或哪几种？（请选 1～3 项）

☐ 1. 科学研究人员　　☐ 2. 医生
☐ 3. 工程技术人员　　☐ 4. 律师
☐ 5. 企业管理人员　　☐ 6. 政府官员
☐ 7. 新闻记者、编辑　☐ 8. 银行管理人员
☐ 9. 会计师　　　　　☐ 10. 大学教师
☐ 11. 中小学教师　　 ☐ 12. 服装设计师

⑥自我评价型问题，是有关自我感受在社会结构中的位置的问题，它是社会预警指标中重要的一个。比如，要测量人们在收入、社会角色、社会参与和地位等方面的相对剥夺感，一般用"生活梯"形式来表示。

"生活梯"，一种自我定位型定级序列态度量表。该量表通常绘有一幅梯子图形，梯子两端显示自我生活状况最好和最坏的程度。梯子上的每一阶段都标有等值的数字。使用时，要求被调查者按照个人的真实情况和主观感受，用"X"标度现在状况，用"Y"标度过去状况，用"Z"标度未来状况。分别对"与周围人相比，您认为自己现在生活得好不好？""五年前（或其他时间跨度），您生活得好不好？""五年以后，您期望生活得怎样？"等问题进行自我定位式的回答（见图 10-1）。

该量表所记录的是(X)值、(Y)值和(Z)值及三类值之间的差异度，对研究被调查者的态度和行为有着特殊的功效。①

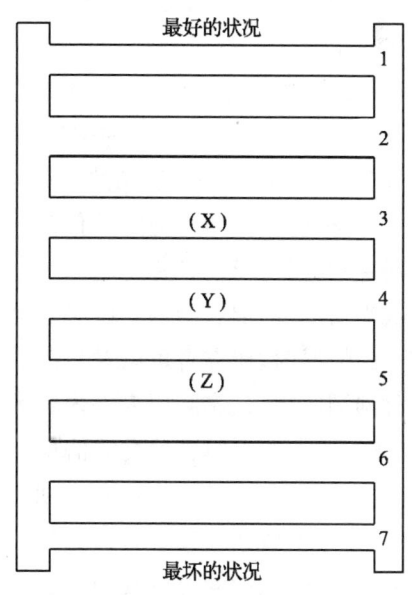

图 10-1 "生活梯"量表

四、其他资料

除了上述内容以外，问卷还包括一些有关资料，如问卷的名称、编号、问卷发放及回收日期、访问员姓名、审核员姓名、被调查者住址、问题的预编码等。

第二节　问卷设计的主要步骤和具体方法

问卷调查，是为了获得舆论研究的第一手资料，可以说，研究的深度和广度很大程度

---

① 喻国明，刘夏阳. 中国民意研究[M]. 北京：中国人民大学出版社，1993：347.

依赖于资料收集情况,但如何通过问卷调查获得可靠、全面而又有价值和符合要求的资料,关键在于能否设计出高质量的调查问卷表。

一方面,不同的调查目的和要求、不同的调查对象和调查内容以及不同的调查方式等因素,可能会决定不同的问卷类型、结构和特征;另一方面,问卷的具体设计又是一项烦琐、复杂的系统工作,通常有时间的紧迫要求。为了保证问卷的科学性、可行性,有必要遵循一定的步骤和方法,尽量减少盲目性。

一、主要步骤

问卷设计的主要步骤为:探索性工作、设计问卷初稿、试用和修改。

1. 探索性工作

进入到问卷设计阶段,其实并非从编写问卷中的问题开始的,在具体动手编制问卷中的问题之前,必须先进行一定的探索性工作。可以说,这种探索性工作才是问卷设计的第一步。

最常见的方式是问卷设计者亲自进行一定时间的非结构式访问,即围绕着所要研究的问题,以随意的方式与各种类型的回答者交谈。在这种探索性的访谈过程中,问卷设计者关键能获得哪方面有用的信息呢?

一是,能获得如何提问的信息。在与不同对象交谈过程中,问卷设计者可以尝试把研究的各种设想、各种问题,在不同类型的回答者中进行比较。假如提出的问题含糊或者太抽象,回答者的交谈必然会受到阻碍,要么会提出疑问,要么所答非所问。遇到这种情况时,研究者可以对自己的提问进行分析,不断改进问题的提法,从而获得对各种问题的提法、实际语言等内容的初步印象和第一手资料。

二是,能获得回答种类的信息。问卷的设计者常常不清楚各类回答者对于某一问题会有哪些种类的回答,在问卷回答中,许多致命的含混性及许多不符合客观实际的回答,常常潜藏在设计者难以觉察、未曾料到的地方。通过探索性工作,即同各种不同的回答者交谈、询问可以发现,人们的回答大致可以分为几种主要的类型。这样,在实际问卷的设计中,设计者就可以用这几种主要的类型作为该问题中供选择的答案,再加上一个"其他"类,就构成了问卷中的一个封闭式的问题。

探索性工作对于我们把自由回答的开放式问题转变成多项选择的封闭式问题具有十分重要的作用。同时,还可以在接近回答者的方式、说明信的设计、问题的数量与次序、问题的适当形式以及减少拒答率等方面形成较为客观的认识。

2. 设计问卷初稿

经过探索性工作,头脑中已经有了研究所涉及的主要问题及答案的初步印象,此时,就可以开始动手设计问卷初稿了。现在的问题是,如何把这些零散的问题和答案"组装"成一份合适的问卷,即确定问卷结构、拟订并编排问题。

过去,研究人员常常将两种传统的方法用于实际设计工作中。一种是卡片法,另一种为框图法。卡片法是根据设计者在探索性工作中的记录、印象或认识,先把每一个问题及答案单独写在一张卡片上,再根据问题的主题内容进行分类,然后进行类别排序和类别中的问题排序,反复检查后,连缀成一份完整的问卷。框图法则是先根据研究需要,将研究假设和相关资料的逻辑结构,以框图的形式将整个问卷的各个部分及前后顺序表示出来;再根据问题内容的逻辑结构以及回答者的方便、易答性来调整各个部分;之后,罗列出每一部分中的问题与答案,并排好顺序;最后,对全部问题进行进一步的总体调整,然后形成问卷初稿。

这两种方法的区别在于前者是从问题开始,由部分到整体;而后者相反,先从整体结构开始,由部分到具体问题。由于前者采用卡片形式,所以很容易着手进行,特别是在调整问题相互间顺序和修改问题方面十分方便,缺点是在第一阶段写具体问题时,由于缺乏总的结构,所以常常漏写某些方面的问题。后一种方式虽然在安排问卷各个部分的顺序和逻辑结构方面比前者容易,但修改问题、调整问题则显然不如前者方便。因此,最好的方法是将两种方式结合起来应用。

第一,根据研究假设和所测变量的逻辑结构,在纸上画出整个问卷的各个部分及前后顺序框图。第二,一个部分一个部分地将设计者在探索性工作中得到的问题及答案单独写在一张卡片上。如果有 50 个问题,就有 50 张卡片。第三,在每一部分中,安排并调整卡片间的结构和顺序。从回答者是否方便、是否会形成心理压力、问题内容前后是否符合逻辑等方面反复考虑这些部分的前后顺序。第四,从整体上对各部分的卡片进行反复检查和调整。从回答者阅读和填答问卷是否方便、是否会造成对回答者心理的影响等不同角度,反复检查问题的前后连贯性和逻辑性。对不当之处逐一调整,并可补充一些新的问题卡片,使全部卡片连成一份完整的问卷,并附上说明信等有关内容,形成问卷初稿。

3. 评估和试用

问卷初稿写好后,不能直接将它用于正式调查,为了保证问卷的质量,必须对问卷初稿进行评估。主要方法是请专家评价和由被调查者试用,通过总体性的评估,发现问卷初稿的缺陷和遗漏,及时修改,避免因问卷本身的某种不足,使回收的调查资料中出现难以弥补的缺憾。

专家评估也可以分为方法专家和主题专家。方法专家主要侧重于问卷技术性评估,比如说,对问卷设计的整体结构、问题的表述、问卷的版式风格等;主题专家则侧重于调查所涉及的相关领域,对问卷内容进行评估。由专家从各自角度对问卷中的技术和内容进行检查,提出一些具体的意见和建议。

被调查者试用,其具体方法是,将设计好的问卷初稿打印几十份,然后在正式调查的总体中选择一个小样本来进行试用。理想的试调查,通常由有调查实施经验的访问员对调查目标进行调查。通过实地调查,发现正式调查时可能遇到和会出现的问题,比如对问题理解发生歧义或误解的地方,逻辑不连贯的地方。这种预先测试对问卷起到了客观检查的作用。根据试用的结果,研究者通常可对下述方面进行检查和分析。

(1)回收率

从某种意义上,回收率可看成对问卷设计的总的评价。如果回收率较低,低于 60%,

说明问卷设计有较大问题,有必要作较大修改。

(2)有效回收率

即除掉各种废卷后的回收率。它比一般的回收率更能反映问卷本身的质量。如果某一问卷的回收率较高,如80%,但其中一半没填,明显乱填乱写的、个人所有背景资料都未填的问卷占30%,仍说明问卷设计存在较大问题。

(3)对填答不完全的分析

填答不完全的情形主要有两种,要酌情分析。如果问卷中有几个问题普遍未被回答,那么就要仔细检查这几个问题,分析出大部分被调查者未填答的原因。如果是从某一个问题开始,后面部分的问答都未填答,一定要找出中断的原因,是前半部分的问题太难回答,或太花费时间,导致被调查者不愿填写下去,还是中断部分前后几个问题难以回答,使回答者放弃继续填写?

(4)对填答错误的分析

填写错误也有两种。如果是所答非所问,则可能是对问题的含义不理解或误解造成的,因此要仔细检查问题的语言是否明确、具体;如果是填写形式上的错误,则有可能是问题形式过于复杂,或者指导语不清楚造成的。

在实际舆论调查研究中,除了某些小型问卷调查仅仅采用主观评价的方法外,大部分问卷调查往往采用客观检验法,还有一些调查同时采用两种方法进行试用。

二、具体方法

完整的调查问卷并不是随意编制和堆砌在一起的,事实上,每一个问题都是精心设计的,每一个问题都应当与调查目的相连。当然,问卷的形式是多种多样的,根据调查目的和收集具体信息的需要,可以采用不同类型的设计。

1. 不同题型的问题

一般来说,根据答案设计方式的不同,调查问卷中的问题主要类型有:

(1)自由回答式问题

调查者只提出问题,不提供任何具体答案的提问方式。它适用于答案太多或无法限定答案范围的问题。比如:

　　如果条件允许,您最想去哪个国家旅行?

(2)填答式问题

通常,对被访者来说既容易回答,而且方便填写的问题(只需填写数字),可采用填答式。例:

　　1.您的年龄:_____岁。

　　2.您阅读本报通常花费时间:_____分钟(超过1小时的,请将小时数折合为分钟)。

(3)两项选项式问题

赞否性问题,二者必居其一。这种问句让被访者在两种非此即彼的答案中选择一个,适用于互相排斥的二择一式的定类问题。比如:

1.您是否住在本市? 是□ 否□

2.您是否听说过某报? 是□ 否□

(4)多项选择式问题

即列出多种答案,由被访者自由选择的提问方式,适用于有几种互不排斥的答案的定类问题。在几种答案中,可以规定选择其中一项,也可以规定选择其中的几项。限选一项,往往强调答案的价值分量和比例意义,而不是数量多少的意义;答案不限选项数目,更强调答案本身的意义和实际拥有的数量比例。例:

您认为对外开放的步伐应该加快还是放慢?(只选一项)
□ 1.加快步伐,适应新的形势
□ 2.保持原有步伐,巩固现有成果
□ 3.放慢步伐,消除不良影响

中共十三大提出:"重大问题经人民讨论。"您认为哪些问题适宜通过新闻媒介提供的园地让人民公开讨论?(选项多少不限)
□ 1.国家的根本制度、宪法
□ 2.基本国策、重要的政策法规
□ 3.具体的政策、规定
□ 4.重要的政治、经济、外交和社会问题
□ 5.重要的人事调整
□ 6.其他(请注明)_____

您认为我国目前迫切需要解决的主要问题是什么?(最多选 5 项)

01□ 健全法制	09□ 党风和社会风气
02□ 生态平衡与环境保护	10□ 市场供应与物价
03□ 控制人口	11□ 对外关系
04□ 经济建设	12□ 国防建设
05□ 政治体制改革	13□ 社会治安
06□ 经济体制改革	14□ 社会福利与社会保障
07□ 民族与宗教	15□ 祖国统一
08□ 科教文卫事业的发展	16□ 其他

(5)排序式问题

即列出多种答案,被访者在自主判断的基础上,按照先后或主次顺序排列答案的提问方式。它适合于要表示某种先后次序或轻重缓急的定序问题。比如:

在阅读了本期刊登的文章后,您觉得自己最喜欢其中哪篇文章?﹝请最多选出三篇您最喜欢的文章,并将文章的标号(在本期目录页上)依次填入下面的括号内﹞

1.最喜欢(　　);2.其次(　　);3.再次(　　)。

以下列举了人们对新闻改革的各种想法和期望,您认为其中哪些应该作为两三年内新闻改革所要实现的目标?哪些应该作为四五年内所要实现的目标?哪些应该作为六至十年内所要实现的目标?请您将您的选项的标号(或01或02……20),按主次顺序分别写在ABC各题所设的相应的括号中:

01.扩大新闻单位的自主权,增强自身活力;

02.在新闻事业的宏观管理方面实行党政分开;

03.制定新闻法,从人治向法治过渡;

04.摒弃传统的新闻理论中过时的内容,更新新闻观念;

05.建设多样化的报业体系,允许创办社会主义性质的各类报纸;

06.贯彻新闻工作要更加开放的方针,提高对党务政务报道的透明度;

07.使新闻工具成为社会协商对话的重要渠道;

08.充分发挥新闻工具的舆论监督作用,搞好批评报道;

09.加强新闻职业道德教育,克服新闻界的不正之风;

10.克服新闻单位的行政化倾向,按新闻自身规律办新闻事业;

11.新闻单位完全实行企业化管理;

12.新闻单位大力开展多种经营,提倡自我完善;

13.改善新闻工作者的物质生活待遇(增加收入、改善住房条件等);

14.改进新闻单位的领导作风和方式,实行民主管理;

15.办出本报(台)的特色,赢得更多的读者(听众、观众),提高本单位的声誉;

16.提供更好的用人条件,使新闻工作者有充分发挥自己才华和能力的机会;

17.改进宣传方式,增强宣传效果,使党和政府的方针政策入耳入脑;

18.加强专业培训,提高队伍的业务素质;

19.改革新闻单位的内部体制和组织机构;

20.其他(请注明)＿＿＿＿＿＿＿＿＿

请回答新闻改革应该实现的目标分别是(每个括号内只填一个标号)

A.两三年内：　第一(　　)第二(　　)
　　　　　　　第三(　　)第四(　　)
B.四五年内：　第一(　　)第二(　　)
　　　　　　　第三(　　)第四(　　)
C.六至十年内：第一(　　)第二(　　)
　　　　　　　第三(　　)第四(　　)

（6）坐标式问题

它是用一个比较简单的格式将答案的程度标示出来，适用于要表示意见、态度、评价等级或强烈程度的定序问题，使等级式排列的问题变成有方向感的坐标。例如：

请您对目前社会生活中人际交往的特点给予评价：（请根据您的观察和感受逐项在相应的数字上方的双竖线处画圈，其中，正数越大，表示您对左边的评价语越肯定；负数越大，表示您对右边的评价语越肯定；"0"表示既不肯定左边的评价，也不肯定右边的评价）

A. 真诚‖——‖—‖——‖—‖—‖——‖虚伪
　　　 +3　 +2　 +1　 0　 -1　 -2　 -3

B. 热情‖——‖—‖——‖—‖—‖——‖冷漠
　　　 +3　 +2　 +1　 0　 -1　 -2　 -3

C. 重情义‖——‖—‖——‖—‖—‖——‖图实利
　　　　 +3　 +2　 +1　 0　 -1　 -2　 -3

D. 友善和谐‖——‖—‖——‖—‖—‖——‖充满敌意
　　　　　 +3　 +2　 +1　 0　 -1　 -2　 -3

E. 先人后己‖——‖—‖——‖—‖—‖——‖自私自利
　　　　　 +3　 +2　 +1　 0　 -1　 -2　 -3

（7）矩阵式问题

即将同类的几组答案排列成一个矩阵，由被访者对比着回答问题的提问方式。适用于同类问题、同类回管方式的提问。例：

您觉得下列环境问题在您居住的城市里是否严重？（在每一行的适当方框中打"√"）

	很严重	比较严重	不太严重	不严重	不知道
①噪声	□	□	□	□	□
②烟尘	□	□	□	□	□
③污水	□	□	□	□	□
④垃圾	□	□	□	□	□
⑤有害物质	□	□	□	□	□

把同类问题放在一起提问，这样可以节省版面，使问卷结构紧凑，在所有评价方面，被访者头脑中也有一个结构性比较强的框架。

（8）相倚问题

在设计问卷时，常常有这样一种情况，即有的问题只适用于一部分被访者，而一个被访者是否需要回答这个问题，则要视其对前面某个问题的回答结果而定。这样的问题，被称为相倚问题，前面需要回答的问题叫过滤问题或筛选问题。相倚问题的基本格式如下例：

您是教师吗?

①是→ ┌─────────────────────────────┐
②否   │ 请问,您从事教师职业有多长时间了? ____年 │
      │ 一般情况下,您每天睡眠有几个小时? ____小时 │
      └─────────────────────────────┘

如果问卷中还需要有更复杂的相倚问题,按照上述基本格式,可以设计多层相倚问题。例:

您有孩子吗?

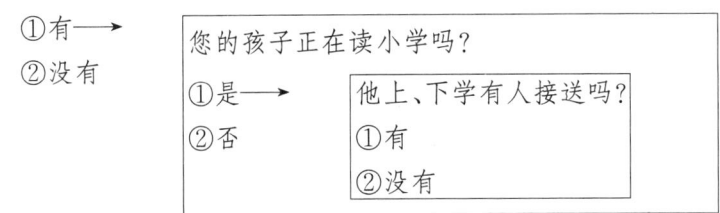

也有的时候,连续几个问题都适合一部分人回答。此时,可采用跳答指示。例:

您是否读过该报纸?

①是

②否——请跳过问题 3 至问题 5,直接从问题 8 答起

相倚问题好处在于,可以将问题问得更深入,但在编码时容易遗漏,由于要区别"无回答"与"不适用",常令编码较复杂。

当然,问卷的具体题型,还有针对儿童设计的,可以采用符合儿童心理的图示式问题,或者某种具体场景下的情境化提问等。总之,问卷的具体问题题型很多,并且随着调查实践的进展,人们不断发展和完善新的题型,从而为研究者提供了越来越多收集信息的工具。

2. 关于答案的编码设计

每个问题的答案选项,由于要进行计算机的编码,都要对选项进行编码设计。

一般来说,编码设计就是按照数字逻辑来进行编码,每一种选项情况只有唯一的、互不重复的编码,而且遵循一定的逻辑。

比如说关于文化程度,假定编码为:

1. 文盲   2. 小学   3. 初中   4. 高中

而不能是:

1. 文盲   5. 小学   2. 初中   3. 大学

如果按照一个特殊的逻辑顺序来编码,虽然也可以进行数据处理,但是不符合惯常的逻辑,人们看着会很不舒服。有时被调查者由于各种具体情况,或者出于敏感,或者觉得这个项目列出的几种情况都不适合自己,该填的选项没有填,那么未填项该如何编码?

一般来说,如果问题答案的子选项没有达到 9,一般用 9 来填未填项;如果是双位数,一般用 99 代表未填项。如果有 9 项,一般就用 0 来代表未填项;如果是双位数,就用 00 来代表未填项。这是在编码时的一个约定。编码相对来说不是一个特别复杂的事。

一份成功的问卷设计,固然应该力求达到将所要调查的问题明确地传达给被访者,以期获得真实、准确的答案。但考虑到被访者的社会背景、心理特征和理解能力等因素,问卷设计要遵循一般原则,即问题总量应以被访者能在 20～30 分钟以内答完为宜,最多不应超过 45 分钟。问题排列的顺序应该是:一般性的问题在前,特殊性的问题在后;易答的问题在前,难答的问题在后;熟悉的问题在前,陌生的问题在后;封闭式的问题在前,开放式的问题在后;"暖身"的问题在前,敏感的问题在后。问卷的措辞应力求具体、简洁、准确、易懂,并在表述上中立、客观,避免产生诱导效应。对于敏感性问题的发问方式应采用模糊法、假定法、转移法、释疑法、委婉法等,以尽量降低问题的表面敏感度。

思考题

1.什么是调查问卷? 由哪几部分组成。

2.调查问卷中的说明语的基本作用是什么? 以某一调查为例,试拟定一份调查问卷说明语。

3.在实际的调查实践过程中,有哪几种身份相对来说能够获得被访者某种程度的信任? 为什么?

4.为什么在交代目的时,通常比实际的研究目的说得更宽泛一些?

5.为激发被访者参与调查的社会责任心,具体可以把握哪几点?

6.试比较封闭式问题与开放式问题的优缺点,并举例说明。

7.试析个人基本资料在调查当中有何作用。

8.简述问卷设计的具体步骤和方法,试拟调查课题并进行问卷设计。

第十一章　调查实施与调查报告的撰写

要点提示

- 访问员是研究者与调查对象的中介,又是调查的直接实施者。
- 督导工作是调查实施过程中的管理环节。
- 入户调查时主要注意:选择适当的介入时间和方式,把握谈话的方向和要点,排除外界干扰,并适时发放礼品。
- 调查报告在内容形式上可分为三个组成部分:导言部分、主体部分和附录部分。

　　舆论调查的终极目的是采集民意、了解民意。为了使获取的民意更客观、更真实,舆论调查采取了科学的方法和规范的程序,舆论调查的整个过程也是由众多环节构成的。

　　从提出调查研究的题目、分析相关问题的情况到设计问卷,这仅仅是整个调查的前期工作,接下来,要应用设计好的问卷进行调查信息的收集,然后才能就调查中得来的信息进行分析、处理,并在此基础上写出调查报告。

第一节　调查实施

　　虽然问卷法作为收集信息的方式有其独特的优势,但问卷法毕竟仅仅是一份设计好的表格而已,即使是一份设计优良的调查问卷,并不能保证一定获取充足、有效的信息,关键还要看调查实施情况如何。

　　比如,调查问卷分为自填式问卷与访问式问卷两种。这两种方法相比较,一般来说,访问式问卷的回收率、填答完整率、可信度都高于自填式问卷。原因是什么? 对于前者,被访者面对的是问卷;而对于后者,被访者面对的是访问员。可以说,访问员的有无对调查能否取得成功有重要的作用。访问员是研究者与调查对象的中介,同时,访问员又是调查的直接实施者。访问员与被访者的直接接触,不仅能保证回收率,也使调查的可信度提高,增强了被访者对调查的合作心理。

一、访问员的素质要求

　　当然,不同的访问员在具体调查的实施中,其效果也是截然不同的。一个毫无经验,又没有专门训练的访问员,有可能无法应对调查过程中出现的问题,也有可能因言语或行为的不当造成与被访者之间的沟通不畅,进而影响问卷的填答;而一位经验丰富的访问员则不仅能熟练地对问卷进行解释,而且能运用一定的调查技巧短时间获得被访者的好感,使其以积极合作的态度填答问卷,从而获取有效信息甚至是不容易收集到的信息。

正因为访问员之于调查实施的重要性,那么,无疑对访问员自身基本条件和素质也提出了一定的要求。

1. 基本条件

(1)性别

从性别来说,往往女性访问员比男性访问员更有优势。由于问卷调查是在陌生人之间进行的一个面对面的互动过程,因此,被访者潜意识里会有一种戒备心理。而相对来说,女性不给人威胁感,更容易使被访者放松、接受调查,并较快地进入填答状态。又由于调查工作本身是一件烦琐的工作,需要耐心和细心,女性比男性更适合做调查工作。

(2)年龄

虽然在调查实施中,对访问员的年龄没有明确的要求,但实践证明,人们更愿意接受年龄相仿的人的调查。比如年轻人访问年轻人,年龄大的人更愿意接受年龄大的人的访问。但在实际访问员的选择上,基本上还是倾向于18~30岁的年轻人。之所以如此,主要基于两方面的考虑。一方面,调查实施是一项很辛苦的工作,并且有严格的进度要求,工作本身要求访问员具备良好的体力和充沛的精力,以保证调查顺利、及时完成;另一方面,每一次调查涉及的领域都会有所不同,为了使访问员能尽快进入角色,就对访问员吸收新知识的能力提出了要求,而年轻人在对新鲜事物的接受能力上显然要优于年纪大的人。

(3)文化程度

文化程度对访问的重要性主要体现在,文化程度高的访问员往往在理解问卷方面、在语言表达方面更有优势。事实上,文化程度高的访问员不仅在问问题方面造成的差异小,而且能将访问技巧运用到实践中去。可以说,文化水平之于访问员,应该是不厌其高,越高越好。有时,文化程度高的访问员不仅能及时发现调查中的问题,还能针对具体情况提出一些建设性的意见。

除了这些基本条件之外,还要考虑到访问员的形象、表达能力等其他因素。就访问员的形象来说,衣冠不整、不拘小节固然不行,但浓妆艳抹、奇装异服也不妥当,应当服饰整洁、朴素大方,避免因形象、服饰造成不必要的心理隔阂,甚至造成拒访的发生。要尽量以整洁、谦虚、和善的形象赢得被访者的欢迎。就表达能力来说,如果语言交流有困难,容易造成沟通障碍,因此,访问员一定要口齿清晰地、准确地解答被访者的提问,赢得被访者的信任,进而引导其如实地填答问题。如果在方言地区进行调查,最好聘请当地人做调查。当然,言语能力的运用要有一定的尺度。对于一些语言表达能力强的访问员,一方面不能滔滔不绝与被访者无限制地交谈,另一方面要避免将自己的主观意志强加于被访者,使被访者在接受某种暗示的情况下作答。

2. 基本素质

除了个人的基本条件之外,调查实施对访问员的品质也提出了要求,或者说是调查工作所必备的素质。

(1)诚实的品格

调查分析一定要建立在真实、可靠的信息基础之上,由此得来的研究结果才是有价值的。如果在调查中,访问员收集到的信息不真实,不仅会使研究遭受损失,而且容易误导应用实践的策略。

在实际调查过程中,常常会有这样的情况发生,有时访问员为了严格地保证调查的进度,不致因自己而耽误整个调查活动安排,在调查过程中没有严格地按照调查的规范行事,以至于简化调查程序,虽然其主观愿望是好的,但是收集的信息缺乏可靠性。还有一种情况纯属访问员个人品质不佳,出现不诚实的行为。有的访问员为了降低调查成本偷工减料,根本就没有进行访问,相当多的问卷随便找人填,或者全是自己填写。这种只为了赚钱的极端不负责任的做法,纯属弄虚作假。诚实的访问员收集的信息才是有用的、可信的。不诚实行为,不仅会影响到一个调查项目,在某些情况下,可以使一个人或一个调查机构在市场上一次性地丧失商业信誉,带来无法弥补的后果。

所以,访问员在市场调查过程中,必须如实地、客观地反映被访者的情况以及在调查过程中发生的其他一切情况。由此,访问员的首要品格是诚实。

(2)保密的意识

一般来说,大部分市场调查中都有相当多的内容是了解被访者的经济状况,有时,也会因研究主题的需要涉及被访者的私人生活,甚至是一些隐私性极强的问题。当问到这些问题的时候,被访者可能立即变得十分警觉,有时甚至不愿配合。访问员应该充分地尊重被访者的隐私,这是访问员的职业道德。只有坚持保密的原则,才能赢得被访者的信任,才能给调查业树立良好的声誉。

(3)细心的作风

访问员细心的第一个方面,表现在问卷填答的完整上。在调查实施过程中,在不同的场合下访问、填答问卷,有时候难免被各种各样的外来干扰打断,有可能会发生漏答现象,这就需要访问员细心检查、及时发现、及时补答,避免不必要的失误发生。第二个方面,表现在问卷填答前后有严格的逻辑性。有时候,由于被访者在心理上有所顾忌,有些问题填答得不客观、不真实,有可能造成问卷结果中前后矛盾、逻辑不相关。访问员如果细心的话,前后对照就会发现这些矛盾之处,针对疑问之处,反复追问得到解释,或是追问出真实的答案。

当然,细心是建立在耐心的基础之上的。有时候问卷很长,问题相当琐碎,访问员应该耐心地按顺序将所有的问题逐一问到;也有的时候,被访者因为文化程度较低,不理解题意,访问员需要花费很大的工夫才能解释清楚,这都需要访问员耐心解答。总之,细心和耐心的工作作风,不仅有利于调查实施的顺利进行,也有助于调查质量的提高。

(4)开朗的性格

通常情况下,和陌生人打交道并不是一件容易的事情,何况拿着一份调查问卷,更容易让被访者产生戒备的心理。但如果访问员性格开朗、随和、易接近,被访者也会随之而变得轻松起来,因此,开朗的性格首先表现在能很快适应被访者,双方能在短时间之内建立起融洽的谈话关系。其次,开朗的性格还表现在遭遇困难之后,克服畏难心理,能很快地调整自己的情绪继续下面的调查。

开朗的性格是以信心为基础的,也可以说,信心是访问员顺利圆满完成调查的原动力之一。如果访问员工作缺乏信心,就会降低被访者对访问员的信任程度。试想,一个访问员自己从开始就缺乏信心,心里没底,总担心被拒绝,调查对象也难免敷衍了事,使调查草草收场,效果甚微。有信心的访问员,随时都能保持乐观、开放的心态,创造出和谐的谈话环境,随着经验的积累,调查质量会越来越高。

二、访问员的培训

由于调查实施本身对访问员有特定的素质要求,所以在招聘和选拔访问员时也是以上述的素质要求为准绳。有些素质,可以通过与应聘者交谈来考察;但也有些素质,如细心、耐心等,是不能够直接看出来的,这时就需要采用一些具体、有效的测量方法,比如心理学上用的人格量表,心理健康程度的综合测评量表等,以达到考核访问员的目的。

经验证明,访问员适合在大学生群体和离退休中小学教师群体中招聘,因为这两个群体成员担当访问员相对来说有许多优势,比如大学生整体素质较高,便于召集和集中培训;离退休中小学教师在身体素质方面虽不能和年轻人相比,但其文化素质决定了他们有耐性、有涵养,能够很好地和别人交往,很好地和调查对象沟通,容易给人安全感。

但是无论从哪个群体中招聘,对于每一项调查来说,访问员都应该对该项调查的每个环节了解得十分清楚,譬如调查的设计思想、意图,问卷的结构关系、逻辑关系和内容等,那么,访问员的培训是不可缺少的环节。通过培训,访问员不仅可以掌握实施调查的基本知识,还可以从培训员的调查实战中学得工作经验。一般来说,培训工作主要有这样几方面的内容。

1. 熟悉调查程序

(1)对调查概况的介绍

其一,对于被访者的总体情况的介绍。如果对被访者有预先的了解,访问员就会有心理准备,认真考虑好采用什么样的方式、什么样的语言风格和他们进行交谈。因此,尽早在访问员头脑中形成对被访者的印象,有利于调查的实施准备。

其二,调查的时间要求及劳务报酬的介绍。必须明确调查的起止时间,要求访问员必须在规定的时间内完成所有的访问;关于劳务报酬,在培训开始就要与访问员提前商议好,对于每一份问卷的劳务报酬、交通费用、误餐补贴等都要有明确的规定。

其三,对问卷填答的质量提出要求。因为问卷填答的质量是关系到整个调查成败的一个重要因素,因此,在培训中一定要明确问卷填答的质量要求,概括起来就是:真实、完整,这两点是问卷填答质量的灵魂。

(2)抽样的介绍

抽样的科学、正确与否都会直接影响调查结果的准确性与代表性。考察访问员的工作是否严谨,关键应考察他是否忠实于抽样方案和原则,其工作是否维护了样本的随机性。因此,访问员有必要对调查的抽样有清晰的了解。

一方面,访问员在头脑中一定要有对样本和总体关系的清楚的认识,明确在样本足够的情况下,样本反映的统计结果可以推论到总体。另一方面,理解随机性的原则。所谓随机性,就是指在总体中抽取个体作为样本的过程中,每一个个体都有相同的被选中的可能性。那么,访问员在调查时一定要忠实于随机抽样,保证抽样的随机性,不能随便改变样本,如居民组、地点及明确的被调查对象等。

除了抽样知识外,访问员还应了解与问卷调查有关的统计知识或术语,如调查研究的信度、效度、问卷回收率、有效回收率等。

(3)熟悉问卷

熟悉问卷是对访问员工作的最基本的要求。一个对问卷十分熟悉的访问员在访问过程中不会出现疏漏,也可以节省访问时间。

首先,培训员要让访问员熟悉问卷的结构及每部分的作用。具体如问卷的说明语、指导语、问题、选项、编码框、结束语等,培训员都要向访问员解释清楚。尤其关于问卷封面上调查问卷的编号、时间、地点、被访者的情况记录,不要以为这部分内容与问卷内容关系不大,可填可不填,其实不然,访问员必须认真填写。

其次,在熟悉问卷的过程中,涉及开放性问题,培训员要将相应的访问技巧告诉访问员。开放性问题与封闭性问题不同之处在于,它没有一个限定好的答案范围供被访者选择,被访者在回答问题时随意性很大。当然,被访者的随意性大也有好处,即可以更深刻地反映出自己的想法。但正因为被访者的随意性大,也给访问员记录带来了一定的灵活度,由此,实际上是给访问员的记录提出了一定的要求,即在开放性问题的访问中,访问员一定要如实记录,不能自作主张进行归纳或改写。如果回答不明晰,只能通过追问来获取更多、更准确的信息。

最后,在熟悉问卷的基础上,访问员还要理解问卷,清楚地把握其结构和逻辑线索。访问员在此前提下,一是可以提高调查效率,节省自己和调查对象的时间;二是能够依据对问卷结构和逻辑线索的把握,自动地对问卷前后内容进行对照,及时发现填答的矛盾之处,及时进行纠正;三是能对调查对象的问题快速响应,并给予清晰、准确的答复;同时,对于新问题、新情况的出现,能够独立地进行准确处理。

2. 调查技巧的训练

(1)如何进行发问

发问技巧在访问技巧中十分重要,尤其是涉及被访者敏感的问题,诸如被访者的经济问题、个人婚姻问题、家庭问题以及政治敏感性问题等。这时候,访问员对发问的技巧要使用得当。

一方面,顾及被访者的填答环境。比如在有其他人在场的环境,问被访者的月收入,访问员要讲究技巧,可以将问卷递到被访者面前,让被访者没有顾虑地填答出真实的信息。

另一方面,检验填答结果。对于涉及经济收入的问题,最普遍的是有关月收入的问题,一般人都有少报的倾向,访问员可以用发问的方式进行检验。具体做法是,访问员在询问被访者的月收入后,不要立即追问,而是经过一段对其他事情的询问,再不经意间提及收入的问题："您每月的支出大约有多少钱?""还剩多少?"如果得到的答案前后一致,说明情况是真实的;如果前后有出入,则有必要进行追问。

(2)如何进行追问

在访问过程中,访问员所得到的信息有时不够明确,访问员有必要采用引导的办法来获取更多、更准确的信息,这就是所谓的追问。无论是开放性问题,还是封闭性问题,都存在需要追问的情况。

在封闭性问题中,问卷上的备选项限制性极强,但有时被访者回答问题的范围很宽泛,其回答可能与问题的选项根本不沾边儿,这时,就需要访问员进行追问,直至被访者回答到"正题"为止。在开放性问题中,追问尤其重要,最好的追问方法就是沉默。沉默可以让被访者觉得自己回答得不完备,从而会继续说下去。开放式问题中的另外一种追问方法是,多问"还有呢?"被访者在听到访问员追切的询问后,一般都会尽可能全面地回答。

需要注意的是,在运用追问这一访问技巧时,访问员一定要坚持中立的原则,不能在追问中加入自己的倾向,诱导被访者的回答。

(3)如何处理拒访

拒访是在调查实施中经常发生的现象。有人说自己没有时间,有人是因为不愿自己的情况被陌生人知晓太多,还有人是因为没有自信等。由于人们拒绝接受访问的原因多种多样,所以,对于不同的拒访原因,访问员也要根据具体的情况采用不同的方法来处理。

因没有时间拒访有两种情况。一种情况是,被访者确实正在处理一件紧急且不能够被打断的事情,此时,访问员没有必要对被访者说明来意,只要在问卷上作出记录,改日再来完成访问即可。另一种情况是,被访者也许正忙着做家务,这时,访问员不能言语急迫,而应该耐心向被访者解释,这个调查不会占用您太多时间,大约多久就可以结束(可以适当少说些时间)。当然,访问员口头承诺的时间与访问真正需要的时间出入不能太大,以免耽误了被访者的事情。

对于那些不愿自己的情况被陌生人知晓太多的被访者,访问员应该对其讲明市场调查的目的及其科学性,并对被访者承诺保密。尤其对于"保密"原则,一定要反复强调,以消除被访者的疑惑。有时,被访者在听完访问员的解释后,仍不能理解,说:"那你去调查别的人家吧。"访问员有必要把抽样的意义对被访者讲清楚,使其相信,这是一次科学的调查,之所以选中他,是随机抽样的结果,如果去调查别人,就会破坏抽样方案,调查结果的价值就会大打折扣,等等。

对于因缺乏自信心而拒绝访问的人,访问员在与被访者谈话的过程中,一定要表现得十分亲切、有礼貌,让被访者首先感觉到备受尊重;同时,让被访者感觉到调查并不高深,关键是要表达个人的意见和看法。

在处理拒访问题时需要注意的是,如果被访者确实不愿受访,访问员要适可而止,不要使调查进程受影响。

三、入户调查

在入户调查之前,要制定出详细的调查计划。调查计划应该是分层次地规定好日程,分派好任务。

在时间安排上,一定要紧凑,尽量压缩在较短的时间内。首先,可以及时地反映信息;其次,可以避免发生更多的意外情况,延误调查;再者,也可以减少一些日常性开支。另外,调查要趁热打铁、一鼓作气,克服访问员的职业倦怠。有些调查显示,如果调查节奏比较慢,调查周期拖得很长,越到后来,访问员越容易滋生懈怠心理,工作热情也随之下降,问卷的错误率容易上升。

在任务分配上,一般是根据样本所在的地理区位和样本数量进行,尽量做到工作量大致均匀。要注意的是,有的样本虽然多,但相对集中在较小区域内,就可以节省好多时间;有的样本虽然少,但散布在较大区域内,任务量就很大。按照地理划分完毕后,就可以进行小组划分。划分时,各组的工作在地理上不要交叉。之后,各小组进一步分配工作任务。在时间进度上要尽量符合上一级计划;在任务分配上,确定每个人的工作区域,尽量使每个人的工作量大致相同。与此同时,调查组应该与有关部门和社区接洽,做好准备工作,相关的手续要在正式调查开始前办理完毕。

调查进入具体实施阶段,在入户调查时,访问员要注意以下几方面的内容。

1. 选择适当的介入时间和方式

一般来说,调查实施根据民意测验规模的大小,可以有两种不同的具体实施方式。一种是要进行大规模的民意测验,一般采取大众传媒广告的方式,即在电视或者报刊上以广告的方式进行预先的公告。告知公众我们要进行什么样的调查,甚至包括访问员的形象、服装和卡牌号,都通过电视广告直接展示给社会公众,以便在调查时,公众给予积极配合。另一种是进行事先约定。调查组先给被访者发一封信或者一张明信片,说明我们即将进行一次什么样的调查,以科学抽样的方式选定您为被访者之一,大致在下个星期某一天来访问,如果这一天不方便,可另约时间。告知联系电话、联系人以及网络地址,既方便联络,也可以增加被访者的安全感。

通常,要进入一个家庭进行调查访问的陌生人并不受欢迎,因此,在调查的最初介入阶段,要多从被访者的角度考虑问题,选取适当的介入时间和方式,为建立融洽的谈话气氛奠定良好的基础。

在介入时间上,应当为被访者的便利着想。具体到每一天,一般应避免午休时间,或是一日三餐的时间。在介入方式上,为了预先赢得被访者的信任,访问员可以先与居委会取得联系,在居委会的协调和帮助下入户访问。当访问员敲开被访者的家门时,访问员应该有礼貌地将介绍信及证件递给开门人,然后说明自己的身份与来意。如果被访者仍心存顾虑、不肯接受调查,访问员则需耐心地解释,如"我们是通过科学的抽样方法,选中您作为调查对象,如果随便更换,就会破坏整个调查的科学性,还是希望您能配合我们的工作,如果您今天确实不方便,我们可以另约时间完成这个调查,您看……""我们只是请您作为调查对象的一个代表来谈一谈您的意见和看法,而且,我们会对调查结果严格保密"。

在介入过程中,访问员尽量用通俗易懂的语言、亲切谦和态度接近被访者,并细心揣摩被访者的心情。要把握时机,获得被访者的理解和支持。遇到不愿接受调查的情况,既不要轻言放弃,也不能一味纠缠。无论被访者态度如何,访问员都要做到不卑不亢,保持良好的心态。

2. 把握谈话的方向和要点

为了保证有良好的调查效果,访问员被请进家门之后,一定要把握好谈话的主动权,避免使访谈流于散漫。比如,随着访谈的深入,被访者会逐渐放松,谈话气氛也逐渐活跃起来,被访者有可能会侃侃而谈。认真倾听被访者的意见,固然是访问员的工作需要,但在被访者不知不觉中偏离主题时,访问员应该保持理智,将谈话的方向扭转过来。需要注意的是,当被访者谈兴正浓时,一定要讲究技巧。比如,利用被访者谈话过程中的小问题,及时插话,首先肯定对方的诉说,然后以婉转但坚定的口气将话题转到正题上来。

再比如,由于被访者的认知能力、理解能力不同,对问题的回答也可能会出现较大的差异。认知、理解能力强的人,对问题的回答往往恰当、得体;而认知、理解能力弱的人,对问题的回答往往重点不突出,甚至所答非所问,遇到这种情况,访问员应当善于梳理被访者的陈述,从中提炼出被访者明确、真实的想法。

3. 排除外界干扰

由于面访不一定在相对封闭的环境下进行,就有可能受到外界因素的干扰。为了保证调查的质量,要尽量排除有可能影响被访者接受调查,全面、真实地反映有关情况的一切人为因素。

有时在访问现场,除了访问员与被访者外,还有其他人在场。如果其他人插话太多,会影响到被访者对主观性较强的问题的回答;也有可能由于其他人的存在,被访者出于某种顾虑没有诚实作答。

比如,我们到一个单位去调查时,单位的党委书记在旁边,对人们表达真实意见恐怕是有干扰的,可以把他请出来说:"书记,我还有更重要的事情要跟您谈,咱们到办公室。"访问员得把这些干扰人们正常表达的外在因素、可能导致被访者言不由衷的因素,尽可能地控制到最低限度,以使人们能真实地表达自己的意愿。如果是入户调查,访问员应主动建议被访者在一个相对封闭的空间接受调查;如果没有合适的地方,访问员就要注意谈话的技巧,对于某些话题要委婉一些。

4. 适时发放礼品

为表示对被访者积极配合调查的谢意,调查组织者会为每位被访者准备一份精美的小礼品。访问员结束访问时,将小礼品送给被访者,以示谢意。但有时,为了发挥小礼品对调查的积极作用,也可以适时发放。比如,对于不情愿接受调查的被访者,在开始阶段就派发小礼品,效果会更好。再比如,有的问卷比较复杂,当访问员发现被访者疲劳时,应建议稍事休息,同时送上一份小礼品,也能很好地调节气氛。

四、调查督导

调查过程中,对调查的管理状况关系到调查的质量和进度。因此,督导工作作为调查实施过程中的管理环节,必不可少。调查实施应始终处于严密的组织和监控之下。

1. 关于督导工作

由于访问员大部分是兼职的,个体自由性较大,不受系统的约束,为了使调查实施工作更有章法,就必须将访问员有效地组织起来,加以管理督导,做好以下两方面的工作:

一是控制调查进度。一般调查工作都有期限要求,即调查必须在一个相对比较固定的时间内完成,否则时间拖得太长,超过了调查期限,不仅会影响其他调查活动,关键是调查结果的价值就会降低。因此,督导员应该提前考虑各种可能出现的因素,防患于未然。严格遵守工作时间,密切监督调查进度,控制调查进程。如果时间紧张,要及时带领访问员加班加点,按时完成工作。

二是保证调查质量。质量是调查的生命,必须严把质量关。无论调查统计手段如何精密高级,问卷设计如何完美无缺,错误的信息都在所难免。访问员在实地调查中遇到问题和困难后,督导员帮助分析产生问题的原因,对于一些调查技术问题,可以进行辅导和培训。在复核勘误过程中,督导员应该注意搜索访问员在问卷调查中的系统偏差,即由于理解错误形成的规律性错误,并及时给予讲解和纠正。由于任何收集来的错误信息、残缺信息,都只会对调查结果产生消极影响,因此,为严防错误和纰漏,质量检验应该由督导人员亲自进行,不能委托访问员自检,或者是访问员之间互检。一定要亲自动手逐份查阅,如发现问题,或安排回访,或将其视为废卷。

另外,调查进行过程中经费的使用和后勤工作,要由督导人员来统一管理和安排。

2. 对督导员的工作要求

在控制调查进度、监督调查质量上,督导员起着最直接的作用,因此,调查实施对督导员也提出了比较高的要求。

首先,督导员没有较高的技术和效率是很难完成工作的。他们在每个工作日当天要及时地检查、分析问卷,进行质量检验、勘误、逻辑检验,组织回访;在调查实施中对每个人的工作进行监控,能够对每个人的问题有准确的把握。可以说,督导员是较高层次的访问员,是培训访问员的有力助手。其次,督导员要对调查工作进行很好的统筹、组织。督导员上通下达,不仅是建立机构与访问员关系的中介,更是访问员的管理者。再次,督导人员必须有丰富的调查实施经验,最好有访问员的工作经验。因为担任过访问员的督导员,更能站在访问员的角度设身处地考虑问题,切身的实践经验会有利于督导工作的开展。最后,督导员要选派有强烈责任心的人担任,要有良好的体力,应该细心而且有耐性。

第二节　调查报告的撰写

进行民意调查所获得的结果,要以调查报告的形式反映出来,并作为研究成果提供给相关的社会公共管理部门,所以,调查报告撰写是否合理,决定着该调查项目是否能够提供有价值的信息和建议。如果调查报告质量粗劣,研究人员在花费了巨大人力、物力并组织实施调查后所取得的成果就会付之东流。只有精心写好调查报告,才能集中全面地展示整个调查研究的最后成果。撰写条理清晰、分析缜密的调查报告是舆论研究人员应当具备的基本能力。

一、调查报告的结构和内容

调查报告的结构和内容,往往因具体研究主题的不同而有所差异,但总体上来讲,可分为四个部分:导言部分、主体部分、讨论部分和附录部分。在此,我们将以我国新闻媒介亚运宣传效果的专题研究报告《亚运会宣传报道的"投入"与"产出"》为范例,进行结构和内容的详解。①

1. 导言部分

导言也称引言或绪论,是研究报告的第一部分,它主要说明三方面的内容。

(1)介绍研究的背景和目的

调查报告的开篇介绍所研究问题的性质和背景,即你所研究的问题是什么,你为什么选择这一问题作为研究对象,研究的重要性是什么。

例文:

> 1990年北京亚运会是中国人民社会生活中的一件大事,也是我国新闻界殚精竭虑、全力以赴地投入和参与的一件大事。关于第十一届亚运会的宣传报道,是我国新闻战线彻底以正面宣传为主的基本指导方针,面对复杂的社会心态和业已发生深刻变动的社会环境所首度展开的大规模宣传报道,也是对现实情况下我国新闻宣传工作的效果效能、运作机制的一次集中考验。
>
> 全面客观地认识和把握大规模宣传报道的实际社会效果,探求造成这种宣传效果的内在机理,总结在新时期各种社会因素发生深刻变动的情况下我国新闻宣传工作的经验与得失,不但对于推动和改进我国新闻宣传工作的现实运作具有极大的意义,而且对于我们把握我国新闻宣传工作的未来发展及进行相应的宏观决策也具有重要的参考价值。

为了使读者通过导言即能对整个研究一目了然,在导言中尽量少用专业术语,并且对特定问题的理论化陈述要一步一步揭示出来,不要把毫无思想准备的读者贸然拉进你的问

---

① 喻国明,刘夏阳.中国民意研究[M].北京:中国人民大学出版社,1993:181-197.

题或理论之中。

(2)简介本研究

简要介绍本次调查的相关问题。如本次调查的主题、起止时间、参加的单位、人员以及调查报告的名称。

例文：

> 有鉴于此,首都八大新闻单位和新闻舆论研究机构组成联合调查组,于1990年9月至11月在全国范围内分别进行了有关广播电视亚运宣传效果及社会心态、社会评价的九项不同专题、不同对象的系列抽样调查,以期对亚运会的整体社会效果有一个全面而深刻的认识和把握。本专题研究报告作为全部研究课题的组成部分之一,着重对我国新闻媒介亚运宣传的基本社会效果作出评估,并就其内在机理进行实证性分析,在此基础上提出我们对推动我国新闻工作未来发展的若干原则性建议。

(3)文献评论和研究方法

文献评论是对这一领域中已有的研究和结论进行总结和评论。在评论已有文献时,不必罗列评论,要寻找那些与自己的研究密切相关的部分,依此作出评论。从中比较出本研究与前人的研究有哪些不同,前人的研究存在哪些不足,本研究又有哪些新意。

例文：

> 以往的传播效果研究的一个基本缺陷,就是人们对传播效果的认识和把握多局限于受众方面的调查。这种单向度的考察虽然能够对某项传播所产生的实际效果作出现象学意义上的描述和把握,但对造成其"所以然"的原因分析和内在机理往往语焉不详,即使勉强为之,也多以猜度和假设为特征。

评价一个研究是否具有科学性、是否有价值,关键是要看研究者采用了什么方法、具体操作步骤又是怎样的。因此,方法的说明是研究报告中非常重要的一部分。方法部分主要明确调查者是如何做这项研究的。方法的说明通常包括：

①有关研究方式、研究设计的介绍

对于将要研究的问题,是采取哪一种方式进行研究的? 基本设计是什么? 不同的研究方式,常常由不同的资料收集方法和资料分析方法及特定的程序和技术所组成。如果采取定量统计调查,需要介绍调查的总体、样本,采用的调查方式(自填式问卷调查或是访问员登门访谈),调查工具,访问员培训以及资料回收等情况。

例文：

> (本研究)组织实施了广播电视亚运宣传效果调查,首都调查样本1200人,抽样总体为北京8个城区475万人;全国调查样本2910人,抽样总体为4.5亿人,均为12周岁以上的居民。调查采用国家统计部门提供的抽样方案,按照两阶段分层随机抽样、统一问卷、直接面访的方式进行,有效样本容量为3431人。经验定,本次调查的置信度在95%以上,最大抽样误差不超过±3%。根据研究

目的,这项调查的问卷设计着重突出了有关宣传效果的各项检测指标,全部问卷按照"个人基本情况——媒介接触情况——亚运事宜的参与状况——观念的认同状况——现状评价与期望"为结构进行编制,以求从体现传播效果的"认知、情感、意志和行为"等各个层面的结合上,多角度综合把握亚运宣传的实际社会效果。

②有关资料收集方法的介绍

由于资料是研究结论产生所依赖的基础,因此,在一份研究报告的方法部分,也都毫无例外地要详细说明研究资料的收集方法、过程和工具。

同时,要对研究的主要变量加以说明,包括主要变量是什么,变量的操作定义是什么,这些变量是用哪些指标来进行测量的。

例文:

> 宣传效果的衡量总是与宣传者所欲达到的目的联系在一起的,而所谓宣传目的,就其最一般的意义而言,无非是指宣传者通过自己的宣传使被宣传者发生宣传者所希望发生的某种转变,如果我们把这里所谓"转变"的内涵所指进一步操作化,我们便不难将宣传效果的评测指标分解为"认知——情感——意志——行为"四层次上所发生的宣传效应,即:
>
> 宣传者的宣传在认知层次上是否获得了被宣传者的注意和理解;
>
> 在情感层次上是否拉近了与被宣传者之间的心理距离;
>
> 在观念层次上是否与被宣传者达成了共识;
>
> 在行为层次上是否激发了被宣传者的积极参与。

③有关资料分析方法的说明

由于研究方式的不同、样本规模的不同、资料收集方法的不同等,使得每一项具体的研究所采取的分析方法也不尽相同。对于资料的处理、整理及分析过程也需要作一些说明。具体来说,资料是手工整理统计,还是利用计算机完成的? 如果是通过手工的方式,是由哪些人做了哪些统计;如果是计算机处理的,则要对所使用的计算机软件有所介绍,从而对资料输入的质量有所说明。

例文:

> 全部调查所获数据均采用当今国际著名的社会科学统计软件包 SPSS/PG 通过电子计算机进行分析处理,以适应本项研究对于数据处理的可靠性及深度分析的要求。本项研究对于数据资料的研究分析主要包括这样三部分内容:a. 数据的基本统计分析;b. 问卷的信度与效度分析;c. 数据的多元统计分析。由此,本项研究在对调查资料的利用和分析深度方面较之以往的传播效果研究迈进了一步。

2. 主体部分

报告的主体部分,也可以称之为研究结果或研究发现。在这部分中,对研究结果的

展示一般遵循这样几个原则:

(1)研究结果的表述顺序:从一般到具体

研究结果和发现的表达上,总的原则是先给出总体的、一般性的陈述,然后才是个别、具体细节的陈述,即分别讨论和表达各个分支的结果;在后面的讨论部分中则着重于研究整体结果的表达和讨论。不管是对整个研究结果的陈述,还是对各个部分结果的陈述,都适用这一原则。在对整个研究结果的陈述中,应该先给出主要的结果和发现,然后移到外围的结果;在对各个部分结果的陈述中,也应该先陈述基本的结果和发现,然后在必要的地方和细节上详尽地阐述或描述。

一是,从研究的最中心的结果开始。

例文:

> 亚运会闭幕以后,海内外舆论的赞誉颇多,我国公众对此的认同程度如何?本项研究的全国性抽样调查表明,我国居民中有95.4%,比亚运会前进行的同类调查的预测数增加了4.2个百分点。

二是,向读者提示调查者在报告的导论部分所提出的概念性问题,即对所研究问题的概念性陈述,是将读者从导言部分开始的、但中途被方法部分打断的有关研究问题的思路再次链接。

例文:

> 自从我国争取到第十一届亚运会主办权的那一天起,我国新闻媒介实际上就开始了漫长而盛大的亚运宣传战役。特别是从亚运会开幕前300天起,这种宣传报道更是在一个新的规模水平上密集地展开,其投入的版面之多、宣传声势之大,都堪称近年来所少有的。如此巨大的宣传力量的"投入",是否产出了它应有的社会效果呢?本项研究通过对有关调查数据的综合统计分析所得出的主要发现是……

(2)研究结果的论据说明:图示清晰,解释具体

在研究报告中展示详细、具体的证据和结果时,要对这些数字、图形、表格进行必要的说明和解释。其基本规则是,即使读者能通过阅读相关的文字说明和解释领略到主要结果,也要提供可查看并一目了然的图形或表格。因此,各种图表都必须具有清楚完整的标题,即使标题非常长,也是必要的。同时,在说明和解释的文字中,必须线索清晰地引导读者找出图表中的主要结果,而不是笼统地说出结论,然后期望读者自己去表格或图形中搜寻具体的证据和结果。

例文:

> 调查数据显示:在我国12岁以上的人口中(总体为4.5亿),有59.4%的居民购买了亚运会基金奖券,有32.2%的居民通过多种形式为亚运会捐款捐物,有8.3%的居民参加了有关亚运会的各项社会服务工作,如维护交通、加强治安、义务劳动等。

（3）研究结果的分论表述：平滑转折，及时小结

在对总体结论陈述之后，就转入分支结论，即对各个部分结果的陈述中。各个分论之间要尽可能用一种平滑的转折句连缀起来。在分论的表述上，要注意的是，在每一个分支结果的末尾部分，都应对该结果所处的位置作一简要的小结。不断地做小结，其目的是帮助读者不断地把到目前为止的这些信息储存在头脑中，而不必总回过头去查找陈述线索中的那些要点。

3. 讨论部分

对主体的研究结论陈述之后，还要用一般的术语来讨论这些结果，在此，要将这些结果同最初的研究设计的预期相联系。讨论都与导言部分密切相关，在导言部分所提出的某些中心问题可能会在讨论部分再次出现。

讨论部分也经常同结果部分相结合，但无论是哪种情况，讨论一般是研究者从研究中掌握了什么开始。一开头就以明确的陈述说明研究假设是否得到证实，或者明确地回答导言部分所提出的研究问题。

例文：

> 从整体上看，我国新闻媒介的亚运宣传是相当成功的。这种成功突出表现在：
>
> 它成功地将社会心理热点和人民群众的注意力集中到"迎亚运，作贡献"、投身社会主义现代化建设上来，为亚运会的举办乃至我国现代化事业建设在一种人心稳定、气氛和谐的局面中展开创造了良好的契机和氛围。

要注意的是，不要简单地再次解释和重复结果部分已经总结了的观点。每一句新的陈述都应该为读者理解这一问题带来一些新的东西。在讨论部分，研究报告应该讨论这样一些问题：从研究的结果中，能够得出什么样的推论？这些推论中，哪些同研究的数据资料结合得相当紧密？哪些在较抽象的层次上同理论更加相关？对于研究的结果来说，它的理论内涵和实践内涵又是什么？

另外，还可以讨论自己的研究可能存在的缺陷，讨论将自己的结论进行推广时必须具备的条件及所受到的限制。如果得到反面的或未料到的结果，不要用歪曲的意图将它们解释掉，而是如实地陈述和讨论它们。讨论部分还包括，对于研究仍未能回答的那些问题的讨论，对于在研究中新出现的问题的讨论等。

例文：

> 从局部上看，我国新闻媒介的"亚运模式"存在着某些较为严重的缺陷和不足，其问题主要表现在：
>
> 没有全面贯彻"以正面宣传为主"的基本指导方针，在实际的宣传报道中，成绩报道几乎成为取代一切的全部报道内容。这种情况严重地影响了我国新闻媒介在某些"负面"情况上对社会心理的必要引导和调控，在一定程度上等于把这方面的阵地拱手出让给海外新闻媒介。其次，它也在一定程度上影响了我国新闻媒介自身的信誉，扭曲了我国新闻宣传的实际形象。

……

还可以在此基础上,提出一些有助于解决这些问题的建议等。

例文:

> 从发展上看,我们建议:着手解决报道内容的构成上所存在的高纯度"一面宣传"的问题。当社会转入平稳发展时期以后,应特别注意报喜与报忧的问题。对于"反面"情况,应以有控制的积极报道为基本对策,不要为海外媒介留下"不战而胜"的空白地带。

……

讨论部分不宜写长,有些学者认为讨论部分的长度与研究结果的清晰度之间往往存在着一种负相关。在实际发表的研究报告中,相当一部分是以对进一步研究的建议来结束研究报告的。

在较短小的论文中或较简单的研究报告中,结果和讨论两部分常常结合在一起,作为"结果与讨论"的一个部分。但无论是结合成一个部分,还是将两者分成两个部分,研究结果都要伴随必要的探讨,而不能是纯粹的结果表述。

4. 参考文献及附录部分

在研究报告的结尾处,要将整个研究报告中所引用的所有著作和文章的目录列出,并用"注释"和"参考文献"作为标题将它们集中成一个单独的部分。

中文著作、译著的写法,其顺序依次是:作者名,书名,(译者名),(出版公司所在地名),出版公司名及出版年份。例:

> 刘建明:《基础舆论学》,中国人民大学出版社 1988 年版。
> 〔美〕李普曼:《舆论学》,林珊译,华夏出版社 1989 年。

在英文文献里,英文著作的书写顺序同上,但书名通常是用斜体字印刷的;文献中列出的英文文章名通常用引号,所发表的杂志名称通常用斜体字,以便和其他内容区别开来,其顺序依次是:作者名,文章名,杂志名,年份,期号,页码。例:

> Zhu, J. "Issue Competition and Attention Distraction: A Zero ——Sum Theory of Agenda Setting". *Journalism Quarterly*, 1992, 69, 203~210.

研究报告的附录中一般包括一些材料,比如:调查问卷、某些数据表格或者附加的数据分析。这些材料之所以被放在附录中,主要是其分量太大,不适于放在研究报告正文部分。这些资料和信息可以使那些有兴趣的读者去深入地探讨数据的细节,或者回答在报告正文部分由于省略某些内容而产生的某些疑问。由于专业杂志的篇幅有限,绝大部分杂志上发表的研究报告都没有这样的附录,但硕士论文、博士论文及学术专著通常包括这种附录。

二、分析报告写作的几点建议

从调查分析报告的结构上来讲,大体是分为导言部分、主体部分、讨论部分、参考文献及附录五部分,但在具体的写作过程中,由于研究主题和侧重点不同,具体的分析报告还是有所区别的。虽然每一份研究报告都不必拘泥于特定的格式,但在写作方式和技巧上,还是有共同之处,具体而言:

一是从报告的结构上来讲,为了使调查结果在表述中更有逻辑性、更能突出重点,在正式撰写报告之前先列出整个报告的大纲,尤其是各部分中的主要内容,这是一种非常有效的结构文章的方式。

二是从报告的内容来讲,在表述研究结果时,要准确清楚。准确是体现研究结果的科学性、严密性的关键因素;而清楚明白的叙述,则是表达研究发现的不可缺少的条件。

三是从报告的语言来讲,最主要的办法是尽可能使用简单的语言、少用专业术语。为了增强研究报告的可读性,可适当运用具体的例子来解释说明所涉及的专业性概念,以便使读者将自身经验和已有的认知联系起来。

思考题

1. 调查实施对访问员有哪些素质要求?

2. 调查培训工作主要有哪几方面的内容?

3. 在调查实施中,如何处理拒访?

4. 如何认识调查督导在调查实施过程中的作用? 哪些人更适合担当调查督导员的工作?

5. 调查报告在内容形式上可分为哪几个组成部分? 在行文中,需要注意的主要问题有哪些?

6. 自拟调查课题,在此基础上撰写调查报告。

第十二章　网络舆情采集、分析与研判

■ 要点提示

- 国内网络舆情的主要信息源有网站、论坛、微博和微信。
- 议题分析的维度包括议题"量"的分布情况和议题"质"的情感态度。
- 社会网络分析是研究舆论主体之间相互关系的一种方法。通过对舆论主体之间的关系模型进行描述,分析这些模型所蕴含的结构及其对其他舆论主体和整个群体的影响。
- 舆情研判是建立舆情分析的基础上,通过定性或定量的指标体系构建,科学把握舆情发展的概况,预测舆情走势。其中,舆情指数体系的构建是舆情研判的重中之重。
- 建立网络舆情指标体系的思路是:先从网站、微博等众多信息源中提取出舆情要素,然后建立网络舆情指标体系,最后设计网络舆情指数的计算方法。
- 完整的舆情监测系统不止包含信息采集,也包含信息处理、分析以及舆情的研判和预测。

　　网络舆情工作指的是有关部门或企业对网络舆情信息进行汇总、处理分析和研判,从而真实地反映媒体及公众对于特定事件的关注面、态度和情绪,形成舆情分析报告并提出合理的预测和建议,从而为决策者提供决策依据的一项工作。

　　网络舆情信息的采集,是指政府部门、企业等主体按照一定的程序和步骤,通过各种渠道,广泛获取、聚集舆情的过程。网络舆情信息的采集主要涉及从哪儿搜集、搜集什么、如何搜集等问题。它是网络舆论监测工作的基础性环节,在一定程度上影响了舆情监测工作的成效。因为如果没有舆情信息的采集,没有有效舆情信息的汇聚,后续舆情信息的处理、分析及研判也就无从说起。

第一节　网络舆情的信息源

　　互联网上的信息数量巨大,形式各异,要做好网络舆情监测和研判,第一步就是找准信息源。抓住网络舆情信息采集的主要渠道,做到去粗取精、去伪存真,从而快速准确地获取舆情信息。

根据技术的发展和日常舆情报告的撰写过程的适用频次,网络舆情信息源主要有以下几种。

一、网站

网站,是指在互联网上根据一定的规则,使用 HTML(标准通用标记语言下的一个应用)等工具制作的用于展示特定内容相关网页的集合。

互联网 Web1.0 的诞生,使得信息交流的方式发生颠覆性变化与创新,各类信息门户、网站、静态网页和 Web 文件呈现出爆发式增长。用户可以浏览大量的网络信息,信息交互单向传播,网络结构呈现集中式特点、技术呈现机械化和 HTML 的数据孤岛。Web1.0 时代,倡导以"门户"为核心的网络精英文化,网站正是这一时代的标志性代表。

目前,国内外存在各种网站,上面都聚集着大量信息。根据网站的用途分类,可分为门户网站(综合网站)、行业网站、娱乐网站等;根据网站的持有者分类,可分为个人网站、商业网站、政府网站、教育网站等;从舆情信息的采集角度来看,我们可以把网站分为新闻网站、机构网站和主题网站三类。

新闻网站指以经营新闻业务为主要生存手段的网站。在我国,新闻网站可分为两类:一类是国家或地方大型新闻门户。国家新闻网站如新华网、人民网等,地方新闻门户如长江网、大洋网等(政府网站的后缀为". gov",中国网站的后缀为". cn")。这些新闻网站依托自身资源,刊登本媒体或所依托的母媒采集制作的新闻,因此常常能掌握最新消息或独家消息,成为其他网站转发新闻的重要来源,是舆情信息采集的重要渠道。另一类是商业门户网站,如新浪网、腾讯网等(后缀为". com")。在我国,商业新闻网站没有采访权,因此,他们大多转载国家或地方大型新闻门户,在此基础上进行整合修改。除了以上两类,新闻网站还包括行业门户网站,如中国化工网等,他们是特定行业特定事件的舆情信息源。

机构网站指的是一些团体、组织、个人主办的网站,比如"中国红十字会""中国民间保钓联合会"等。机构网站也会转载一些与该机构组织相关的或该组织感兴趣的信息。

主题网站指的是以某一个或某一类主题、领域为主要内容的网站。这类网站主要刊登与网站主题相关的新闻、评论、论文等,并附设论坛。[①] 例如,"新闻与传播研究""国际新闻界"网站主要刊登新闻学、传播学等学术性文章;"中华复兴网""铁血网"等主要刊登中外关系、军事类文章。主题网站是特定主题事件的重要舆情信息源。

二、社交媒体

进入 Web2.0 时代,互联网开始倡导以"用户"为核心的交互模式,提倡信息共享和交流,注重网络的及时互动与信息互联。用户对于内容制作的参与能力大大增强,网络呈现分布式的网络结构,信息来源多元化,信息高度共享。[②]

---

① 郝晓伟. 网络舆情信息监测理论与实践[M]. 北京:国家行政学院出版社,2015:31.

② MARK N. Web 2.0/Lib 2.0:what is it? (If it's anything at all)[J]. Serials Review,2007,33(3):202-203.

1.论坛

Web2.0突破了Web1.0时代的精英主导、信息单向交流的限制,赋予普通用户同样的话语权。普通用户自我表达和自我展现的欲望空前强烈,因此,基于信息共建的论坛开始兴起。

论坛,一般就是大家口中常提的BBS(电子公告板),是互联网上的一种电子信息服务系统。它给网友提供了一块公共电子白板,每个用户都可以在上面发布信息,如提出问题、表达看法。论坛具有交互性强、内容丰富、方便快捷等特点,是人民讨论、交流的重要网络平台。

论坛根据其功能大致可分为两类:综合性论坛和专题性论坛。

综合性论坛就是指其论坛版块包含社会的方方面面,比如天涯社区、百度贴吧、知乎等。其信息丰富广泛,全国影响力大,能够吸引几乎全部网民来到论坛,也经常首发一些环境污染事件、官员贪污事件、食品安全事件等反映社情民意的信息。因此,要密切关注综合性论坛上的舆情信息。

> 以天涯社区为例,截至2013年,天涯社区每月覆盖品质用户超过2亿,注册用户超过8500万。多个论坛版块如"天涯杂谈""新闻众谈""经济论坛"等备受关注,用户活跃度和关注度极高。如2007年10月12日,陕西林业厅公布了猎人周正龙拍摄的华南虎照片。随后,照片真实性受到来自部分网友、华南虎专家和中科院专家等方面的质疑。天涯社区是第一个引爆这一话题的网络媒体,"天涯杂谈"版主"党指挥枪"成为这一事件中的"意见领袖"。同年11月8日,情感天地网友"亚马逊人鱼"发表了一个《天啦,这个转正了的小三超级狂啊》的帖子,披露小三事件,引发网友争议,很快形成论坛热点,大量媒体介入。最后此事被网友定性为"史上最彪悍小三",迅速蹿红网络,引发了关于小三伦理道德的网络争议热潮。除此,凯迪社区等论坛也常常首发一些社会热点事件。

专题性论坛是聚焦某一专题的网络讨论平台。比如,军事类论坛、情感倾诉类论坛、电脑爱好者论坛、动漫论坛、吉他论坛等。相对于综合性论坛,专题性论坛话题集中,适用于特定事件舆情信息的采集。

2.微博

Web2.0赋予普通用户话语权的同时,由于其技术限制也导致了网络信息泛滥、垃圾病毒成灾。Web3.0的出现则致力于消灭陷阱病毒,剔除垃圾信息,建立系统有序的网络世界。

在这一时期,网络应用强调个性化和网络个性文化,人人参与网络互动,网络呈现智能化的特征。随着用户自主创作的即时通讯软件的不断兴起,用户借助现代化、电子化的手段,向不特定的大多数或者特定的单个人传递规范性及非规范性信息,由此形成私人化、平民化的自媒体(也称个人媒体、公民媒体)。此时,中国移动4G技术走向成熟,用户可在移动设备上发布的信息形式愈加丰富多样。

微博,是微型博客(MicroBlog)的简称,也是博客的一种,是一种通过关注机制分享简短实时信息的广播式的社交网络平台。用户可以通过 Web、WAP 等各种客户端组建个人社区,以 140 字(包括标点符号)的文字更新信息,并实现即时分享。微博的关注机制分为单向和双向两种。从舆情信息采集的角度,我们可从微博主体的不同来对微博进行分类,主要有以下几类:

政务微博,主要指代表政府机构和官员的、因公共事务而设的微博,如"国防部发布""成都发布""中国地震台网速报"等。[①] 近年来,政务微博在各类舆情事件中扮演着愈加重要的角色。有因政务微博态度良好、回应及时而平息舆论的事例,也有因态度恶劣、回应滞后而加剧舆情热度的例子,如 2017 年"2·4"丽江游客被打事件中因当地政务微博的傲慢态度和不走心的回应,不仅未能平息公众的怒气,反而再次掀起舆论热潮。

媒体微博,是指依托各类报纸、广播、电视等传统媒体及其网站开设的微博。媒体微博可细分为中央级媒体("人民网""新华网")和地方级媒体(如"华西都市报""羊城晚报")。他们是各类舆情信息的重要来源。

企业微博,是企业依托微博所开设的宣传口。他们将微博看作一种宣传平台,经常在微博上公布最新的产品信息、招聘信息及其他宣传信息等。一般来说,只有涉及企业本身的舆情事件时,它们才是重要信息源,比如鸿茅药酒案中,内蒙古鸿茅国药股份有限公司微博"鸿茅药业"就是该事件最重要的信息源。

名人微博,指开设主体是社会各界名人的微博。名人微博常常拥有较大的粉丝群体,具有一定的社会影响力。比如,2017 年红黄蓝幼儿园虐童事件中,著名影星章子怡在其微博"稀土部队"上发声,引起了很大反响。"稀土部队"及其评论成为该事件中舆情信息的重要来源。

专业类微博,常常是发布某一领域的专业知识、分析评论以及最新事件等信息的微博。开设主体大都精通某一领域,如法律、转基因等,他们凭借深厚的专业功底,成为该领域的意见领袖。专业类微博既可能是某个行业或协会的微博,如"转基因微问答"是作物科学亚洲协会开设的,也可能是某个专家学者开设的个人微博,如"迟夙生律师"等。这些微博只有在特定领域相关的舆情事件中,才可能成为重要信息源。

草根微博,指开设主体是普通大众的微博。草根微博是微博中最庞大的群体。虽然他们的粉丝数少,博文的阅读量小、转发量低、影响力有限,但他们构成所有舆情事件的信息传播链和情感倾向性分析源。并且,在某些事件中,作为当事人的他们往往是最重要的信息源。比如 2016 年发生的和颐酒店劫持事件,当事人"弯弯_2016"正是通过微博这一渠道发声,她也是该事件中最为重要的信息源。

3. 微信

同样诞生于 Web3.0 时代的微信,是腾讯公司于 2011 年年初推出的一个为智能终端提供即时通讯服务的免费应用程序。它支持跨通信运营商、跨操作系统平台通过网络快

---

① 根据人民网舆情监测中心 2018 年 1 月公布的《2017 年年度人民日报·政务指数微博影响力报告》,政务微博细分为 56 类,包括中央机构微博、团委微博、司法行政微博、公安微博、气象微博和地震微博等。

速发送免费(需消耗少量网络流量)语音短信、视频、图片和文字等信息。微信提供公众平台、朋友圈、消息推送等功能,用户可以通过"摇一摇""搜索号码""附近的人""扫二维码"等方式添加好友和关注公众号,还可以将内容分享给好友或分享到朋友圈。

截止到 2019 年第三季度,微信月活跃用户达到 11.51 亿[①]。庞大的用户数量、良好的用户体验以及活跃的社交关系使微信成为当下舆情表达的重要平台和当今中国最重要的舆情场域。

微信公众号是微信上公共信息发布的重要平台。2017 年新增的小程序以其出色的用户体验和信息传播效果,成为了微信信息传播的新选择。从信息采集角度来看,微信公众号的分类和微博一样,大致可分为:政务公众号、媒体公众号、自媒体公众号、个人公众号等。

政务公众号,指微信认证的账号主体为国家职能部门的公众号,主要功能是公开政务信息,如"共青团中央"。

媒体公众号,指微信认证的账号主体为报纸、广播、电视台及其新闻网站等的公众号。媒体公众号可细分为中央级媒体公众号(如"新华网""中国青年报"等)和地方性媒体公众号(如"华西都市报""湖南卫视"等)。

自媒体公众号,指微信认证的账号主体是互联网公司或团队的公众号,典型的自媒体有"十点读书"等。在很多社会热点事件中,自媒体公众号是主要的舆论来源主体,其粉丝是主要的舆论参与者。

个人公众号,指微信认证的账号主体为个人的公众号,这些账号通常为个人观点或个人经历的信息传播平台。

随着互联网的发展,舆情信息不止出现在网站、论坛、微博、微信等使用频率高、推广范围广的网络平台,也出现在博客、QQ 群、聚合 RSS、语音平台工具等相对小众的互联网平台。尽管相对于那些重要的信息源,这些平台可被挖取的信息不多,但有时一些重要的信息也在这些平台上率先出现。

可以预见的是,随着以"智慧生活"为核心的 Web4.0 和以"万物互联"为核心的 5G 时代的到来,公众会处在类似于共生网络(symbiotic web)的环境中,即人、网络以及网络中的任何一台智能终端之间,可以实现人类自然语言搜索、视觉动态感知、智慧网络生活的信息交互;并且,同时执行互联网的读、写以及应用等并行操作。[②]

三、国外信息源

随着全球化趋势越发明显,我国日益看重国外互联网如 Twitter、Reddit、Facebook 等网络平台上的涉华舆情。因此,国外的网站、论坛等也是网络舆情信息采集的重要平台。

---

① 中国报告网:2020 中国微信市场分析报告:行业运营现状与未来前景研究[R/OL].(2020-4-10)[2020-5-19].http://baogao.chinabaogao.com/hulianwang/379326379326.html.

② HASSANZADEH H,KEYVANPOUR M R. A machine learning based analytical framework for semantic annotation requirements [J]. International journal of web semantic&technology,2011,2(2):27-38.

Twitter(推特),是全球互联网访问量最大的十个网站之一。它是微博客的典型运用,可以让用户更新不超过 140 个字符的消息[①],这些消息被称作"推文(Tweet)"。我国的微博就是在模仿 Twitter 的基础上创办的。截至 2016 年,Twitter 的每月活跃用户数超过 3.19 亿。目前支持简体中文、繁体中文、印尼语、英语、意大利语、荷兰语、法语、希腊语、乌克兰语、泰语、德语、西班牙语、葡萄牙语、俄语、希伯来语、阿拉伯语、印地语、日语、朝鲜语等几十种语言。Twitter 以其开放性和即时性成为监测国外涉华舆情的重要平台。

Reddit 是全球知名的自媒体平台,被称为"互联网的门户网站""美国版的天涯论坛"。每天,全球新闻信息在这里筛选、聚合、转载。据统计,全球有 1/6 的互联网用户使用并登录过 Reddit。因此,Reddit 是获取国外涉华舆情的重要平台之一。用户(Redditors)能够浏览并且可以提交互联网上内容的链接,或发布自己的原创,或发布有关用户提交文本的帖子。其他用户可对发布的链接进行高分或低分的投票,得分突出的链接会被放到首页。另外,用户可对发布的链接进行评论和回复其他评论者,这样就形成了一个在线社区。Reddit 用户也可以发布论题。

Facebook(脸书)创立于 2004 年,总部位于美国加利福尼亚州门洛帕克,主要创始人是马克·扎克伯格。截至 2018 年 1 月,Facebook 的月活跃用户数量已超过 22 亿。Facebook 是基于熟人建立的实名制的网络,用户忠诚度高,信息传播速度快,用户接受度高。由于其私密性强,信息获取较为困难。

随着媒介技术和通信技术的不断发展,人们自主获取信息,特别是获取适用于自身发展的信息的能力越来越强。因此,网络舆情信息源将变得愈加分散化和多元化,可呈现的舆情信息种类将愈多样化,形式愈加复杂化。但同样可以预测的是,技术会给信息搜集带来极大便利。因此,我们会搜集到更多、更全面、更精确的舆情信息。

第二节 网络舆情信息采集

随着网络信息爆炸性增长,舆情信息的搜集也已从传统的人工浏览、搜索引擎朝着网络爬虫(web crawler)等方向迈进。

2011 年 6 月,国际权威分析调研机构 IDC 发布的研究报告 *Extracting Value from Chaos*(《从混沌中提取价值》)指出,2011 年全球每人平均产生 200GB 以上的数据。该机构保守估计,数据将始终保持每年 50% 的增长速度。[②] 大数据应运而生,人类顺势进入大数据时代。

一、人工采集手段

传统的信息搜集多以人工浏览为主,这是一种较为原始的信息获取手段,即派专人

---

① 2017 年 11 月 7 日,除日语、朝鲜语和汉语以外,Twitter 上所有语言的上限增加一倍。

② 凤凰网 IDC 研究报告:2011 年全球数据总量 1.8ZB [EB/OL].(2011-6-29)[2017-8-10].http://tech.ifeng.com/it/detail_2011_06/29/7329887_0.shtml.

对特定网络平台上的特定主题进行监测,以便快速发现舆情事件的苗头。

其中,要特别注意两个问题:一是浏览哪里,二是如何浏览。监测人员要掌握浏览前和浏览中的一些小技巧和小窍门,便于快速发现有效信息,减少时间成本。

1. 对网站、论坛等的人工监测

为了及时、高效地发现、获取有价值的信息,在实际监测工作中,可以遵循以下几条策略:

首先,对网站、论坛、博客等信息源进行分类整理。这个工作包括两步:第一步,根据其性质粗略分类。比如新闻网站可分为综合性新闻网站、经济类新闻网站、科技类新闻网站等。分类之后,总结哪些网站或论坛容易爆发舆情、爆发哪类舆情。比如前面论述中,我们提到天涯论坛上容易爆发环境卫生类舆情、贪污腐败类舆情。将分类后的网站或论坛放在收藏夹中,每天的工作就是对他们进行浏览,尤其要重点关注那些容易爆发舆情的信息源。第二步,具体到每个网站,要对网站或论坛中的板块进行细致分类。比如前面提到,天涯论坛中"天涯杂谈""新闻众谈"等备受关注,也是舆情爆发的集中地。

其次,总结各个网站或论坛的新闻发布规律。一般来说,每个新闻网站或论坛的首页都是人工浏览的重点区域。但具体到每个网站,又有不同的规律可循。比如,新浪新闻首页设有排行一栏,里面设有新闻总排行、点击量排行、评论数排行、分享数排行等,根据此标准,我们能很快发现公众在关注什么话题,他们的情感倾向如何。又如,不少网站或论坛的首页可在设置中选择按时间排序,这样仅需十几分钟就能看完最新更新的信息,节约一定的时间。

最后,根据工作重点需求进行监测。不同的时期有不同的舆情重点,要根据该阶段的工作需求,有选择性地进行人工监测。比如,"3·15"消费节前后,网上对于假冒伪劣产品的揭露和维权的信息就会猛增,此时要重点关注常爆发此类舆情的网站和论坛。特殊时期,适当地调整重心,有利于获取时效性强的舆情信息。

除上述原则之外,在实际浏览过程中,还应该根据信息源、信息量的多少,合理分配时间和精力进行监测;对于定时更新的信息源,在其更新后要及时浏览,确保信息的时效性;对于更新较快的信息源,应安排多时段多次浏览,避免遗漏。[①]

2. 对微博、微信等的人工监测

对于微博、微信等社交媒体的监测,首先要建立属于自己的信息来源圈。舆情监测的信息源通常是有相当粉丝数量和影响力的大V,因此,要有选择性的关注微博和微信上的大V们。每天定时浏览这些账号发布的信息,即可发现和获取有用信息。同时,也要根据特定时段、特殊问题,不断更新自己的"朋友圈"。比如,当发生重大突发事件时,就需要关注该事件中的意见领袖,以便获取最新的事态发展和舆论走向。

其次,要关注视频、音频、链接等新应用。随着技术的更新发展,尤其2013年后我国进入4G视频时代,微博、微信等社交媒体上开始出现越来越多新颖的表达形式,如图片、视频、音频、链接等。现在,我们常能看到"文字+视频""文字+链接""文字+图片""文

---

① 郝晓伟.网络舆情信息监测理论与实践[M].北京:国家行政学院出版社,2015:53.

字＋图片＋视频"等形式的博文或文章,这些形式日益成为网民发布敏感信息的新选择。2019 年 6 月 6 日,工信部向中国电信、中国联通,中国广电发放 5G 商用牌照,标志着中国正式进入 5G 时代,视频、音频、链接等多种技术的应用更为便捷。

最后,就人工浏览而言,除了有侧重、有目的地关注网站、论坛外,舆情工作人员还应多注意微博、微信等社交媒体。在此基础上,有的放矢地关注舆论领袖以及音频、视频等新型的话语表达方式。

二、计算机搜索引擎

搜索引擎(search engine)指自动搜索、组织网络信息资源,并提供检索服务的信息服务系统。[①]

搜索引擎是网络舆情监测的重要工具。搜索引擎中有大量的资源,它们能根据用户需求,迅速对网站页面进行搜索,提供数量可观的信息。

谷歌搜索是全球最强大的搜索引擎之一,它支持多种语言,能为用户提供详尽、全面的搜索结果,不但能提供网站论坛上的信息,也能提供博客上的信息。

百度搜索是我国主流搜索引擎。作为全球最大的中文搜索网站,它提供了较为全面的中文信息。除百度外,国内可使用的搜索引擎还有很多,比如搜狗、必应、有道等,它们各有千秋。同时,各个新闻网站也提供站内搜索,如新华网、人民网等都提供了内部新闻检索,方便汇总特定传播渠道的全部信息。毫无疑问,搜索引擎已经成为获取舆情信息的重要渠道。

尽管人工搜索的优点显而易见,但是随着网络技术的发展和创新,其缺点也十分明显。首先,人工搜索无法快速全面地获取所有内容。互联网是动态的内容网络,需要检索的页面在不断更新、创建,无数用户在各个网站上发布内容、沟通信息。人工搜索却无法准确获取最新数据,即时性不强。其次,各个搜索入口因其技术原因和利益原因,存在一定的人工干预机制,导致搜索质量不高。比如百度搜索,搜索结果采取竞价排名的方式展示给用户,其正常搜索结果中常常掺杂付费广告及有关推广链接。因此,要想获取全面的舆情信息,必须从技术角度进行更新。

三、大数据手段

互联网的开放性使数量庞大的网民可以在网上方便快捷地发表观点,数据量急速增长;其次,多媒体的发展使网络舆情的数据形态既有文本,又有图片、音频、视频等,呈现出多样性特征;再次,现代社会价值观念多元,各种观点交流、交融、交锋,舆论多元、多样、多变,网络舆情变化迅速。各种因素共同作用,使得网络舆情数据越来越呈现出大数据特征。[②]

大数据(big data 或 megadata),指无法在一定时间范围内用常规软件工具进行抓取、

---

① 吕维平,邓燕萍. 搜索引擎概念探析[J]. 图书馆杂志,2001(06):48.
② 唐涛. 基于大数据的网络舆情分析方法研究[J]. 现代情报,2014(3):11.

管理和处理的数据集合,又称巨量资料。① 在此前提下,传统搜索引擎技术已经无法满足日益精细化、专业化的信息获取和加工需求,传统的舆情信息搜集正面临着巨大的挑战。网络爬虫(Web crawler)就是在大数据背景下产生的舆情数据获取的新方法。

1.信息抓取工具——网络爬虫

爬虫,又称"蜘蛛网络",它是一种高效的信息抓取工具,集成了搜索引擎技术,并通过技术手段进行优化,用以从互联网搜索、抓取并保存任何通过 HTML(超文本标记语言)进行标准化的网页信息。

爬虫器分类

基于整个 Web 的爬行器,又称通用网络爬虫,这类爬行器从一些种子 URL 逐渐扩充到整个 Web 系统,因此它的爬行范围和数量巨大,对于爬行速度和存储空间要求较高,对于爬行页面的顺序要求相对较低,同时由于待刷新的页面太多,通常采用并行工作方式,但需要较长时间才能刷新一次页面。虽然存在一定缺陷,但是通用网络爬虫适用于为搜索引擎搜索广泛的主题,有较强的应用价值。

增量式爬行器。由于网页信息更新较快,传统的爬行器会周期性地重新采集一遍来替换过时的信息,增量式爬行器不同于传统爬行器,它对待旧的页面采用增量式的更新方式,只采集新产生的或者已经发生了变化的页面,而对未发生变化的页面不予采集,从而极大地减少了采集的时间和存储的空间。与此同时,增量式爬行器信息采集算法的复杂性和技术难度也相应增加。

基于主题的爬行器,又称聚焦网络爬虫,它是面向主题的,以特定主题为目标访问页面的爬虫。主题网络爬虫的目标是尽可能多地爬行与主题相关的资源,过滤掉无关网页,使某个主题的资源覆盖率变大,同时要求相关资源质量好。和通用网络爬虫相比,聚焦网络爬虫只需要爬行与主题相关的页面,极大地节省了硬件空间和网络资源,保存的页面数量少而更新快,还可以很好地满足一些特定人群对特定领域信息的需求,是当前研究的热点。

基于用户个性化的爬行器。在一个搜索引擎上搜索同样的检索词,只能返回相同的检索结果,而不同用户期待的结果是不尽相同的,这显然不符合用户的需要。而基于用户个性化的爬行器是通过用户兴趣制导的方法或与用户交互的手段来采集信息,实现用户的个性化服务需求。

基于元搜索的爬行器。这类爬行器对用户提交的搜索请求通过多个门户搜索引擎发起搜索,再将结果整合返回给用户。

2.数据的搜集

数据爬虫工作机理是:通过网页的链接地址来寻找网页,从网站某一个页面开始,读取网页内容,找到在网页中的其他链接地址,然后通过这些链接地址寻找下一个网页,如此循环下去,直到按照某种策略把互联网上所有的网页都抓取完为止。通过这种自动化

---

① 童兵,新闻传播学大辞典[M].北京:中国大百科全书出版社,2014:125.

的工作机制,我们可以将目标数据保存在本地数据中,以供使用。

经过研究者长期不懈地努力,网络爬虫已由最初的基于整个 Web 的单纯爬行器发展到可适用于不同需求的多种采集技术相融合的爬行器。因此,可以选择满足自身需求的爬行器。

3. 数据的预处理

一般来说,通过人工浏览或人工搜索获取的信息数量较少,不需要特别的技术处理。但是,通过网络爬虫技术抓取到的网页数据非常复杂,大多以无结构与非半结构化结合的方式掺杂在一起,如果仅依靠人力来进行处理的话,工作量大且效率低下。为了把抓取到的内容以结构化的形式存储以便进行分析,需要运用文本处理技术对其进行预处理。文本处理技术主要包括:网页清洗和中文分词。

广义上的网页清洗大致分为三类:一是去除重复的网页(如:镜像网站、复制文章等);二是去除网页中某些为提高在搜索引擎中的排名而故意制造的反向、重复链接;三是去除网页中与网页正文不相关的内容(如:广告图片、广告链接、网站模板信息以及版权信息等)。[①] 网页清洗后,Web 文本处理程序直接以网页主题内容为处理对象,显著提高了主题分类的准确度;同时,网页去噪还可以大大简化网页内标签结构的复杂性,从而节省处理过程的空间和时间开销。

在对数据进行基本清洗之后,接下来就要进行中文分词。进行自然语言处理的最小单位是词语,而在以英语为代表的拉丁语系语言中,由于词之间有空格作为天然的词语分隔符,词语一般情况下都能简单且准确地提取出来,因此在对英文文本进行处理时并不存在词语划分的问题。由于中文的词语与词语之间没有天然的分隔符,除了标点符号以外,字与字之间紧密相连,没有明显的词边界,因此需要对中文文本进行人为的词语切分,即把连续的汉字序列重新切分成词或词组,这就是所谓的中义分词。[②]

在中文中,单字作为最基本的语义单位,虽然也有自己的意义,但表意能力较差,意义较分散,而词的表意能力较强,能更加准确地描述一个事物。中文分词是文本挖掘的基础,对于输入的一段中文,成功地进行中文分词,可以达到电脑自动识别语句含义的效果。

第三节　网络舆情分析与研判

在对舆情信息进行搜集和预处理后,接下来就是舆情的分析与研判,这是网络舆情工作的重要步骤。科学的分析和研判才能为政府机构或企业提供有效的决策支持。

---

① cat—猫. Web 文本去噪——基于 DOM 树的哈希值去噪法[EB/OL]. (2015-11-4)[2016-10-16]. https://blog.csdn.net/mao1059568684/article/details/49641949.

② 现有的中文分词算法总的来说可以分为三种:基于字符串匹配的分词方法、基于理解的分词方法和基于统计的分词方法。目前已有一些开源的中文分词工具包可以利用,如中国科学院的 ICTCLAS 中文分词系统、中国科学院的 HTTPCWS 中文分词系统、Word 分词和盘古分词等。

一、网络舆情分析的维度

在遵循网络舆情监测的基本原则的同时,采取科学有效的研究方法后,选择符合事实的分析角度同样重要。

网络舆情分析研判的关键技术

网络舆情分析研判的关键技术是基于话语分析技术的舆论情感分析。

在采集和处理大量的舆情信息后,接下来就要对文本进行更深层次的情感分析。情感是舆论的重要部分,对舆论情感倾向性的挖掘是舆论信息搜集与分析的关键。网络舆论倾向性是指网民对客观事物或公共事件所蕴含的感情、观点、态度和立场。网络舆论倾向性分析是指通过数据挖掘技术,自动将网络舆论所包含的褒贬因素挖掘出来,明确舆论主体的真正意图和倾向性。

目前主要包括三种分析方法:基于传统的机器学习的网络舆论倾向性分析方法、基于语义模式匹配的网络舆论倾向性分析方法、基于统计情感词倾向性值的网络舆论倾向性分析方法。

基于传统的机器学习的网络舆论倾向性分析方法是将对舆情内容的倾向性看作支持或反对两类,将事先选取的文本作为训练集,并人工标注其倾向性值,然后利用机器学习的方法对输入的文本做倾向性分类。

基于语义模式匹配的网络舆论倾向性分析方法,首先要人工建立待分析文本的语义模式库,赋予模式库中的每种模式一个语义倾向性值。然后遍历语义模式库,分析其是否与待分析文本匹配,并累加所有匹配模式对应的倾向性值,把累加到的倾向性值作为整个文本的倾向性。

基于统计情感词倾向性值的网络舆论倾向性分析方法,首先要抽取文本中能够体现主观色彩的情感词,然后对抽取出来的情感词进行倾向性判断并赋予一个倾向性值,最后将上述所有的倾向性值累加起来得到文本的总倾向性。该方法的核心就是判断词汇的倾向性。目前,国内外在词汇倾向性分析的研究中,主要的方法都是选择基准词(例如:"好""坏")与待估词汇进行倾向性的相似度计算,从而判断该词汇的倾向性。但应注意,网络中公众情感的表达方式较复杂,同时由于汉语语法、词义较多,网络新词不断浮现,因此汉语中网络舆论情感词典的构建难度较大。

通过上述技术方法,我们可以将网络舆情中丰富的情感倾向进行定性定量分析,从而掌握网络舆情变化趋势。在此基础上,通过对随时间而持续变化的舆情进行分析,可以较好地把握网络舆情的演化规律。

1.舆情事件宏观梳理

网络舆情分析的第一步,就是要理清事件发展的来龙去脉,按照舆情发展的时间顺序,宏观把握舆情传播的纵向脉络。一般来说,一段时间内对于特定事件的媒体报道量和网民搜索量,在一定程度上反映舆情热度和舆情走向。因此,可从媒体发文量、传播平台和网民搜索量三个角度对事件进行梳理。

(1)媒体发文量

以时间为序,统计特定时间段内的媒体发文量,绘制成曲线图。从曲线图中,我们可以看出媒体发文的集中趋势,并以此来划分舆情事件的潜伏期、爆发期、高潮期和衰退期。结合舆情事件的起承转折,分析舆情各个阶段的特点以及舆情发生变化的原因。

(2)传播平台分析

传播平台是舆情分析的重要组成部分,它反映了各个传播渠道对于舆情事件的推动程度。了解舆情事件的重点传播平台,有利于针对性地进行舆情引导。一般来说,传播平台和信息源一致,大致可分为微博、微信、网站、博客等。不同舆情软件具有不同的分类方法。

通常来说,对传播平台的分析集中于特定事件在特定平台上信息数量的占比。一般来说,数量占比大,则在推动事件发展中作用大。以2017年发生的"榆林产妇坠楼案"为例,据鹰眼数据统计,微博以97%的占比成为该事件相关信息的第一传播平台,其次是论坛(0.83%)、网站(0.82%)、客户端(0.53%)。

(3)网民搜索量

以时间为序,采用相关小工具(如百度指数、微博指数等)统计特定时间段的网民搜索量,绘制成曲线图。同样,从网民搜索指数的曲线图,可以看出网民关注的集中趋势,以此来分析公众议程和媒介议程的吻合度。以"江歌"为关键词,通过百度指数可以看出"江歌案"的舆情走势(图12-1)。从图中可以看出,网民对该事件的关注集中在2017年11—12月间,且出现多个高峰值,随后舆情衰退,舆情指数趋于平缓。但由于案件审理等后续新闻的跟进,可以看出在2018年1—4月间存在小的节点。这是一个总的舆情趋势。百度指数还为我们提供了PC端趋势指数和移动端趋势指数,有利于分析不同传播平台上的传播趋势。

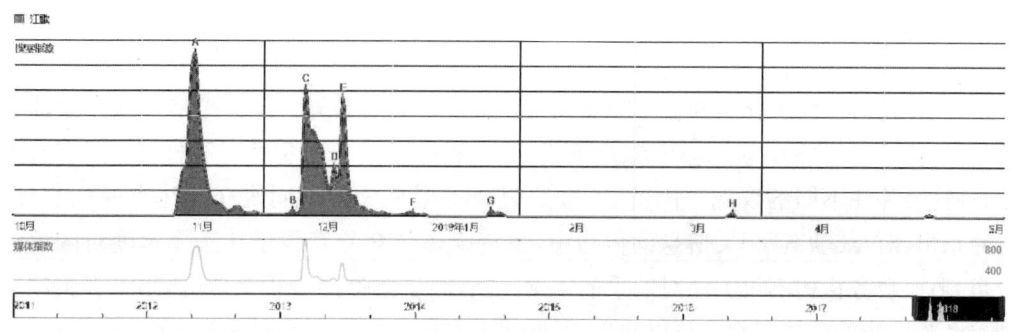

图 12-1　百度指数"江歌案"舆情走势

2.舆论本体——议题分析

(1)议题分布

议题分布是指对媒介或公众对于特定事件关注点的分析。它包含媒介议题和公众议题两个方面。

对议题的分析,首先需要对媒介议题和公众议题进行分类,以探索媒介和公众对该事件的关注点。比如在江歌案中,媒介议题可分为"关注江歌母亲谴责刘鑫对案件态度冷漠""探讨江歌案中的道义责任和法律责任""梳理江歌遇害始末""呼吁网民不要对案件进行道德审判"等。网民议题可分为"谴责刘鑫冷漠自私""对江歌母女表示同情""质疑刘鑫家教和父母的人品""传播江歌母亲征集签名以求凶手死刑"等。

其次,需要从量化的角度对议题进行比重分析,以探索媒介和公众的关注重心。据鹰眼数据统计,媒介比较关注的是"关注江歌母亲谴责刘鑫对案件态度冷漠""探讨江歌案中的道义责任和法律责任"这两个议题,各占比34%和28%。而网民比较关注的是"谴责刘鑫冷漠自私""对江歌母女表示同情",各占比39%和26%。

(2)情感态度分析

情感是舆论的重要组成部分,对舆论情感倾向性的挖掘是舆论信息搜集与分析的关键。网络舆论倾向性是指网民对客观事物或公共事件所蕴含的感情、观点、态度和立场。只有清晰地掌握网民关注点和态度倾向,才能有的放矢,更好地引导舆情。在实际的分析过程中,一般依靠舆情主体发表言论时的措辞、语气、行为模式等进行判断。一些富含情感因素的词语如"绝望""生气""愤怒"等,则表示更大的舆情强度。

目前的舆情分析仅仅将态度、情绪等简单分为三类:正面的态度、负面的态度和中立的态度。因篇幅或播放时间有限,媒体对舆情事件的报道量相对较少,故其态度倾向可人为归类。但大数据时代,网民所发表的言论数据巨大,依靠人工归类无法处理,因此可借助自然语言处理技术进行情绪分析。它通过数据挖掘技术,能自动将网络舆论所包含的褒贬因素挖掘出来。

(3)议题比较维度

为了更好地体现特定舆情事件中议题的分布和变化,有时候需要进行多维度的理论分析比较研究。

①不同媒体横向比较

一般而言,不同媒介因利益不同而在议题呈现上有所差异。比如微信公众号中的舆情传播,传播主体可分为主流媒体、政务机构、自媒体和个人公众号。不同媒介因利益不同,往往会关注不同的议题。因此,可按照媒介类型来分析不同媒介关注点的同与异。研究指出,对"江歌案"相关信息的传播中,主流媒体公众号着眼于从法律角度对凶手进行审判;而政务机构不仅关注对凶手的审判,还着眼于案件的分析;自媒体则更多关注对刘鑫和陈世峰的道德审判。可以看出,不同媒介对同一事件有不同的关注点。

同样,公众可按照地域、性别、受教育程度等进行分类,以此来分析不同省份、不同性别、不同学历的网民分别关注什么议题。

②不同媒介纵向比较

这是网络舆情分析的一个常用分析角度。简而言之，就是在分析过程中引入时间的变量，以便观察不同媒介、不同公众的议题和情感变化情况。在事件发展的不同阶段，媒介和公众关注的议题和态度也会有所变化。

对于情感态度的分析也可从议题分析的角度入手，首先对媒介情感倾向和网民情感倾向做一个总的判读。然后，对媒介和网民进行细化分析，以探索不同媒介、不同网民的情感态度。最后，以时间为线，探索媒介和网民的情感变化趋势。

③理论解析维度

根据不同的研究需要进行多维度的理论分析。

其一，框架理论。

美国社会学家戈夫曼（Erving Goffman）首先提出了"框架"一词，他将框架定义为人们用来认识和解释社会生活经验的一种认知结构，它"能够使它的使用者定位、感知、确定和命名那些看似无穷多的具体事实。①随后，不断有学者对其进行补充。吉特林最先将框架理论运用到大众传播领域。恩特曼（Robert M. Entman）认为，框架是选择感知到的现实的某部分，将它们凸显在传播的文本当中，宣传关于被描述现象的某种问题的定义、因果解释、道德判断以及解决方法。②

因此，具体到特定事件，还可从框架理论再做衍生，以此来分析媒介和公众对于舆情事件的定义、因果解释、道德判断以及解决方法等。一般来说，随着事件的不断披露，媒介和公众对于事件的定义、解释以及涉事主体的人物形象会有不同表述和判断。我们可参照上述的横向和纵向研究，选择框架理论对事件及其中的人物形象进行分析。

其二，议程设置理论。

议程设置理论是网络舆情分析的一个常用理论。最早由美国传播学家 M. E. 麦库姆斯和 D. L. 肖提出。他们认为，"媒介的议程设置功能就是指媒介的一种能力：通过反复播出某类新闻报道，强化该话题在公众心目中的重要程度"。

值得注意的是，在分析完媒介议题和网民议题后，要把他们与事实议题进行比对，观察媒介议题和网民议题与事实是否相符。只有媒介的报道重点和网民的关注重点与舆情事件发生发展的顺序和逻辑相近，这样的议题分析才有效，才能为之后的舆情研判与预测提供坚实基础。

3. 舆论主体——公众分析

公众分析，主要是指关注舆情事件的网民类型分析，它用来衡量网民观点的空间性和价值性。一般来说，公众分析有两个维度：

(1)舆论公众的身份素描

从地域、性别、学历、年龄等静态的角度入手分析舆论主体——公众的身份。基于量化的角度，我们可以分析不同地域、不同性别、不同学历、不同年龄的公众对舆情事件的

---

① GOFFMAN E. Framing analysis：an essay on the organization of experience[M]. New York：Harper&Row，1974：21.

② ENTMAN R M. Framing：toward clarification of a fractured paradigm[J]. Journal of Communication，1993，43(4)：51-58.

关注度。

对特定的舆情,不同地域的网民的关注度不一样。例如,榆林产妇坠楼案,由于它的发生地是陕西,所以陕西网民对其关注度最高。同时,受教育程度可能会影响网友对同一网络事件的态度。受教育程度低者可能更多的是情绪的宣泄,受教育程度高者则偏重于冷静地思考和提出建议。特定事件中,性别也会成为网友观点分析或关注度不同的重要影响因素。榆林产妇事件中,女性的讨论度和情感值就会明显高于男性。对于微博用户的分析,还要特别注意用户的认证类型,这是衡量用户影响力及其意见影响力的重要指标。

(2)舆论公众的社会关系网络分析

作为舆论主体的公众,其规定性之一就在于它具有问题相关性,即舆论问题相关所及的那些社会成员。也就是说,作为舆论主体的公众不是一个个孤立的存在,而是一定数量上的社会成员的集合体。在大数据的环境下,社会网络分析法为描绘公众身份提供了新的视角。

“社会网络”的概念最早被应用于 20 世纪 30 年代的心理学和人类学研究中,德国社会学家齐美尔(G. Simmel)在 1922 年发表的《群体联系的网络》中首次将“网络”的概念引入社会学研究中,英国人类学家布朗(Radcliffe Brown)则在 1940 年首次提出了“社会网络”的概念。社会网络,指的是社会行动者及其间关系的集合,对于传统的社会学研究来说,无疑是一种全新的研究视角和研究范式。这种对社会关系进行量化分析并以此来反映社会结构的方法被称作社会网络分析法(Social Network Analysis,SNA)。

社会网络分析中最基本的元素是行动者(actors)和关系(ties),反映在图论中就是节点(nodes)和连线(lines)。社会网络分析就是以行动者及其相互间的关系作为研究内容,通过对行动者之间的关系模型进行描述,分析这些模型所蕴含的结构及其对行动者和整个群体的影响。社会网络分析一般可以分为两种:自我中心社会网分析(Ego-Network Analysis)和整体社会网分析(Whole-Network Analysis)。自我中心社会网以个体为中心,研究个体及与之相关的其他个体构成的网络,“只能分析社会连带(social tie),却不能分析网络结构”,是一种基于关系取向的分析视角;而整体社会网刚好相反,它分析社会连带的能力较差,但其关注的是一个群体内所有成员构成的关系网络,关注行动者在关系网络中的结构特征,是基于位置取向的分析视角。

社会网络分析一般采用图论或者矩阵的方式来表达行动者之间的关系。

社会网络分析是以行动者及其相互间的关系作为研究内容,通过对行动者之间的关系模型进行描述,分析这些模型所蕴含的结构及其对行动者和整个群体的影响。[①]

在实现对舆论主体进行身份素描的基础上,运用社会网络分析方法,通过关联不同领域数据,交叉复现舆论主体的多维度信息,不仅可以帮助我们整体把握具有问题相关

---

① 宋歌,叶继元.基于 SNA 的图书情报学期刊互引网络结构分析[J].中国图书馆学报.2009(3):27-34.

性的舆论主体,还可以发现不同的意见群落,以及意见群落内部的互动关系、不同意见群落之间的互动关系,甚或更大范围内社会成员意见的动态的扩散过程。

与此同时,面对复杂、多元、流动性强的网络空间时,采用社会网络分析视域,能更好地把握行动者以及行动者之间多样的关系,还可以挖掘特定事件中的舆论领袖。当前,已经有一些成熟的社会网络分析软件,如 UCINET、Pajek、NetMiner、STRUCTURE、MultiNet、StOCNET、NodeXL、Gephi 等,可以很好地进行社会网络分析,并呈现出可视化的分析结果,这对发现网络意见领袖和子群体至关重要。

在大数据时代,通过上述方法对舆论主体——公众进行数据挖掘,将会为网络舆论研究提供一个新的研究方法,即以"人"为路径的研究方法。

现有的网络舆论挖掘多为"事件/议题"的研究路径。由于在众多网络热点事件中存在着"沉默的大多数"现象,这类以事件或议题为主要研究对象的网络舆论研究聚焦短期效应,易掺杂进"水军"炮制的虚假民意,群体极化现象也特别容易在该类舆情事件中被放大。

如果对网络舆论的研究能够从"事件/议题"中跳脱出来,紧紧围绕网民、围绕"人"来展开,以现实社会中的"社会群体"为切入口,以网民个体的"人"为研究对象,针对某一舆论热点问题,通过数据挖掘掌握公众身份信息,并从中选取涵盖各领域、各阶层的公众,对其言论进行分析,将大大提升网络舆论测量的代表性和真实性。

传统的舆论研究只注重公众"说什么",而不重视具体是"谁在说""为什么这样说"。事实上,通过对舆论主体进行身份素描以及社会网络分析,可以清晰地定位每一种舆论所代表的公众,并且通过分析其身份特征,了解其言论背后的社会心理和其所处的社会关系网。

二、网络舆情的专业研判

网络舆情已成为现实社会舆情的映射,重视网络舆情的研判对现实公共安全来说尤为必要。舆情研判建立在舆情分析的基础上,通过定性或定量的指标体系构建,可以科学地把握舆情发展的概况,预测舆情走势。因此,舆情指数体系的构建是舆情研判的重中之重。

舆情指数是通过对网络中各种类型的媒体所发布的信息进行独立的第三方观察,形成量化统计和定性分析,并结合算法推导、归纳总结而最终形成的一套网络舆情指数体系。指标体系涉及整个网络舆情生命周期,有助于全面了解网络舆情的发展状况,挖掘有价值的信息,并及时通过预警指标判断网络舆情潜在问题。指标体系的设立,使得网络舆情信息判断更加客观,定性定量相结合可以实现综合分析,直观展现复杂问题,增强对网络舆情形势的把握度。[①]

建立网络舆情指标体系的思路是:先从网站、论坛、微博、微信、网络日志等信息源中提取出网络舆情要素,然后建立网络舆情指标体系,最后设计网络舆情指数的计算方法。

---

① 郝晓伟.网络舆情信息监测理论与实践[M].北京:国家行政学院出版社,2015:181.

目前对于舆情研判体系的构建主要有以下五个维度[①]:

时间维度:反映某一议题的舆论在不同时间点上的变化情况(具体表现在某一议题每天呈现的帖子总数的变化);

数量维度:反映某一议题的帖子的数量(总贴数和平均每天的帖数);

显著维度:反映某一议题的帖子在论坛总帖子中的比例;

集中维度:反映某一议题的帖子在不同网友之间的分布;

意见维度:反映某一议题的帖子各种不同意见的分布情况。

对这五个维度进行指标观测和权重赋值,可以衡量网络舆情稳定性、舆情强度和受众意见倾向分布。在实际运用中,可根据情况对不同的指标设定阈值,以此来构建舆情预警系统,超出阈值即发出舆情预警信号。

在实际研究中,在综合以上五个维度的基础上,多位学者细化出更多的二级指标,以构建更为科学准确的研判体系:

网络安全角度。研究指出,舆情研判指标体系可以从传播扩散、民众关注、内容敏感性、态度倾向性等四个维度进行构建。其间采用层次分析和模糊数学相结合的方法构建模型并验证其可操作性和适用性。特定事件中,若舆论主体划分明确,不同身份者(当事人、知情人、围观者)在舆情事件中的职责清晰,还可添加"主体身份"这一指标来区分不同身份主体的人的言论的可信度和影响度。

主题角度。研究指出,网络舆情研判还可对主题舆情进行 E-R 分析,构建以热度、强度、倾度、生长度为主要维度的网络舆情监测与预警指标体系。其中,舆情热度包含舆情关注度、舆情网站覆盖度、舆情地区覆盖度、舆情权威度四个二级指标;舆情生长度是指舆情在传播过程中体现出来的某些规律性指标,包括焦度、拐度、时效度三个二级指标;舆情强度包括危度和频度两个二级指标;舆情倾度包括倾向分布、突变度、异度三个指标。[②]

网络舆情危机预警角度。从舆情危机预警角度出发,可以从网络舆情主题属性、媒体影响力、网民作用力、政府应对力等角度入手,构建一个网络舆情危机预警指标体系。其中,主题属性包括主题热度、主题敏感度和主题跨度;媒体类型包括报道力度和媒体类型;网民作用力包括网民态度倾向、网民行为倾向;政府应对力包括政府权威度和政府处理能力。不同的二级指标又用不同的量化标准。[③] 考虑到网络舆情多学科交叉、多主体交错影响的特性,兼顾传播学、心理学、社会学等多学科的视角,应从政府、网媒、网民三大舆情主体相互作用的角度构建网络舆情评价指标体系。

在实际方法的选择和操作中,应更加注重多元融合,这种多元融合既包括多学科知识的综合运用,也包括多方法间的交叉结合,以使整个指标框架的搭建、参数的确定等更具理据性、更有说服力。[④]

---

① 喻国明,李彪. 中国社会舆情年度报告:2010[M]. 北京:人民日报出版社,2010:1-4.
② 王青,成颖,巢乃鹏. 网络舆情监测及预警指标体系构建研究[J]. 情报研究. 2011(7):1104-1108.
③ 孙玲芳,周加波,徐会等. 网络舆情危机的概念辨析及指标设定[J]. 现代情报,2014(11):25-28+43.
④ 曹蓉. 基于全样本分析的网络舆情指标体系研究综述[J]. 情报杂志,2015(5):158.

三、专业舆情监测系统

随着舆情监测方法和技术的不断更新,产生了专业舆情监测系统。它是指通过相关的专业舆情软件,按照一定的规则和算法将互联网上繁杂的数据信息当中用户所关注的信息抓取出来,并通过分析过滤等形式,最终呈现出与需求相匹配的舆情信息,并以舆情报告的形式呈现。[①] 完整的舆情监测系统不仅包含信息采集,也包含信息处理、分析以及舆情的研判和预测。

专业舆情监测系统给政府或企业提供了极大便利。有时,也可根据自身需求,使用人工干预和机器自动采集的方式,使搜集的数据更切合用户需求。

舆情监测系统涉及的技术与应用

数据的自动采集。通过设定主题,在特定的信息源中搜集与之有关的全部信息。

文本自动聚类和分类。自动识别搜集到的文本,按照已经定义好的类别进行匹配、确定。

话题识别。根据新闻来源的权威性、阅读量、评论数及相关频率,识别特定时间段的热门话题。根据语义分析或关键词检索,识别敏感话题。

情感倾向性分析。对文本中的观点、态度进行词频分析和语义分析,以确定其情感倾向性。

主题跟踪。通过聚类系统来分析新发表的文章是否与已有主题相符。

自动文本摘要。对各类主题、各种倾向性进行简单摘要处理。

趋势分析。即历时性分析,随着时间的推移,人们对某一主题的关注度的变化。

报警系统。及时发现敏感话题或突发事件,并报警。

统计分析。将上述分析处理的结果生成报告,以便人们检索,提供决策支持。

重大舆情应对。对突发重要舆情事件进行跨时间跨空间的综合性分析,获知事情全貌,预测发展走势,提出舆论引导策略。

1.舆情监测系统的分类

目前国内市场上存在大量的网络舆情监测服务机构,各自的功能也不尽相同。总的来说,可以分为四类[②]:

第一类是由软件公司和传统的市场调查公司联合成立的舆情监测软件公司,以方正智思、拓尔思、军犬、谷尼国际等为代表。它们的技术实力较为雄厚,抓取网络舆情数据

---

① 郝晓伟.网络舆情信息监测理论与实践[M].北京:国家行政学院出版社,2015:72.

② 伍静.试论我国高校舆情调查机构的发展策略[J].新闻记者,2007(4):27-29.

的能力较强。它们主要以舆情系统产品销售与技术支持为主业,通过技术手段获取舆情信息,为服务对象提供舆情预警。其特长是商业运作和资本对接,但在舆情传播、网络舆论控制和引导方面能力不强、不专业。一般来说,市场调查类公司以服务企业为主,多聚焦企业危机事件。

第二类是依托人民网、新华网等主流媒体建立的舆情监测平台,即舆情监测行业的媒体派,如人民网舆情监测室、新华网"舆情在线"、新华社智库、华声在线、正义网、上市公司舆情中心、环球舆情调查中心、中青舆情等。这些舆情监测系统具有官方媒体背景,主要针对社情民意进行监测,对时事热点和受众心理变化的敏感度较高,具有意见领袖整合能力强、社会影响力大、公信力强等优势。其舆情服务产品多为网络舆情应对排行榜、以事件为单位的舆情研究报告、舆情信息报告、政府舆情应对研究等。其中,"人民在线"无疑影响力最大,其身后的《人民日报》及人民网作为中共中央和国家的喉舌,担负着舆论引导的政治任务,拥有大量优质的人才、资本、传播渠道等方面的优势。这些机构的弱点是在商业化运作和资本对接上有一定局限性。人民在线舆情系统的优势体现在自然语言处理、观点倾向性分析等语义逻辑方面。由于其服务重点在关注网络舆情信息传播的关键节点上,其监测覆盖面没有其他商业舆情公司产品那样广,故而舆情预警时效性受到影响。

第三类是由高校或学术机构创办的舆情研究所。如北京大学中国国情研究中心、中国人民大学舆论研究所、上海交通大学舆情研究实验室、复旦大学传媒与舆情调查中心、华中科技大学社会调查研究中心、中国传媒大学网络舆情(口碑)研究所等。这类机构具有浓厚的学术传统,汇聚了新闻学、传播学的专业力量,善于捕捉网络舆情的变化,并归纳、总结规律以上升到理论研究的高度。这些机构的主要产品有年度网络舆情指数报告、网络舆情年度白皮书、中国社会舆情年度报告、舆情蓝皮书—中国社会舆情与危机管理报告等,具有一定的权威性。学院式机构的弱项体现在社会资源不足、市场脱节明显等方面。

第四类是由舆情监测软件机构和高校新闻与传播研究所合作成立的舆情实验室,如北大方方正—百度—人民大学舆论研究所、清华大学—优讯舆情实验室、谷尼国际—南京大学谷尼舆情分析实验室、暨南大学—红麦舆情研究实验室、安徽博约科技—中国科技大学舆情管理中心等,这一类机构将高校多学科团队的学术优势与先进互联网监控软件的技术优势、市场经验相结合,实现优势互补。[①]

以上这些网络舆情的监测机构都有一套较为完整的网络舆情监测理论体系、工作方法、工作流程和应用技术,既可以对传统媒体的网络版进行监测,又可以对各大网站的新闻、新闻跟帖、网络论坛、微博、博客、网络时评等进行 24 小时监测,并进行专业的统计和分析,最终形成监测分析研究报告。这些机构对于舆情信息的挖掘与监测卓有成效。

2.舆情监测系统的选择

舆情监测系统各有各的优势,但是在选择舆情监测系统时,一定要根据自身需求,选

---

① 赖正权.国内网络舆情服务技术特征和市场形态的观察与分析[EB/OL].(2013-4-12)[2015-6-12].http://shen-haolaoshi.blog.sohu.com/260685906.html.

择适合自身的舆情监测系统。尽管不同的企业、机构和政府部门的需求不尽相同,但有一些共通的因素值得预先思考。

首先,信息源覆盖面广。舆情检测系统可检测的数据一定要全面,不仅是主流媒体,也包括论坛、微博、微信等社交媒体。对于外企和政府部门来说,检测国外媒体和社交网站也是必备的。只有全面覆盖所有渠道,才能准确反映媒体和公众对于特定事件的情感和态度,也才能方便用户跟踪不同渠道的舆情,了解不同渠道之间的传播互动,以便精准地应对来自不同渠道、不同群体的舆情。

其次,信息更新及时。好的舆情监测系统要 24 小时不间断地更新信息,以便用户及时把握舆情,尤其是负面舆情,从而抢占先机,及时引导。如果信息更新过慢,比如三五个小时才更新一次,那么出现突发事件或负面舆情时,这种时滞性极易丧失舆论引导的主动权。

再次,分析准确。数据处理专员要精准把握客户的需求,严格筛选数据,尽量把实时精准的信息呈现给客户,为客户节省更多浏览信息的时间。同时,报告中的图表也要多维度呈现,以准确地反映事件全貌。

最后,选择舆情监测系统时还应该考虑服务问题、价格问题等。只有综合考察各方面因素,才能把舆情分析做得全面而完美,真正为企业或政府机构服务。

互联网已成为思想文化信息的集散地和社会舆论的放大器,网络舆情监测工作在现实生活中具有极其重要的意义。网络舆情监测和传统民意调查一样,在信息采集、舆情分析和研判的过程中要遵循客观公正和科学规范的原则。

思考题

1. 网络舆情信息源有哪些? 他们在采集信息上各自的优缺点是什么? 微博的种类有哪些?

2. 网络舆情的信息搜集有哪些手段?

3. 网络舆情分析的维度有哪些?

4. 什么是社会网络分析法? 它的主要优势是什么?

5. 分析媒介议题和公众议题的过程中,需要注意些什么?

6. 理解舆情指数的概念。建立舆情研判指标体系的基本思路是什么?

7. 我国目前有哪些专业舆情监测系统? 他们各自的优势和劣势是什么? 选择舆情监测系统主要考虑哪些因素?

8. 网络舆情监测的基本步骤是什么?

附　录：

上海居民读报情况的调查问卷

市民朋友：

　　您好！当您接过这份问卷时，请接受我们对您的一声问候。为了全面客观地了解上海市居民阅读报纸的基本情况，听取大家对上海市报纸工作的意见和要求，以便为改进我们的报纸工作提供可靠的依据，我们特组织这项调查。

　　您是从全上海市 1 300 万居民中通过科学抽样方法选出来的代表，您的仔细填答，将帮助我们了解与您有着类似情况的成百上千居民的情况和意见。

　　调查问卷中所列的每个备选答案都无所谓对和错，我们只想知道您自己的真实情况和想法，请按照填答要求尽量回答每一个问题。

　　最后，再次感谢您对本次调查所给予的合作与支持。

中国人民大学舆论研究所

2003 年 1 月

入户抽样表

家中 14～70 岁人口数：　　　人

序号	姓名	年龄	性别	选样	问卷编号尾数									
					1	2	3	4	5	6	7	8	9	0
1					1	1	1	1	1	1	1	1	1	1
2					2	1	2	1	2	1	2	1	2	1
3					1	3	2	2	3	1	3	1	1	2
4					2	2	4	1	3	4	1	3	3	2
5					2	5	3	3	4	4	1	1	5	3
6					3	4	1	5	2	6	2	3	6
7					4	5	6	5	7	2	3	1	7	3
8					4	5	6	2	7	1	3	3	4	5
9					2	4	9	5	9	3	7	6	1	8
10					5	2	3	4	10	8	9	8	9	1

注意事项：

1. 家庭成员的登记序号按照年龄大小"从小到大"的顺序依次排列；

2. 所列家庭成员应同时符合下列条件：14～70 岁，具有本市正式户口或暂住证；

3. 选样依据表中问卷编号尾数与家庭人口数交会的数字而确定相应的序号所对应的家庭成员，并在该家庭成员同一行的"选样"栏中打"√"。

一、您的基本情况：（请在与您情况相符合的选项括号内打"√"）

A. 您的性别： 1□男； 2□女

B. 您的年龄：_____周岁（请在横线上填写阿拉伯数字）

C. 您的学历：

1□小学及小学以下 2□初中 3□高中、中专或中技

4□大专 5□大学本科 6□双学位、硕士、博士

D. 您的职业或身份：

01□工人/商业服务业人员 02□企业领导或管理人员

03□农民或外来打工者 04□机关/事业单位干部

05□一般职员/文员/秘书 06□公检法/军人/武警

07□专业技术人员/教师/医生 08□私营或个体劳动者

09□初高中学生 10□高校学生

11□离退休人员 12□其他人员（请写明）

E. 您所在的工作单位的性质是：

1□国有企业 2□民营企业 3□私营或个体企业

4□外资企业 5□合资企业 6□政府机关

7□文化科研单位 8□尚未工作或已离退休

F. 您目前每个月的各项收入（包括各种固定的或临时的收入）合计大约有：

1□无收入 2□500 元以下 3□500～999 元

4□1000～1499 元 5□1500～2499 元 6□2500～4999 元

7□5000 元～9999 元 8□10000 元以上

G. 请问在您家里什么物品的购买（或消费）主要由您作出决定？（可以多选）

1□无 2□家庭日常消费品（食品、服装等）

3□家庭大件消费品（电器、家具等） 4□外出休闲旅游

5□家庭重大消费（购房、买车等） 6□家庭投资项目（股票、证券、古董等）

二、以最近一周为例，您平均每天花多少时间用在接触下列传播媒介？（请各选一项打"√"）

	基本不接触	少于30分钟	31～60分钟	1～2小时	2～3小时	3小时以上
A. 报纸	1□	2□	3□	4□	5□	6□
B. 广播	1□	2□	3□	4□	5□	6□
C. 电视	1□	2□	3□	4□	5□	6□
D. 杂志	1□	2□	3□	4□	5□	6□
E. 书籍	1□	2□	3□	4□	5□	6□
F. 上网	1□	2□	3□	4□	5□	6□

三、一般情况下,您通常每天在哪些时段接触下列传播媒介?(请在所有适合的选项上打"√")

	8:00 以前	8:00～ 11:00	11:00～ 13:00	13:00～ 18:00	18:00～ 22:00	22:00 以后
A. 报纸	1□	2□	3□	4□	5□	6□
B. 广播	1□	2□	3□	4□	5□	6□
C. 电视	1□	2□	3□	4□	5□	6□
D. 杂志	1□	2□	3□	4□	5□	6□
E. 书籍	1□	2□	3□	4□	5□	6□
F. 上网	1□	2□	3□	4□	5□	6□

四、在过去一周时间里,您看过几天报纸?(请选一项)

1□基本没有接触   2□1 天   3□2～3 天

4□4～5 天   5□6～7 天

五、如果某一天由于某种特殊情况而无法读到报纸,你是觉得无所谓呢,还是在心理上总觉得缺少点什么呢?(请选一项)

1□无所谓,因为我本来就不怎么读报纸

2□有报纸阅读当然好,但是没有报纸读其实也无所谓

3□每天阅读报纸已经成为我的一种习惯了,如果没有报纸读我会觉得缺少点什么

4□每天阅读报纸对于我是一项很重要的生活内容,我无法想象离开报纸会是什么样子

六、一般而言,您喜欢阅读什么类型的报纸?(请逐项填答)

A. 按照报纸的出版地划分,您喜欢阅读下列哪些报纸:(可以多选)

1□全国性的报纸   2□本市报纸

3□其他地区的报纸   4□无论哪种报纸都无所谓

B. 按照报纸的出版周期划分,您喜欢阅读下列哪些报纸:(可以多选)

1□周报   2□周二或周三刊报纸

3□日报   4□无论哪种报纸都不喜欢

C. 按照报纸的性质划分,您喜欢阅读下列哪些报纸:(可以多选)

1□信息集纳、内容丰富的报纸   2□贴近工作、指导性强的报纸

3□贴近生活、实用性强的报纸   4□背景翔实、分析独到的报纸

5□生动有趣、可读性强的报纸   6□针砭时弊、尖锐泼辣的报纸

7□风格新锐、时尚潮流的报纸   8□意见多样、观点兼容的报纸

9□无论哪种报纸都无所谓

D. 按照报纸的版面篇幅划分,您喜欢阅读下列哪种报纸:(只选一项)

1□对开报纸(像《解放日报》那样大小)

2□四开报纸(像《新民晚报》那样大小)

3□窄幅对开报纸(像《新闻晚报》那样大小)

4□无论哪种报纸都无所谓

七、您在自费订阅或购买一份报纸时最看重的因素是什么?(请按照您看重的主次程度将下列因素排一个顺序,并将其代码填入相应的横线上)

人们购买报纸时所考虑的主要因素及其代码

1. 价格合理   2. 订阅购买方便 3. 内容质量好
4. 报纸的美誉度高 5. 已形成了固定阅读某报的习惯
6. 常有各种赠品或有意思的活动

在您心目中：

第一位是：_____;第二位是：_____;第三位是：_____。

八、一般来说,您是更倾向于以订阅的方式获得报纸,还是更倾向于以零售的方式获得报纸?（请选一项）

    1□以订阅的方式获得报纸　　　2□以零售的方式获得报纸

    3□不一定,视情况而定

九、如果您更倾向于以订阅的方式获得报纸,请问您认为哪种订阅方式最方便?（请选一项）

    1□去邮局订阅　　　　　　　　2□去工商银行订阅

    3□去报刊发行站订阅　　　　　4□电话预约,上门订阅

    5□去居委会订阅　　　　　　　6□由单位代订

    7□由发行员直接上门征订　　　8□其他(请写明)

十、在您家里,是否订阅报纸的决定通常是由谁作出的?（请选一项）

    a. 谁通常是订阅报纸的决定者：

    1□我本人　　　　　　　　　　2□家里其他人

    b. 那么,这个订阅报纸的决定者(您或者家里其他人)在家里是什么身份:(请选一项)

    1□爷爷或外公　　2□奶奶或外婆　　3□爸爸　　4□妈妈

    5□儿子　　　　　6□女儿　　　　　7□孙子　　8□孙女

    9□其他人(请写明)

十一、如果您更倾向于以零售的方式获得报纸,请问您希望在什么地点买到报纸?（请选一项）

    1□在路边、车站的固定摊点购买

    2□在住所或单位附近的固定摊点购买

    3□在不固定的摊点或向流动售报人员购买

    4□什么地方都无所谓

十二、您希望在什么时间把报纸送到您手里最好?（请选一项）

    1□早上 7:00 以前　　　　　　2□早上 7:00～8:00

    3□上午 8:00～9:00　　　　　　4□上午 9:00～13:00

    5□下午 1:00 以后　　　　　　6□什么时间都无所谓

十三、您多数情况下是在什么地方阅读报纸?（请选一项）

    1□在家阅读　　2□在单位阅读　　3□在出行途中阅读　　4□其他地点

十四、一般来说,在报纸上的哪些内容是您非常想看的?（请在所有您想看的选项前的方格内打"√",多选不限）

    A. 新闻性内容

    01□国际新闻　　　　02□国内新闻　　　　03□本市新闻

    04□珠三角新闻　　　05□北京或珠三角新闻　06□体育新闻

    07□社会新闻　　　　08□批评揭露性报道　09□中外报纸摘要

    10□热点访谈　　　　11□名人访谈　　　　12□百姓言论

    13□新闻背景　　　　14□新闻分析　　　　15□奇闻趣事

    16□港澳台新闻　　　17□文化新闻　　　　18□经济新闻

    19□娱乐新闻　　　　20□证券新闻

    B. 服务性内容

    21□电视节目介绍　　22□天气预报　　　　23□生活小常识

24□今日生活提示　　25□消费打折信息　　26□航班列车信息

27□娱乐信息　　　　28□健康指导　　　　29□理财资讯

30□流行时尚　　　　31□就业指导　　　　32□业余爱好指导

33□长篇连载　　　　34□文史知识　　　　35□科学新知

36□文化艺术资讯

十五、就您的阅读兴趣而言,您认为报纸在新闻和信息传播领域应当重点增加哪些方面的报道?(不限选,凡您认为应增加的,均请在相应选项前的□内打"√")

01□突发新闻事件的报道　　　　02□政策信息的解读

03□社会问题分析　　　　　　　04□实用经济知识和信息

05□批评揭露性报道　　　　　　06□经济现象分析

07□调查体验性报道　　　　　　08□生活服务型资讯

09□情感类话题和故事　　　　　10□百姓茶余饭后的话题

11□热点话题性报道　　　　　　12□其他(请写明)

十六、对于一份能够引起您阅读兴趣的综合性日报,该报的定价最高达到多少是您可以承受的?(请选一项)

1□每份超过 2.00 元也没关系　　　2□最多可以每份 2.00 元

3□最多可以每份 1.50 元　　　　　4□最多可以每份 1.00 元

5□最多可以每份 0.80 元　　　　　6□最多可以每份 0.50 元

7□报价多少都无所谓

十七、一份定价为 0.5 元的四开综合性日报(所谓"四开报纸"是指像《新民晚报》那种版面大小),您认为它的版面篇幅多少是最合适的?(请选一项)

1□版面越多越好　　　2□56 版左右最好　　　3□48 版左右最好

4□40 版左右最好　　　5□32 版左右最好　　　6□24 版左右最好

7□16 版左右最好　　　8□8 版左右最好　　　　9□说不清

十八、一张您愿意花钱去订阅或零购的报纸,使您感到可读的内容在量上最少占多大比例时,您才会觉得"物有所值"?(请选一项)

1□只要有很少一部分可读就行(10%以下)

2□只要有一小部分可读就行(25%左右)

3□只要有一半可读就行(50%左右)

4□必须大部分可读才行(75%左右)

5□必须绝大部分可读才行(90%以上)

十九、您在自费订阅或购买一份报纸时对于报纸的内容和形式主要有哪些要求?(最多选 5 项)

01□有权威感　　　　　　　　　02□报道充分翔实

03□常有独家新闻,独到见解　　04□内容好看,可读性强

05□内容重要,接触现实　　　　06□信息量大,新闻涵盖面广

07□风格现代,不断创新　　　　08□报道准确客观

09□特色鲜明,针对性强　　　　10□内容实用,贴近生活

11□观察敏锐,有预测力　　　　12□富有社会责任感

13□能反映群众呼声和意见　　　14□副刊优秀,有文化品位

15□报道及时,时效性强　　　　16□版面漂亮,印刷精美

17□注重深度报道　　　　　　　18□知识含量大,有保存价值

19□分析深刻,富有理性　　　　20□其他(请写明)

二十、请您回忆一下,在下列日报中,您在过去的一个星期里有几天阅读过该报?(请在您阅读过的报纸后的括号中填入您实际阅读的天数,读过 1 天请填"1",读过 2 天请填"2",以此类推,最大值为"7"。如果某张报纸您在上一周没有读过,请填"0"或空着不填任何数字)

01. 参考消息　（　　　）　　　02. 文汇报　　（　　　）

03. 解放日报　（　　　）　　　04. 新民晚报（　　　）

05. 新闻晨报　（　　　）　　　06. 新闻晚报（　　　）

07. 新闻午报　（　　　）　　　08. 青年报　　（　　　）

09. 东方体育报（　　　）　　　10. 劳动报　　（　　　）

11. 上海证券报（　　　）　　　12. 上海商报（　　　）

13. 上海经济报（　　　）　　　14. 其他日报（　　　）

二十一、请您回忆一下,在下列周报中,您在过去的一个月里有几天阅读过该报?(请在您阅读过的报纸后的括号中填入您实际阅读的天数,读过 1 天请填"1",读过 2 天请填"2",以此类推。如果某张报纸您在过去的一个月没有读过,请填"0"或空着不填任何数字)

15. 环球时报　　（　　　）　　　16. 南方周末　　　（　　　）

17. 中国经营报　（　　　）　　　18. 21 世纪经济报道　（　　　）

19. 经济观察报　（　　　）　　　20. 报刊文摘　　　（　　　）

21. 体坛周报　　（　　　）　　　22. 足球　　　　　（　　　）

23. 申江服务导报（　　　）　　　24. 上海星期三　　（　　　）

25. 上海壹周　　（　　　）　　　26. 外滩画报　　　（　　　）

27. 周末画报　　（　　　）　　　28. 其他周报　　　（　　　）

二十二、请您从下列方面对下列报纸的情况给予评价:(请在每一方面任选一个您认为表现最好的报纸,并将报纸名称前的编号填入相对应的括号内)

部分报纸的名称及编号

01. 参考消息	02. 文汇报	03. 解放日报
04. 新民晚报	05. 新闻晨报	06. 新闻晚报
07. 新闻午报	08. 青年报	09. 东方体育报
10. 劳动报	11. 上海证券报	12. 上海商报
13. 上海经济报	14. 其他日报	15. 环球时报
16. 南方周末	17. 中国经营报	18. 21 世纪经济报道
19. 经济观察报	20. 报刊文摘	21. 体坛周报
22. 足球	23. 申江服务导报	24. 上海星期三
25. 上海壹周	26. 外滩画报	27. 周末画报
28. 其他周报		

您一般情况下……　　　　　　　　　　　　　　请填入某个报纸的相应编号

a. 如果在上述报纸中只能选择一家报纸阅读,您首选哪家报纸（　　　）

b. 当国内外发生重大事件时,您更倾向于找哪家报纸阅读（　　　）

c. 当本市出现了突发事件时,您更倾向于找哪家报纸阅读（　　　）

d. 哪家报纸您因故漏看一期就会感到遗憾,希望能够补看（　　　）

e. 哪家报纸如果单位不订了,您肯定会个人订阅或在报摊上购买（　　　）

f. 哪家报纸的信息量最为丰富（　　　）

g. 哪家报纸的内容经常成为您和朋友、同事、家人谈论的话题(　　　)

h. 哪家报纸的版式和风格是您最喜欢的(　　　)

i. 哪家报纸的报道内容最为好看、可读(　　　)

j. 哪家报纸像朋友一样,在情感上最能和自己沟通(　　　)

k. 哪家报纸的内容使您感到最有收获(　　　)

l. 哪家报纸最能给您以信任感(　　　)

m.哪家报纸最能贴近您的实际需要(　　　)

n. 哪家报纸最能大胆地接触和报道社会现实问题(　　　)

o. 哪家报纸刊登的广告信息是最可信赖的(　　　)

p. 哪家报纸的总体质量是您最满意的(　　　)

二十三、在上述报纸中,您(或您所在的单位)已经订阅或经常零购哪些报纸?(请按照上题给出的各报编号,在横线上填入某个报纸的相应编号):

　　　　A. 您个人已经订阅的报纸是:

　　　　①_____;②_____;③_____;④_____;

　　　　B. 您单位已经订阅的报纸是:

　　　　①_____;②_____;③_____;④_____;

　　　　C. 您会经常零购的报纸是 :

　　　　①_____;②_____;③_____;④_____。

二十四、对于一张您有兴趣阅读的报纸,如果您第一次订阅这张报纸的话,您一般倾向于订阅多长时间?(请选一项)

　　　　1□先订一个月看看

　　　　2□订一个季度或半年看看

　　　　3□如有较大的优惠打折,我就订一年的

　　　　4□如果有我喜欢的赠品,我就订一年的

　　　　5□只要我觉得有价值,我就会订一年

　　　　6□其他(请写明)

二十五、通常情况下,当您想了解下列新闻或信息资讯时,您比较倾向于通过下列哪一种报纸来获得?(请在每一方面任选一个最能符合您实际情况的报纸,并将报纸名称前的相应代码填入每一项提问的括号内,如果某项新闻、信息和资讯主要不是通过报纸获得的,可以空着不填。)

部分报纸的名称及编号

01. 参考消息	02. 文汇报	03. 解放日报
04. 新民晚报	05. 新闻晨报	06. 新闻晚报
07. 新闻午报	08. 青年报	09. 东方体育报
10. 劳动报	11. 上海证券报	12. 上海商报
13. 上海经济报	14. 其他日报	15. 环球时报
16. 南方周末	17. 中国经营报	18.21 世纪经济报道
19. 经济观察报	20. 报刊文摘	21. 体坛周报
22. 足球	23. 申江服务导报	24. 上海星期三
25. 上海壹周	26. 外滩画报	27. 周末画报
28. 其他周报		

请填入某个报纸的相应代码：

a. 国际新闻 （　） b. 国内新闻 （　）

c. 本市新闻 （　） d. 珠三角新闻 （　）

e. 经济新闻 （　） f. 体育新闻 （　）

g. 科教文化新闻（　） h. 生活消费和娱乐资讯（　）

i. 房地产信息 （　） j. 网络、电信信息 （　）

k. 汽车信息 （　） l. 家电信息 （　）

m. 旅游信息 （　） n. 健康美容信息 （　）

o. 人才市场信息（　） p. 债券股市信息 （　）

二十六、您目前所读到的报纸在满足您对有关新闻和资讯的获知需求方面令您满意吗？（请选一项）

1□非常不满足　　　2□不满足　　　3□勉勉强强

4□比较满足　　　5□非常满足

二十七、除上海外，您还关注国内哪些地区的新闻？（可以多选）

1□北京　　　2□广东珠三角地区

3□南京/杭州等上海周边地区　　　4□港澳台地区

5□对于外地新闻一般没有兴趣

二十八、对于上海以外地区的报道，您最感兴趣的内容是什么？（可以多选）

1□批评揭露性的报道　　　2□流行时尚资讯　　　3□新政策、新做法

4□天灾人祸　　　5□奇闻趣事　　　6□旅游资讯

7□其他（请写明）

二十九、您认为如果新办一张综合性日报，应该重点加强报纸报道的哪方面的特点：

A. 报道的风格和特点（请选一项）

1□加强报纸的娱乐性　　　2□加强报纸的新闻性

3□加强报纸的实用性　　　4□加强报纸的分析性和资讯的整合度

5□其他（请写明）

B. 报道内容的重点（可以多选）

1□动态性新闻　　　2□调查性新闻　　　3□新闻背景分析

4□财经分析　　　5□文化娱乐资讯　　　6□其他（请写明）

C. 报道领域的重点（可以多选）

1□国际新闻　　　2□长三角新闻　　　3□国内其他地区新闻

4□本市新闻　　　5□本居住社区的新闻　　　6□其他（请写明）

三十、下列语句描述的各种情况，哪些符合您的情况？（请各选一项）

	符合或基本符合	说不清	不太符合或不符合
A. 现在上海地区的报纸质量普遍不能令我满意	1□	2□	3□
B. 我已经习惯于读某一张固定的报纸了，不会轻易去改读其他报纸	1□	2□	3□

C. 如果遇到有特色的新报
   纸创刊,我会有兴趣购买　　1☐　　　　2☐　　　　3☐

D. 如果有一张报纸内容不
   错,印刷也漂亮,即使价
   格比同类的报纸贵一点,　1☐　　　　2☐　　　　3☐
   我也会购买或订阅的

（以下是对目前阅读《新民晚报》或《新闻晨报》的读者的提问,其他人可以结束填答）

三十一、请您对《新民晚报》和《新闻晨报》在下列方面的表现进行评价。（请逐一填答）

	新民晚报 做得好些	新闻晨报 做得好些	两张报纸 都不够好	两张报纸 都不错
A. 国内外重大新闻	1☐	2☐	3☐	4☐
B. 本市突发新闻	1☐	2☐	3☐	4☐
C. 实用新闻资讯	1☐	2☐	3☐	4☐
D. 娱乐资讯	1☐	2☐	3☐	4☐
E. 体育报道	1☐	2☐	3☐	4☐
F. 财经报道	1☐	2☐	3☐	4☐
G. 纪实报道、文学故事	1☐	2☐	3☐	4☐
H. 周末特刊	1☐	2☐	3☐	4☐

三十二、请您对《新民晚报》和《新闻晨报》在下列方面的表现进行评价。（请逐一填答）

	新民晚报 做得好些	新闻晨报 做得好些	两张报纸 都不够好	两张报纸 都不错
A. 报道选题方面	1☐	2☐	3☐	4☐
B. 版面美观方面	1☐	2☐	3☐	4☐
C. 对于热点新闻反应 敏锐方面	1☐	2☐	3☐	4☐
D. 报道的独家性方面	1☐	2☐	3☐	4☐
E. 资讯全面而无遗漏方面	1☐	2☐	3☐	4☐
F. 运用图片方面	1☐	2☐	3☐	4☐
G. 发行服务方面	1☐	2☐	3☐	4☐
H. 印刷质量方面	1☐	2☐	3☐	4☐

被访者姓名:　　　　　　　　　联系电话:

被访者住址:　　　　　　　　　礼品签收:

访问员（签名）:　　　　　　　调查站负责人:

参考文献

喻国明,刘夏阳.中国民意研究[M].北京:中国人民大学出版社,1993.

喻国明.解构民意:一个舆论学者的实证研究[M].北京:华夏出版社,2001.

徐向红.现代舆论学[M].北京:中国国际广播出版社,1991.

陈力丹.舆论学:舆论导向研究[M].北京:中国广播电视出版社,1999.

刘建明.基础舆论学[M].北京:中国广播电视出版社,1999.

刘建明.舆论传播[M].北京:清华大学出版社,2001.

林语堂.中国新闻舆论史[M].上海:世纪出版集团,2008.

李彪.舆情:山雨欲来——网络热点事件传播的空间结构和时间结构[M].北京:人民日报出版社,2011.

喻国明.传媒新视界:中国传媒前沿探索[M].北京:新华出版社,2001.

喻国明,李彪.中国社会舆情年度报告(2010)[M].北京:人民日报出版社,2010.

喻国明.传媒影响力[M].广州:南方日报出版社,2003.

刘泽华,葛荃.中国古代政治思想史[M].天津:南开大学出版社,2001.

綦彦臣.中国古代言论史[M].北京:航空工业出版社,2005.

钱忠武,杜纯梓.尚书信笺与上古文明[M].北京:北京大学出版社,2004.

徐奇堂译注.尚书[M].广州:广州出版社,2004.

蔡和森.社会进化史[M].北京:东方出版社,1996.

王治心.中国宗教思想史大纲[M].北京:东方出版社,1996.

尤西林.人文科学导论[M].北京:高等教育出版社,2002.

武树臣,李力.法家思想与法家精神[M].北京:中国广播电视出版社,2007.

夏保国.先秦舆论思想溯源[M].长春:吉林大学古籍研究所,2009.

李敬一.中国传播史:先秦两汉卷[M].武汉大学出版社,1996.

冯友兰.中国哲学简史[M].北京:北京大学出版社,1996.

陈闻桐.近现代西方政治哲学引论[M].安徽:安徽大学出版社,1997.

高一涵.欧洲政治思想史[M].北京:东方出版社,2007.

周晓红.现代社会心理学[M].上海:上海人民出版社,1997.

柏拉图.理想国[M].郭斌和,张竹明,译.北京:商务印书馆,1994.

托克维尔.论美国的民主:上卷[M].董果良,译.北京:商务印书馆,2008.

哈贝马斯.公共领域的结构转型[M].曹卫东,王晓珏,刘北城,译.上海:学林出版社,1999.

塔尔德.传播与社会影响[M].何道宽,译.北京:中国人民大学出版社,2005.

勒庞.乌合之众:大众心理研究[M].冯克利,译.北京:中央编译出版社,2001.

布尔迪厄,华唐德.实践与反思:反思社会学导引[M].李猛,李康,译.北京:中央编译出版社,2004.

戈布尔.第三思潮:马斯洛心理学[M].吕明,陈红雯,译.上海译文出版社,2001.

陈晏清. 当代中国社会转型论[M]. 山西:山西教育出版社,1998.

俞可平. 治理与善治[M]. 北京:社会科学文献出版社,2000.

封毓昌等. 社会意识论导论[M]. 天津:天津人民出版社,1998.

陈新汉. 民众评价论[M]. 上海:上海人民出版社,2004.

陆学艺. 当代中国社会阶层研究报告[M]. 北京:社会科学文献出版社,2002.

吴思. 潜规则:中国历史中的真实游戏[M]. 云南:云南人民出版社,2004.

袁军,龙耘,韩运荣. 传播学在中国[M]. 北京:北京广播学院出版社,2000.

胡正荣. 传播学总论[M]. 北京:北京广播学院出版社,1997.

李彬. 传播学引论[M]. 北京:新华出版社,1993.

郭庆光. 传播学教程[M]. 北京:中国人民大学出版社,1999.

李良荣. 新闻学导论[M]. 北京:高等教育出版社,1999.

童兵. 理论新传播闻学导论[M]. 北京:中国人民大学出版社,2000.

袁方. 社会研究方法[M]. 北京:北京大学出版社,1997.

袁岳,周林古. 零点调查:民意测验的方法与经验[M]. 福建:福建人民出版社,2005.

苗东升. 系统科学精要[M]. 北京:中国人民大学出版社,1998.

韦成君. 信息交换原理[M]. 武汉:武汉大学出版社,1997.

郑杭生,李强,李路路. 社会指标理论研究[M]. 北京:中国人民大学出版社,1989.

邹农俭. 社会研究方法通用教程[M]. 北京:中国审计出版社,中国社会出版社,2002.

刘德寰. 市场调查教程[M]. 北京:经济管理出版社,2005.

郝晓伟. 网络舆情信息监测理论与实践[M]. 北京:国家行政学院出版社,2015.

张克生. 国家决策:机制与舆情[M]. 天津:天津社会科学出版社,2004.

王石番. 民意理论与实务[M]. 台北:黎明文化事业公司,1995.

黄孝俊. 市场调查分析[M]. 浙江:浙江大学出版社,2002.

郭志纲,郝虹生,杜亚军,等. 社会调查研究的量化方法[M]. 北京:中国人民大学出版社,1989.

柯惠新,祝建华,孙江华. 传播统计学[M]. 北京:中国传媒大学出版社,2003.

胡鞍钢. 透视 SARS:健康与发展[M]. 北京:清华大学出版社,2003.

白波. 博弈游戏[M]. 黑龙江:哈尔滨出版社,2004.

中国社科院外事局. 美国人文社会科学现状与发展[M]. 北京:社科文献出版社,2001.

中国社科院新闻研究所,河北大学新闻学院. 解读受众:观点、方法与市场[M]. 河北大学出版社,2001.

诸葛殷同,张家龙,周云之,等. 形式逻辑原理[M]. 北京:人民出版社,1982.

黄孝俊. 市场调查分析[M]. 浙江:浙江大学出版社,2002.

郭强. 网络调查手册[M]. 北京:中国时代经济出版社,2004.

郭强. 问卷设计手册[M]. 北京:中国时代经济出版社,2004.

郭强. 定量调查手册[M]. 北京:中国时代经济出版社,2004.

郭强. 定性调查手册[M]. 北京:中国时代经济出版社,2004.

郭强. 调查访问手册[M]. 北京:中国时代经济出版社,2004.

郭强. 访员督导手册[M]. 北京:中国时代经济出版社,2004.

第一版后记

　　本书为教育部人文社会科学重点研究基地重大研究项目"十五时期中国社会舆情的调查与监测"的成果之一,该课题由中国人民大学新闻与社会发展研究中心喻国明教授主持。

　　喻国明教授是本人的博士生导师。在读期间,大家都非常珍视导师的教诲,每每有闻必录。记得有好多次,自己与导师关于论文的探讨,是在校园匆匆的行路间进行的,回到家也都要赶紧将搜索的记忆誊写在纸上,唯恐稍有耽搁,遗漏掉可能的思想火花。导师那字字珠玑的言语不仅提供给自己宝贵的精神食粮,更深的体会是,自己在学术上的"顿悟",常常是在无数次"咀嚼"导师的教诲之间产生的。

　　正因为如此,当自己在为"舆论学"备课期间,系统地聆听喻老师一学期的课程时,也就非常理解学生们听课的盛况。经常地,提前半个小时教室即已座无虚席,于是,后增加的座位先会触及讲台,接着延伸到门口,等到开讲时,门外的走廊也会或坐或站着一些学生。就这样,老师专注地讲,学生忘我地听,三个小时的时间总是在不知不觉间流淌着。当时,自己已身怀六甲,也许是坐得时间太久,肚里的宝宝有时会冷不丁地"踹"两脚,不知是高兴还是抗议。

　　喻老师从事舆论教学和民意测验研究多年,集理论与实践经验于一身,学养积累深厚,那么,其讲课的引人入胜也就不足为奇,但我更常想的是,如何能再现喻老师的讲课内容,使其宝贵的知识体验令更多学生受益?

　　接下来的时间,自己一边消化听课内容,一边给学生们上课,同时还广泛搜集舆论学方面的相关资料,在导师授课框架的基础上,对某些理论进行了更深入的阐释、求证,对舆论学方法和应用部分进行更系统的梳理。在此期间,不断得到喻老师的悉心指点,不仅形成了一些阶段性的研究成果,完整的科研成果也逐渐显现。本来单纯的备课目的,在自己比较扎实的工作中,随着授课的进程,无形地与科研结合起来,那么,此举成书,其意蕴也逐渐丰富起来。

　　应该说,整个成书的过程,是我一生中永远值得回忆的日子。备课、科研、写作的过程,正是自己体验作为一位母亲孕育宝宝之时。如果说,刚刚放下不久的博士论文，使自己深刻领略了思考的殚精竭虑，而宝宝的诞生，更使我体会到了初为人母的辛劳。一年多的时间里，自己没睡过一个囫囵觉，夜间无数次地醒来照料宝宝，白天还要与她的种种需求周旋。瞅着宝宝熟睡的间隙，再抖擞精神备课、上课和科研。虽然辛苦着，但依然幸福着，我想，天下母亲大概皆如此。

落笔之时，思绪万千。

对喻老师的感恩之情自不必言说，唯希望，自己的努力不会让导师失望。

真诚地感谢我的硕士生导师刘继南教授。刘老师的屡屡督促教诲总是言犹在耳，使我无法懈怠，鞭策我在人生的道路和学术追求上走得更踏实、更稳健。

感谢中国传媒大学出版社领导对本书的认可以及热诚的关照，感谢责任编辑赵欣女士对本书尽心尽力的付出。

同时，感谢我的父母，在我最需要帮助的时候，施以援手，承担起照料外孙女的重担，让我能全身心地投入到工作中去。

还要感谢我的先生吴桂林，在生活和工作中给予我的莫大的支持和鼓励。

当然，不能忘了我的女儿吴静涵小朋友，未曾出世时，就有幸随妈妈在课堂上聆听了博导的亲授。祝愿女儿健康、快乐地成长，青出于蓝而胜于蓝。

韩运荣

2005 年 5 月 6 日

于北京海特花园家中

图书在版编目（CIP）数据

舆论学原理、方法与应用 / 韩运荣,喻国明著. -- 3 版. -- 北京:中国传媒大学出版社,2020.1（2024.11重印）

新闻传播专业"十三五"规划教材

ISBN 978-7-5657-2571-5

Ⅰ. ①舆… Ⅱ. ①韩… ②喻… Ⅲ. ①舆论—高等学校—教材 Ⅳ. ①C912.63

中国版本图书馆 CIP 数据核字（2019）第 208551 号

舆论学原理、方法与应用（第三版）

YULUNXUE YUANLI、FANGFA YU YINGYONG（DI-SAN BAN）

著　　者	韩运荣　喻国明
策划编辑	赵　欣
责任编辑	赵　欣
封面设计	拓美设计
责任印制	李志鹏

出版发行 中国传媒大学出版社

社　　址	北京市朝阳区定福庄东街 1 号	**邮　编**	100024
电　　话	86 - 10 - 65450528　65450532	**传　真**	65779405
网　　址	http://cucp.cuc.edu.cn		
经　　销	全国新华书店		
印　　刷	北京中科印刷有限公司		
开　　本	787mm×1092mm　1/16		
印　　张	17.25		
字　　数	420 千字		
版　　次	2020 年 1 月第 3 版		
印　　次	2024 年 11 月第 4 次印刷		
书　　号	ISBN 978-7-5657-2571-5/G·2571	**定　价**	56.00 元

本社法律顾问：北京嘉润律师事务所　郭建平